쉽게 설명한
C++ 핵심 가이드라인

C++ Core Guidelines Explained
by Rainer Grimm

Authorized translation from the English language edition, entitled C++ Core Guidelines Explained by Rainer Grimm, published by Pearson Education, Inc. Copyright ⓒ 2022 Pearson Education Inc.

All rights reserved. No part of this book may be reproduced or transmitted in any form or by any means, electronic or mechanical, including photocopying, recording or by any information storage retrieval system, without permission from Pearson Education, Inc.
Korean language edition published by INSIGHT PRESS, Copyright ⓒ 2023
Korean language translation rights arranged with PEARSON EDUCATION, INC., through Agency-One, Seoul, Korea

이 책의 한국어판 저작권은 에이전시 원을 통해 저작권자와의 독점 계약으로 인사이트 출판사에 있습니다. 저작권법에 의해 한국 내에서 보호를 받는 저작물이므로 무단전재와 무단복제를 금합니다.

쉽게 설명한 C++ 핵심 가이드라인

초판 1쇄 발행 2023년 5월 17일 **지은이** 라이너 그림 **옮긴이** 류광 **펴낸이** 한기성 **펴낸곳** (주)도서출판인사이트 **편집** 정수진 **본문 디자인** 최우정 **교정** 오현숙 **영업마케팅** 김진불 **제작·관리** 이유현, 박미경 **용지** 월드페이퍼 **인쇄·제본** 천광인쇄사 **등록번호** 제2002-000049호 **등록일자** 2002년 2월 19일 **주소** 서울시 마포구 연남로5길 19-5 **전화** 02-322-5143 **팩스** 02-3143-5579 **이메일** insight@insightbook.co.kr **ISBN** 978-89-6626-393-6 책값은 뒤표지에 있습니다. 잘못 만들어진 책은 바꾸어 드립니다. 이 책의 정오표는 https://blog.insightbook.co.kr에서 확인하실 수 있습니다.

프로그래밍인사이트

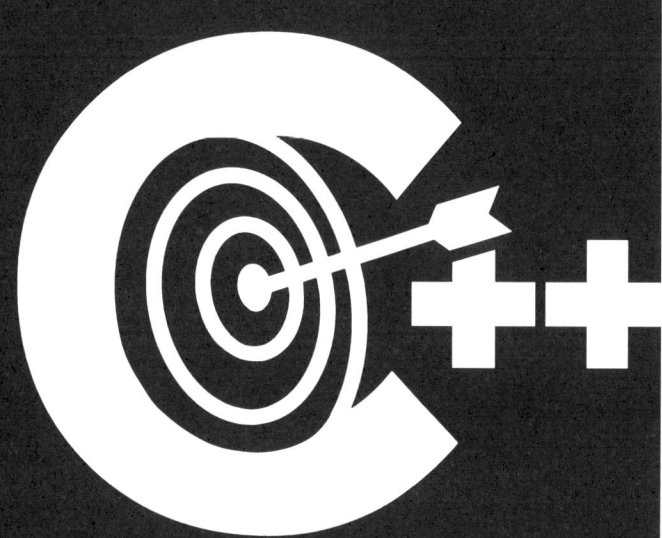

쉽게 설명한
C++ 핵심 가이드라인

라이너 그림 지음 | 류광 옮김

인사이트

차례

엄선한 핵심 가이드라인 규칙들	ix
옮긴이의 글	xviii
추천사	xxi
서문	xxiii
관례	xxiii
C++ 핵심 가이드라인에 주목한 이유	xxv
판타 레이	xxviii
이 책을 읽는 방법	xxix
감사의 글	xxx

1부 지침들 — 1

1장 소개 — 3
1.1 대상 독자 — 4
1.2 목적 — 4
1.3 목적이 아닌 것 — 4
1.4 규칙의 집행 — 4
1.5 구조 — 5
1.6 주요 섹션 — 5

2장 철학 — 7

3장 인터페이스 — 17
3.1 비const 전역 변수의 저주 — 18
3.2 해결책으로서의 의존성 주입 — 21
3.3 좋은 인터페이스 만들기 — 23

	3.4 관련 규칙들	28

4장 함수 — 29

	4.1 함수의 정의	30
	4.2 매개변수 전달: 입력과 출력	35
	4.3 매개변수 전달: 소유권 의미론	41
	4.4 값 반환 의미론	45
	4.5 기타 함수	50
	4.6 관련 규칙	56

5장 클래스와 클래스 위계구조 — 59

	5.1 클래스 일반 규칙	60
	5.2 구체 형식	64
	5.3 생성자, 배정, 소멸자	65
	5.4 클래스 위계구조	106
	5.5 중복적재와 중복적재된 연산자	127
	5.6 공용체	136
	5.7 관련 규칙들	139

6장 열거형 — 141

	6.1 일반 규칙들	142
	6.2 관련 규칙들	147

7장 자원 관리 — 149

	7.1 일반 규칙들	150
	7.2 할당과 해제	155
	7.3 스마트 포인터	161
	7.4 관련 규칙들	175

8장 표현식과 문장 — 177

	8.1 일반 규칙들	178
	8.2 선언	180
	8.3 표현식	199

	8.4 문장	213
	8.5 산술	218
	8.6 관련 규칙들	225

9장 성능 — 227

	9.1 잘못된 최적화	228
	9.2 잘못된 가정	228
	9.3 최적화의 활성화	233
	9.4 관련 규칙들	244

10장 동시성 — 245

	10.1 일반 지침	246
	10.2 동시성	260
	10.3 병렬성	283
	10.4 메시지 전달	286
	10.5 무잠금 프로그래밍	291
	10.6 관련 규칙들	294

11장 오류 처리 — 297

	11.1 오류 처리의 설계	299
	11.2 구현	301
	11.3 예외를 던질 수 없으면	307
	11.4 관련 규칙들	311

12장 상수와 불변성 — 313

	12.1 const 적용	314
	12.2 constexpr 적용	318

13장 템플릿과 일반적 프로그래밍 — 321

	13.1 템플릿의 용도	323
	13.2 템플릿 인터페이스	326
	13.3 템플릿 정의	341
	13.4 템플릿과 위계구조	352

　　　　13.5 가변 인수 템플릿 ─ 353
　　　　13.6 메타프로그래밍 ─ 358
　　　　13.7 기타 규칙들 ─ 384
　　　　13.8 관련 규칙들 ─ 395

14장　C 스타일 프로그래밍 ─ 397
　　　　14.1 전체 소스 코드가 있는 경우 ─ 398
　　　　14.2 전체 소스 코드가 없는 경우 ─ 400

15장　소스 파일 ─ 405
　　　　15.1 인터페이스 파일과 구현 파일 ─ 406
　　　　15.2 이름공간 ─ 413

16장　표준 라이브러리 ─ 419
　　　　16.1 컨테이너 ─ 420
　　　　16.2 문자열 ─ 427
　　　　16.3 입력과 출력 ─ 433
　　　　16.4 관련 규칙들 ─ 441

2부　지원 섹션들　443

17장　구조적 개념들 ─ 445

18장　비규칙과 미신 ─ 449

19장　프로파일 ─ 459
　　　　19.1 형식 안전성 ─ 460
　　　　19.2 경계 안전성 ─ 461
　　　　19.3 수명 안전성 ─ 462

20장　GSL: 가이드라인 지원 라이브러리 ─ 463
　　　　20.1 뷰 ─ 464

20.2 소유권 포인터 — 465
20.3 단언 — 465
20.4 유틸리티 — 466

3부 부록 — 469

부록 A C++ 핵심 가이드라인의 집행 — 471
A.1 Visual Studio — 472
A.2 clang-tidy — 475

부록 B 콘셉츠 — 477

부록 C 계약 — 481

찾아보기 — 484

엄선한 C++ 핵심 가이드라인 규칙들

P.1 생각을 코드로 직접 표현하라. 8
P.2 ISO 표준 C++로 코드를 작성하라. 9
P.3 의도를 표현하라. 9
P.4 이상적으로, 프로그램은 정적 형식 안전성을 갖추어야 한다. 10
P.5 실행 시점 점검보다는 컴파일 시점 점검을 선호하라. 11
P.6 컴파일 시점에서 점검할 수 없는 것은 실행 시점에서 점검할 수 있어야 한다. 11
P.7 실행 시점 오류는 일찍 잡아라. 12
P.8 자원이 새지 않게 하라. 12
P.9 시간이나 공간을 낭비하지 말라. 12
P.10 변경 가능 데이터보다 변경 불가 데이터를 선호하라. 13
P.11 지저분한 프로그램 요소들을 코드 전체에 흩어놓지 말고 한 곳에 캡슐화하라. 14
P.12 지원 도구들을 적절히 활용하라. 14
P.13 지원 라이브러리를 적절히 활용하라. 14
I.2 비const 전역 변수를 피하라. 18
I.3 단일체(싱글턴)를 피하라. 19
I.13 배열을 단일 포인터로 전달하지 말라. 25
I.27 안정적인 라이브러리 ABI를 원한다면 PImpl 관용구를 고려하라. 27
F.4 컴파일 시점에서 평가될 수 있는 함수는 constexpr로 선언하라. 31
F.6 함수가 예외를 던지지 않는다면 noexcept로 선언하라. 33
F.8 순수 함수를 선호하라. 34
F.15 단순하고 통상적인 방식의 정보 전달을 선호하라. 35
F.16 '입력' 매개변수는 복사 비용이 낮은 형식이면 값으로, 그 밖의 형식이면 참조로 전달하라. 37
F.19 '전달' 매개변수는 TP&&로 받고 std::forward로만 전달하라. 37
F.17 '입출력' 매개변수는 비const 참조로 전달하라. 39
F.20 함수가 어떤 값을 '출력'할 때는 출력 매개변수보다는 반환값을 선호하라. 39
F.21 여러 개의 '출력' 값을 돌려줄 때는 구조체나 튜플을 돌려주는 방식을 선호하라. 40

F.42 위치를 나타내려면(그리고 그럴 때만) T*를 반환하라. 45

F.44 복사가 바람직하지 않으며 '아무 객체도 돌려주지 않음'이 필요하지 않다면
T&를 반환하라. 46

F.45 T&&를 반환하지 말라. 48

F.48 std::move(지역객체)를 반환하지 말라. 48

F.46 main()의 반환 형식은 int이다. 49

F.50 람다는 보통의 함수로는 할 수 없는 일(지역 변수 갈무리, 지역 함수 정의)에
사용하라. 50

F.52 람다 안에서 지역적으로 쓰이는(알고리즘으로 전달하는 것도 포함해서) 데이터
는 가능한 한 참조로 갈무리하라 52

F.53 지역적으로 사용할 것이 아닌(반환하거나, 힙에 저장하거나, 다른 스레드로
전달하는 등) 데이터는 참조로 갈무리하지 않는 것이 좋다. 52

F.51 선택할 수 있다면 중복적재보다는 기본 인수를 선호하라. 53

F.55 va_arg 인수는 사용하지 말라. 54

C.1 관련된 데이터를 구조체(structure; struct 또는 class)로 조직화하라. 60

C.2 불변식이 있는 클래스에는 class를 적용하라. 데이터 멤버들이 독립적으로
변할 수 있으면 struct를 적용하라. 61

C.3 인터페이스와 구현의 구분을 클래스를 이용해서 표현하라. 62

C.4 클래스의 표현에 직접 접근해야 하는 함수만 멤버 함수로 만들라. 62

C.5 클래스의 보조 함수들은 그 클래스와 같은 이름공간에 배치하라. 63

C.7 하나의 문장에서 class나 enum을 정의하고 즉시 해당 형식의 변수를
선언하지 말라. 63

C.8 public이 아닌 멤버가 있다면 struct 대신 class를 사용하라. 64

C.9 멤버들을 최소한으로 노출하라. 64

C.10 클래스 위계구조보다 구체 형식들을 선호하라. 65

C.11 구체 형식은 정규 형식으로 작성하라. 65

C.20 가능하면 기본 연산은 아예 정의하지 말라. 66

C.21 기본 연산을 하나라도 정의하거나 =delete로 삭제했다면, 다른 모든
기본 연산도 정의하거나 삭제하라. 67

C.22 기본 연산들의 일관성을 유지하라. 70

C.41 생성자는 완전하게 초기화된 객체를 생성해야 한다. 73

C.42 생성자에서 유효한 객체를 생성할 수 없으면 예외를 던져라. 74

C.43 복사 가능(값 형식) 클래스에는 반드시 기본 생성자가 있어야 한다. 75

C.45 데이터 멤버들을 초기화하기만 하는 기본 생성자는 정의하지 말고, 대신
멤버 초기화 구문을 사용하라. 76

C.46 기본적으로, 단일 인수 생성자는 explicit로 선언하라. ———————— 78

C.47 멤버 변수들을 멤버 선언 순으로 정의하고 초기화하라. ———————— 80

C.48 생성자에서 멤버를 상수로 초기화할 때 멤버 초기화 구문보다는
　　　클래스 안 초기화 구문을 선호하라. ———————————————— 81

C.49 생성자 안의 배정보다는 멤버 초기화 구문을 선호하라. ———————— 82

C.51 한 클래스의 모든 생성자에 공통인 작업들은 위임 생성자로 표현하라. ———— 83

C.52 더 이상의 명시적 초기화가 필요하지 않은 파생 클래스에
　　　기반 클래스의 생성자를 도입할 때는 상속 생성자를 사용하라. ———————— 84

C.67 다형적 클래스는 복사를 금지해야 한다. ———————————————— 88

C.30 객체가 파괴될 때 어떤 작업을 명시적으로 수행해야 하는 클래스에는
　　　소멸자를 정의하라. ———————————————————————— 91

C.31 클래스가 획득한 모든 자원은 반드시 클래스의 소멸자에서 해제해야 한다. ——— 92

C.32 클래스에 원시 포인터(T*)나 참조(T&) 멤버가 있으면, 그 멤버가
　　　자원을 소유하는지 따져 봐야 한다. ———————————————— 92

C.33 클래스에 다른 객체를 소유하는 포인터 멤버가 있으면 소멸자를 정의하라. ——— 93

C.35 기반 클래스의 소멸자는 public과 vitual의 조합이거나
　　　protected와 비vitual의 조합이어야 한다. ————————————— 94

C.80 만일 기본 의미론이 적용됨을 명시적으로 밝혀야 한다면 =default를 사용하라. — 97

C.81 기본 행동 방식을 비활성화하려면 =delete를 사용하라
　　　(다른 여러 가능한 방법 대신). ——————————————————— 98

C.82 생성자와 소멸자에서는 가상 함수를 호출하지 말라. ———————————— 99

C.86 ==를 피연산자 형식들에 대칭으로 작성하고 noexcept로 선언하라. ———— 103

C.87 기반 클래스들에 대한 ==를 조심하라. ———————————————— 105

C.120 클래스 위계구조는 위계적인 구조가 자연스러운 개념들을 표현하는
　　　용도로(만) 사용하라. ——————————————————————— 107

C.121 인터페이스로 사용할 기반 클래스는 추상 클래스로 만들어라. ——————— 109

C.122 인터페이스와 구현을 완전하게 분리해야 할 때는 추상 클래스를
　　　인터페이스로 사용하라. —————————————————————— 110

C.126 보통의 경우 추상 클래스에는 생성자가 필요 없다. ————————————— 111

C.128 가상 함수에는 virtual, override, final 중 딱 하나만 지정해야 한다. ——— 111

C.130 다형적 클래스에 깊은 복사를 적용할 때는 복사 생성/배정보다
　　　가상 clone 함수를 선호하라. ——————————————————— 112

C.132 이유 없이 함수를 virtual로 만들지는 말라. ————————————— 114

C.131 자명한 조회 함수와 설정 함수를 피하라. ——————————————— 115

C.133 protected 데이터를 피하라. ———————————————————— 116

C.134 모든 비const 데이터 멤버의 접근 수준을 동일하게 유지하라. 116
C.129 클래스 위계구조를 설계할 때 구현 상속과 인터페이스 상속을 구분하라. 117
C.135 서로 구별되는 여러 인터페이스는 다중 상속을 이용해서 표현하라. 120
C.138 파생 클래스와 그 기반 클래스들을 위한 중복적재 집합을 작성할 때
　　　 using 선언을 사용하라. 121
C.140 가상 함수와 재정의 함수의 기본 인수들이 서로 달라서는 안 된다. 122
C.146 클래스 위계구조 안에서의 이동이 불가피하면 dynamic_cast를 사용하라. 124
C.147 요구된 클래스를 찾지 못했을 때 오류가 발생해야 한다면
　　　 dynamic_cast를 참조 형식에 적용하라. 125
C.148 요구된 클래스를 찾지 못한 것을 유효한 선택지로 간주할 수 있다면 dynamic_
　　　 cast를 포인터 형식에 적용하라. 125
C.152 파생 클래스 객체들의 배열을 가리키는 포인터를 기반 클래스 객체를
　　　 가리키는 포인터에 배정하면 절대로 안 된다. 126
C.167 연산자는 통상적인 의미의 연산을 수행하는 데 사용하라. 128
C.161 대칭적인 연산자에는 비멤버 함수를 사용하라. 128
C.164 암묵적인 변환 연산자를 피하라. 132
C.162 대체로 동등한 연산들을 중복적재하라. 134
C.163 대체로 동등한 연산들만 중복적재하라. 134
C.168 중복적재된 연산자는 해당 피연산자의 이름공간 안에서 정의하라. 135
C.180 union은 메모리를 절약하는 데 사용하라. 136
C.181 '헐벗은' union을 피하라. 137
C.182 태그된 공용체는 익명 union을 이용해서 구현하라. 138
Enum.1 매크로보다 열거형을 선호하라. 143
Enum.2 열거형은 연관된, 이름 붙은 상수들의 집합을 표현하는 데 사용하라. 143
Enum.3 '평범한' enum보다 enum class를 선호하라. 143
Enum.5 열거자에 ALL_CAPS 형태의 이름을 사용하지 말라. 144
Enum.6 이름 없는 열거형을 피하라. 145
Enum.7 열거형의 바탕 형식은 꼭 필요할 때만 명시하라. 145
Enum.8 열거자의 값은 꼭 필요할 때만 명시하라. 146
R.1 자원 핸들과 RAII를 이용해서 자원을 자동으로 관리하라. 151
R.3 원시 포인터(T*)는 비소유(non-owing)이다. 153
R.4 원시 참조(T&)는 비소유이다. 153
R.5 범위 있는 객체를 선호하라; 불필요하게 힙을 할당하지 말라. 153
R.10 malloc()과 free()를 피하라. 156

R.11 new와 delete의 명시적인 호출을 피하라. 157

R.12 명시적인 자원 할당의 결과를 즉시 관리자 객체에 전달하라. 157

R.13 하나의 표현식 문장에서 명시적인 자원 할당은 많아야 한 번만 수행하라. 159

R.20 소유권은 unique_ptr나 shared_ptr를 이용해서 표현하라. 161

R.21 소유권을 공유할 필요가 없다면 shared_ptr보다 unique_ptr를 선호하라. 162

R.22 shared_ptr 객체는 make_shared()로 생성하라. 164

R.23 unique_ptr 객체는 make_unique()로 생성하라. 164

R.24 shared_ptr들의 순환 참조 관계를 깨려면 std::weak_ptr를 사용하라. 165

R.30 수명 의미론을 명시적으로 나타내고자 할 때만 스마트 포인터를 매개변수로 사용하라. 168

R.37 재명명된 스마트 포인터로 얻은 포인터나 참조를 전달하지 말라. 174

ES.1 표준 라이브러리를 다른 라이브러리나 '손으로 직접 짠 코드'보다 선호하라. 178

ES.2 언어의 기능을 직접 사용하기보다는 적절한 추상을 선호하라. 179

ES.5 범위를 작게 유지하라. 181

ES.6 for 문의 초기화 구문과 조건문 안에서 이름을 선언해서 범위를 최소화하라. 181

ES.7 흔하고 지역 범위에 있는 이름은 짧게, 흔하지 않고 지역 범위가 아닌 이름은 길게 지어라. 182

ES.8 비슷하게 보이는 이름들을 피하라. 182

ES.9 ALL_CAPS 이름을 피하라. 183

ES.10 하나의 선언문에서는 하나의 이름만 선언하라. 183

ES.11 auto를 이용해서 형식 이름의 불필요한 중복을 피하라. 184

ES.12 내포된 범위들에서 이름을 재사용하지 말라. 185

ES.20 객체를 항상 초기화하라. 188

ES.21 필요하기도 전에 변수(또는 상수)를 도입하지는 말라. 189

ES.22 초기화할 값을 갖추기 전에 변수를 선언하지 말라. 189

ES.23 {} 초기화 구문을 선호하라. 190

ES.26 하나의 변수를 서로 무관한 두 가지 용도로 사용하지 말라. 195

ES.28 복잡한 초기화에는, 특히 const 변수의 복잡한 초기화에는 람다를 사용하라. 195

ES.40 복잡한 표현식은 피하라. 199

ES.41 연산자 우선순위에 자신이 없으면 괄호를 사용하라. 200

ES.42 포인터는 간단하고 직관적으로만 사용하라. 200

ES.45 '마법의 상수'를 피하고 기호 상수를 사용하라. 203

ES.55 색인 범위 점검이 필요한 상황을 피하라. 204

ES.47 0이나 NULL 대신 nullptr를 사용하라. 205

ES.61 배열은 delete[]로 삭제하고 배열이 아닌 객체는 delete로 삭제하라. — 207
ES.65 유효하지 않은 포인터를 역참조하지 말라. — 207
ES.43 평가 순서가 정의되지 않는 표현식을 피하라. — 208
ES.44 함수 인수들의 평가 순서에 의존하지 말라. — 209
ES.48 형변환을 피하라. — 210
ES.49 형변환이 꼭 필요하다면 명명된 형변환을 사용하라. — 211
ES.50 const를 강제로 제거하지 말라. — 212
ES.78 switch 문에서 암묵적인 실행 지속에 의존하지 말라. — 215
ES.79 공통의 사례들은(그리고 그런 사례들만) default로 처리하라. — 217
ES.100 부호 있는 산술과 부호 없는 산술을 섞지 말라. — 219
ES.101 비트 조작에는 부호 없는 형식을 사용하라. — 219
ES.102 산술에는 부호 있는 형식을 사용하라. — 220
ES.106 unsigned를 이용해서 음수를 피하려 들지 말라. — 220
ES.103 위넘침을 허용하지 말라. — 223
ES.104 아래넘침을 허용하지 말라. — 223
ES.105 0으로 나누기를 허용하지 말라. — 224
Per.7 최적화가 가능하도록 설계하라. — 233
Per.10 정적 형식 시스템에 의존하라. — 237
Per.11 계산을 실행 시점에서 컴파일 시점으로 이동하라. — 238
Per.19 메모리에 예측 가능한 방식으로 접근하라. — 240
CP.1 여러분의 코드가 다중 스레드 프로그램의 일부로 실행될 것이라고 가정하라. — 246
CP.2 데이터 경쟁을 피하라. — 248
CP.3 쓰기 가능 데이터의 명시적인 공유를 최소화하라. — 249
CP.4 스레드가 아니라 작업의 관점에서 사고하라. — 251
CP.8 volatile을 동기화에 사용하지는 말라. — 252
CP.9 가능하면 항상 적절한 도구를 이용해서 동시적 코드의 유효성을 검증하라. — 252
CP.20 항상 RAII를 적용하고, lock()/unlock()은 절대로 직접 사용하지 말라. — 261
CP.21 여러 개의 뮤텍스를 획득할 때는 std::lock()이나 std::scoped_lock을 사용하라. — 262
CP.22 자물쇠를 잠근 상태에서 절대로 미지의 코드(이를테면 콜백 함수)를 호출하지 말라. — 264
CP.23 주 스레드에 합류하는(joining) thread를 일종의 범위 있는 컨테이너로 간주하라. — 266
CP.24 thread를 전역 컨테이너로 간주하라. — 266

CP.25 std::thread보다 std::jthread를 선호하라. ··········· 268
CP.26 스레드를 분리하지(detach()) 말라. ··········· 269
CP.42 조건 없이 대기하지(wait) 말라. ··········· 270
CP.31 스레드에서 스레드로 작은 데이터를 넘겨줄 때는 참조나 포인터 대신
       값으로 전달하라. ··········· 274
CP.32 서로 무관한 thread들이 소유권을 공유할 때는 shared_ptr를 사용하라. ··········· 274
CP.40 문맥 전환을 최소화하라. ··········· 278
CP.41 스레드의 생성과 파괴를 최소화하라. ··········· 278
CP.43 임계 영역에서 소비하는 시간을 최소화하라. ··········· 280
CP.44 lock_guards와 unique_locks에 이름을 붙이는 것을 잊지 말라. ··········· 281
CP.100 절대적으로 필요하지 않은 한 무잠금 프로그래밍은 사용하지 말라. ··········· 291
CP.101 여러분의 하드웨어/컴파일러 조합을 신뢰하지 말라. ··········· 291
CP.102 문헌들을 세심하게 공부하라. ··········· 294
E.3 예외는 오류 처리에만 사용하라. ··········· 302
E.14 목적에 맞게 설계한 사용자 정의 형식을 예외로 사용하라(내장 형식들 말고). 302
E.15 위계구조에 속한 예외들은 참조로 잡아라. ··········· 304
E.13 객체를 직접 소유한 상황에서는 절대로 예외를 던지지 말라. ··········· 305
E.30 예외 명세는 사용하지 말라. ··········· 306
E.31 catch 절들을 적절한 순서로 배치하라. ··········· 307
Con.1 기본적으로 객체를 변경 불가(immutable)로 만들어라. ··········· 314
Con.2 기본적으로 멤버 함수에 const를 적용하라. ··········· 315
Con.3 기본적으로 포인터와 참조는 const로 전달하라. ··········· 317
Con.4 생성 이후 값이 변하지 않는 객체를 정의할 때 const를 적용하라. ··········· 318
Con.5 컴파일 시점에서 계산할 수 있는 값에는 constexpr를 적용하라. ··········· 318
T.1 템플릿을 코드의 추상 수준을 높이는 데 사용하라. ··········· 323
T.2 다수의 인수 형식들에 적용할 알고리즘을 표현할 때 템플릿을 사용하라. ··········· 324
T.3 컨테이너와 구간을 표현할 때 템플릿을 사용하라. ··········· 325
T.40 연산을 알고리즘에 전달할 때 함수 객체를 사용하라. ··········· 326
T.42 표기를 간단하게 만들고 구현 세부사항을 숨기기 위해
     템플릿 별칭을 사용하라. ··········· 331
T.43 별칭을 정의할 때 typedef보다 using을 선호하라. ··········· 332
T.44 클래스 인수 형식을 연역할 때 함수 템플릿을 사용하라(가능한 경우에). ··········· 332
T.46 템플릿 인수의 요구조건을 적어도 Regular 또는 SemiRegular로 지정하라. ··········· 334
T.47 가시성이 높지만 제약이 없는 흔한 이름의 템플릿을 피하라. ··········· 336

T.48 컴파일러가 콘셉츠를 지원하지 않는다면 enable_if로 흉내 내라. ... 340
T.60 템플릿의 문맥 의존성을 최소화하라. ... 342
T.61 멤버들을 과도하게 매개변수화하지 말라. ... 342
T.62 비의존적 클래스 템플릿 멤버들을 비템플릿 기반 클래스에 배치하라. ... 344
T.80 클래스 위계구조를 어수룩하게 템플릿화하지 말라. ... 352
T.83 멤버 함수 템플릿을 virtual로 선언하지 말라. ... 353
T.140 재사용할 수 있는 연산에는 이름을 붙여라. ... 384
T.141 한 곳에서만 사용할 간단한 함수 객체가 필요할 때는 익명 람다를 사용하라. ... 387
T.143 무심코 비일반적인 코드를 작성하지 말라. ... 387
T.144 함수 템플릿은 특수화하지 말라. ... 390
CPL.1 C보다 C++을 선호하라. ... 397
CPL.2 C를 꼭 사용해야 한다면 C와 C++의 공통 부분집합을 사용하고,
    C 코드를 C++로서 컴파일하라. ... 398
CPL.3 C 인터페이스를 꼭 사용해야 한다면, 그런 인터페이스를 사용하는
    호출 코드를 C++로 작성하라. ... 400
SF.1 프로젝트가 다른 어떤 관례를 따르지 않는 한, 코드 파일의 확장자로는
    .cpp를 사용하고 인터페이스 파일의 확장자로는 .h를 사용하라. ... 406
SF.2 .h 파일에 객체 정의나 비인라인 함수 정의를 담으면 안 된다. ... 407
SF.5 .cpp 파일은 자신의 인터페이스를 정의하는 .h 파일(들)을 포함해야 한다. ... 408
SF.8 모든 .h 파일에 #include 가드를 사용하라. ... 409
SF.9 소스 파일들 사이의 순환 의존관계를 피하라. ... 410
SF.10 간접적으로 #include된 이름들의 의존관계를 피하라. ... 412
SF.11 헤더 파일은 자기 완결적이어야 한다. ... 413
SF.6 using namespace 지시문을 전이(transition)를 위해서(만), 기반 라이브러리
    (std 같은)를 위해서(만), 또는 지역 범위 안에서(만) 사용하라. ... 413
SF.7 헤더 파일의 전역 범위에서 using namespace를 사용하지 말라. ... 416
SF.20 namespace들을 논리적인 구조를 표현하는 데 사용하라. ... 416
SF.21 헤더에서 이름 없는(익명) 이름공간을 사용하지 말라. ... 417
SF.22 내부에서만 사용할, 외부로 내보내지 않을 개체들은 모두
    이름 없는(익명) 이름공간 안에 포함시켜라. ... 417
SL.con.1 C 배열보다 STL array나 vector를 선호하라. ... 420
SL.con.2 다른 컨테이너를 사용할 특별한 이유가 없는 한 기본적으로
    STL의 vector를 선호하라. ... 424
SL.con.3 경계 오류를 피하라. ... 425

SL.str.1 문자 순차열을 소유하려면 std::string을 사용하라. 427

SL.str.2 문자 순차열을 참조하려면 std::string_view를 사용하라. 429

SL.str.4 문자 하나를 참조하려면 char*를 사용하라. 431

SL.str.5 반드시 문자를 표현하는 것은 아닌 바이트 값을 참조할 때는 std::byte를 사용하라. 431

SL.str.12 표준 라이브러리 문자열로 취급할 문자열 리터럴에는 접미사 s를 사용하라. 432

SL.io.1 문자 수준 입력은 꼭 필요할 때만 사용하라. 433

SL.io.2 읽기 작업 시에는 입력이 잘못된 형태일 수 있음을 항상 고려하라. 434

SL.io.3 입출력 작업에는 iostream 라이브러리를 선호하라. 435

SL.io.10 printf류 함수들을 사용하지 않는다면 ios_base::sync_with_stdio(false)를 호출하라. 437

SL.io.50 endl을 피하라. 438

A.1 안정된 코드와 덜 안정된 코드를 분리하라. 445

A.2 잠재적으로 재사용 가능한 부품들을 라이브러리로 표현하라. 446

A.4 라이브러리들 사이에 순환 의존관계가 없어야 한다. 448

NR.1 모든 선언을 함수의 최상단에 두려고 고집하지 말라. 449

NR.2 함수에 반환문을 하나만 두려고 고집하지 말라. 450

NR.3 예외를 꺼리지 말라. 452

NR.4 클래스 선언을 개별 소스 파일에 두려고 고집하지 말라. 453

NR.5 2단계 초기화를 사용하지 말라. 453

NR.6 마무리 작업들을 제일 끝에 몰아넣고 goto exit로 넘어가는 방식으로 함수를 작성하지 말라. 456

NR.7 모든 데이터 멤버를 protected로 만들지는 말라. 458

옮긴이의 글

한때 시대를 주도하던 C++은 언제부터인가 변화에 적응하지 못한 공룡 취급을 받기도 했습니다. 그러나 다행히도 시기를 크게 놓치지 않고 "C++ 현대화" 작업이 시작되어서 C++11과 C++14, C++17을 거쳐 C++20까지 나왔고, C++23도 정식 발표를 눈앞에 두고 있습니다. 이러한 C++ 현대화의 흐름 속에서 저는 도서 출판 인사이트의 후의 덕분에 2015년의 《이펙티브 모던 C++》에서 2022의 《필요한 것만 골라 배우는 모던 C++》까지 현대적 C++(모던 C++)에 관한 여러 좋은 책을 번역하는 행운을 누렸습니다. 그리고 마치 그 책들에 담긴 지혜와 통찰을 한 권의 책으로 정리할 때가 왔다는 듯이 "C++ 핵심 가이드라인(C++ Core Guidelines)"을 해설한 *C++ Core Guidelines Explained: Best Practices for Modern C++*(Addison-Wesley Professional, 2021)가 세상에 등장했고, 그 책을 부족하나마 제가 번역해서 본서 《쉽게 설명한 C++ 핵심 가이드라인》을 독자 여러분께 선보이게 되었습니다.

    C++은 방대하고 복잡한 언어로 알려져 있고 실제로 방대하고 복잡하지만, 그러한 방대함과 복잡함은 본질적으로 현실의 반영일 뿐 그 자체를 단점으로 보는 것은 바람직하지 않겠습니다. 예를 들어 어떤 여객용 제트 비행기의 설계도가 세발자전거의 설계도만큼이나 단순하다면 오히려 걱정스러울 것입니다. 문제는 그런 복잡한 언어를 어떻게 나의 요구에 맞게 다스리고 활용할 것인가인데, 여기에는 지식뿐만 아니라 지혜와 통찰이 크게 작용합니다. 오랜 경험 없이도 그런 지혜와 통찰을 더 많은 C++ 프로그래머가 갖출 수 있게 하려는 노력의 하나가 바로 이 책이 다루는 C++ 핵심 가이드라인입니다.

    C++ 생태계의 두 주요 인사인 비야네 스트롭스트룹(C++의 창시자)과 허브 서터(C++ 표준 위원회 의장)가 주도하는 오픈소스 프로젝트(*https://github.com/isocpp/CppCoreGuidelines*)인 C++ 핵심 가이드라인은 경험, 지혜, 통찰이 가득한 보물상자와도 같지만, 라이너 그림은 C++ 핵심 가이드라인이 "좀 더 많은 사람이 접하기에 이상적인 형태는 아니"라고 생각했습니다. 그래서 저자는 C++ 핵심

가이드라인의 규칙들을 해설한 글을 써서 자신의 블로그를 비롯한 여러 매체에 발표했고, 급기야는 한 권의 책으로 내게 되었습니다.

이상의 소개에서 짐작하겠지만, 그리고 저자 서문을 읽으면 더욱 확실해지겠지만, 이 책은 C++ 언어를 처음 배우려는 사람이 아니라 현대적 C++을 좀 더 효과적이고 안전하게 활용하고자 하는 사람을 위한 책입니다. 따라서 C++11에서 시작하는 현대적 C++에 관한 기본적인 지식이 필요합니다. C++에 익숙하다고 생각하는 프로그래머라도, 예를 들어 `auto mult = [&val](auto&& x) -> decltype(val) { return x * val; };` 같은 문장(현대적 C++의 특징적인 요소들을 보여주기 위해 작위적으로 만든 것입니다)을 보고 "이게 뭐야? 내가 아는 C++이 아닌데?"라는 생각이 든다면 C++을 새로이 공부할 때가 된 것입니다. 미리 현대적 C++을 어느 정도 체계적으로 공부한 후 이 책으로 돌아올 수도 있고 이 책을 읽다가 모르는 부분이 나오면 그때그때 공부할 수도 있겠는데, 어떤 경우이든 2015년부터 제가 번역한 도서출판 인사이트의 현대적 C++ 관련 번역서들이 도움이 될 것입니다. 제 번역서들은 홈페이지 **류광의 번역서 이야기**(*https://occamsrazr.net*)의 "번역서 정보" 섹션에서 확인할 수 있습니다.

저자 서문의 '판타 레이' 절에 나오듯이 C++ 핵심 가이드라인은 계속해서 변합니다. 번역하면서 원서에 나온 규칙과 C++ 핵심 가이드라인에 실제로 나온 규칙이 조금 다른 경우를 몇 개 발견했는데, 독자가 저자 서문의 판타 레이 부분을 읽었으리라고 가정하고 별다른 역주 없이(이런 사실 자체를 언급하는 역주를 빼고는) 번역문에 새로운 내용을 반영했음을 알려 드립니다. 그밖에 원서의 문장을 그대로 옮기는 대신 "저자가 쓰려고 했을" 또는 "썼어야 했을" 문장을 짐작해서 옮긴 경우도 있는데, 어쩌면 제가 오해한 것일 수도 있겠습니다. 내용상의 오류와 오역, 오타를 발견하면 다른 독자들을 위해서라도 제게 꼭 알려주시기 바랍니다. 앞서 언급한 제 홈페이지의 번역서 정보 섹션에 이 책을 위한 페이지로 가는 링크가 있습니다.

감사 인사로 옮긴이의 글을 마무리하고자 합니다. 먼저, 현대적 C++ 책들을 꾸준히 내주시는 도서출판 인사이트 한기성 사장님께 감사합니다. C++의 현대화에는 C++ 언어 자체뿐만 아니라 C++ 사용자의 현대화도 포함된다는 점에서, 좋은 책의 출간은 아주 중요한 문제입니다. 그리고 이번에도 번역과 교정 과정을 매끄럽게 진행해 주신 정수진 편집자님과 다소 산만한 원서의 조판과는 달리 차분하면서도 지루하지 않은 조판으로 번역서의 품질을 높여 주신 조판 디자이너 최우정님께 감사드립니다. 그 밖에도 이 책의 출간에 많은 분이 기여하셨지만, 일일이 거론하지 못해 죄송할 따름입니다. 마지막으로, 여러 가지 악조건 속에서도 세밀한 교정·교열로 미숙한 원고를 출판에 적합한 원고로 탈바꿈해 준 아내 오현숙에게 감사와 사랑의 마음을 전합니다.

    재미있게 읽으시길!

옮긴이 류광

추천사

C++은 수많은 기능을 가진, 대단히 다채롭고 표현력이 큰 언어이다. C++이 그런 언어가 된 것은 당연하다면 당연하다. 범용 프로그래밍 언어가 성공하려면 한 사람의 개발자가 필요로 하는 것보다 더 많은 기능을 제공해야 하며, 언어가 계속 살아남고 진화하다 보면 어떠한 하나의 개념을 표현하는 다양한 관용구들이 축적되기 때문이다. 하지만 그러면 개발자가 선택할 것이 너무 많아질 수 있다. 개발자는 다양한 프로그래밍 스타일과 전문 지식을 적절하게 선택하는 능력을 갖추어야 한다. 또한, 낡고 효과적이지 않은 기법과 프로그래밍 스타일에 묶여서 더 나아가지 못하는 사태를 피할 수 있어야 한다.

C++ 핵심 가이드라인(C++ Core Guidelines)[1]은 그런 문제점들을 해결하기 위해 현대적 C++의 널리 알려진 모범 관행(best practice)들을 한곳에 모으려는 오픈소스 프로젝트로, 지금도 계속 진행 중이다. C++ 핵심 가이드라인은 수십 년간의 경험과 기존 코딩 규칙들에 기반한다. C++ 핵심 가이드라인의 지침들과 규칙들은 C++ 자체와 개념적 틀을 공유하며, 형식 안전성(type safety)과 자원 안전성, 그리고 피할 수 있는 복잡성과 비효율성의 제거에 초점을 둔다. C++ 핵심 가이드라인은 알려진 문제 영역들을 해결하기 위한 지침들과 규칙들을 제공한다. 그중 일부는 정적 코드 분석 도구를 이용해서 집행할 수 있도록 만들어졌다.

C++ 핵심 가이드라인은 특정한 하나의 주제를 손쉽게 참조하고 공유하기 쉽도록 참고자료의 형태로 구성되어 있다. 다른 말로 하면, C++ 핵심 가이드라인은 현대적 C++을 잘 활용하기 위해 처음부터 끝까지 차례대로 읽으면서 여러 주제를 익힐 수 있는 튜토리얼이 아니다. 그런 만큼, C++ 핵심 가이드라인의 규칙들을 좀 더 많은 사람이 수월하게 익히게 한다는 어렵고도 꼭 필요한 작업을 저자 라이너 그림이 자신의 교육 기술과 업계 경험을 적용해서 완수했다는 것은 우리 C++ 핵심 가이드라인 편집자들에게 매우 기쁜 소식이다. 독자가 이 책으로 C++ 핵심 가이드라인을 익히면서 많은 영감을 얻기를, 그리고 C++ 핵심 가이드라인을

---

[1] https://github.com/isocpp/CppCoreGuidelines/blob/master/CppCoreGuidelines.md

실제 업무에 적용함으로써 훨씬 더 효과적이고 즐겁게 일할 수 있게 되길 희망한다.

비야네 스트롭스트룹 Bjarne Stroustrup

허브 서터 Herb Sutter

C++ Core Guidelines Explained

서문

이 서문의 목적은 단 하나, 친애하는 독자가 이 책을 최대한 활용하는 데 필요한 배경지식을 전달하는 것이다. 이 배경지식에는 저자인 나에 관한 세부사항과 내 저술 스타일, 이 책을 쓰게 된 동기, 그리고 이런 책을 쓰면서 어려웠던 점이 포함된다. 원한다면 이 서문을 건너뛰어도 좋지만, 서문 다음에 나오는 감사의 글은 꼭 읽어주기 바란다.

관례

다음은 이 책 전반에 쓰이는 그리 많지 않은 관례들이다.

규칙 대 지침

C++ 핵심 가이드라인은 지침(guideline)을 '규칙(rule)'이라고 칭할 때가 많다. 그래서 이 책에서 규칙이라는 용어를 사용하기로 한다. 이 책 전반에서 지침과 규칙은 사실상 같은 말이다.

특별한 글꼴
- 중요한 용어나 문구는 **굵은 글자**나 고딕체로 표시한다.
- 소스 코드, 명령, 키워드, 형식, 변수, 함수, 클래스 이름은 `name`처럼 고정폭 글꼴로 표시한다.

관련 규칙

C++ 핵심 가이드라인에는 서로 연관된 규칙들이 있다. 일부 장(챕터)들은 그 장에서 설명한 규칙들과 관련된 규칙들을 장의 끝부분의 '관련 규칙' 절에서 소개한다.

요약 글상자

대부분의 장은 그 장의 주요 내용을 불릿 목록으로 요약한 글상자로 끝난다.

요약

주요 사항
- 이번 장의 주요 내용

소스 코드

나는 using 선언과 using namespace 지시문을 좋아하지 않는다. 소스 코드에 쓰인 이름들의 출처(origin)가 무엇인지(이를테면 이 함수가 어떤 라이브러리에 속한 것인지) 알기 어렵기 때문이다. 그러나 지면의 제약 때문에 종종 using 지시문과 using namespace 선언을 사용해야 했다. using namespace std;나 using std::cout; 등 익숙한, 따라서 출처를 충분히 짐작할 수 있는 이름들에 대해서만 지시문과 선언을 사용하려고 노력했다. 일부 헤더는 #include 문을 생략하기도 했다. 부울 값은 true 또는 false로 출력된다고 가정했으며, 이에 필요한 입출력 스트림 조작자 std::boolalpha는 굳이 예제 코드에 포함시키지 않았다.

특별한 언급이 없는 한 예제 코드에서 마침표 세 개(...)는 코드 생략을 뜻한다(가변 인수가 아니라).

예제 코드가 하나의 완결적인 프로그램일 때는 첫 행에 소스 파일 이름을 주석으로 표시했다. 독자가 적어도 C++14를 지원하는 컴파일러를 사용한다고 가정하고 예제 코드를 작성했다. C++17이나 C++20이 필요한 경우에는 소스 파일 이름 다음에 해당 C++ 표준을 표시해 두었다.

소스 코드를 설명하기 편하도록 코드에 // ❶ 같은 주석을 붙이기도 했다. 본문에서 설명할 코드가 있는 행(지면이 여의치 않으면 그 행 바로 위의 행)에 그런 숫자를 표시해 두었다. 이 책(원서)의 깃허브 저장소(*https://github.com/*

RainerGrimm/CppCoreGuidelines)에 있는 소스 코드에는 그런 표시가 없다. 또한, 지면의 제약으로 이 책에서는 소스 코드의 포매팅(줄 바꿈, 들여쓰기)을 저장소에 있는 것과 다르게 조절했다는 점도 밝혀 둔다.

C++ 핵심 가이드라인에 있는 예제 코드를 가져온 경우에는 가독성을 위해 `using namespace std`를 추가하거나 포매팅을 변경하기도 했다.

C++ 핵심 가이드라인에 주목한 이유

내가 C++ 핵심 가이드라인을 설명하는 책을 쓰기로 한 데에는 C++과 파이썬, 그리고 소프트웨어 전반에 대한 교육자로 15년을 보낸 경험이 크게 작용했다. 지난 몇 년 동안 나는 심장 제세동기(defilbrillator)에 내장되는 소프트웨어를 개발하는 팀을 이끌었다. 내 책임에는 제세동기에 관한 규제 조항들을 준수하는 것도 포함되었다. 제세동기는 환자와 사용자의 사망이나 치명상을 유발할 수도 있는 장치인 만큼, 그런 장치를 위한 소프트웨어를 작성하는 것은 대단히 어려운 일이다.

이 책은 C++ 공동체의 일원으로서 우리가 반드시 답해야 하는 질문 하나에 기초한 것이다. 그 질문이란, "우리에게 현대적 C++을 위한 지침(guideline)들이 필요한 이유는 무엇인가?"이다. 그리고 이 질문에 대한 답은 지난 경험에서 얻은, C++에 대한 나의 세 가지 의견에서 찾을 수 있다.

C++은 초보자에게 너무 복잡하다

C++은 원래부터 복잡한(complex) 언어이고, 초보자는 특히나 복잡하게 느낀다. 근본적인 이유는 C++로 풀고자 하는 문제들 자체가 원래부터 까다롭고 (complicated) 복잡할 때가 많기 때문이다. C++을 누군가에게 가르칠 때는 모든 용례(use case)의 적어도 95%에서 유효한 규칙들을 학습자에게 제시해야 한다. 내가 생각하는 그런 규칙들은 다음과 같다.

- 형식(type)을 컴파일러가 연역하게 한다.
- 초기화에는 중괄호({}) 구문을 사용한다.
- 스레드보다 작업(task)을 우선시한다.
- 원시(raw) 포인터 대신 스마트 포인터를 사용한다.

나는 내 세미나에서 이런 규칙들을 가르친다. 그렇지만 C++ 공동체 전체 차원에서는 좀 더 공식적이고 규범적인 규칙 또는 모범 관행(best practice)들을 만들고 합의할 필요가 있다. 그런 규칙들은 부정적인 방식이 아니라 긍정적인 방식으로 형식화해야 할 것이다. 즉, 코드를 이러저러하게 작성하지 말라는 규칙들이 아니라 이러저러하게 작성하라는 규칙들이어야 한다.

C++은 전문가에게도 쉽지 않다

3년마다 나오는 새 C++ 표준에 포함되는 다수의 새 기능들을 익히는 것은 그리 큰 문제가 아닐 수 있지만, 경력 있는 전문 C++ 프로그래머라도 현대적 C++이 지원하는 새로운 개념들과 착안들에 잘 적응하지 못하는 경우가 있다. 코루틴과 느긋한 평가를 이용한 이벤트 주도적 프로그래밍, 무한 데이터 스트림, 구간 라이브러리(Ranges library)를 이용한 함수 합성을 생각해 보라. 템플릿 매개변수에 의미론적 범주를 도입하는 콘셉츠를 생각해 보라. C 프로그래머가 객체 지향적 프로그래밍의 개념들을 익히기란 꽤 어려운 일일 수 있다. 구식 C++에 익숙한 프로그래머들도 마찬가지이다. 여러분이 새로운 패러다임으로 전환하려면 지금까지 자신이 프로그래밍 문제를 푸는 데 사용해 온 방식을 다시 생각해 보아야 하고, 필요하다면 뜯어고쳐야 한다. 현대적 C++에는 새로운 개념이 많이 도입되었다. 나는 초보자보다는 전문 프로그래머가 오히려 그런 개념들에 적응하기가 더 어려울 것이라고 가정한다. 전문 프로그래머들은 오랫동안 성공적으로 사용해온 문제 해결 기법들을 고집하기 쉬우며, 그러다 보니 소위 **망치-못 함정**(hammer-nail trap)†에 빠지기 쉽다.

C++은 안전성이 중요한 소프트웨어에 쓰인다

내가 가장 신경 쓰는 사항이 이것이다. 안전성이 중요한(safety-critical) 소프트웨어를 개발할 때는 특정한 코딩 지침을 준수해야 할 때가 많다. 안전성을 강조하는 코딩 지침으로 가장 두드러진 예는 MISRA C++이다. MISRA C++은 영국의 *Motor Industry Software Reliability Association*(자동차 산업 소프트웨어 신뢰성 협회)[1]가 발행하는 코딩 지침으로, 현재 버전은 MISRA C++:2008이다. MISRA C++

---

† [옮긴이] "망치를 들고 있으면 모든 것이 못으로 보인다"라는 속담을 비유한 것으로, 문제에 맞게 도구나 기법을 선택하는 대신 익숙한 도구나 기법에 맞게 문제를 재단하는 오류를 뜻한다.

1 https://www.misra.org.uk/

은 1998년 발표된 *MISRA C guidelines*[2]에 기초한다. 원래는 자동차 산업을 위해 만들어진 지침이지만 이제는 항공, 군사, 의료 분야의 안전성 중요 소프트웨어의 구현을 위한 사실상의 표준이 되었다. MISRA C처럼 MISRA C++도 C++의 안전한 부분집합을 위한 지침들을 제공한다. 그런데 개념적인 문제점이 하나 있다. MISRA C++은 현대적인 C++ 소프트웨어 개발을 위한 지침이라고 말하기에는 너무 낡았다. MISRA C++ 이후로 새 C++ 표준이 네 개나 나왔다! 극명한 예로, MISRA C++은 연산자 중복적재(operator overloading)를 허용하지 않는다. 내 세미나에서는 `auto constexpr dist = 4 * 5_m + 10_cm - 3_dm;`처럼 사용자 정의 리터럴을 이용해서 형식에 안전한 산술을 구현해야 한다고 가르친다. 산술 연산자들과 적절한 접미사들을 위한 리터럴 연산자들을 중복적재하지 않고는 이런 형식에 안전한 산술을 구현할 수 없다. 솔직히 나는 MISRA C++이 빠르게 진화해서 현재의 C++ 표준을 따라잡을 것이라고는 믿지 않는다. C++ 핵심 가이드라인처럼 공동체가 주도하는 지침만이 계속 발전하는 C++ 표준과 보조를 맞출 수 있다.

> 🔑 **MISRA C++과 AUTOSAR C++14의 병합 계획**
>
> 하지만 희망이 있다. MISRA C++이 AUTOSAR C++14를 포함할 것이라고 한다. *AUTOSAR C++14*[3]는 C++14에 기초한 지침으로, MISRA C++을 확장하기에 아주 적합하다. 하지만 업계의 단체가 주도하는 지침이 현대적 C++의 역동적인 변화를 계속해서 따라잡을 수 있을지는 심히 의심스럽다.

나의 도전 과제

나는 2019년 5월에 비야네 스트롭스트룹과 허브 서터에게 C++ 핵심 가이드라인에 관한 책을 쓰고 싶다는 메일을 보냈다. 그 메일에서 핵심 부분을 인용하자면 다음과 같다: "저는 **C++ 핵심 가이드라인**의 가치를 절대적으로 지지합니다. 왜냐하면 저는 우리 C++ 프로그래머들에게 현대적 C++의 올바른/안전한 사용법에 관한 지침들이 꼭 필요하다고 믿기 때문입니다. 제 C++ 강좌에서 **C++ 핵심 가이드라인**의 예제들과 착안들을 자주 사용하고 있습니다. **C++ 핵심 가이드라인**의 포맷은 대체로 MISRA C++이나 AUTOSAR C++14의 규칙들과 비슷한데, 아마 의도적

---

[2] https://en.wikipedia.org/wiki/MISRA_C
[3] https://www.autosar.org/fileadmin/standards/adaptive/18-03/AUTOSAR_RS_CPP14Guidelines.pdf

으로 그렇게 하셨겠지만 좀 더 많은 사람이 접하기에 이상적인 형태는 아니라고 생각합니다. 만일 C++ 핵심 가이드라인의 일반적인 개념들을 설명하는 또 다른 문서가 있다면 더 많은 사람이 C++ 핵심 가이드라인의 지침들을 읽고 고민하게 되리라 생각합니다."

이와 관련해서 몇 가지 더 언급하고자 한다. 지난 몇 년 동안 나는 C++ 핵심 가이드라인에 관한 백여 건의 글을 써서 내 독일어 및 영어 블로그에 올렸다. 또한 독일어 잡지 *Linux-Magazin*[4]에서 C++ 핵심 가이드라인에 관한 글을 연재했다. 이런 글들을 쓴 이유는 두 가지이다. 첫째로, 나는 C++ 핵심 가이드라인을 더 많은 사람이 알아야 한다고 생각했다. 둘째로, 나는 C++ 핵심 가이드라인의 규칙들을 좀 더 읽기 쉬운 형태로 설명하고 필요하다면 배경 정보도 함께 제공하고자 했다.

이런 글들을 쓰는 것이 쉽지는 않았다. C++ 핵심 가이드라인에는 지침이 500개가 넘는다. 대부분의 경우 C++ 핵심 가이드라인은 지침들을 그냥 '규칙'이라고 부른다. 이 규칙들은 대부분 정적 분석을 염두에 두고 작성된 것들이다. 전문 C++ 소프트웨어 개발자에게 생명줄과도 같은 규칙들이 많지만, 너무 전문적인 규칙도 많고, 불완전하거나 다른 규칙들과 겹치는 규칙들도 드물지 않다. 심지어는 다른 규칙과 모순되는 규칙들도 있다. 이 책을 쓰면서 내가 설정한 도전 과제는, C++ 핵심 가이드라인의 규칙 중에서 C++을 사용하는 전문적인 소프트웨어 개발자에게 꼭 필요한 주요 규칙들을 선별하고, 거기서 너무 난해한 내용을 제거하고 누락된 배경 정보를 채워서 읽기 좋은(심지어 재미있는) 이야기를 만들어 내는 것이었다.

판타 레이

판타 레이[Panta rhei]는 그리스 철학자 헤라클레이토스(Heraclitus of Ephesus)[5]의 유명한 말로, "모든 것은 흐른다"라는 뜻이다.‡ 판타 레이는 이 책을 쓰면서 내가 겪은 어려움을 잘 표현한다. C++ 핵심 가이드라인은 깃허브 저장소로 관리되는, 250여 명이 참여한 공개 프로젝트[6]이다. 이 책을 쓰면서 근거로 삼은 규칙들과 문장들이 계속해서 바뀌었고 앞으로도 바뀔 것이다.

---

4 https://www.linux-magazin.de/
5 https://en.wikipedia.org/wiki/Heraclitus
‡ [옮긴이] 같은 뜻의 사자성어로 만물유전(萬物流轉)이 있다.
6 https://github.com/isocpp/CppCoreGuidelines

C++98	C++11	C++14	C++17	C++20
1998	2011	2014	2017	2020
• 템플릿 • 컨테이너와 알고리즘을 포함한 STL • 문자열 • I/O 스트림	• 이동 의미론 • 통합된 초기화 • auto와 decltype • 람다 함수 • constexpr • 다중 스레드와 메모리 모형 • 정규표현식 • 스마트 포인터 • 해시 테이블 • std::array	• 읽기-쓰기 자물쇠 • 일반적 람다 함수 • 일반화된 constexpr 함수	• 접기 표현식 • constexpr if • 구조적 바인딩 • std::string_view • 병렬 STL 알고리즘 • 파일 시스템 라리 • std::any, std::optional, std::variant	• 코루틴 • 모듈 • 콘셉츠 • 구간 라이브러리

게다가 C++ 표준 자체도 계속 진화한다. 실제로 C++ 핵심 가이드라인에는 향후 표준(C++23 등)에 채용될 기능들에 관한 내용도 포함되어 있다. 계약(contract) 관련 규칙들이 대표적인 예이다. 이런 점들을 고려해서 나는 몇 가지 사항을 결정했다.

1. 언급한 C++ 핵심 가이드라인 규칙의 URL을 각주로 제시한다.
2. C++17 표준에 초점을 두되, 필요하다면 C++20 표준과 관련한 규칙들도 제시한다(콘셉츠 등).
3. C++ 핵심 가이드라인은 새 C++ 표준이 발표되면 더욱 크게 변할 것이다. 그에 따라 이 책의 개정판을 낼 계획이다.

이 책을 읽는 방법

이 책의 구성은 C++ 핵심 가이드라인의 구조를 반영한다. 제1부의 장들은 C++ 핵심 가이드라인의 주요 섹션들과 대응되고, 제2부의 장들은 지원 섹션들에 대응된다. C++ 핵심 가이드라인의 섹션들과는 대응되지 않는 부록들도 있다. 부록들에서는 C++ 핵심 가이드라인의 규칙들을 실제로 집행하는 방법과 C++20의 콘셉츠, 그리고 이후 표준에 포함될 계약 기능을 소개한다.

마지막으로, 이번 절의 제목인 "이 책을 읽는 방법"을 이야기하겠다. C++ 핵심 가이드라인의 주요 섹션들에 대응되는 제2부의 장들은 모두 읽기 바란다. 가능하면 각 장을 처음부터 끝까지 읽어 주었으면 한다. 지원 섹션들을 다루는 제2부는 추가적인 정보를 제공하는데, 특히 GSL(Guidelines Support Library)을 소개한다. 제3부의 부록들은 주요 섹션들을 이해하는 데 도움이 되는 필수 배경지식에 대한 참고자료로 의도한 것이다. 이런 추가 정보는 이 책의 완성도에 꼭 필요하다.

감사의 글

제일 먼저 나는 C++ 핵심 가이드라인의 모든 기여자에 감사한다. C++ 핵심 가이드라인은 250여 명의 기여자가 만든 작품이다. 지금까지 가장 두드러진 기여자를 꼽자면 허브 서터와 비야네 스트롭스트룹†, 가브리엘 도스 레이스Gabriel Dos Reis, 세르게이 주브코프Sergey Zubkov, 조너선 웨이클리Jonathan Wakely, 닐 매킨토시Neil MacIntosh가 있다. 모든 기여자를 알고 싶다면 *https://github.com/isocpp/CppCoreGuidelines/graphs/contributors*를 보기 바란다.

다음으로, 원고의 감수자(proofreader)들에게도 무척 감사한다. 그들의 도움이 없었다면 이 책의 품질이 지금 같지 않았을 것이다. 감수자들은 다음과 같다(알파벳순): 야세르 아프샤르Yaser Afshar, 니콜라 봄바체Nicola Bombace, 실뱅 뒤퐁Sylvain Dupont, 파비오 프라카시Fabio Fracassi, 줄리엣 그림Juliette Grimm, 미하엘 묠나이Michael Möllney, 마테우시 노바크Mateusz Nowak, 아서 오드와이어Arthur O'Dwyer, 모리츠 슈트뤼베Moritz Strübe.

마지막으로, 이 책의 삽화를 그려준 아내 베아트릭스 야우트-그림Beatrix Jaud-Grimm에게 깊은 감사의 마음을 전한다.

---

† [옮긴이] 이 두 명은 C++ 핵심 가이드라인의 대표 편집자이다. 참고로 서터는 현재 C++ 표준위원회 위원장 겸 서기(Convener and secretariat)이고 스트롭스트룹은 C++의 창시자이다.

01

지침들

1장	소개
2장	철학
3장	인터페이스
4장	함수
5장	클래스와 클래스 위계구조
6장	열거형
7장	자원 관리
8장	표현식과 문장
9장	성능
10장	동시성
11장	오류 처리
12장	상수와 불변성
13장	템플릿과 일반적 프로그래밍
14장	C 스타일 프로그래밍
15장	소스 파일
16장	표준 라이브러리

1장

C++ Core Guidelines Explained

소개

기초를 배우는 시피.†

C++ 핵심 가이드라인(C++ Core Guidelines)의 개별 지침들은 다음 장부터 자세히 이야기하기로 하고, 이번 장에서는 먼저 C++ 핵심 가이드라인 전체를 간단히 소개하겠다.

---

† [옮긴이] 이 책의 여정을 독자와 함께 할 시피^{Cippi}는 말괄량이 삐삐^{Pippi}의 C++ 버전으로, 저자의 2021년 저서 C++20: Get the Details(번역서는 《C++20: 풍부한 예제로 익히는 핵심 기능》, 인사이트, 2022)에 처음 등장했다. 호기심 많고 영리한 아이라고 한다.

1.1 대상 독자

C++ 핵심 가이드라인의 대상 독자는(따라서 본서 《쉽게 설명한 C++ 핵심 가이드라인》의 대상 독자도) 모든 C++ 프로그래머이다. 여기에는 C로 작성된 코드를 다루어야 할 수도 있는 프로그래머도 포함된다.

1.2 목적

C++ 핵심 가이드라인이 제시하는 규칙들의 목적은 프로그래머들이 현대적 C++(모던 C++)을 받아들이고 일관된 스타일로 코드를 작성하는 데 도움을 주는 것이다. 물론 기존의 구식 코드에는 적용할 수 없는 규칙들도 있다. 뒤집어서 말하면, 이 규칙들은 더 이상 작동하지 않거나 리팩터링이 필요한 구식 코드를 다시 작성할 때 적용해야 한다. 규칙들은 형식 안전성(type safety)과 자원 안전성(resource safety)에 초점을 둔다. 규칙들은 단지 "이렇게 하지 마세요!"에 관한 것이 아니라 규범과 관례에 관한 것이며, 체계적으로 점검·확인할 수 있는 것들도 많다. 이 규칙들은 점진적으로 채용할 수 있도록 설계되었다.

1.3 목적이 아닌 것

C++ 핵심 가이드라인의 목적뿐만 아니라 목적이 아닌 것(non-aim)들도 알아둘 필요가 있다. C++ 핵심 가이드라인의 규칙들을 처음부터 차례로 읽을 필요는 없다. C++ 핵심 가이드라인은 현대적 C++의 튜토리얼이 아니며, 구식 C++ 코드를 현대적 C++ 코드로 바꾸는 절차를 제공하지도 않는다. 또한 지침들이 여러분이 맹목적으로 따를 수 있을 정도로 엄밀하지는 않으며, C++의 안전한 부분집합인 것도 아니다.

1.4 규칙의 집행

강제적인 집행력이 없다면 대규모 코드 기반(code base)에서 지침들을 관리하기가 사실상 불가능하다. 이 때문에 각 규칙에는 집행(enforcement) 조항이 있다. 집행 조항은 코드 검토(code review)일 수도 있고 동적 코드 분석이나 정적 코드 분석일 수도 있다. C++ 핵심 가이드라인은 서로 연관된 규칙들을 묶은 '프로파일profile'들도 제시한다. 형식 위반, 경계(bounds) 위반, 수명 위반으로부터 지침을 보호하기 위한 프로파일들이 있다(제19장).

1.5 구조

C++ 핵심 가이드라인의 규칙들은 다음과 같은 전형적인 구조를 따른다.

- **Reason**(이유): 규칙의 이유 또는 근거(rationale)를 설명한다.
- **Example**(예제): 규칙에 따라 좋은 코드이거나 나쁜 코드에 해당하는 코드 조각을 제시한다.
- **Alternative**(대안): "이렇게 하지 마세요" 규칙의 대안("대신 이렇게 하세요")을 제시한다.
- **Exception**(예외): 규칙을 적용하지 않는 이유나 상황을 제시한다.
- **Enforcement**(집행): 규칙을 점검하는 방법을 제시한다.
- **See also**(참조): 관련된 다른 규칙들을 제시한다.
- **Note**(참고): 규칙에 관한 참고 사항을 제시한다.
- **Discussion**(논의): 추가적인 근거나 예제를 제시한다.

1.6 주요 섹션

C++ 핵심 가이드라인은 16개의 주요 섹션으로 구성된다. 간단히 섹션 제목들만 나열하겠다.

- Introduction(소개)
- Philosophy(철학)
- Interfaces(인터페이스)
- Functions(함수)
- Classes and class hierarchies(클래스와 클래스 위계구조)
- Enumerations(열거형)
- Resource management(자원 관리)
- Expressions and statements(표현식과 문장)
- Performance(성능)
- Concurrency(동시성)
- Error handling(오류 처리)
- Constants and immutability(상수와 불변성)
- Templates and generic programming(템플릿과 일반적 프로그래밍)
- C-style programming(C 스타일 프로그래밍)

- Source files(소스 파일)
- The Standard Library(표준 라이브러리)

> **요약**
>
> **주요 사항**
> - C++ 핵심 가이드라인의 대상 독자는 모든 C++ 프로그래머이다.
> - C++ 핵심 가이드라인의 목적은 프로그래머들이 현대적C++(모던 C++)을 받아들이고 일관된 스타일로 코드를 작성하는 데 도움을 주는 것이다.
> - C++ 핵심 가이드라인은 튜토리얼이 아니며, 맹목적으로 따라도 될 정도로 규칙들이 엄밀하지도 않다.
> - 각 규칙에는 집행 조항이 있다.

2장

C++ Core Guidelines Explained

철학

생각에 잠긴 시피.

C++ 핵심 가이드라인의 철학 섹션[1]에 있는 규칙들은 일반적이며, 따라서 도구를 이용해서 기계적으로 점검할 수는 없다. 철학 규칙들은 제3장부터 나오는 구체적인 규칙들의 근거를 제공한다. 철학 규칙은 13개밖에 되지 않으므로 이번 장에서 모두 다루기로 한다.

---

1 *https://isocpp.github.io/CppCoreGuidelines/CppCoreGuidelines#S-philosophy*

P.1 생각을 코드로 직접 표현하라.[2]

프로그래머는 생각을 직접 코드로 표현해야 한다. 머릿속의 생각과는 달리 코드는 컴파일러와 도구로 점검할 수 있기 때문이다. 다음은 두 메서드를 보면 이 규칙이 명확해질 것이다.

```
class Date {
  // ...
public:
  Month month() const; // 이렇게 해야 함
  int month();         // 이렇게 하지 말 것
  // ...
};
```

둘째 멤버 함수 month()는 자신이 달(month)을 나타내는 상수(constant) 함수임을 말해주지 않는다. 표준 템플릿 라이브러리(Standard Template Library, STL)의 알고리즘[†] 대신 for나 while을 사용하는 코드도 마찬가지이다. 다음은 이 점을 보여주는 예제 코드이다.

```
int index = -1;                            // 나쁨
for (int i = 0; i < v.size(); ++i) {
    if (v[i] == val) {
        index = i;
        break;
    }
}

auto it = std::find(begin(v), end(v), val);   // 더 나음
```

프로다운 C++ 개발자라면 당연히 STL의 알고리즘들[3]을 알고 있을 것이다. 이 알고리즘들을 사용하면 명시적인 루프를 사용할 필요가 없으며, 코드가 더 이해하기 쉽고 유지보수하기 쉬워져서 오류의 여지가 줄어든다. 현대적 C++에는 이런 격언이 있다: "명시적인 루프를 사용하는 사람은 STL의 알고리즘을 모른다."

---

2 *https://isocpp.github.io/CppCoreGuidelines/CppCoreGuidelines#Rp-direct*
† [옮긴이] 일반적 프로그래밍(generic programming, GP)의 문맥에서, 특히 STL과 관련해서, '알고리즘'은 반복자나 컨테이너와 잘 연동되도록 일정한 관례에 따라 작성된 템플릿 함수를 뜻한다.
3 *https://en.cppreference.com/w/cpp/algorithm*

P.2 ISO 표준 C++로 코드를 작성하라.[4]

이것은 더 설명할 것이 없을 정도로 당연한 규칙이다. 이식성 있는 C++ 프로그램을 작성하려면 당연히 표준 C++을[†] 사용해야 한다. 컴파일러 확장 기능은 사용하지 말고 현재의 C++ 표준에 따라 코드를 작성해야 한다. 또한, 미정의 행동과 구현체 정의 행동을 조심해야 한다.

- **미정의 행동**(undefined behavior): 프로그램이 어떻게 행동할지가 표준에 정의되지 않은 것을 말한다. 따라서 어떤 일이라도 벌어질 수 있다. 프로그램이 정확한 결과를 낼 수도 있고, 틀린 결과를 낼 수도 있고, 실행 도중 폭주할 수도 있고, 아예 컴파일되지 않을 수도 있다. 또한, 프로그램을 새 플랫폼으로 이식하거나, 컴파일러를 업그레이드하거나, 해당 코드와는 무관한 어떤 코드를 변경했을 때 행동이 바뀔 수도 있다.
- **구현체 정의 행동**(implementation-defined behavior): 프로그램의 행동이 C++ 언어의 구현체(컴파일러 등)에 따라 달라질 수 있는 것을 말한다. 구현체(컴파일러 등)는 반드시 각각의 행동을 문서화해야 한다.

만일 ISO 표준에 없는 확장 기능을 꼭 사용해야 한다면, 그 부분을 안정적인 인터페이스 안에 캡슐화해야 한다.

> 🔑 **발화 의미론**
>
> 미정의 행동과 관련해서 C++ 공동체에는 이런 표현이 있다: "미정의 행동이 있는 프로그램은 발화 의미론(catch-fire semantics)을 따른다." 이는 미정의 행동 때문에 컴퓨터에 불이 날 수도 있다는 뜻이다.

P.3 의도를 표현하라.[5]

다음의 명시적, 암묵적 루프들의 의도(intent)가 무엇인지 파악해 보기 바란다.

```
for (const auto& v: vec) { ... }                              // ❶
for (auto& v: vec) { ... }                                    // ❷
```

---

[4] https://isocpp.github.io/CppCoreGuidelines/CppCoreGuidelines#Rp-Cplusplus

[†] [옮긴이] 오랜 관례에 따라 이 번역서는 독자가 C++을 '씨쁠쁠'이라고(이를테면 '시플러스플러스'가 아니라) 읽는다고 가정한다. 조사가 '를'이 아니라 '을'인 이유이다.

[5] https://isocpp.github.io/CppCoreGuidelines/CppCoreGuidelines#Rp-what

```
std::for_each(std::execution::par, vec, [](auto v) { ... });    // ❸
```

루프 ❶은 컨테이너 vec의 요소들을 수정하지 않는다. 반면에 루프 ❷는 요소들을 수정한다. 한편, ❸의 std::for_each 알고리즘은 작업을 병렬로(std::execution::par) 수행한다. 이는 요소들이 어떤 순서로 처리되어도 상관이 없다는 뜻이다.

"의도를 표현하라"는 코드의 문서화에도 중요한 지침이다. 문서는 "어떻게"가 아니라 "무엇을" 해야 하는지를 밝혀야 한다.

> **P.4** 이상적으로, 프로그램은 정적 형식 안전성을 갖추어야 한다.[6]

C++은 정적 형식 언어(statically typed language)이다. '정적 형식'이라는 것은 데이터의 형식(type)[†]을 컴파일러가 안다는, 즉 데이터의 형식이 컴파일 시점에서 미리 결정된다는 뜻이다. 정적 형식 '안전성(safety)'은 컴파일러가 형식에 관한 오류를 검출할 수 있음을 뜻한다. 그러나 공용체, 형변환, 배열 붕괴, 색인 범위 오류, 좁아지는 변환(§8.2.2.3)과 관련해서는 정적 형식 안전성을 보장하기 어렵다. 다음은 이런 부분들에 대한 현대적 C++의 몇 가지 해결책이다.

- C++17에서는 공용체(union) 대신 형식에 안전한 std::variant[7]를 사용하면 된다.
- 템플릿에 기초한 일반적(generic) 코드를 사용하면 형변환(casting)의 필요성이 줄어들어서 형식 오류도 줄어든다.
- 배열 붕괴(array decay)란, C 배열과 그 길이를 받는 C 스타일 함수를 배열로 호출할 때 배열(형식 정보가 풍부한)이 배열의 첫 요소를 가리키는 포인터(형식 정보가 부족한)로 바뀌는 것을 말한다. C++20에서는 std::span[8]으로 이 문제를 피할 수 있다. std::span은 C 배열의 크기를 자동으로 연역하며, 색인 범위 오류도 방지해준다. C++20을 사용할 여건이 아니라면 제20장 "GSL: 가이드라인 지원 라이브러리"에 나오는 구현을 사용하면 된다.

---

6 *https://isocpp.github.io/CppCoreGuidelines/CppCoreGuidelines#Rp-typesafe*
† [옮긴이] '타입'이라는 용어도 흔히 쓰이지만, 이 번역서에서는 '자료형'이나 '형변환' 같은 기존 프로그래밍 용어뿐만 아니라 type을 좀 더 깊게 고찰할 때 도움이 되는 전형, 유형 같은 개념어와도 연결되는 '형식'을 사용한다. 한글로 된 오류/경고 메시지를 제공하는 거의 유일한 C++ 컴파일러인 Visual Studio C++ 컴파일러 한국어판이 type을 형식이라고 칭한다는 점도 고려했다.
7 *https://en.cppreference.com/w/cpp/utility/variant*
8 *https://en.cppreference.com/w/cpp/container/span*

- 좁아지는 변환(narrowing conversion)은 수치 형식의 암묵적인 변환인데, 변환 과정에서 정밀도가 손실된다.

  ```
  int i1(3.14);
  int i2 = 3.14;
  ```

- 다음처럼 중괄호({}) 초기화 구문(제8장 ES.23 참고)을 사용하면 이런 좁아지는 변환을 컴파일러가 검출해준다.

  ```
  int i1{3.14};
  int i2 = {3.14};
  ```

P.5 실행 시점 점검보다는 컴파일 시점 점검을 선호하라.[9]

컴파일 시점(compile time)에서 점검할 수 있는 것은 컴파일 시점에서 점검해야 한다. 이는 오래전부터 C++에서 통용된 규칙이다. C++11부터는 언어 자체가 컴파일 시점 점검을 위한 수단을 제공한다. static_assert가 바로 그것이다. 이 덕분에 컴파일러는 static_assert(size(int) >= 4) 같은 표현식을 실행 시점(run time)이 아니라 컴파일 시점에서 평가해서 컴파일 오류를 발생할 수 있다. 더 나아가서, 형식 특질(type trait) 라이브러리[10]를 이용하면 static_assert(std::is_integral<T>::value) 같은 좀 더 강력한 조건도 점검할 수 있다. static_assert에 주어진 표현식이 false로 평가되면 컴파일러는 사람이 이해하기 쉬운 오류 메시지를 출력한다.

P.6 컴파일 시점에서 점검할 수 없는 것은 실행 시점에서 점검할 수 있어야 한다.[11]

dynamic_cast 덕분에 포인터와 참조(reference)를 상속 위계구조(inheritance hierarchy)의 위, 아래, 곁에 있는 다른 클래스로 안전하게 변환할 수 있다. 포인터의 형변환이 실패하면 nullptr가 반환되고 참조의 형변환이 실패하면 std::bad_cast 예외가 발생한다. 좀 더 자세한 사항은 제5장의 "dynamic_cast" 절(§ 5.4.3.1)을 참고하자.

---

9 *https://isocpp.github.io/CppCoreGuidelines/CppCoreGuidelines#Rp-compile-time*
10 *https://en.cppreference.com/w/cpp/header/type_traits*
11 *https://isocpp.github.io/CppCoreGuidelines/CppCoreGuidelines#Rp-run-time*

P.7 실행 시점 오류는 일찍 잡아라.[12]

실행 시점 오류를 없애기 위한 방책은 여러 가지이다. 프로그래머로서 여러분은 포인터와 C 배열의 색인 범위를 세심하게 점검해야 한다. 형변환은 가능하면 사용하지 않는 것이 좋으며, 꼭 사용해야 한다면 역시 세심하게 점검해야 한다. 좁아지는 변환(§8.2.2.3)도 마찬가지이다. 그리고 사용자 입력의 점검에도 이 규칙이 적용된다.

P.8 자원이 새지 않게 하라.[13]

자원 누수(resource leak)는 치명적인 결함이다. 특히, 오래 실행되는 프로그램에서는 더욱 그렇다. 여기서 말하는 자원에는 메모리뿐만 아니라 파일 핸들이나 소켓 등도 포함된다. 자원을 다루는 관용구적인 기법으로 RAII가 있다. RAII는 Resource Acquisition Is Initialization(자원 획득은 초기화이다†)을 줄인 것으로, 아주 간단히 말하면 사용자 정의 형식(user-defined type)의 생성자에서 자원을 획득하고 소멸자에서 그 자원을 해제하는 것이다(§7.1 참고). RAII를 이용해서 객체를 범위 있는 객체(scoped object)로 만들면 객체가 사용하는 자원의 수명을 C++ 런타임이 자동으로 관리해 준다. C++은 RAII를 많이 사용한다. 자물쇠(lock) 객체가 뮤텍스를 잠그고 풀거나 스마트 포인터가 메모리를 관리하고 STL의 컨테이너가 자신의 요소들을 관리할 때 내부적으로 RAII가 작용한다.

P.9 시간이나 공간을 낭비하지 말라.[14]

시간 절약과 공간 절약은 미덕이다. C++에서 이는 당연한 이야기라서 굳이 이유를 설명할 필요도 없을 것이다. 다음 루프에서 문제점을 찾아보기 바란다.

```
void lower(std::string s) {
   for (unsigned int i = 0; i <= std::strlen(s.data()); ++i) {
      s[i] = std::tolower(s[i]);
   }
}
```

---

12 *https://isocpp.github.io/CppCoreGuidelines/CppCoreGuidelines#Rp-early*
13 *https://isocpp.github.io/CppCoreGuidelines/CppCoreGuidelines#Rp-leak*
†   [옮긴이] 토씨 하나가 다른 "자원 획득이 초기화이다"라는 번역도 가능하다. 관심 있는 독자는 옮긴이의 글 "C++ RAII(Resource Acquisition Is Initialization)의 해석"(*https://occamsrazr.net/tt/297*)을 참고하자.
14 *https://isocpp.github.io/CppCoreGuidelines/CppCoreGuidelines#Rp-waste*

STL의 std::transform 알고리즘[15]을 이용하면 앞의 루프를 다음과 같은 하나의 호출로 줄일 수 있다.

```
std::transform(s.begin(), s.end(), s.begin(),
            [](char c) { return std::tolower(c); });
```

lower 함수의 루프와는 달리 std::transform 알고리즘은 주어진 문자열의 크기를 자동으로 파악한다. 따라서 매번 std::strlen으로 문자열의 길이를 지정할 필요가 없다.

다음은 실무 코드(production code)에서도 흔히 볼 수 있는 또 다른 전형적인 예이다. 사용자 정의 형식에 대해 복사 의미론(copy semantics: 복사 생성자와 복사 연산자)을 정의하면 이동 의미론(move semantics: 이동 생성자와 이동 배정 연산자)이 억제된다. 그러면 컴파일러는 값싼 이동 의미론이 가능한 상황에서도 어쩔 수 없이 값비싼 복사 의미론을 사용하게 된다.

```
struct S {
  std::string s_;
  S(std::string s): s_(s) {}
  S(const S& rhs): s_(rhs.s_) {}
  S& operator = (const S& rhs) { s_ = rhs.s_; return *this; }
};

S s1;
S s2 = std::move(s1); // s1.s_을 그대로 이동하는 대신 복사본을 만든다.
```

이 예제들이 생소하다면 §5.3.1 "기본 연산들"을 읽어보기 바란다.

P.10   변경 가능 데이터보다 변경 불가 데이터를 선호하라.[16]

변경 가능(mutable) 데이터 대신 변경 불가(immutable; 불변) 데이터를 사용해야 할 이유는 많다. 상수를 사용하는 코드는 정확성을 점검하기가 쉽다. 그리고 상수는 최적화의 여지도 크다. 그러나 무엇보다 중요한 점은, 변경 불가 데이터는 동시적(concurrent) 프로그램에 대단히 유리하다는 것이다. 변하지 않는 데이터를 다루는 동시적 프로그램에서는 데이터 경쟁(data-race)이 발생하지 않는다. 애초에 데이터 변경은 데이터 경쟁의 필요조건이기 때문이다.

---

15   *https://en.cppreference.com/w/cpp/algorithm/transform*
16   *https://isocpp.github.io/CppCoreGuidelines/CppCoreGuidelines#Rp-mutable*

P.11	지저분한 프로그램 요소들을 코드 전체에 흩어놓지 말고 한 곳에 캡슐화하라.[17]

지저분한(messy) 코드는 저수준 코드일 때가 많다. 그런 코드에는 버그가 숨어 있으며, 따라서 오류의 여지가 크다. 지저분한 코드는 가능하면 STL이 제공하는 고수준 요소(컨테이너나 알고리즘)로 대체하는 것이 좋다. 불가능하다면, 지저분한 코드를 사용자 정의 형식이나 함수로 캡슐화해야 한다.

P.12	지원 도구들을 적절히 활용하라.[18]

지루하고 반복적인 작업은 사람보다 컴퓨터가 더 잘한다. C++의 맥락에서 이는 정적 분석 도구와 동시성 지원 도구, 테스팅 도구 같은 지원 도구(supporting tool)들을 이용해서 코드 검증(verification) 작업을 자동화해야 한다는 뜻이다. 코드를 검증하는 가장 쉬운 방법은 코드를 여러 C++ 컴파일러로 컴파일해보는 것일 때가 많다. 코드에 있는 어떤 미정의 행동을 한 컴파일러가 검출하지 못해도, 다른 컴파일러는 경고 메시지나 오류 메시지를 발생할 수 있다.

P.13	지원 라이브러리를 적절히 활용하라.[19]

이 규칙 역시 당연하다면 당연하다. 여러분은 설계와 문서화, 그리고 사용자 지원이 훌륭한 좋은 라이브러리를 찾아서 활용해야 한다. 문제 영역(domain)의 전문가들은 잘 테스트되고 오류가 거의 없는 라이브러리와 고도로 최적화된 알고리즘들을 제시할 것이다. 훌륭한 지원 라이브러리(supporting library)의 두드러진 예로는 C++ 표준 라이브러리 자체와 가이드라인 지원 라이브러리(GSL; 제20장), *Boost*[20]가 있다.

---

17 *https://isocpp.github.io/CppCoreGuidelines/CppCoreGuidelines#Rp-library*
18 *https://isocpp.github.io/CppCoreGuidelines/CppCoreGuidelines#Rp-tools*
19 *https://isocpp.github.io/CppCoreGuidelines/CppCoreGuidelines#Rp-lib*
20 *https://www.boost.org/*

> ## 요약
>
> **주요 사항**
> - 철학 규칙(메타 규칙)들은 구체적인 규칙들의 근거를 제공한다. 이상적으로, 구체적인 규칙들은 이 철학 규칙들로부터 유도할 수 있다.
> - 생각을 코드로 직접 표현하라.
> - ISO 표준 C++로 코드를 작성하라.
> - 프로그램은 정적 형식 안전성을 갖추어야 하며, 가능한 한 컴파일 시점에서 점검할 수 있어야 한다. 불가능한 경우에는 실행 시점 오류를 일찍 잡아야 한다.
> - 공간이나 시간 같은 자원을 낭비하지 말라.
> - 지저분한 프로그램 요소들을 안정적인 인터페이스로 캡슐화하라.

3장

C++ Core Guidelines Explained

인터페이스

구성요소들을 조립하는 시피.

인터페이스^{interface}는 서비스 공급자와 서비스 사용자 사이의 계약(contract)이다. C++ 핵심 가이드라인은 인터페이스가 "아마도 코드 조직화에서 가장 중요한 측면"[1]이라고 말한다. C++ 핵심 가이드라인의 인터페이스 섹션에는 약 20개의 규칙이 있는데, 그중 네 개는 C++20에 포함되지 않은 '계약' 기능과 관련된 것이다. 여기서 말하는 계약은 실행 시점에서 점검할 수 있는 함수의 전제조건, 사후조건, 불변식을 명시한 것이다(부록 C 참고).

---

[1] http://isocpp.github.io/CppCoreGuidelines/CppCoreGuidelines#S-interfaces

계약 기능은 C++23에 포함될 예정이다. 미래는 불확실하므로, 계약 관련 규칙들은 이번 장에서 언급하지 않겠다. 계약 기능은 부록 C에서 간단하게나마 소개한다.

본론으로 들어가기 전에, 스콧 마이어스[2]가 말한, 내가 좋아하는 조언 하나를 제시하겠다.

> 인터페이스는 올바르게 사용하기 쉽게, 그리고 잘못 사용하기는 어렵게 작성해야 한다.

I.2   비const 전역 변수를 피하라.[3]

비(non-)const 전역 변수, 즉 const로 선언되지 않은 전역 변수는 사용하지 말아야 한다. 그 이유는 무엇일까? 전역 변수, 특히 상수가 아닌 전역 변수가 왜 나쁠까? 전역 변수는 함수에 숨겨진 의존성을 주입하며, 그러한 의존성은 함수의 인터페이스에 속하지 않는다. 다음 예를 보자.

```
int glob{2011};

int multiply(int fac) {
    glob *= glob;
    return glob * fac;
}
```

multiply 함수가 실행되면 전역 변수 glob의 값이 바뀐다. 즉, 이 함수는 부수 효과(side effect)를 발생한다. 이 때문에 이 함수만 따로 떼어서 분석하거나 테스트할 수 없다. 게다가 둘 이상의 스레드가 multiply를 동시에 호출해야 한다면, 반드시 glob 변수를 보호해야 한다. 비const 전역 변수의 단점은 이외에도 많다. 예를 들어 multiply에는 부수 효과가 있기 때문에, 호출 결과들을 저장해 두고 재활용함으로써 성능을 높이는 메모화(memoization) 기법을 적용할 수 없다.

3.1 비const 전역 변수의 저주

비const 전역 변수의 단점은 여러 가지이다. 무엇보다도 비const 전역 변수는 캡슐화를 망가뜨린다. 캡슐화가 망가지면 함수나 클래스(통칭해서 '개체')를 격리

---

2 *https://en.wikipedia.org/wiki/Scott_Meyers*
3 *https://isocpp.github.io/CppCoreGuidelines/CppCoreGuidelines#Ri-global*

해서 고찰할 수 없게 된다. 다음은 비const 전역 변수가 악영향을 미치는 요인들이다.

- **테스트 가능성**: 개체들을 격리해서 테스트할 수 없다. 전역 변수가 존재하면 단위(unit)라는 것이 없어지므로 단위 테스트[4]도 없다. 가능한 것은 시스템 테스트[5]뿐이다. 개체의 효과는 시스템 전체에 의존한다.
- **리팩터링**: 코드를 격리해서 분석할 수 없으므로 리팩터링이 아주 어려워진다.
- **최적화**: 숨겨진 의존성 때문에, 성능 향상을 위해 함수 호출 순서를 바꾸거나 함수 호출들을 여러 스레드에 나누어 배치하기가 어렵다. 또한, 이전 함수 호출 결과를 캐싱하고 재활용하는 것이 극히 위험해진다.
- **동시성**: 데이터 경쟁(data race)[6]의 필요조건은 변경 가능한 공유 상태의 존재이다. 비const 전역 변수는 공유 변수이자 변경 가능 변수이다.

I.3 단일체(싱글턴)를 피하라.[7]

전역 변수를 그럴듯한 패턴으로 포장하는 경우도 종종 있다. 다음이 그러한 예이다.

```
// singleton.cpp

class MySingleton {

  public:
    MySingleton(const MySingleton&)= delete;
    MySingleton& operator = (const MySingleton&)= delete;

    static MySingleton* getInstance() {
       if ( !instance ){
          instance= new MySingleton();
       }
       return instance;
    }

  private:
    static MySingleton* instance;
```

---

[4] https://en.wikipedia.org/wiki/Unit_testing
[5] https://en.wikipedia.org/wiki/System_testing
[6] http://www.modernescpp.com/index.php/race-condition-versus-data-race
[7] https://isocpp.github.io/CppCoreGuidelines/CppCoreGuidelines#Ri-singleton

```cpp
        MySingleton()= default;
        ~MySingleton()= default;
};

MySingleton* MySingleton::instance= nullptr;

int main() {

    std::cout << MySingleton::getInstance() << "\n";

    std::cout << MySingleton::getInstance() << "\n";

}
```

단일체(싱글턴^{singleton})는 그냥 하나의 전역 객체이며, 따라서 전역 변수를 피하듯이 단일체도 가능한 한 피해야 한다. 단일체는 클래스의 인스턴스가 하나만 존재함을 직접적으로 보장한다. 단일체는 전역 객체이므로 함수에 숨겨진 의존성(함수의 인터페이스에 속하지 않는)을 주입한다. 이러한 의존성은, 흔히 "정적 멤버 변수를 돌려주는 정적 멤버 함수"(앞의 main 함수가 두 번 호출하는 Singleton::getInstance() 같은)를 직접 호출해서 단일체를 얻는다는 점에서 발생한다. 단일체 함수를 직접 호출하면 여러 가지 심각한 문제가 발생한다. 예를 들어 단일체를 사용하는 함수는 단위 테스트가 불가능한데, 그런 함수는 '단위(unit)'가 아니기 때문이다. 또한, 단일체는 함수 인터페이스의 일부가 아니므로 테스트를 위해 단일체를 '가짜 객체(mock object)'로 대체하기도 곤란하다. 간단히 말하면, 단일체는 코드의 테스트 가능성을 망가뜨린다.

    단일체를 구현하는 게 간단해 보이지만 실제로는 그렇지 않다. 다음과 같은 까다로운 질문에 답해야 한다.

- 단일체의 파괴(소멸)는 누가 책임지는가?
- 단일체 클래스의 상속을 허용해야 하는가?
- 단일체를 스레드에 안전한 방식으로 초기화하는 방법은 무엇인가?
- 서로 다른 번역 단위(translation unit)[†]에 있고 서로 의존하는 단일체들을 정확하게 초기화는 순서는 무엇인가? 이는 대단히 까다로운 문제이다. 이 난제를 **정적 초기화 순서 문제**(static initialization order problem)[8]라고 부른다.

[†] [옮긴이] 번역 단위는 컴파일러가 하나의 번역(어셈블리어 명령 생성) 작업을 수행하는 단위로, 간단히 말하면 하나의 소스 파일에 모든 헤더 파일을 삽입하고 모든 매크로를 확장한 결과이다.

[8] *https://isocpp.org/wiki/faq/ctors#static-init-order*

단일체의 문제점은 단일체가 대단히 남용된다는 사실 때문에 더욱더 커진다. 단일체들로만 이루어진 프로그램도 드물지 않게 볼 수 있다. 자기가 설계 패턴(design pattern)을 알고 있음을 증명하고 싶은 개발자가 단일체로만 된 프로그램을 짜곤 한다.

3.2 해결책으로서의 의존성 주입

어떤 객체가 단일체를 사용한다면, 그 객체에는 숨겨진 의존성이 주입된다. 다행히, 의존성 주입(dependency injection)[9] 기법을 이용하면 이 의존성을 객체 인터페이스의 일부로 만들고, 객체가 제공하는 서비스를 외부에서 객체에 주입할 수 있다. 그러면 클라이언트(서비스를 사용하는 객체)와 주입된 서비스 사이에는 의존관계가 없게 된다. C++에서는 흔히 생성자, 설정 메서드(setter), 템플릿 매개변수를 이용해서 의존성을 주입한다.

다음 프로그램은 로깅 서비스를 제공하는 로거logger를 의존성 주입을 이용해서 객체에 주입하는 방법을 보여준다.

```cpp
// dependencyInjection.cpp

#include <chrono>
#include <iostream>
#include <memory>

class Logger {
public:
    virtual void write(const std::string&) = 0;
    virtual ~Logger() = default;
};

class SimpleLogger: public Logger {
    void write(const std::string& mess) override {
        std::cout << mess << std::endl;
    }
};

class TimeLogger: public Logger {
    using MySecondTick = std::chrono::duration<long double>;
    long double timeSinceEpoch() {
        auto timeNow = std::chrono::system_clock::now();
        auto duration = timeNow.time_since_epoch();
```

---

[9] *https://en.wikipedia.org/wiki/Dependency_injection*

```cpp
      MySecondTick sec(duration);
      return sec.count();
   }
   void write(const std::string& mess) override {
      std::cout << std::fixed;
      std::cout << "Time since epoch: " << timeSinceEpoch()
   }

};

class Client {
public:
   Client(std::shared_ptr<Logger> log): logger(log) {}
   void doSomething() {
      logger->write("Message");
   }
   void setLogger(std::shared_ptr<Logger> log) {
      logger = log;
   }

private:
   std::shared_ptr<Logger> logger;
};


int main() {

   std::cout << '\n';

   Client cl(std::make_shared<SimpleLogger>());      // ❶
   cl.doSomething();
   cl.setLogger(std::make_shared<TimeLogger>());     // ❷
   cl.doSomething();
   cl.doSomething();

   std::cout << '\n';

}
```

클래스 Client의 생성자(❶)와 멤버 함수 setLogger(❷)에는 Client의 객체에 로거를 주입하는 장치가 있다. SimpleLogger와는 달리 TimeLogger는 메시지에 UNIX 기원(epoch)부터 흐른 시간으로 표현되는 현재 시각을 포함시킨다(그림 3.1).

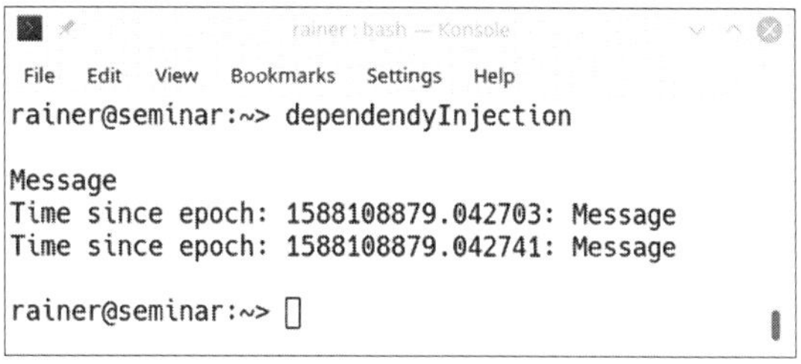

그림 3.1 의존성 주입.

3.3 좋은 인터페이스 만들기

함수들이 전역 변수를 통해서 정보를 주고받아서는 안 된다. 함수들은 인터페이스를 통해서 정보를 주고받아야 한다. 이번 절에서는 이번 장의 핵심인, "좋은 인터페이스"에 관한 규칙들을 살펴본다. C++ 핵심 가이드라인이 제시하는 인터페이스 관련 권장 사항(recommendation)은 다음과 같다. 인터페이스는 다음 규칙들을 따라야 한다.

- 인터페이스를 명시적으로 작성하라(I.1).
- 인터페이스는 엄밀하고 형식에 엄격하게 작성하라(I.4).
- 함수의 인수를 적게 유지하라(I.23).
- 무관하지만 형식이 같은 매개변수들이 붙어 있으면 안 된다(I.24).

다음 예를 보자. 첫 showRectangle 함수는 이 인터페이스 규칙들을 모두 위반한다.

```
void showRectangle(double a, double b, double c, double d) {
    a = floor(a);
    b = ceil(b);

    ...
}

void showRectangle(Point top_left, Point bottom_right);
```

showRectangle 함수가 할 일은 직사각형(rectangle)을 보여주는(show) 것뿐이지만, 첫 버전은 인수들을 수정한다. 본질적으로 첫 버전은 하는 일이 두 가지이지만, 그 사실이 함수 이름에 명시적으로(I.1) 나타나 있지 않다. 또한, 함수의 서명(signature; 함수 이름과 매개변수 목록)은 인수들이 어떤 용도인지, 어떤 순서로 지정해야 하는지를 말해주지 않는다(I.23과 I.24). 게다가 이 인수들은 유효한 값들의 구간(range; 범위)†에 특별한 제약이 없는 배정도 부동소수점 형식이다. 그런 제약은 함수가 본문 안에서 직접 점검해야 한다(I.4). 반면에 둘째 버전은 점(point)을 구체적으로 나타내는 객체들을 받으며, 각 점의 의미를 매개변수 이름에서 짐작할 수 있다. 또한, 주어진 점이 유효한 범위인지는 Point 클래스의 생성자가 점검한다. 애초에 이 점검은 함수의 책임이 아니다.

STL의 `std::transform_reduce` 함수[10]를 예로 들어서 규칙 I.23과 I.24를 좀 더 자세히 설명해 보겠다. 그러려면 '호출 가능(callable)'이라는 용어부터 정의해야 한다. 함수처럼 행동하는 어떤 것을 호출 가능 요소라고 부른다. 호출 가능 요소에는 통상적인 함수뿐만 아니라 함수 객체(function object)와 람다 표현식(lambda expression)도 포함된다. 인수가 하나인 호출 가능 요소를 단항(unary) 호출 가능 요소라고 부르고, 인수가 두 개인 호출 가능 요소를 이항 호출 가능 요소라고 부른다.

`std::transform_reduce` 함수의 여러 중복적재(overloading)‡ 버전 중 하나는 주어진 구간에 단항 호출 가능 요소를 적용하고, 그 결과로 산출된 구간에 이항 호출 가능 요소를 적용한다. 다음은 하나의 문자열 벡터 전체에 대해 `std::transform_reduce`를 호출하는 예이다. 인터페이스가 좋아서 함수를 올바로 사용하기가 쉽다.

```
std::vector<std::string> strVec{"Only", "for", "testing", "purpose"};

std::size_t res = std::transform_reduce(
    std::execution::par,
    strVec.begin(), strVec.end(),
    0,
    [](std::size_t a, std::size_t b) { return a + b; },

    [](std::string s) { return s.size(); }
);
```

---

† [옮긴이] scope와의 혼동을 피하기 위해 range는 '구간'으로 옮긴다. 실제로 지금과 같은 문맥에서나 C++ 구간 라이브러리(Ranges library)에서 range는 수학에서 말하는 '구간(inteval)'과 밀접하게 관련이 있다. 한 쌍의 반복자로 정의되는 구간은 수학의 반개구간(half-open interval)과 부합한다.

[10] *https://en.cppreference.com/w/cpp/algorithm/transform_reduce*

‡ [옮긴이] '중복적재'는 기존에 '연산자 중복' 등으로 쓰이던 번역어 '중복'에 'load(싣다, 얹다)'의 의미를 좀 더 강조하기 위해 '적재'를 붙여서 만든 용어이다. 현대적 C++에서는 "하나의 이름에 여러 함수를 중복해서 싣는다"라는 비유가 좀 더 의미가 있는데, 왜냐하면 C++11에서 추가된 =delete 구문을 이름에서 함수를 "내리는(unload; 하적)" 기능으로 간주할 수 있기 때문이다. 예를 들어 float f(float) =delete;는 f(1.0f) 같은 호출을 금지하는 효과를 낸다.

이 호출에서 std::transform_reduce 함수는 둘째 인수와 셋째 인수로 주어진 구간의 각 문자열을 그 문자열의 길이로 변환한다(마지막 인수 [](const std::string s) { return s.size(); }). 그러면 문자열 길이들로 이루어진 구간이 만들어진다. 그 구간에 이항 호출 가능 요소(다섯째 인수 [](std::size_t a, std::size_t b) { return a + b; })를 적용해서 길이들을 합산한다. 호출의 넷째 인수 0은 그 합산의 초기 값이다. 그리고 첫 인수 std::execution::par에 의해, 이 모든 계산이 병렬로 수행된다.

std::transform_reduce 함수에는 이항 호출 가능 요소를 두 개 받는 버전도 있다. 다음에서 보듯이 이 버전의 선언은 상당히 복잡하기 때문에 프로그래머가 실수할 여지가 있다. 이 버전은 I.23과 I.24를 위반하는 예에 해당한다.

```
template<class ExecutionPolicy,
    class ForwardIt1, class ForwardIt2, class T,
    class BinaryOp1, class BinaryOp2>
T transform_reduce(ExecutionPolicy&& policy,
    ForwardIt1 first1, ForwardIt1 last1,
    ForwardIt2 first2,
    T init, BinaryOp1 binary_op1, BinaryOp2 binary_op2);
```

이 버전을 호출하려면 템플릿 인수 여섯 개와 함수 인수 일곱 개가 필요하다. 두 이항 호출 가능 요소의 순서를 헷갈리지 않는 것도 쉽지 않다.

std::transform_reduce가 이렇게 복잡한 것은, 애초에 이 함수가 '변환(transformation)'과 '축약(reduction)'이라는 두 가지 작업을 하나의 함수로 수행하려 하기 때문이다. 그보다는 그 두 작업을 이를테면 transform 함수와 reduce 함수로 따로 정의하고, 다음처럼 파이프 연산자로 그 두 함수를 합성하는 것이 더 나은 선택일 것이다(함수 합성을 위해 파이프 연산자 |를 중복적재했다고 가정했다).

```
transform | reduce
```

I.13 배열을 단일 포인터로 전달하지 말라.[11]

배열(array)을 단일 포인터(single pointer; 하나의 요소를 가리키는 포인터)로 전달하지 말라는 지침은 다소 특별하다. 필자의 경험에 따르면, '미정의 행동'의 흔

---

[11] *https://isocpp.github.io/CppCoreGuidelines/CppCoreGuidelines#Ri-array*

한 원인이 바로 이 규칙의 위반이다. 예를 들어 다음처럼 복사할 요소들의 개수를 직접 받는 복사 함수 copy_n은 실수의 여지가 아주 크다.

```
template <typename T>
void copy_n(const T* p, T* q, int n); // [p:p+n]을 [q:q+n]으로 복사한다.

...

int a[100] = {0, };
int b[100] = {0, };

copy_n(a, b, 101);
```

피곤하다 보면 이처럼 배열 크기를 하나 틀리게 입력할 수 있다. 그러면 소위 '하나 틀린 오류(off-by-one error)'가 발생하며, 이는 미정의 행동으로 이어진다. 해결책은 간단하다. std::vector 같은 STL 컨테이너를 사용하고, 함수 본문 안에서 컨테이너의 크기를 점검하면 된다. C++20은 이런 문제를 좀 더 우아하게 해결할 수 있는 std::span을 제공한다. std::span은 연속 순차열(contiguous sequence), 즉 요소들이 연속된 메모리에 저장된 순차열을 참조하는 객체이다. std::span 객체 자체가 그 메모리를 소유하는 일은 절대로 없다. 이 연속된 메모리는 배열로 지정할 수도 있고, 포인터와 크기의 조합이나 std::vector로 지정할 수도 있다. 다음은 std::span을 활용하는 복사 함수이다.

```
template <typename T>
void copy(std::span<const T> src, std::span<T> des);

int arr1[] = {1, 2, 3};
int arr2[] = {3, 4, 5};

...

copy(arr1, arr2);
```

이 copy 함수는 복사할 요소들의 개수를 필요로 하지 않는다. 흔한 실수의 원인이 std::span<T> 덕분에 제거된 것이다.

I.27 안정적인 라이브러리 ABI를 원한다면 PImpl 관용구를 고려하라.[12]

ABI(application binary interface)란 두 이진 프로그램 사이의 인터페이스를 말한다.

PImpl 관용구(idiom)를 이용하면 클래스를 사용하는 코드를 클래스의 구현으로부터 격리할 수 있다. 그러면 클래스의 구현이 바뀌어도 사용 코드는 다시 컴파일할 필요가 없다. PImpl은 "pointer to implementation(구현을 가리키는 포인터)"을 줄인 것으로, 주어진 클래스의 구현 세부를 개별적인 클래스로 옮기고 포인터를 통해서 그 구현 세부 클래스에 접근하는 C++ 프로그래밍 기법을 말한다. 클래스의 구현 세부는 흔히 비공개(private) 데이터 멤버와 비공개 멤버 함수로 구성된다. 그러나 비공개 데이터 멤버도 클래스 구성(class layout)에 관여하며 비공개 멤버 함수도 중복적재 해소(overload resolution)에 관여하므로, 클래스의 구현 세부가 변경되면 클래스를 사용하는 모든 코드를 다시 컴파일해야 한다. 그러나 구현 세부를 개별 클래스로 분리하고 원 클래스에는 그 구현 세부로의 포인터(PImpl)를 통해서 구현 세부사항에 접근하게 하면, 구현 세부를 변경해도 클래스 사용 코드는 다시 컴파일할 필요가 없다. 대신, 구현 세부사항에 접근하기 위해서는 한 번의 간접(indirection)이 필요하므로 비용이 조금 증가한다.

다음은 C++ 핵심 가이드라인에 나오는, 전형적인 PImpl 구현 예이다.

- **인터페이스**: Widget.h

```
class Widget {
    class impl;
    std::unique_ptr<impl> pimpl;
public:
    void draw();   // 공개(public) API. 실제 구현은
                   // 구현 세부 클래스에 맡긴다.
    Widget(int);   // 구현 파일에서 정의한다.
    ~Widget();     // 구현 파일에서 정의한다.
                   // 여기서 impl은 완전한(complete) 형식
    Widget(Widget&&) = default;
    Widget(const Widget&) = delete;
    Widget& operator = (Widget&&); // 구현 파일에서 정의함
    Widget& operator = (const Widget&) = delete;
};
```

[12] *https://isocpp.github.io/CppCoreGuidelines/CppCoreGuidelines#Ri-pimpl*

- **구현**: Widget.cpp

```
class Widget::impl {
   int n; // 비공개 데이터
public:
   void draw(const Widget& w) { /* ... */ }
   impl(int n) : n(n) {}
};
void Widget::draw() { pimpl->draw(*this); }
Widget::Widget(int n) : pimpl{std::make_unique<impl>(n)} {}
Widget::~Widget() = default;
Widget& Widget::operator = (Widget&&) = default;
```

PImpl 관용구에 관해서는 *cppreference.com*의 "PImpl" 페이지[13]에 좀 더 자세한 정보가 있다. 또한, 이중 상속에 PIml 관용구를 적용하는 방법이 제5장의 규칙 "클래스 위계구조를 설계할 때 구현 상속과 인터페이스 상속을 구분하라"에 나온다.

3.4 관련 규칙들

이번 장의 규칙들과 관련된 C++ 핵심 가이드라인의 규칙들로는 "I.10: 요구된 작업의 수행이 실패했음을 알릴 때 예외를 사용하라"[14]와 "I.11: 소유권을 원시 포인터(T*)나 참조(T&)로 전달하지 말라"[15](제4장에서도 언급함), "I.22: 전역 객체의 복잡한 초기화를 피하라"[16], "I.25: 인터페이스로는 클래스 위계구조보다 빈 추상 클래스를 선호하라"[17]가 있다.

요약

주요 사항
- 전역 변수를 사용하지 말라. 전역 변수는 숨겨진 의존성을 도입한다.
- 단일체는 전역 변수일 뿐이다.
- 인터페이스는, 특히 함수는 자신의 의도를 표현해야 한다.
- 인터페이스는 형식에 엄격해야 하며, 인수가 많지 않아야 하며, 인수들을 혼동할 여지가 적어야 한다.
- C 배열을 포인터로 받지 말고 std::span을 활용하라.
- 클래스 사용 코드를 클래스 구현과 분리하려면 PImpl 관용구를 사용하라.

---

13 *https://en.cppreference.com/w/cpp/language/pimpl*
14 *https://isocpp.github.io/CppCoreGuidelines/CppCoreGuidelines#Ri-except*
15 *https://isocpp.github.io/CppCoreGuidelines/CppCoreGuidelines#Ri-global-init*
16 *https://isocpp.github.io/CppCoreGuidelines/CppCoreGuidelines#Ri-global-init*
17 *https://isocpp.github.io/CppCoreGuidelines/CppCoreGuidelines#Ri-abstract*

4장

C++ Core Guidelines Explained

함수

함수를 이용해서 난제를 푸는 시피.

소프트웨어 개발자는 복잡한 작업을 더 작은 단위로 쪼개서 복잡성을 다스린다. 작은 단위들을 모두 처리한 다음에는 그것들을 조합해서 복잡한 작업을 완성한다. 그런 단위로 흔히 쓰이는 것이 함수이며, 따라서 함수는 프로그램을 만드는 기본적인 블록에 해당한다. C++ 핵심 가이드라인에 따르면 함수는 "대부분의 인터페이스에서 가장 핵심적인 부분"[1]이다.

---

[1] https://isocpp.github.io/CppCoreGuidelines/CppCoreGuidelines#S-functions

C++ 핵심 가이드라인에서 함수에 관한 규칙은 약 40개이다. 이 규칙들은 함수의 정의, 인수 전달 방식(§4.2), 소유권 의미론에 관한 가치 있는 정보를 제공한다. 이 규칙들은 반환값의 의미론(§4.4)과 람다를 비롯한 기타 함수들(§4.5)에 관한 지침도 제공한다. 그럼 함수에 관한 주요 규칙들을 살펴보자.

4.1 함수의 정의

아마도 좋은 소프트웨어를 만드는 데 가장 중요한 원칙은 "이름을 잘 지어야 한다"일 것이다. 아쉽게도 이 원칙이 잘 지켜지지 않을 때가 많다. 이 원칙은 함수에 대해 특히나 중요하다.

4.1.1 좋은 이름

함수에 관한 C++ 핵심 가이드라인의 처음 세 규칙은 "F.1: 의미 있는 연산을 세심하게 지은 이름의 함수로 '묶어라(package)'"[2]와 "F.2: 함수는 하나의 논리적인 연산을 수행해야 한다"[3], "F.3: 함수를 짧고 간단하게 유지하라"[4]인데, 이들은 모두 좋은 이름과 관련이 있다.

짧은 일화 하나로 시작하자. 몇 년 전에 어떤 소프트웨어 개발자가 함수의 이름을 어떻게 지으면 좋을까 하고 내게 물었을 때 나는 이렇게 대답했다. 동사와 목적어로 이루어진 `verbObject` 형태의 이름을 사용하면 된다. 단, 멤버 함수의 경우에는 목적어를 생략하고 `verb` 형태로도 충분할 수 있다. 왜냐하면 멤버 함수는 해당 객체를 연산의 대상으로 할 때가 많기 때문이다. 동사는 연산을 나타내고 목적어는 그 연산의 대상을 나타낸다. 그런데 그 소프트웨어 개발자는 난색을 보이면서 자기가 만드는 함수에는 그런 식의 이름을 붙이기가 곤란하다, `getTimeAndAddToPhonebook` 같은 긴 이름을 붙이거나 아니면 그냥 `processData`라고 하는 게 나을 것 같다고 말했다. 알고 보니 그 함수는 두 가지 일을 수행하는, 따라서 단일 책임 원칙(single-responsibility principle)[5]을 위반한 함수였다. 만일 여러분의 함수에 의미 있는 이름을 붙이기(F.1) 어렵다면, 함수가 하나의 논리적 연산을 수행해야 한다는 규칙(F.2)과 함수가 짧고 간단해야 한다는 규칙(F.3)을 어겼기 때문일 가능성이 크다. 한 화면에 다 담을 수 없으면 함수가 너무

---

2 https://isocpp.github.io/CppCoreGuidelines/CppCoreGuidelines#Rf-package
3 https://isocpp.github.io/CppCoreGuidelines/CppCoreGuidelines#Rf-logical
4 https://isocpp.github.io/CppCoreGuidelines/CppCoreGuidelines#Rf-single
5 https://en.wikipedia.org/wiki/Single-responsibility_principle

긴 것이다. 여기서 '한 화면'은 대략 한 줄당 140자씩 60줄을 뜻하지만, 사람마다 차이가 있을 수 있다. 정리하자면, 하나의 논리적인 연산만 수행하는 짧고 간결한 함수는 좋은 이름을 붙이기 쉽다.

다음은 C++ 핵심 가이드라인에 나오는 나쁜 함수의 예이다.

```cpp
void read_and_print() { // 나쁨
   int x;
   std::cin >> x;
   // ... 오류 점검 ...
   std::cout << x << '\n';
}
```

read_and_print가 나쁜 함수인 이유는 여러 가지인데, 무엇보다도 이 함수는 특정한 입력과 출력에 매여 있기 때문에 다른 맥락에서는 사용할 수 없다. 이 함수를 다음과 같이 두 개의 함수로 분리하면 이 문제점이 해소되고 테스트와 유지보수가 쉬워진다.

```cpp
int read(std::istream& is) { // 더 나음
   int x;
   is >> x;
   // ... 오류 점검 ...
   return x;
}

void print(std::ostream& os, int x) {
   os << x << '\n';
}
```

F.4 컴파일 시점에서 평가될 수 있는 함수는 constexpr로 선언하라.[6]

constexpr로 선언된 함수(간단히 constexpr 함수)는 컴파일 시점에서도 실행될 가능성이 있다. 상수 표현식 안에서 constexpr 함수를 호출하거나 constexpr 함수의 반환값을 constexpr 변수에 배정하면 그 constexpr 함수는 컴파일 시점에서 실행된다. constexpr 함수를 실행 시점에서만 평가될 수 있는 인수로 호출할 수도 있는데, 그런 경우에는 실행 시점에서 실행된다. constexpr 함수에는 암묵적으로 inline이 적용된다.

---

[6] *https://isocpp.github.io/CppCoreGuidelines/CppCoreGuidelines#Rf-constexpr*

constexpr 함수를 컴파일 시점에서 평가한 결과는 ROM(read-only memory; 읽기 전용 메모리[7])에† 하나의 상수로 저장된다. 따라서 constexpr 함수는 성능상의 이점이 있다. 또 다른 장점은, 컴파일 시점에서 평가되는 constexpr 함수는 상수이므로 스레드에 안전하다는 것이다.

다음은 constexpr 함수의 예이다.

```
// constexpr.cpp

constexpr auto gcd(int a, int b) {
   while (b != 0) {
      auto t = b;
      b = a % b;
      a = t;
 }
   return a;
}

int main() {

   constexpr int i = gcd(11, 121); // ❶

   int a = 11;
   int b = 121;
   int j = gcd(a, b);              // ❷

}
```

[그림 4.1]은 이 C++ 코드에 대해 Compiler Explorer[8]의 컴파일러가 생성한 어셈블리 코드를 보여준다. Compiler Explorer는 다양한 C++ 컴파일러와 옵션을 지원하는데, 그림에 나온 것은 Microsoft Visual Studio Compiler 19.22로 최적화 없이 코드를 컴파일한 결과이다.

---

7 *https://en.wikipedia.org/wiki/Read-only_memory*

† [옮긴이] 여기서 말하는 'ROM'은 응용 프로그램의 관점에서 본 것이다. 즉, 펌웨어 같은 것이 저장되는 하드웨어 ROM뿐만 아니라, 프로그램 실행 파일 자체에 포함되며 실행 시 RAM에 올려지지만 프로그램이 수정하지는 못하는 데이터도 프로그램의 관점에서는 ROM이라고 부를 수 있다.

8 *https://godbolt.org/*

```
32    main    PROC
33    $LN3:
34        sub     rsp, 56                      ; 00000038H
35        mov     DWORD PTR i$[rsp], 11
36        mov     DWORD PTR a$[rsp], 11
37        mov     DWORD PTR b$[rsp], 121       ; 00000079H
38        mov     edx, DWORD PTR b$[rsp]
39        mov     ecx, DWORD PTR a$[rsp]
40        call    int gcd(int,int)             ; gcd
41        mov     DWORD PTR j$[rsp], eax
42        xor     eax, eax
43        add     rsp, 56                      ; 00000038H
44        ret     0
45    main    ENDP
```

그림 4.1 constexpr.cpp 프로그램의 어셈블리 코드.

소스 코드의 ❶행은 어셈블리 코드의 행 35에 해당하고 ❷행은 어셈블리 코드의 행 38~41에 해당한다. `int j = gcd(a, b);`은 함수 호출을 위한 다수의 어셈블리어 명령들로 번역되었지만, `constexpr int i = gcd(11, 121);`은 11이라는 수치 하나로 고정되었음을 주목하자.

F.6 함수가 예외를 던지지 않는다면 noexcept로 선언하라.[9]

함수를 noexcept로 선언하면 대안적인 제어 경로(상황에 따라 실행의 흐름이 갈라지는 분기)의 수가 줄어든다. 따라서 noexcept는 컴파일러의 최적화에 가치 있는 힌트가 된다. 함수가 예외를 던지는 경우에도 noexcept로 선언하는 것이 바람직할 수 있다. 그런 경우 noexcept는 "이 함수가 예외를 던질 수도 있지만, 예외가 발생해도 신경 쓸 필요가 없다"라는 뜻이다. 예를 들어, 어차피 예외를 처리하고 실행을 재개하는 것이 불가능하다면, 즉 std::terminate()가 호출되어서 프로그램이 강제로 종료되는 사태를 피할 수 없다면, 그런 예외는 호출자가 신경 쓸 필요가 없다. 이런 noexcept 선언은 컴파일러뿐만 아니라 코드를 읽는 사람에게도 중요한 정보가 된다.

다음 함수를 보자. 만일 함수 실행 도중 메모리가 부족하면 그냥 프로그램이 종료된다.

```cpp
std::vector<std::string> collect(std::istream& is) noexcept {
  std::vector<std::string> res;
  for (std::string s; is >> s;) {
    res.push_back(s);
  }
  return res;
}
```

---

[9] https://isocpp.github.io/CppCoreGuidelines/CppCoreGuidelines#Rf-noexcept

예외를 던져서는 안 되는 함수도 있다. 소멸자(제5장 §5.3.4.3 "소멸자의 실패" 참고), swap 함수, 이동 연산, 기본 생성자가 그것이다.

F.8 순수 함수를 선호하라.[10]

순수 함수(pure function)는 같은 인수들에 대해 항상 같은 결과를 돌려주는 함수를 말한다. 이러한 성질을 **참조 투명성**(referential transparency)[11]이라고도 부른다. 순수 함수는 무한히 큰 참조 테이블(lookup table)처럼 작동한다.

다음의 함수 템플릿(function template)은 순수 함수이다.

```
template<class T>
auto square(T t) {
    return t * t;
}
```

순수 함수와는 달리 비순수 함수(impure function; 불순 함수)는 같은 인수로 호출해도 다른 결과를 돌려줄 수 있다. random()이나 time()이 좋은 예이다. 다른 말로 하면, 함수 본문 바깥에 존재하는 상태(전역 변수 등)와 상호작용하는 함수는 비순수 함수이다.

순수 함수에는 유익한 성질들이 많으므로 가능하면 순수 함수를 사용하는 것이 좋다.

다음은 순수 함수의 장점이다.

- 격리해서 테스트할 수 있다.
- 격리해서 검증하거나 리팩터링할 수 있다.
- 결과를 캐싱할 수 있다.
- 컴파일러가 임의로 호출 순서를 바꾸거나 다른 스레드에서 실행해도 안전하다.

순수 함수를 수학적 함수(mathematical function)라고 부르기도 한다. 하스켈[12] 같은 순수 함수형 프로그래밍 언어와는 달리 C++의 함수는 기본적으로 비순수 함수이다. 따라서 순수 함수의 사용 여부는 전적으로 프로그래머 자신의 규율에 따른다. 컴파일 시점에서 평가되는 constexpr 함수는 순수 함수이다. 템

---

10 *https://isocpp.github.io/CppCoreGuidelines/CppCoreGuidelines#Rf-pure*
11 *https://en.wikipedia.org/wiki/Referential_transparency*
12 *https://www.haskell.org/*

플릿 메타프로그래밍(template metaprogramming)은 명령식 언어(imperative language; 또는 명령형 언어)인 C++ 안에 내장된 하나의 순수 함수형 언어에 해당한다.

제13장 "템플릿과 일반적 프로그래밍"에서는 템플릿 메타프로그래밍을 비롯해 컴파일 시점 프로그래밍을 간단하게나마 소개한다.

4.2 매개변수 전달: 입력과 출력

C++ 핵심 가이드라인은 함수 안팎으로 정보를 주고받는 다양한 방법에 관한 규칙들을 제공한다.

> **F.15** 단순하고 통상적인 방식의 정보 전달을 선호하라.[13]

첫 규칙은 전체적인 상을 제시한다. 먼저, C++ 핵심 가이드라인의 이 규칙 항목에는 함수 안팎으로 정보를 주고받는 다양한 방법을 개괄한 표가 나와 있다. [표 4.1]은 그 표를 기반으로 한다.

표 4.1 통상적인 매개변수 전달

	복사 비용이 낮거나 복사가 불가능함	이동 비용이 낮거나 적당함, 또는 비용을 알 수 없음	이동 비용이 높음
입력	func(X)	func(const X&)	func(const X&)
입력 및 '복사본' 유지	func(X)	func(const X&)	func(const X&)
입출력	func(X&)	func(X&)	func(X&)
입력	X func()	X func()	func(X&)

이 표는 아주 간결하다. 열들은 자료형의 복사와 이동의 비용에 따른 분류이고, 행들은 매개변수 전달의 방향에 따른 분류이다.

- 자료형
  - **복사 비용이 낮거나 복사가 불가능함**: int나 std::unique_ptr
  - **이동 비용이 낮음**: std::vector<T>나 std::string
  - **이동 비용이 적당함**: std::array<std::vector>나 BigPOD(POD는 Plain Old Data, 즉 생성자, 소멸자, 가상 멤버 함수가 없는 클래스를 말한다).

---

[13] https://isocpp.github.io/CppCoreGuidelines/CppCoreGuidelines#Rf-conventional

- **비용을 알 수 없음**: 템플릿
- **이동 비용이 높음**: BigPOD[]나 std::array<BigPOD>
• 매개변수 전달 방향
    - **입력**: 입력 매개변수
    - **입력 및 '복사본' 유지**: 호출자가 복사본을 유지함.
    - **입출력**: 매개변수가 수정됨.
    - **출력**: 출력 매개변수

비용이 낮다는 것은 이를테면 int 몇 개를 복사하거나 이동하는 것을 말하고, 비용이 적당하다는 것은 메모리 할당 없이 약 1,000바이트를 처리하는 것을 말한다.

가능하면 이상의 통상적인 매개변수 전달 규칙들을 따라야 한다. 그렇지만 [표 4.2]의 고급 매개변수 전달 규칙들이 필요할 때도 있다. 본질적으로 [표 4.2]는 [표 4.]1에 '입력 및 이동됨' 의미론이 추가된 것이다.

표 4.2 고급 매개변수 전달

	복사 비용이 낮거나 복사가 불가능함	이동 비용이 낮거나 적당함, 또는 비용을 알 수 없음	이동 비용이 높음
입력	func(X)	func(const X&)	
입력 및 '복사본' 유지			
입력 및 이동됨	func(X&&)		
입출력	func(X&)		
입력	X func()		func(X&)

"입력 및 이동됨" 호출이 끝나면 해당 인수는 소위 (함수 안으로) "이동됨(moved-from)" 상태가 된다. 이동된 인수는 유효하긴 하지만, '명시된 상태(specifed state)'에 더 가깝지는 않다. 간단히 말하면, 이동된 객체를 다시 사용하려면 먼저 초기화해야 한다.

매개변수 전달의 나머지 규칙들은 이 표들을 이해하는 데 필요한 필수 배경 정보를 제공한다.

> **F.16** '입력' 매개변수는 복사 비용이 낮은 형식이면 값으로, 그 밖의 형식이면 참조로 전달하라.[14]

이 규칙은 이해하기 쉽다. 입력 값은 가능하면 복사로 전달하되, 복사 비용이 높다면 const 참조로 전달하는 것이 기본이다. 문제는 복사 비용이 낮다, 높다는 기준이 무엇인가이다. 이와 관련해서 C++ 핵심 가이드라인은 다음과 같은 기준을 제시한다(par는 매개변수).

- 만일 sizeof(par) <= 2 * sizeof(void*)이면 값으로 전달해야 한다.
- 만일 sizeof(par) > 2 * sizeof(void*)이면 const 참조로 전달해야 한다.

```
void f1(const std::string& s);   // OK: const 참조로 전달
                                 // 항상 비용이 저렴함

void f2(std::string s);          // 나쁨: 비용이 높을 수 있음

void f3(int x);                  // OK: 더 이상 저렴할 수 없음

void f4(const int& x);           // 나쁨: f4() 안에서 x에 접근할 때
                                 // 추가부담(overhead)이 있음
```

> **F.19** '전달' 매개변수는 TP&&로 받고 std::forward로만 전달하라.[15]

이 규칙은 '전달 매개변수(forward parameter 또는 forwarding parameter)'라고 부르는 특별한 입력 매개변수에 관한 것이다. 매개변수 par를 함수에서 직접 사용하지는 않고 다른 어떤 함수에 전달하기만 하면 된다고 하자. 만일 par가 왼값(lvalue)[†]이면 다른 함수로 전달할 때 복사되며, 그 과정에서 par의 상수성(constness; 상수 여부)은 사라진다. 반면에 만일 par가 오른값(rvalue)이면 전달 시 복사가 아니라 이동이 일어나며, 오른값성(rvalueness; 오른값 여부)은 유지된다.

전달 매개변수의 전형적인 용도는 어떤 클래스의 생성자를 호출해서 임의의 객체를 생성해주는 팩토리 함수(factory function)이다. 인수들의 오른값 여부

---

14 *https://isocpp.github.io/CppCoreGuidelines/CppCoreGuidelines#Rf-in*
15 *https://isocpp.github.io/CppCoreGuidelines/CppCoreGuidelines#Rf-forward*
† [옮긴이] 원래 lvalue는 등호(배정 연산자)의 좌변에 올 수 있는 값을 뜻하는 left value를 줄인 용어이다. 그래서 lvalue를 '좌측값'이나 '왼쪽 값'으로 옮기기도 한다. 그러나 현대적 C++에서 왼값은 "좌변에 올 수 있는 값"에 국한되지 않는다. lvalue의 l이 정확히 left는 아니지만 left와 아예 무관한 것도 아니라는(적어도 역사적으로) 점에서, 이 번역서에서는 '왼쪽 값'에서 '쪽'을 생략한 '왼값'을 사용한다. rvalue/오른값도 마찬가지 조어법을 따른 것이다.

나 필요한 인수 개수가 가변적인 상황에서도 팩토리 함수가 제대로 객체를 생성하려면 전달 매개변수가 요긴하다.

```cpp
// forwarding.cpp

#include <string>

#include <utility>

template <typename T, typename ... T1>       // ❶
T create(T1&& ... t1) {
    return T(std::forward<T1>(t1)...);
}

struct MyType {
    MyType(int, double, bool) {}
};

int main() {

    // 왼값
    int five=5;
    int myFive= create<int>(five);

    // 오른값들
    int myFive2= create<int>(5);

    // 인수 없음
    int myZero= create<int>();

    // 인수 세 개(왼값, 오른값, 오른값)
    MyType myType = create<MyType>(myZero, 5.5, true);

}
```

create 함수의 ❶행에 있는 마침표 세 개('줄임표')는 매개변수 묶음(parameter pack)을 뜻한다. 매개변수 묶음을 사용하는 템플릿을 가리켜 가변 인수 템플릿(variadic template)이라고 부른다.

> 🔑 **매개변수 묶음을 묶고 풀기**
>
> 줄임표(ellipsis)가 형식 매개변수 T1의 왼쪽에 있으면 매개변수 묶음이 묶이고(pack), 오른쪽에 있으면 매개변수 묶음이 풀린다(unpack). 반환문에 있는 T(std::forward<T1>(t1)...)은 본질적으로 표현식 std::forward<T1>(t1)을 주어진 호출에 필요한 매개변수 개수만큼 반복하는(그 사이에 쉼표를 삽입해서) 것에

해당한다. 컴파일러가 이런 식으로 매개변수 묶음을 풀어서 생성한 코드를 C++ Insights[16]에서 볼 수 있으니 참고하기 바란다.

전달 매개변수와 가변 인수 템플릿의 조합은 C++에서 전형적인 객체 생성 패턴이다. 예를 들어 std::make_unique<T>는 다음과 같이 구현할 수 있다.

```
template<typename T, typename... Args>
std::unique_ptr<T> make_unique(Args&&... args) {
   return std::unique_ptr<T>(new T(std::forward<Args>(args)...));
}
std::make_unique<T> creates a std::unique_ptr for T
```

F.17 '입출력' 매개변수는 비const 참조로 전달하라.[17]

이 규칙의 취지는 매개변수를 수정한다는 함수의 '의도'를 호출자가 알 수 있게 하라는 것이다. 다음은 주어진 인수를 수정하는 함수의 예이다.

```
std::vector<int> myVec{1, 2, 3, 4, 5};

void modifyVector(std::vector<int>& vec) {
   vec.push_back(6);
   vec.insert(vec.end(), {7, 8, 9, 10});
}
```

F.20 함수가 어떤 값을 '출력'할 때는 출력 매개변수보다는 반환값을 선호하라.[18]

이 규칙은 간단하다. 함수가 뭔가를 출력하려면 그냥 return 문으로 돌려주면 된다. 단, const 값을 돌려주지는 말아야 한다. 반환값에 const를 적용해서 이득이 될 것은 없으며, 오히려 이동 의미론에 방해가 되기 때문이다. 반환값을 복사하는 연산의 비용을 걱정하는 독자도 있을 것이다. 이동보다 복사가 비용이 높은 것은 사실이지만, 어차피 컴파일러는 RVO(Return Value Optimization; 반환값 최적화) 또는 NRVO(Named Return Value Optimization; 명명된 반환값 최적화)를 적용하므로 걱정할 필요가 없다. RVO는 컴파일러가 불필요한 복사 연산을 임의로 제거할 수 있음을 뜻한다. 예전에는 이것이 개별 컴파일러들의 추가적인 최적화 기능이었지만, C++17부터는 표준이 보장하는 사항이 되었다.

---

16 *https://cppinsights.io/s/ad5b8b5d*
17 *https://isocpp.github.io/CppCoreGuidelines/CppCoreGuidelines#Rf-inout*
18 *https://isocpp.github.io/CppCoreGuidelines/CppCoreGuidelines#Rf-out*

```
MyType func() {
    return MyType{};        // C++17부터는 복사가 일어나지 않음
}
MyType myType = func();     // C++17부터는 복사가 일어나지 않음
```

몇 줄 안 되는 코드에 불필요한 복사 연산이 두 번이나 발생할 수 있다. 하나는 func 함수의 return 표현식에서 반환값이 만들어질 때이고 다른 하나는 그 반환값이 func 함수의 호출자로 반환될 때이다. C++17부터는 두 복사 연산 모두 일어나지 않는다. 반환값에 이름이 있을 때도 불필요한 복사 연산이 제거되는데, 이를 NRVO라고 부른다. 다음이 그러한 예이다.

```
MyType func() {
    MyType myValue;
    return myValue;         // 복사본 하나가 허용됨
}
MyType myType = func();     // C++17부터는 복사가 일어나지 않음
```

RVO와의 미묘한 차이점 하나는, C++17을 기준으로 컴파일러가 return 표현식에서 반환값 myValue를 복사할 수 있다는 것이다. 그러나 함수 호출자로의 반환에서는 아무런 복사도 일어나지 않는다.

함수가 여러 개의 값을 돌려줘야 할 때도 있다. 그런 경우 규칙 F.21이 적용된다.

F.21 여러 개의 '출력' 값을 돌려줄 때는 구조체나 튜플을 돌려주는 방식을 선호하라.[19]

어떤 값을 std::set의 멤버 함수 insert를 이용해서 std::set 객체에 삽입하면 insert는 삽입된 요소를 가리키는 반복자와 삽입 성공 여부를 나타내는 bool 값으로 이루어진 std::pair 객체를 돌려준다. 반환된 std::pair 객체의 두 요소를 각각의 변수에 바인딩하고 싶다면, C++11에서는 std::tie[20]를, C++17부터는 '구조적 바인딩(structured binding)'[21] 기능을 사용하면 된다.

```
// returnPair.cpp; C++17

#include <iostream>
#include <set>
#include <tuple>
```

---

19 *https://isocpp.github.io/CppCoreGuidelines/CppCoreGuidelines#Rf-out-multi*
20 *https://en.cppreference.com/w/cpp/utility/tuple/tie*
21 *https://en.cppreference.com/w/cpp/language/structured_binding*

```cpp
int main() {

    std::cout << '\n';

    std::set<int> mySet;

    std::set<int>::iterator iter;
    bool inserted = false;
    std::tie(iter, inserted) = mySet.insert(2011);  // ❶
    if (inserted) std::cout << "2011 was inserted successfully\n";

    auto [iter2, inserted2] = mySet.insert(2017);   // ❷



    if (inserted2) std::cout << "2017 was inserted successfully\n";

    std::cout << '\n';

}
```

❶행은 std::tie를 이용해서 반환값의 요소들을 변수 iter와 inserted에 배정한다. ❷행은 구조적 바인딩을 이용해서 반환값의 요소들을 변수 iter2와 inserted2에 배정한다. 구조적 바인딩과는 달리 std::tie에서는 해당 변수들을 미리 선언해 두어야 한다. [그림 4.2]에 이 예제 프로그램의 결과가 나와 있다.

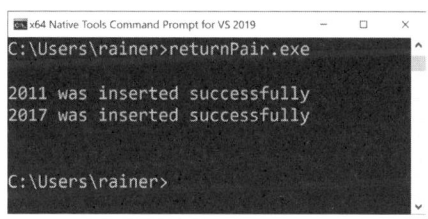

그림 4.2 std::pair 객체의 반환.

4.3 매개변수 전달: 소유권 의미론

앞 절에서 전달 방향에 따른 여러 종류의 매개변수들, 즉 입력 매개변수, 출력 매개변수, 입출력 매개변수에 관련된 규칙들을 살펴보았다. 그런데 전달 방향 말고도 매개변수에 관해 할 이야기가 남아 있다. 매개변수의 전달에는 소유권 의미론(ownership semantics)이 관여한다. 매개변수를 전달하는 전형적인 방법은 복사 전달, 포인터 전달, 참조 전달, std::unique_ptr 전달, std::shared_ptr 전달 다섯 가지이다. 복사 전달에 대한 규칙들은 앞 절(§4.2 "매개변수 전달: 입력과 출력")에서 이미 이야기했고 포인터 전달과 참조 전달에 관한 규칙들은 제3장 "인터페이스"에서 이야기했으므로, 이번 장에서는 두 스마트 포인터와 관련된 규칙들에 초점을 두겠다.

[표 4.3]은 소유권 의미론에 따른 다섯 가지 전달 방법을 정리한 것이다.

표 4.3 매개변수 전달의 소유권 의미론

예	소유권	규칙
func(value)	func는 자원의 유일한 소유자이다.	F.16
func(pointer*)	func는 자원을 빌렸다.	I.11, F.7
func(reference&)	func는 자원을 빌렸다.	I.11, F.7
func(std::unique_ptr)	func는 자원의 유일한 소유자이다.	F.26
func(std::shared_ptr)	func는 자원의 공동(공유) 소유자이다.	F.27

이 표를 좀 더 자세히 살펴보자.

- **func(value)**: value의 복사본이 함수 func 안에서 만들어진다. 함수 func는 그 복사본의 소유자이다. func는 그 복사본의 자원을 자동으로 해제한다.
- **func(pointer*)**: func는 자원을 빌린다(borrow). 즉, func가 자원을 소유하지 않으며, 따라서 그것을 해제할 권리도 없다. func는 주어진 포인터를 사용하기 전에 그것이 널 포인터는 아닌지 점검해야 한다.
- **func(reference&)**: func는 자원을 빌린다. 포인터와는 달리 참조는 항상 유효한 값을 지칭하므로 미리 점검하지 않아도 된다.
- **func(std::unique_ptr)**: func는 자원의 새로운 소유자이다. func의 호출자는 자원의 소유권을 명시적으로 func에 이전했다. func는 자원을 자동으로 해제한다.
- **func(std::shared_ptr)**: func는 자원의 또 다른 소유자이다. func는 그 자원의 수명(lifetime)을 연장한다. func의 끝에서 func는 자원에 대한 자신의 소유권을 포기한다. 만일 func가 마지막 소유자였다면, 이에 의해 자원이 해제된다.

> 🔑 **누가 소유자인가?**
>
> 소유권을 명시적으로 나타내는 것이 대단히 중요하다. 구식 C++에서 원시 포인터(raw pointer)만 사용해서 포인터 전달, 참조 전달, std::unique_ptr 전달, std::shared_ptr 전달을 표현한다면, 누가 자원의 소유자인지를 파악하기가 대단히 어렵다.

다음 예제 코드를 보면 어떤 문제인지 이해가 될 것이다.

```cpp
void func(double* ptr) {
    ...
}

double* ptr = new double[];
func(ptr);
```

이 예제에서 ptr가 가리키는 자원(double 배열)의 소유자는 누구일까? 배열을 생성해서 func를 호출한 코드일까? 아니면 func일까? func가 소유자라면 func가 자원을 해제해야 한다. func가 소유자가 아니라면 func가 함부로 자원을 해제해서는 안 된다. 이는 만족스럽지 않은 상황이다. func가 자원을 해제하지 않으면 메모리 누수가 발생할 수 있고, 반대로 func가 자원을 해제하면 호출 이후 배열을 사용하는 코드는 미정의 행동이 된다.

따라서, 이처럼 원시 포인터만 사용하는 경우에는 소유권에 관한 정보를 문서화해 두고 프로그래머들이 그걸 보고 적절히 자원을 처리하길 바라는 수밖에 없다. 현대적 C++에서 형식 시스템(type system)을 이용해서 자원 소유권에 관한 계약을 코드 자체에서 표현할 수 있게 된 것은 이러한 애매한 문서화 의존성을 제거하는 올바른 방향으로의 큰 걸음이다.

응용 프로그램 수준에서 std::move 적용은 이동에 관한 것이 아니다. 응용 프로그램에서 std::move를 적용한다는 것은 소유권 이전에 관한 것이다. 예를 들어 std::unique_ptr에 std::move를 적용하면 메모리의 소유권이 다른 std::unique_ptr로 넘어간다. 다음 예에서, 원래는 스마트 포인터 uniquePtr1이 자원의 소유자였지만 std::move에 의해 uniquePtr2가 새로운 소유자가 된다.

```cpp
auto uniquePtr1 = std::make_unique<int>(2011);
std::unique_ptr<int> uniquePtr2{ std::move(uniquePtr1) };
```

다음은 다섯 가지 소유권 의미론을 보여주는 예제 프로그램이다.

```cpp
 1  // ownershipSemantic.cpp
 2
 3  #include <iostream>
 4  #include <memory>
 5  #include <utility>
 6
 7  class MyInt {
 8  public:
 9      explicit MyInt(int val): myInt(val) {}
10      ~MyInt() noexcept {
11          std::cout << myInt << '\n';
12      }
13  private:
14      int myInt;
```

```cpp
15    };
16
17    void funcCopy(MyInt myInt) {}
18    void funcPtr(MyInt* myInt) {}
19    void funcRef(MyInt& myInt) {}
20    void funcUniqPtr(std::unique_ptr<MyInt> myInt) {}
21    void funcSharedPtr(std::shared_ptr<MyInt> myInt) {}
22
23    int main() {
24
25      std::cout << '\n';
26
27      std::cout << "=== Begin" << '\n';
28
29      MyInt myInt{1998};
30      MyInt* myIntPtr = &myInt;
31      MyInt& myIntRef = myInt;
32      auto uniqPtr = std::make_unique<MyInt>(2011);
33      auto sharedPtr = std::make_shared<MyInt>(2014);
34
35      funcCopy(myInt);
36      funcPtr(myIntPtr);
37      funcRef(myIntRef);
38      funcUniqPtr(std::move(uniqPtr));
39      funcSharedPtr(sharedPtr);
40
41      std::cout << "==== End" << '\n';
42
43      std::cout << '\n';
44
45    }
```

MyInt 형식의 소멸자(행 10~12)는 멤버 변수 myInt(행 14)의 값을 출력한다. 행 17~21의 다섯 함수는 각각의 소유권 의미론을 구현한다. 행 29~33은 이 함수들에 넘겨줄 값들이다. 이 프로그램을 실행한 결과가 [그림 4.3]에 나와 있다.

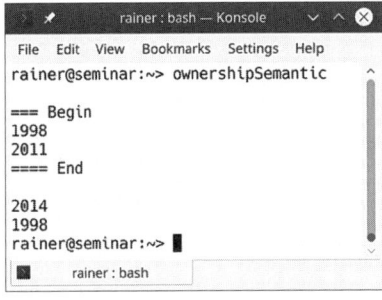

그림 4.3 다섯 가지 소유권 의미론.

실행 결과를 보면 main 함수의 끝에 도달하기 전에 소멸자가 두 번 호출되고 끝에 도달한 후에 소멸자가 두 번 호출되었음을 알 수 있다. 복사된 myInt(행 35)와 이동된 uniquePtr(행 38)의 소멸자는 main이 끝나기 전에 호출된다. 두 경우 모두, 해당 함수 funcCopy와 funcUniqPtr가 자원의 소유자가 된다. 이 함수들의 수명은 main의 수명이 끝나기 전에 끝난다. 반면에 자원의 원본인 myInt(행 29)와 sharedPtr(행 33)의 수명은 main과 함께 끝나며, 따라서 main의 끝에서 소멸자들이 호출된다.

4.4 값 반환 의미론

'값 반환 의미론(value return semantics)' 하위 섹션의 일곱 규칙은 앞에서 언급한 규칙 "F.20: 함수가 어떤 값을 '출력'할 때는 출력 매개변수보다는 반환값을 선호하라"에서 파생된 것이라 할 수 있다. 이번 절의 규칙들은 좀 더 특화된 용법과 금기 사항에 관한 것이다.

4.4.1 포인터(T*) 반환 대 왼값 참조(T&) 반환

§4.2 "매개변수 전달: 입력과 출력"과 §4.3 "매개변수 전달: 소유권 의미론"에서 보았듯이, 포인터나 참조는 소유권을 이전하지 말아야 한다.

F.42	위치를 나타내려면(그리고 그럴 때만) T*를 반환하라.[22]

포인터는 위치(position)를 나타내는 용도로만 사용해야 한다. 다음의 find가 좋은 예이다.

```
Node* find(Node* t, const string& s) {
   if (!t || t->name == s) return t;
   if ((auto p = find(t->left, s))) return p;
   if ((auto p = find(t->right, s))) return p;
   return nullptr;
}
```

이 함수가 널 포인터가 아닌 포인터를 돌려준다는 것은 문자열 s를 담은 Node 객체(의 위치)를 찾았다는 뜻이다.

---

[22] https://isocpp.github.io/CppCoreGuidelines/CppCoreGuidelines#Rf-return-ptr

| F.44 | 복사가 바람직하지 않으며 '아무 객체도 돌려주지 않음'이 필요하지 않다면 T&를 반환하라.[23] |

함수가 반드시 어떤 객체를 돌려주는 상황이라면 포인터 대신 참조를 돌려주어야 한다.

임시 객체들을 쓸데 없이 복사하고 파괴하는 일을 피하기 위해 연산들을 사슬처럼 연결하는 것이 바람직할 때가 있다. 전형적인 예는 입출력 스트림이나 배정 연산자(F.47: "배정 연산자는 T&를 반환하라"[24])이다. 예를 들어 복사 배정 연산자가 T&를 돌려주게 할 수도 있고 T를 돌려주게 할 수도 있다.

```
A& operator = (const A& rhs) { ... };
A operator = (const A& rhs) { ... };
```

만일 복사 배정 연산자가 참조가 아니라 복사본(A)을 돌려준다면, 다음 코드에서 A 형식의 임시 객체가 쓸데없이 두 개나 생성된다.

```
A a1, a2, a3;
a1 = a2 = a3;
```

4.4.1.1 지역 객체에 대한 참조

함수가 지역 객체에 대한 참조나 포인터를 돌려주는 것은 미정의 행동이다.

아주 간단히 말하면 미정의 행동(undefined behavior)이란 "프로그램의 행동에 대해 아무런 가정도 하지 말라"는 뜻이다. 다음의 lambdaFunctionCapture.cpp 프로그램은 지역 객체에 대한 참조를 돌려준다.

```cpp
// lambdaFunctionCapture.cpp

#include <functional>
#include <iostream>
#include <string>

auto makeLambda() {
   const std::string val = "on stack created";
   return [&val]{return val;};                  // ❷
}
```

---

[23] *https://isocpp.github.io/CppCoreGuidelines/CppCoreGuidelines#Rf-return-ref*
[24] *https://isocpp.github.io/CppCoreGuidelines/CppCoreGuidelines#Rf-assignment-op*

```
int main() {
    auto bad = makeLambda();                    // ❶
    std::cout << bad();                         // ❸
}
```

main 함수는 makeLambda 함수를 호출한다(❶). 그 함수는 람다 표현식을 돌려주는데, 그 표현식에는 지역 변수 val에 대한 참조가 있다(❷).

반환된 람다 표현식은 지역 val에 대한 참조를 사용하므로, ❸의 bad() 호출은 미정의 행동을 일으킨다. val은 지역 변수이므로 makeLambda의 범위를 벗어나면 수명이 끝난다.

이 프로그램을 실행할 때 나오는 결과는 예측할 수 없다. 필자의 경우 어떤 때는 문자열 전체가 출력되지만 어떤 때는 문자열의 일부만 출력되고, 그냥 0이라는 값이 출력될 때도 있었다. [그림 4.4]와 [그림 4.5]는 이 프로그램을 두 번 실행한 결과이다.

첫 실행(그림 4.4)에서는 뒤죽박죽인 문자들이 출력되었는데, 메모리 어딘가에 있는 바이트들이 출력되다가 문자열 종료 기호(\0)를 만나서 멈춘 것으로 보인다.

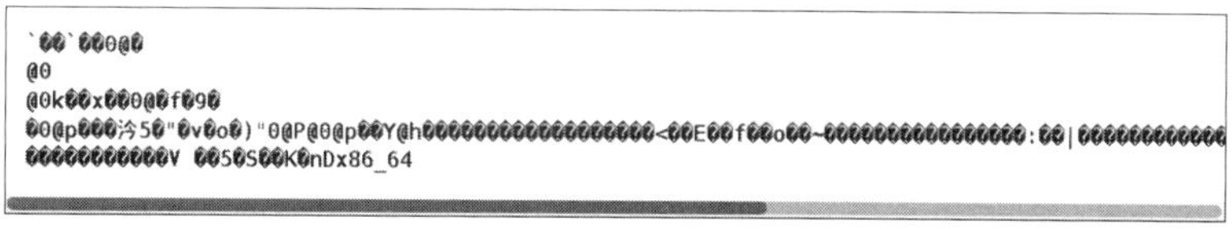

그림 4.4 임의의 문자들이 출력된 사례.

둘째 실행(그림 4.5)에서는 프로그램이 충돌해서(crash) 코어 덤프^{core dump}가 발생했다.

그림 4.5 코어 덤프가 발생한 사례.

반환값과 관련해서 간단하고도 엄격한 규칙이 둘 있다.

F.45 T&&를 반환하지 말라.[25]

F.48 std::move(*지역 객체*)를 반환하지 말라.[26]

그럼 이들을 좀 더 자세히 살펴보자.

4.4.1.2 T&&의 반환

T&&를 반환 형식으로 사용해서는 안 된다. 다음은 무엇이 문제인지 보여주는 작은 예제이다.

```
// returnRvalueReference.cpp

int&& returnRvalueReference() {
   return int{};
}

int main() {
```

---

25 *https://isocpp.github.io/CppCoreGuidelines/CppCoreGuidelines#Rf-return-ref-ref*
26 *https://isocpp.github.io/CppCoreGuidelines/CppCoreGuidelines#Rf-return-move-local*

```
    auto myInt = returnRvalueReference();
}
```

이 예제 프로그램을 GCC[27]로 컴파일하면 컴파일러는 임시 객체에 대한 참조가 쓰였다는 점을 즉시 지적하면서 컴파일을 거부한다(그림 4.6). 좀 더 구체적으로 말하면, 임시 객체의 수명이 전체 표현식 auto myInt = returnRvalueReference();의 수명과 함께 끝난다는 것이 문제이다.

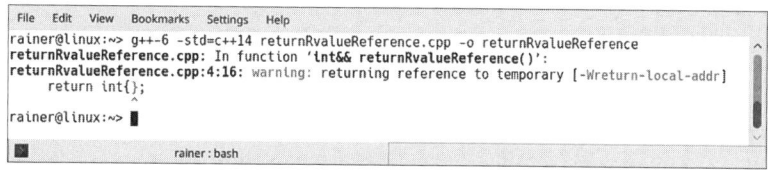

그림 4.6 임시 객체에 대한 참조의 반환.

4.4.1.3 std::move(지역객체)의 반환

RVO와 NRVO의 복사 연산 제거 덕분에, 최적화를 위해 굳이 return std::move(*지역객체*)를 사용할 필요가 없다. 오히려 컴파일러의 최적화에 방해가 될 수 있다는 점에서, std::move(*지역객체*)의 반환은 최적화(optimization)가 아니라 역최적화(pessimization)에 해당한다.

F.46 main()의 반환 형식은 int이다.[28]

C++ 표준에 따르면 main 함수는 다음 두 가지 형태이다.

```
int main() { ... }
int main(int argc, char** argv) { ... }
```

둘째 버전은 `int main(int argc, char* argv[]) { ... }`과 동등하다.

main 함수에는 반환문(return statement)이 없어도 된다. 실행의 흐름이 반환문을 만나지 않고 main 함수의 끝에 도달하면 마치 return 0;이 실행된 것처럼 0이 반환된다. 0이라는 반환값은 프로그램이 성공적으로 실행되었음을 뜻한다.

---

27 *https://gcc.gnu.org/*
28 *https://isocpp.github.io/CppCoreGuidelines/CppCoreGuidelines#Rf-main*

4.5 기타 함수

'기타 함수(other funcions)' 하위 섹션에는 언제 람다를 사용해야 하는지, va_arg 와 접기(fold) 표현식이 어떻게 다른지에 관한 규칙들이 있다.

4.5.1 람다

| F.50 | 람다는 보통의 함수로는 할 수 없는 일(지역 변수 갈무리, 지역 함수 정의)에 사용하라.[29] |

이 규칙은 람다의 용법을 제시한다. 핵심 질문은 "언제 람다를 사용하고 언제 (보통의) 함수를 사용해야 하는가?"이다. 우선, 선택의 여지 없이 람다 또는 함수를 반드시 사용해야 하는 상황 두 가지를 정리하고 넘어가자.

1. 호출 가능 요소가 지역 변수를 갈무리(capture)해야 한다면, 또는 지역 범위 안에서 호출 가능 요소를 선언해야 한다면, 람다를 사용해야 한다.
2. 호출 가능 요소가 중복적재(overloading)를 지원해야 한다면 함수를 사용해야 한다.

다음은 함수보다 람다를 사용하는 것이 나은 이유들이다.

4.5.1.1 표현력

"명시적인 것이 암묵적인 것보다 낫다." 이것은 파이썬에서 통용되는 메타 규칙(PEP 20-The Zen of Python)[30]이지만, C++에도 적용된다. 이 규칙은 코드의 의도를 코드에 명시적으로 표현해야 한다는 뜻이다(제2장 규칙 "P.1: 생각을 코드로 직접 표현하라" 참고). 이 규칙은 람다와 잘 부합한다. 예를 들어, 다음은 람다를 비교 함수로 사용해서 벡터를 정렬하는 예제 코드이다.

```
std::vector<std::string> myStrVec = {"523345", "4336893456", "7234",
                                     "564", "199", "433", "2435345"};

std::sort(myStrVec.begin(), myStrVec.end(),
   [](const std::string& f, const std::string& s) {
      return f.size() < s.size();
```

---

[29] *https://isocpp.github.io/CppCoreGuidelines/CppCoreGuidelines#Rf-capture-vs-overload*
[30] *https://www.python.org/dev/peps/pep-0020/*

}
);
```

그리고 다음은 보통의 함수 lessLength를 비교 함수로 사용하는 예이다.

```
std::vector<std::string> myStrVec = {"523345", "4336893456", "7234",
                                     "564", "199", "433", "2435345"};

bool lessLength(const std::string& f, const std::string& s) {
   return f.size() < s.size();
}

std::sort(myStrVec.begin(), myStrVec.end(), lessLength);
```

두 버전 모두 벡터를 동일한 순서로 정렬한다. 그러나 함수 버전의 표현력은 비교 함수의 이름에 의존한다. 여러분의 동료가 비교 함수에 lessLength 대신 foo라는 이름을 붙였다고 상상해 보자. 그러면 std::sort() 호출만 봐서는 벡터가 무엇을 기준으로, 어떤 순서로 정렬될지 알 수 없다. 따라서 다음과 같이 주석으로 문서화해야 한다.

```
// 벡터의 문자열들을 문자열 길이의 오름차순으로 정렬한다.
std::sort(myStrVec.begin(), myStrVec.end(), foo);
```

더 나아가서, 동료가 비교 함수 foo를 제대로 정의했길 바라야 한다. 동료를 믿지 못하겠다면 구현 코드를 살펴보는 수밖에 없다. 그러나 함수 선언이 담긴 헤더 파일만 주어졌다면 구현 코드를 점검할 수도 없다. 람다는 구현이 그대로 드러나 있으므로 이런 문제가 없다. 람다 표현식을 보고 직접 점검하면 된다. 좀 더 강하게 말하자면, **여러분의 코드는 문서화가 필요 없을 정도로 표현력이 좋아야 한다.**

> 🔑 **표현력 대 DRY**
>
> 람다를 이용해서 표현력 있는 코드를 작성하라는 설계 규칙은 DRY라는 또 다른 중요한 설계 규칙과 충돌할 때가 많다. DRY는 "Don't Repeat Yourself(자신을 반복하지 말라)"를 줄인 용어로, 같은 코드를 여러 번 작성하지 말아야 한다는 뜻이다. 함수 같은 재사용 가능한 단위를 만들고 명백한(self-explanatory) 이름을 붙이는 것은 DRY를 지키는 좋은 방법이다. 결국은, 주어진 상황에서 람다의 표현력이 주는 장점과 DRY가 주는 장점을 여러분 스스로 구체적으로 비교해서 선택할 수밖에 없다.
```

F.52	람다 안에서 지역적으로 쓰이는(알고리즘으로 전달하는 것도 포함해서) 데이터는 가능한 한 참조로 갈무리하라.[31]

F.53	지역적으로 사용할 것이 아닌(반환하거나, 힙에 저장하거나, 다른 스레드로 전달하는 등) 데이터는 참조로 갈무리하지 않는 것이 좋다.[32]

이 두 규칙은 밀접하게 연관되어 있다. 이 두 규칙은 "람다는 반드시 유효한 데이터를 다루어야 한다"라는 하나의 원칙으로 요약된다. 람다가 데이터를 복사로 갈무리하는 경우, 정의에 의해 그 데이터는 유효하다. 람다가 데이터를 참조로 갈무리하는 경우, 그 데이터의 수명은 람다의 수명보다 길어야 한다. 유효하지 않은 데이터를 참조하는 람다가 어떤 문제를 일으키는지는 §4.4.1.1 "지역 객체에 대한 참조"의 예제에서 이미 보았다.

그런데 참조와 관련한 문제점을 제대로 파악하기 어려운 경우도 종종 있다. 다음 예를 보자.

```cpp
int main() {

    std::string str{"C++11"};

    std::thread thr([&str]{ std::cout << str << '\n'; });
    thr.detach();

}
```

아마 이런 식으로 생각하는 독자들이 많을 것이다: 생성된 스레드 thr에서 실행되는 람다 표현식은 변수 str을 참조로 갈무리한다. 이후 thr는 자신을 생성한 스레드로부터 떨어지는데(detach), 그 스레드는 다름 아닌 주 스레드(main 함수가 실행되는 스레드)이다. thr가 참조하는 str의 수명은 주 스레드의 수명에 묶여 있으므로, thr가 유효한 문자열 str을 사용하리라는 보장이 없다. 해결책은 간단하다. 다음처럼 str을 복사로 갈무리하면 된다!

```cpp
int main() {

    std::string str{"C++11"};
```

---

[31] https://isocpp.github.io/CppCoreGuidelines/CppCoreGuidelines#Rf-reference-capture
[32] https://isocpp.github.io/CppCoreGuidelines/CppCoreGuidelines#Rf-value-capture

```
    std::thread thr([str]{ std::cout << str << '\n'; });
    thr.detach();

}
```

과연 문제가 해결되었을까? 그렇지 않다. std::cout의 소유자가 누구인가라는 중요한 질문을 던지지 않은 것이 패착이다. std::cout의 수명은 프로세스의 수명에 묶여 있다. 따라서 std::cout가 C++11을 화면에 출력하기도 전에 스레드 thr가 종료될 수도 있다. 진정한 해결책은 join 메서드를 이용해서 thr를 주 스레드에 합류시키는 것이다. 그러면 주 스레드는 자신이 생성한 thr가 종료되길 기다리며, 따라서 참조에 의한 갈무리는 문제를 일으키지 않는다.

```
int main() {

    std::string str{"C++11"};

    std::thread thr([&str]{ std::cout << str << '\n'; });
    thr.join();

}
```

F.51 선택할 수 있다면 중복적재보다는 기본 인수를 선호하라.[33]

하나의 함수를 서로 다른 개수의 인수들로 호출할 필요가 있다면, 가능한 한 중복적재보다는 기본 인수(default argument)를 사용하는 것이 낫다. 이는 DRY 원칙을 따르는 것에 해당한다.

```
void print(const string& s, format f = {});
```

만일 중복적재를 사용한다면 다음처럼 두 가지 버전을 작성해야 한다.

```
void print(const string& s); // 기본 서식(format)을 사용한다.
void print(const string& s, format f);
```

---

[33] https://isocpp.github.io/CppCoreGuidelines/CppCoreGuidelines#Rf-default-args

F.55 va_arg 인수는 사용하지 말라.[34]

이 규칙은 너무 짧다. 더 긴 버전은 "만일 함수가 임의의 개수의 인수들을 받아야 한다면 va_arg 매크로를 사용하지 말고 가변 인수 템플릿을 사용하라"이다.

std::printf처럼 임의의 개수의 인수들을 받을 수 있는 함수를 가변 인수 함수(variadic function)[35]라고 부른다. 가변 인수 함수의 문제점은, 호출자가 함수를 정확한 형식의 인수들로 호출하리라고 가정하고 함수를 작성할 수밖에 없다는 것이다. 그러나 이처럼 프로그래머의 규율에 의존하는 가정은 깨지기 쉬우며, 따라서 이런 함수는 오작동할 가능성이 크다.

다음은 가변 인수 함수의 암묵적인 위험성을 보여주는 작은 예제 프로그램이다.

```cpp
// vararg.cpp

#include <iostream>
#include <cstdarg>

int sum(int num, ... ) {

    int sum = 0;

    va_list argPointer;
    va_start(argPointer, num );
    for( int i = 0; i < num; i++ )
        sum += va_arg(argPointer, int );
    va_end(argPointer);

    return sum;
}

int main() {

    std::cout << "sum(1, 5): " << sum(1, 5) << '\n';
    std::cout << "sum(3, 1, 2, 3): " << sum(3, 1, 2, 3) << '\n';
    std::cout << "sum(3, 1, 2, 3, 4): "
              << sum(3, 1, 2, 3, 4) << '\n'; // ❶
    std::cout << "sum(3, 1, 2, 3.5): "
              << sum(3, 1, 2, 3.5) << '\n';  // ❷

}
```

---

[34] *https://isocpp.github.io/CppCoreGuidelines/CppCoreGuidelines#F-varargs*
[35] *https://en.cppreference.com/w/cpp/utility/variadic*

sum은 가변 인수 함수이다. 이 함수는 첫 인수로 주어진 개수만큼의 인수들을 합한 결과를 돌려준다. 이런 함수가 왜, 어떻게 위험한지 이해하려면 va_arg 매크로를 비롯해 가변 인수 처리용 매크로들을 어느 정도 알아야 한다.

- **va_list**: 다음 매크로들에 필요한 정보를 담고 있다.
- **va_start**: 가변 인수 함수의 인수들에 대한 접근을 시작한다.
- **va_arg**: 가변 인수 함수의 다음 인수에 접근한다.
- **va_end**: 가변 인수 함수의 인수들에 대한 접근을 끝낸다.

좀 더 자세한 사항은 cppreference.com의 "Variadic functions" 페이지[36]를 참고하기 바란다.

예제 코드의 ❶과 ❷에 오류가 있다. ❶에서는 합산할 인수 개수를 잘못 지정했고, ❷에서는 int 대신 double 형식의 인수를 넘겨주었다. [그림 4.7]에 나온 프로그램 실행 결과를 보면 두 실수가 어떤 문제를 일으켰는지 알 수 있다. ❶의 경우에는 마지막 값이 합산에서 누락되었고, ❷의 경우에는 double 값이 int로 해석되었다.

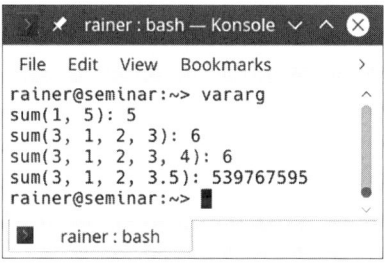

그림 4.7 va_arg를 이용한 합산.

이 문제들은 C++17의 접기 표현식(fold expression)으로 손쉽게 극복할 수 있다. va_arg와는 달리 접기 표현식은 인수들의 개수와 형식을 자동으로 연역한다.

```
// foldExpressions.cpp

#include <iostream>

template<class ... Args>
auto sum(Args ... args) {
    return (... + args);
}
```

---

[36] https://en.cppreference.com/w/cpp/utility/variadic

```cpp
int main() {

    std::cout << "sum(5): " << sum(5) << '\n';
    std::cout << "sum(1, 2, 3): " << sum(1, 2, 3) << '\n';
    std::cout << "sum(1, 2, 3, 4): " << sum(1, 2, 3, 4) << '\n';
    std::cout << "sum(1, 2, 3.5): " << sum(1, 2, 3.5) << '\n';

}
```

함수 sum의 정의가 다소 생소해 보일 것이다. 이 함수는 적어도 하나의 인수를 요구하며, C++11의 가변 인수 템플릿을 이용해서 인수들을 처리한다. 가변 인수 템플릿(variadic template)이란 임의의 개수의 인수를 받을 수 있는 템플릿이다. 호출 시 주어진 인수들은 줄임표(...)로 표시된 소위 '매개변수 묶음(parametar pack)'에 담긴다. C++17부터는 매개변수 묶음을 이항 연산자를 이용해서 직접 축약(reduction)하는 것도 가능하다. 가변 인수 템플릿과 이 축약 기능의 조합이 바로 접기 표현식이다. sum 함수는 매개변수 묶음에 이항 연산자 +를 적용한다. 반환문의 (...+ args) 부분이 바로 그것이다. C++17의 접기 표현식에 관한 좀 더 자세한 사항은 내 블로그 글 "Fold Expressions"[37]를 참고하기 바란다.

접기 표현식을 사용한 프로그램은 올바른 결과를 출력한다(그림 4.8).

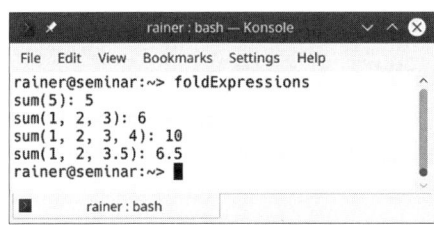

그림 4.8 접기 표현식을 이용한 합산.

4.6 관련 규칙

람다에 관한 또 다른 규칙으로는 제8장 "표현식과 문장"의 "ES.28: 복잡한 초기화에는, 특히 const 변수의 복잡한 초기화에는 람다를 사용하라"가 있다.

§4.3에서 이야기한 배열을 포인터로 전달할 때 생기는 문제점의 한 해결책은 C++20의 std::span인데, 제2장과 제3장에서 언급했으므로 이번 장에서는 이야기하지 않았다. std::span은 제8장에서 다시 등장한다.

---

[37] https://www.modernescpp.com/index.php/fold-expressions

요약

주요 사항

- 함수는 하나의 연산을 수행해야 하고, 짧고 간단해야 하고, 이름을 세심하게 지어야 한다.
- 컴파일 시점에서 실행될 수 있는 함수는 constexpr로 선언하라.
- 가능하면 순수 함수를 작성하라.
- 함수의 입력 매개변수, 입출력 매개변수, 출력 매개변수를 구분하라. 입력 매개변수에는 값 전달 또는 const 참조 전달을, 입출력 매개변수에는 참조 전달을, 그리고 출력 매개변수에는 값 전달을 적용하라.
- 함수의 매개변수 전달은 소유권 의미론의 문제이다. 값 전달을 사용하면 함수가 자원의 소유자와는 독립적으로 작동한다. 포인터 전달이나 참조 전달에서는 함수가 자원을 소유자에게 빌리기만 한다. std::unique_ptr는 소유권을 실제로 이전한다. std::shared_ptr는 함수를 공동 소유자로 만든다.
- 함수가 임의의 개수의 인수를 받아야 한다면 va_arg 대신 가변 인수 템플릿을 사용하라.

5장

C + +   C o r e   G u i d e l i n e s   E x p l a i n e d

클래스와 클래스 위계구조

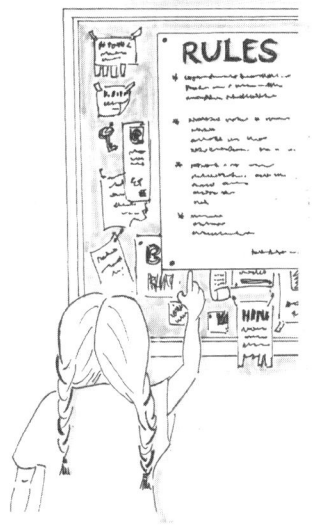

0, 5, 6의 법칙을 공부하는 시피.

클래스^{class}는 사용자 정의 형식(user-defined type)이다. 프로그래머는 형식의 표현(representation)†과 연산, 인터페이스를 자신이 원하는 방식으로 정의할 수 있다. 클래스 위계구조(class hierarchy)는 관련된 클래스들을 조직화하는 수단이다.

C++ 핵심 가이드라인에는 사용자 정의 형식에 관해 100개의 규칙이 있다.

---

† [옮긴이] 어떤 형식의 '표현'은 그 형식이 작동하는 데 필요한 자료 구조와 그 자료 구조를 조작하는 수단들을 아우르는 개념이다. 예를 들어 스택은 내부적으로 배열로 표현할 수도 있고 연결 목록(linked list)으로 표현할 수도 있다. 흔히 '내용'과 대조되는 개념으로 쓰이는 presentation과 구분하기 위해 representation을 '표상'이라고 부르기도 한다.

C++ 핵심 가이드라인의 클래스와 클래스 위계구조 섹션[1]은 클래스에 관한 일반적인 규칙 아홉 가지를 제시한 후 분야별로 좀 더 구체적인 규칙들을 제시한다. 이번 장의 첫 절 §5.1에서는 아홉 가지 클래스 규칙을 살펴보고, 이후의 절들에서는 다음과 같은 분야들에 관한 특수 규칙들을 살펴본다.

- 구체 형식(§5.2)
- 생성자, 배정, 소멸자(§5.3)
- 클래스 위계구조(§5.4)
- 중복적재와 중복적재된 연산자(§5.5)
- 공용체(§5.6)

아홉가지 일반 규칙은 이 특수 규칙들의 배경을 제공한다.

5.1 클래스 일반 규칙

클래스 일반 규칙들은 상당히 짧고 개괄적이다. 이들은 상세하지는 않지만, 클래스에 관한 가치 있는 통찰을 제공한다.

> 🔑 **class와 struct의 구문적 차이**
>
> 이번 절에는 class와 struct의 구문적 차이(syntatic difference)를 언급하는 문장이 종종 등장한다. 따라서 이번 절을 이해하려면 둘 사이의 구문적 차이가 구체적으로 무엇인지 알아야 한다. 사소하지만 중요한 그 차이는 바로, struct의 모든 멤버는 기본적으로 public이지만, class의 모든 멤버는 기본적으로 private이라는 것이다. 이 차이는 상속에도 그대로 적용된다. 즉, struct의 기반 클래스(base class)는 기본적으로 public인 반면에 class의 기반 클래스는 기본적으로 private이다.

C.1   관련된 데이터를 구조체(structure; struct 또는 class)로 조직화하라.[2]

다음과 같은 함수 draw의 인터페이스를 어떻게 개선하면 좋을지 생각해 보자.

```
void draw(int fromX, fromY, int toX, int toY);
```

이 인터페이스의 가장 큰 문제점은 int 매개변수들이 무슨 의미인지가 명확하지 않다는 것이다. 그래서 프로그래머가 인수들을 잘못된 순서로 지정하는 실수

---

1   *https://isocpp.github.io/CppCoreGuidelines/CppCoreGuidelines#S-class*
2   *https://isocpp.github.io/CppCoreGuidelines/CppCoreGuidelines#Rc-org*

를 범하기 쉽다. 이 draw 함수의 서명을 다음과 같은 새 서명과 비교해 보기 바란다.

```
void draw(Point from, Point to);
```

관련된 요소들을 하나의 구조체로 묶은 덕분에 함수의 서명을 보고 매개변수들의 의미를 파악할 수 있다. 따라서 프로그래머가 실수할 여지가 줄어든다.

> **C.2** 불변식이 있는 클래스에는 class를 적용하라. 데이터 멤버들이 독립적으로 변할 수 있으면 struct를 적용하라.[3]

클래스의 불변식(invariant)이란 클래스의 인스턴스들에 제약을 가하는 데 쓰이는 어떠한 조건이다. 멤버 함수들은 반드시 이 불변식을 충족해야 한다. 불변식은 클래스 인스턴스의 멤버 변수들이 가질 수 있는 값을 제약한다.

C++ 프로그래머들이 자주 묻는 질문으로 "언제 class를 사용하고 언제 struct를 사용해야 하는가?"가 있다. 이에 관해 C++ 핵심 가이드라인이 추천하는 답은 "만일 클래스에 불변식이 있으면 class를 사용하라"이다. 다음 예는 y, m, d 멤버들이 하나의 유효한 날짜를 표현해야 한다는 불변식을 가진 클래스를 보여준다.

```
struct Pair { // 멤버들이 각자 따로 변할 수 있다.
    string name;
    int volume;
};

class Date {
 public:
    // 생성자는 멤버 yy, mm, dd가 유효한 날짜인지
    // 검증하고 초기화한다.
    Date(int yy, Month mm, char dd);
    // ...
 private:
    int y;
    Month m;
    char d; // 일
};
```

Date 클래스는 생성자에서 자신의 불변식을 확립한다(establish). 한편 구조체 Pair에는 특별한 불변식이 없다. 이 구조체에서는 name의 모든 값과 volume의 모

---

[3] *https://isocpp.github.io/CppCoreGuidelines/CppCoreGuidelines#Rc-struct*

든 값이 유효하기 때문이다. Pair는 단순한 데이터 저장 수단일 뿐이라서 생성자를 따로 정의하지도 않았다.

C.3 인터페이스와 구현의 구분을 클래스를 이용해서 표현하라.[4]

클래스의 공개(public) 멤버 함수들은 클래스의 인터페이스를 형성하고 비공개(private) 멤버들은 클래스의 구현을 구성한다.

```cpp
class Date {
  public:
    Date();
    // 생성자는 멤버 yy, mm, dd가 유효한 날짜인지
    // 검증하고 초기화한다.
    Date(int yy, Month mm, char dd);

    int day() const;
    Month month() const;
    // ...
  private:
    // ... 어떤 표현 ...
};
```

Date 클래스의 구현을 변경해도 클래스를 사용하는 코드는 바꿀 필요가 없다. 이는 코드의 유지보수에 도움이 되는 장점이다.

C.4 클래스의 표현에 직접 접근해야 하는 함수만 멤버 함수로 만들라.[5]

클래스의 내부에 접근할 필요가 없는 함수는 멤버 함수로 만들 필요가 없다. 이 규칙을 지키면 소위 '느슨한 결합(loose coupling)'[6]이 실현된다. 이렇게 하면 클래스의 내부를 바꾸어도 클래스의 인터페이스를 보충하는 보조 함수(helper function)들은 바꿀 필요가 없다.

```cpp
class Date {
    // ... 비교적 작은 인터페이스 ...
};

// 보조 함수들:
Date next_weekday(Date);
```

---

4 https://isocpp.github.io/CppCoreGuidelines/CppCoreGuidelines#Rc-interface
5 https://isocpp.github.io/CppCoreGuidelines/CppCoreGuidelines#Rc-member
6 https://en.wikipedia.org/wiki/Loose_coupling

```
bool operator == (Date, Date);
```

연산자 =, (), [], ->는 멤버 함수여야 한다.

C.5 클래스의 보조 함수들은 그 클래스와 같은 이름공간에 배치하라.[7]

보조 함수는 클래스 인터페이스의 일부이므로, 클래스의 이름공간(namespace)에 속해야 한다. 멤버 함수와는 달리 보조 함수는 클래스의 표현에 직접 접근할 필요가 없다.

```
namespace Chrono { // 시간 관련 서비스들을 담는 이름공간

    class Date { /* ... */ };

    // 보조 함수들:
    bool operator == (Date, Date);
    Date next_weekday(Date);
    // ...
}
...
if (date1 == date2) { ...          // ❶
```

인수 의존적 조회(argument-dependent lookup, ADL)[8] 덕분에 ❶의 비교 연산 date1 == date2는 Chrono 이름공간에서도 상등 연산자를 찾는다. ADL은 특히 출력 연산자 << 같은 중복적재된 연산자에 중요하다.

C.7 하나의 문장에서 class나 enum을 정의하고 즉시 해당 형식의 변수를 선언하지 말라.[9]

클래스를 정의하고 그대로 그 형식의 변수를 선언하는 것은 혼동의 여지가 있으므로 피해야 한다.

```
// 나쁨
struct Data { /*...*/ } data { /*...*/ };

// 좋음
struct Data { /*...*/ };
Data data{ /*...*/ };
```

---

[7] *https://isocpp.github.io/CppCoreGuidelines/CppCoreGuidelines#Rc-helper*
[8] *https://en.cppreference.com/w/cpp/language/adl*
[9] *https://isocpp.github.io/CppCoreGuidelines/CppCoreGuidelines#Rc-standalone*

| C.8 | public이 아닌 멤버가 있다면 struct 대신 class를 사용하라.[10] |

사용자 정의 형식에 public이 아닌 멤버들이 있으면 외부의 접근으로부터 그 멤버들의 불변식을 보호하는 것이 바람직하다. 불변식은 생성자에서 확립해야 하므로, struct 대신 class를 사용해야 한다.

| C.9 | 멤버들을 최소한으로 노출하라.[11] |

데이터 은닉(hiding)과 캡슐화는 객체 지향적 클래스 설계의 기초 중 하나이다. 멤버들을 클래스로 캡슐화하고, 오직 public 멤버 함수를 통해서만 그 멤버들에 접근하게 해야 한다. 하나의 클래스에 인터페이스가 두 개 있다고 생각하기 바란다. 하나는 일반적인 외부 클라이언트(클래스를 사용하는 코드)를 위한 public 인터페이스이고 다른 하나는 파생 클래스를 위한 protected 인터페이스이다. 그 두 인터페이스에 속하지 않는 멤버들은 모두 private으로 두어야 한다.

5.2 구체 형식

C++ 핵심 가이드라인의 구체 형식 섹션[12]에는 규칙이 두 개밖에 없지만,† 구체 형식과 정규 형식이라는 용어를 소개한다.

    C++ 핵심 가이드라인에 따르면 구체 형식(concrete type)은 "가장 간단한 종류의 클래스"이다. 흔히 값 형식(value type)이라고도 부르는 구체 형식은 형식 위계구조에 속하지 않을 때가 많다.

    정규 형식(regular)은 "int처럼 행동하는, 따라서 복사와 배정(assignment), 상등 판정, 순서 비교를 지원해야 하는" 형식이다. 좀 더 정식화해서 말하면, 정규 형식 X는 int처럼 행동하며 다음 연산들을 지원한다.

- 기본 생성자: X()
- 복사 생성자: X(const X&)

---

10   *ttps://isocpp.github.io/CppCoreGuidelines/CppCoreGuidelines#Rc-class*
11   *https://isocpp.github.io/CppCoreGuidelines/CppCoreGuidelines#Rc-private*
12   *https://isocpp.github.io/CppCoreGuidelines/CppCoreGuidelines#SS-concrete*
†   [옮긴이] 2022년 11월 현재 "C.12: Don't make data members const or references(데이터 멤버를 const나 참조로 만들지 말라)"라는 규칙이 추가되었다. 저자 서문에서 이야기했듯이 C++ 핵심 가이드라인은 (그리고 C++ 표준 자체도) 계속해서 진화하는 만큼, 이런 불일치는 피할 수 없는 일이다. 이후에는 이런 사항에 대해 굳이 역주를 달지 않겠다. 필요하다면 각주의 URL을 참고하기 바란다.

- **복사 배정**: operator = (const X&)
- **이동 생성자**: X(X&&)
- **이동 배정**: operator = (X&&)
- **소멸자**: ~(X)
- **교환 연산**: swap(X&, X&)
- **상등 연산자**: operator == (const X&, const X&)

C.10 클래스 위계구조보다 구체 형식들을 선호하라.[13]

클래스 위계구조가 꼭 필요하지 않다면 구체 형식을 사용해야 한다. 구체 형식은 더 작고 빠르며 구현하기 쉽다. 상속이나 가상 함수, 참조를 신경 쓸 필요가 없고 메모리 할당 및 해제를 포함해 포인터 관련 문제도 없다. 가상 디스패치(virtual dispatch)가 없으므로 실행 시점 추가부담(run-time overhead)도 없다.

짧게 말하자면, 소위 'KISS 원리'[14]를 적용해서 마치 값(value)처럼 행동하는 형식을 만들어야 한다. 여기서 KISS는 "keep it simple, stupid"를 줄인 말이다.

C.11 구체 형식은 정규 형식으로 작성하라.[15]

정규 형식은 이해하기 쉽다. 정규 형식은 `int`처럼 행동하므로 직관적이다. 따라서, 구체 형식을 만들었다면 그것을 정규 형식으로 업그레이드하는 것이 바람직하다.

`int`나 `double` 같은 내장 형식은 정규 형식이다. 그리고 `std::string` 같은 사용자 정의 형식이나 `std::vector`나 `std::unordered_map` 같은 컨테이너도 정규 형식이다.

C++20은 정규 형식이 갖추어야 할 요건을 정의하는 `std::regular`라는 콘셉트를 제공한다.

5.3 생성자, 배정, 소멸자

C++ 핵심 가이드라인에서 클래스와 클래스 위계구조에 관한 대부분의 규칙은 생성자, 배정, 소멸자 섹션[16]에는 있다. 생성자와 배정 연산자, 소멸자는 생성, 복

---

13 *https://isocpp.github.io/CppCoreGuidelines/CppCoreGuidelines#Rc-concrete*
14 *https://en.wikipedia.org/wiki/KISS_principle*
15 *https://isocpp.github.io/CppCoreGuidelines/CppCoreGuidelines#Rc-regular*
16 *https://isocpp.github.io/CppCoreGuidelines/CppCoreGuidelines#S-ctor*

사, 이동, 파괴(소멸)로 이어지는 객체의 생애 주기(life cycle)를 제어한다. 이 연산들을 흔히 6대 연산이라고 부른다. 6대 연산에 해당하는 여섯 가지 특수 멤버 함수는 다음과 같다.

- **기본 생성자**: X()
- **복사 생성자**: X(const X&)
- **복사 배정**: operator = (const X&)
- **이동 생성자**: X(X&&)
- **이동 배정**: operator = (X&&)
- **소멸자**: ~(X)

사용자 정의 형식을 정의할 때 6대 연산을 명시적으로 지정하지 않으면 컴파일러가 자동으로 생성해준다. **C++ 핵심 가이드라인**의 생성자, 배정, 소멸자 섹션처럼 이번 절에서도 먼저 컴파일러가 자동으로 생성하는 기본 연산들에 관한 규칙들(§5.3.1)을 살펴보고 후 생성자와 복사, 이동 연산에 관한 규칙들(§5.3.2와 §5.3.3)과 소멸자에 관한 규칙들(§5.3.4)로 나아간다. 마지막으로는 이 네 범주에 속하지 않는 기타 기본 연산들에 관한 규칙들(§5.3.5)을 소개한다.

    기본 생성자는 아무 인수 없이 호출할 수 있는 생성자이다. 따라서 기본 생성자에는 매개변수가 하나도 없어야 할 것 같지만, 반드시 그렇지는 않다. 기본 인수가 지정된 매개변수들이 있는 생성자도 기본 생성자로 간주된다.

5.3.1 기본 연산들

기본적으로 컴파일러는 필요하다면 6대 연산을 자동으로 생성한다. 물론 사용자(프로그래머)는 6대 특수 멤버 함수들을 직접 정의할 수 있으며, `= default`를 지정해서 컴파일러가 자동으로 생성하게 하거나 `= delete`를 지정해서 삭제(생성 금지)할 수도 있다.

> **C.20**   가능하면 기본 연산은 아예 정의하지 말라.[17]

이 규칙을 '0의 법칙(rule of zero)'이라고 부르기도 한다. 이는, 적절한 이동/복사 의미론을 지원하는 형식들을 이용하면 커스텀 생성자, 복사/이동 생성자, 배정 연산자, 소멸자를 전혀 작성하지 않고도 사용자 정의 형식을 만들 수 있다

---

17   *https://isocpp.github.io/CppCoreGuidelines/CppCoreGuidelines#Rc-zero*

는 뜻이다. "적절한 이동/복사 의미론을 지원하는 형식들"에는 내장 형식 bool 이나 double 같은 정규 형식(§5.2)은 물론이고 std::vector나 std::string 같은 STL(Standard Template Library) 컨테이너도 포함된다.

```
class Named_map {
public:
  // ... 기본 연산들을 전혀 선언하지 않음 ...
private:
  std::string name;
  std::map<int, int> rep;
};

Named_map nm;          // 기본 생성
Named_map nm2 {nm};    // 복사 생성
```

Named_map이 기본 생성과 복사 생성을 지원하는 이유는 멤버 변수로 쓰인 std::string과 std::map에 이미 기본 생성자와 복사 생성자가 정의되어 있기 때문이다. 클래스를 위해 컴파일러가 자동으로 생성해 주는 복사 생성자는 클래스의 모든 멤버와 모든 기반 클래스의 복사 생성자를 호출한다.

> **C.21** 기본 연산을 하나라도 정의하거나 =delete로 삭제했다면, 다른 모든 기본 연산도 정의하거나 삭제하라.[18]

6대 연산은 밀접하게 연관되어 있다. 밀접한 관계 때문에 여섯 가지 연산을 모두 정의하거나 =delete로 삭제해야 한다. 그래서 이 규칙을 '6의 법칙(rule of six)'이라고 부른다. '5의 법칙(rule of five)'이라는 말을 들어본 독자도 있을 텐데, 이것은 기본 생성자가 특별하기 때문에 여섯 연산에서 제외하고 나머지 다섯 개만 언급한 것이다.

🔑 특수 멤버 함수들 사이의 의존관계

하워드 히넌트[Howard Hinnant][19]는 ACCU 2014 콘퍼런스의 강연[20]에서 자동으로 생성되는 특수 멤버 함수들을 [그림 5.1]의 표로 정리했다.

---

18 *https://isocpp.github.io/CppCoreGuidelines/CppCoreGuidelines#Rc-five*
19 *https://howardhinnant.github.io/*
20 *https://accu.org/conf-docs/PDFs_2014/Howard_Hinnant_Accu_2014.pdf*

		컴파일러가 암묵적으로 선언					
		기본 생성자	소멸자	복사 생성자	복사 배정	이동 생성자	이동 배정
사용자가 선언	없음	자동 생성	자동 생성	자동 생성	자동 생성	자동 생성	자동 생성
	모든 생성자	선언 안됨	자동 생성	자동 생성	자동 생성	자동 생성	자동 생성
	기본 생성자	사용자가 선언	자동 생성	자동 생성	자동 생성	자동 생성	자동 생성
	소멸자	자동 생성	사용자가 선언	자동 생성	자동 생성	선언 안됨	선언 안됨
	복사 생성자	선언 안됨	자동 생성	사용자가 선언	자동 생성	선언 안됨	선언 안됨
	복사 배정	자동 생성	자동 생성	자동 생성	사용자가 선언	선언 안됨	선언 안됨
	이동 생성자	선언 안됨	자동 생성	삭제됨	삭제됨	사용자가 선언	선언 안됨
	이동 배정	자동 생성	자동 생성	삭제됨	삭제됨	선언 안됨	사용자가 선언

그림 5.1 자동으로 생성되는 특수 멤버 함수들.

하워드의 이 표를 좀 더 설명할 필요가 있겠다.

첫째로, "사용자 선언"은 해당 특수 멤버 함수를 사용자(프로그래머)가 명시적으로 정의했거나, =default를 지정해서 컴파일러에 명시적으로 요청했음을 뜻한다. =delete를 지정해서 명시적으로 삭제한 것도 "사용자가 선언"에 해당한다. 본질적으로, 사용자가 클래스 정의 안에서 특수 멤버 함수의 이름을 언급했다면 그 특수 멤버 함수는 "사용자가 선언"한 것이다.

사용자 생성자를 하나라도 정의한다면 기본 생성자는 자동으로 생성되지 않는다. 기본 생성자는 인수 없이 호출할 수 있는 생성자를 말한다.

사용자가 기본 생성자를 =default나 =delete로 정의 또는 삭제하는 것은 나머지 특수 멤버 함수들의 자동 생성 여부에 영향을 미치지 않는다.

사용자가 소멸자나 복사 생성자, 복사 배정 연산자를 =default나 =delete로 정의 또는 삭제하면 컴파일러는 이동 생성자와 이동 배정 연산자를 자동으로 생성하지 않는다. 그러면 이동 생성이나 이동 배정 같은 이동 연산이 적용되는 지점에서 실제로는 복사 생성자나 복사 배정 같은 복사 연산이 일어나게 된다. 표에서 빨간색으로 표시된† 칸들이 이런 자동 대체 메커니즘에 해당한다.

이동 생성자나 이동 배정 연산자를 =default나 =delete로 정의 또는 삭제하면 복사 생성자와 복사 배정 연산자는 모두 삭제된다. 따라서 복사 생성이나 복사 배정 같은 복사 연산을 호출하는 코드는 컴파일 오류를 일으킨다.

6의 법칙을 따르지 않으면 대단히 직관적이지 못한 객체가 생긴다. 다음은 이 규칙을 따르지 않고 특수 멤버 함수들을 정의한 탓에 직관적이지 못한 객체가 만들어진 예이다.

---

† [옮긴이] [그림 5.1]의 원색 버전이 *https://occamsrazr.net/book/Figures*에 있다.

```
// doubleFree.cpp

#include <cstddef>

class BigArray {

  public:
    BigArray(std::size_t len): len_(len), data_(new int[len]) {}

    ~BigArray(){
        delete[] data_;
    }

  private:
    size_t len_;
    int* data_;
};

int main(){

    BigArray bigArray1(1000);

    BigArray bigArray2(1000);

    bigArray2 = bigArray1;      // ❶

}                                // ❷
```

직관적이지 않은 객체를 사용자가 잘못 사용한 탓에 이 프로그램은 미정의 행동을 일으킨다. ❶의 bigArray2 = bigArray1은 bigArray2의 모든 멤버를 복사하는데, 문제는 포인터 멤버 data를 복사하면 그냥 포인터가 복사될 뿐 포인터가 가리키는 데이터는 복사되지 않는다. 따라서 ❷에서 bigArray1과 bigArray2의 소멸자가 호출되면 하나의 포인터가 두 번 해제되는 사태가 벌어진다. 이는 미정의 행동이다.

BigArray 객체의 이러한 직관적이지 않은 행동은, 컴파일러가 생성한 복사 배정 연산자는 BigArray 객체를 얕게(shallow) 복사하는 반면에 사용자가 명시적으로 구현한 소멸자는 BigArray 객체가 데이터를 소유하고 있다고 가정한다는 점에서 비롯된 것이다.

AddressSanitizer[21]는 이런 미정의 행동을 드러내 준다(그림 5.2).

---

21 *https://github.com/google/sanitizers/wiki/AddressSanitizer*

그림 5.2 AddressSanitizer로 포인터 이중 해제를 검출한 모습.

| **C.22** | 기본 연산들의 일관성을 유지하라.[22] |

이 규칙은 앞의 규칙(C.21)과 관련이 있다. 기본 연산들을 일관성 없이 각자 다른 의미론으로 구현하면 클래스 사용자가 대단히 헷갈릴 것이다. 또한, 특수 멤버 함수들을 일부는 명시적으로 구현하고 일부는 =default로 자동 생성해도 일관성이 깨진다. 컴파일러가 생성한 특수 멤버 함수의 의미론이 여러분이 명시적으로 구현한 특수 멤버 함수들의 의미론과 반드시 일치하리라는 보장은 없다.

다음은 이 규칙을 위반한 클래스의 객체가 이상한 행동을 보이는 예이다. Strange 클래스에 int를 가리키는 포인터 멤버가 있다.

```
1   // strange.cpp
2
3   #include <iostream>
4
5   struct Strange {
6
7     Strange(): p(new int(2011)) {}
8
9     // 깊은 복사
10    Strange(const Strange& a) : p(new int(*a.p)) {}
11
12    // 얕은 복사
13    // Strange& operator = (const Strange&) = default;와 동등함
14    Strange& operator = (const Strange& a) {
```

---

[22] *https://isocpp.github.io/CppCoreGuidelines/CppCoreGuidelines#Rc-matched*

```cpp
15        p = a.p;
16        return *this;
17    }
18
19    int* p;
20
21 };
22
23 int main() {
24
25    std::cout << '\n';
26
27    std::cout << "Deep copy" << '\n';
28
29    Strange s1;
30    Strange s2(s1);
31
32    std::cout << "s1.p: " << s1.p << "; *s1.p: " << *s1.p << '\n';
33    std::cout << "s2.p: " << s2.p << "; *s2.p: " << *s2.p << '\n';
34
35    std::cout << "*s2.p = 2017" << '\n';
36    *s2.p = 2017;
37
38    std::cout << "s1.p: " << s1.p << "; *s1.p: " << *s1.p << '\n';
39    std::cout << "s2.p: " << s2.p << "; *s2.p: " << *s2.p << '\n';
40
41    std::cout << '\n';
42
43    std::cout << "Shallow copy" << '\n';
44
45    Strange s3;
46    s3 = s1;
47
48    std::cout << "s1.p: " << s1.p << "; *s1.p: " << *s1.p << '\n';
49    std::cout << "s3.p: " << s3.p << "; *s3.p: " << *s3.p << '\n';
50
51
52    std::cout << "*s3.p = 2017" << '\n';
53    *s3.p = 2017;
54
55    std::cout << "s1.p: " << s1.p << "; *s1.p: " << *s1.p << '\n';
56    std::cout << "s3.p: " << s3.p << "; *s3.p: " << *s3.p << '\n';
57
58    std::cout << '\n';
59
60    std::cout << "delete s1.p" << '\n';
61    delete s1.p;
62
63    std::cout << "s2.p: " << s2.p << "; *s2.p: " << *s2.p << '\n';
```

```
64        std::cout << "s3.p: " << s3.p << "; *s3.p: " << *s3.p << '\n';
65
66        std::cout << '\n';
67
68    }
```

Strange 클래스는 복사 생성자(행 10)와 복사 배정 연산자(행 14)를 명시적으로 정의한다. 복사 생성자는 깊은 복사(deep copy) 방식으로 객체를 복사하는 반면에 배정 연산자는 얕은 복사를 적용한다. 참고로 컴파일러가 생성한 복사 생성자나 복사 배정 연산자도 얕은 복사를 적용한다. 사용자 정의 형식을 만들 때 대부분의 경우 깊은 복사 의미론(값 의미론)이 바람직하지만, 지금 예에서 중요한 점은 생성과 배정이라는 밀접히 연관된 연산들의 의미론이 달라서는 안 된다는 것이다. 깊은 복사 의미론은 개별적인 두 개의 새로운 저장소 p(new int(*a.p))를 만들지만 얕은 복사 의미론은 그냥 포인터 p = a.p를 복사할 뿐이라는 차이점에 주목하기 바란다. 이 차이 때문에 Strange 형식의 여러 객체를 사용하는 main 함수가 이상한 행동을 보이게 된다. [그림 5.3]에 이 프로그램의 출력이 나와 있다.

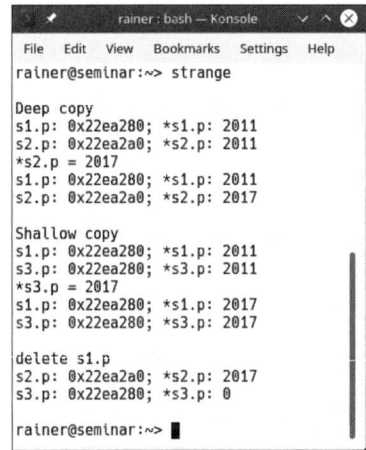

그림 5.3 strange.cpp의 출력.

행 30은 복사 생성자를 이용해서 s2 객체를 생성한다. 행 36에서 포인터 s2.p의 값을 변경한 후 행 38과 36에서 s1.p와 s2.p를 출력한 결과를 보면 s1과 s2가 개별적인 객체임을 알 수 있다. 하지만 s1과 s3은 그렇지 않다. 행 46의 복사 배정 연산은 얕은 복사를 수행하기 때문에, 포인터 s3.p를 변경하면(행 53) 포인터 s1.p도 바뀐다. 두 포인터가 같은 값을 가리키기 때문이다.

행 61에서 포인터 s1.p를 삭제하면 문제가 겉으로 드러난다. 그렇게 해도 s2.p는 무사하지만(깊은 복사 때문에) s3.p는 유효하지 않은 포인터가 된다. 행 63의 *s3.p처럼 유효하지 않은 포인터를 역참조(deference)하는 것은 미정의 행동이다.

5.3.2 생성자

객체의 생성에 관한 규칙은 13개이다. 이들은 대략 다음 다섯 범주로 나뉜다.

- 생성자 일반(§5.3.2.1)
- 기본 생성자(§5.3.2.2)
- 인수가 하나인 생성자
- 멤버 초기화(§5.3.2.3)
- 상속 생성자나 위임 생성자 같은 특별한 생성자(§5.3.2.4)

여기서 경고 한마디: 생성자에서 가상 함수를 호출하지는 말아야 한다. 이 경고를, §5.3.5 "기타 기본 연산들"에서 소멸자를 포함한 좀 더 넓은 맥락에서 다시 언급할 것이다.

5.3.2.1 생성자 일반

규칙 "C.40: 클래스에 불변식이 있으면 생성자를 정의하라"[23]는 "C.2: 불변식이 있는 클래스에는 class를 적용하라. 데이터 멤버들이 독립적으로 변할 수 있으면 struct를 적용하라"와 사실상 같은 이야기이므로 넘어가고, 여기서는 밀접하게 연관된 두 규칙 "C.41: 생성자는 완전하게 초기화된 객체를 생성해야 한다"와 "C.42: 생성자에서 유효한 객체를 생성할 수 없으면 예외를 던져라"만 살펴보기로 한다.

C.41	생성자는 완전하게 초기화된 객체를 생성해야 한다.[24]

완전하게 초기화된 객체(fully intialized object)를 만드는 것은 생성자의 책임이다. 다음처럼 init 같은 초기화용 멤버 함수를 따로 두는 것은 바람직하지 않다.

```
class DiskFile {  // 나쁨: 기본 생성자가 불완전함. 다른 멤버 함수를
    FILE* f;     // 사용하기 전에 반드시 init()를 호출해야 한다.
```

---

[23] *https://isocpp.github.io/CppCoreGuidelines/CppCoreGuidelines#Rc-complete*
[24] *https://isocpp.github.io/CppCoreGuidelines/CppCoreGuidelines#Rc-complete*

```
    // ...
public:
    DiskFile() = default;
    void init(); // f를 초기화하는 멤버 함수
    void read(); // f에서 데이터를 읽는 멤버 함수
    // ...
};

int main() {
    DiskFile file;
    file.read(); // 폭주하거나 엉뚱한 데이터를 읽게 됨!
    // ...
    file.init(); // 너무 늦었음
    // ...
}
```

이런 클래스에서는 사용자가 init보다 read를 먼저 호출하거나 init을 아예 호출하지 않는 실수를 저지르기 쉽다. 이보다는 멤버 함수 init을 private로 두고 모든 생성자에서 init을 호출하는 것이 낫지만, 더 좋은 방법이 있다. 만일 클래스의 모든 생성자가 어떤 공통의 동작들을 수행한다면, '위임 생성자(delegating constructor; C.51)'가 해답이다.

C.42 생성자에서 유효한 객체를 생성할 수 없으면 예외를 던져라.[25]

규칙 C.41과 짝을 이루는 이 규칙은 따로 더 설명할 것이 없을 정도로 명확하다. 유효한 객체를 생성할 수 없는 상황이면 예외를 던져서 객체가 아예 생성되지 않게 해야 한다. 만일 유효하지 않은 객체가 프로그램에 남아 있도록 허용한다면, 사용자는 객체를 사용하기 전에 항상 객체가 유효한지를 점검해야 한다. 이는 극도로 지루하고 비효율적일 뿐만 아니라 실수의 여지가 아주 큰 일이다. 다음은 이 규칙을 위반한 클래스의 예로, C++ 핵심 가이드라인에서 가져온 것이다.

```
class DiskFile { // 나쁨: 생성자가 유효하지 않은 객체를 허용한다.
    FILE* f;
    bool valid;
    // ...
public:
    explicit DiskFile(const string& name)
        :f{fopen(name.c_str(), "r")}, valid{false} {
        if (f) valid = true;
        // ...
```

---

[25] https://isocpp.github.io/CppCoreGuidelines/CppCoreGuidelines#Rc-throw

```
    }
    bool is_valid() const { return valid; }
    void read(); // f에서 데이터를 읽는 멤버 함수
    // ...
};

int main() {
    DiskFile file {"Heraclides"};
    file.read(); // 폭주하거나 엉뚱한 데이터를 읽게 됨!
    // ...
    if (file.is_valid()) {
        file.read();
        // ...
    }
    else {
        // ... 오류를 처리한다 ...
    }
    // ...
}
```

5.3.2.2 기본 생성자

다음 두 규칙은 "클래스에 기본 생성자가 필요할 때는 언제이고 필요하지 않을 때는 언제인가?"라는 질문의 답에 해당한다.

> **C.43** 복사 가능(값 형식) 클래스에는 반드시 기본 생성자가 있어야 한다.[26]

뒤집어서 말하면, 클래스의 인스턴스에 의미 있는 기본값이 없는 클래스에는 기본 생성자가 필요하지 않다. 예를 들어 사람에게는 의미 있는 기본값이 없지만, 은행 계좌에는 의미 있는 기본값이 있다. 일반적으로 은행 계좌의 초기 값은 0(잔액 0원)이다. 기본 생성자가 있는 형식은 사용하기가 편하다. STL 컨테이너의 생성자 중에는 컨테이너에 담을 요소의 형식에 기본 생성자가 있다는 가정을 둔 것이 많다. 예를 들어 std::map 같은 순서 있는 연관 컨테이너의 생성자들이 그렇다. 클래스의 모든 멤버에 기본 생성자가 있으면 컴파일러는 그 클래스의 기본 생성자를 자동으로 생성할 수 있다(컴파일러의 생성자 자동 생성은 이전 절 §5.3.1에서 이야기했다).

그럼 기본 생성자를 정의하지 말아야 하는 경우로 넘어가자.

---

[26] *https://isocpp.github.io/CppCoreGuidelines/CppCoreGuidelines#Rc-default0*

C.45 데이터 멤버들을 초기화하기만 하는 기본 생성자는 정의하지 말고, 대신 멤버 초기화 구문을 사용하라.[27]

장황한 설명 대신 예제 코드가 이해에 더 도움이 될 것이다.

```cpp
// classMemberInitializerWidget.cpp

#include <iostream>

class Widget {
public:
  Widget(): width(640), height(480),
        frame(false), visible(true) {}
  explicit Widget(int w): width(w), height(getHeight(w)),
                  frame(false), visible(true) {}
  Widget(int w, int h): width(w), height(h),
                  frame(false), visible(true) {}

  void show() const {
     std::cout << std::boolalpha << width << "x" << height
       << ", frame: " << frame
       << ", visible: " << visible << '\n';
  }
private:
  int getHeight(int w) { return w*3/4; }
  int width;
  int height;
  bool frame;
  bool visible;
};

class WidgetImpro {
 public:
  WidgetImpro() = default;
  explicit WidgetImpro(int w): width(w), height(getHeight(w)) {}
  WidgetImpro(int w, int h): width(w), height(h) {}

  void show() const {
     std::cout << std::boolalpha << width << "x" << height
       << ", frame: " << frame
       << ", visible: " << visible << '\n';
  }

 private:
  int getHeight(int w) { return w * 3 / 4; }
```

---

27 *https://isocpp.github.io/CppCoreGuidelines/CppCoreGuidelines#Rc-default*

```
41    int width{640};
42    int height{480};
43    bool frame{false};
44    bool visible{true};
45 };
46
47
48 int main() {
49
50 std::cout << '\n';
51
52    Widget wVGA;
53    Widget wSVGA(800);
54    Widget wHD(1280, 720);
55
56    wVGA.show();
57    wSVGA.show();
58    wHD.show();
59
60    std::cout << '\n';
61
62    WidgetImpro wImproVGA;
63    WidgetImpro wImproSVGA(800);
64    WidgetImpro wImproHD(1280, 720);
65
66    wImproVGA.show();
67    wImproSVGA.show();
68    wImproHD.show();
69
70    std::cout << '\n';
71
72 }
```

Widget 클래스는 멤버 변수들을 세 생성자(행 7~12)에서 초기화한다. 반면에 이 클래스를 개선한 WidgetImpro 클래스는 클래스 자체의 본문에서 멤버 변수들을 선언과 함께 직접 초기화한다(행 41~44). 멤버 초기화를 생성자에서 클래스 본문으로 옮겼더니 세 생성자(행 29~31)를 이해하기가 쉬워졌다. 이러면 클래스 전체의 유지보수도 쉬워진다. 예를 들어 클래스에 새 멤버를 추가한다면 모든 생성자를 수정할 필요 없이 클래스 본문에 코드 한 줄만 추가하면 된다. 더 나아가서, 생성자에서 멤버들을 초기화하는 순서가 본문에서 멤버들이 선언된 순서와 일치하지 않아서 객체가 부분적으로만 초기화되는 일도 피할 수 있다.

물론 두 객체는 동일하게 행동한다(그림 5.4).

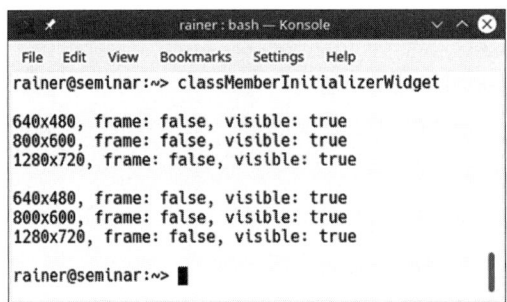

그림 5.4 클래스에서 멤버들을 직접 초기화하는 예.

새 클래스를 설계할 때 나는 이런 접근 방식을 따른다: 클래스의 기본 행동 방식은 클래스 본문에서 정의한다. 기본에서 벗어난 행동 방식에 대해서만 명시적으로 생성자를 정의한다.

마지막으로, 인수 하나를 받는 생성자(단일 인수 생성자)에 explicit 키워드를 붙였다는 점도 주목하자. 다음은 이와 관련한 규칙이다.

C.46 기본적으로, 단일 인수 생성자는 explicit으로 선언하라.[28]

좀 더 명시적으로(explicitly) 말하자면, explicit으로 선언하지 않은 단일 인수 생성자는 변환 생성자(converting constructor)이다. 변환 생성자는 인수 하나를 받고 그 인수를 이용해서 클래스의 객체를 만들기 때문에, 마치 주어진 인수를 클래스의 객체로 변환하는 것처럼 보인다. 그런데 이러한 행동이 종종 의외의 결과를 낳을 때가 있다.

다음의 convertingConstructor.cpp 프로그램은 사용자 정의 리터럴(user-defined literal)을 사용한다.

```cpp
// convertingConstructor.cpp

#include <iomanip>
#include <iostream>
#include <ostream>

namespace Distance {
   class MyDistance {
   public:
      MyDistance(double d):m(d) {}                              // ❺
```

---

28 https://isocpp.github.io/CppCoreGuidelines/CppCoreGuidelines#Rc-explicit

```cpp
          friend MyDistance operator + (const MyDistance& a,      // ❷
                                        const MyDistance& b) {
              return MyDistance(a.m + b.m);
          }
          friend std::ostream& operator << (std::ostream &out,    // ❸
                                            const MyDistance& myDist) {
              out << myDist.m << " m";
              return out;
          }
       private:
          double m;

    };

    namespace Unit{
       MyDistance operator "" _km(long double d) {                // ❶
          return MyDistance(1000*d);
       }
       MyDistance operator "" _m(long double m) {
          return MyDistance(m);
       }
       MyDistance operator "" _dm(long double d) {
          return MyDistance(d/10);
       }
       MyDistance operator "" _cm(long double c) {
          return MyDistance(c/100);
       }
    }
}

using namespace Distance::Unit;

int main() {

    std:: cout << std::setprecision(7) << '\n';

    std::cout << "1.0_km + 2.0_dm + 3.0_cm: "
              << 1.0_km + 2.0_dm + 3.0_cm << '\n';
    std::cout << "4.2_km + 5.5_dm + 10.0_m + 0.3_cm: "
              << 4.2_km + 5.5 + 10.0_m + 0.3_cm << '\n';      // ❹

    std::cout << '\n';

}
```

1.0_km 같은 호출은 ❶의 리터럴 연산자 operator "" _km(long double d)로 이어진다. 이 연산자는 1000.0미터를 나타내는 객체 MyDistance(1000.0)을 생성한다. MyDistance는 또한 + 연산자(❷)와 스트림 출력 연산자(❸)도 중복적재한

다. 사용자 정의 리터럴의 주된 용도는 형식에 안전한 산술이다. 지금 예에서 모든 수치에 적절한 단위가 붙어 있으므로, 계산 결과도 단위가 정확할 것이다. [그림 5.5]를 보자.

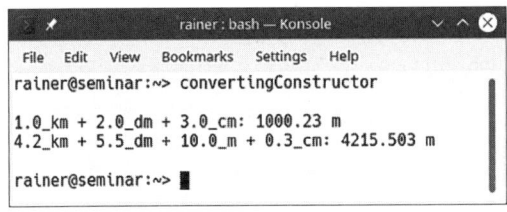

그림 5.5 변환 생성자.

안타깝게도 둘째 계산의 결과는 부정확한데, 이는 내가 실수로 ❹에서 5.5_dm 대신 5.5를 사용했기 때문이다. 내가 의도한 것은 5.5데시미터(10분의 1미터)였지만, 변환 생성자가 5.5를 소리 없이 MyDistance 객체로 변환했기 때문에 결과적으로 5.5미터가 계산에 사용되었다. 만일 ❺의 생성자를 explicit MyDistance(double d);로 선언했다면 double에서 MyDistance로의 암묵적 변환을 컴파일러가 지적해 주었을 것이며, 따라서 내 실수를 미리 알아챌 수 있었을 것이다.

5.3.2.3 멤버 초기화

멤버 초기화와 관련한 규칙은 세 가지이다. 첫 규칙을 위반하면 아주 뜻밖의 결과가 나올 수 있다.

C.47 멤버 변수들을 멤버 선언 순으로 정의하고 초기화하라.[29]

클래스 멤버들은 선언된 순서대로 초기화된다. 멤버 초기화 목록에서 선언과는 다른 순서로 멤버들을 초기화하면 의외의 결과가 발생할 수 있다.

```
// memberDeclarationOrder.cpp

#include <iostream>

class Foo {
   int m1;
   int m2;
```

---

[29] *https://isocpp.github.io/CppCoreGuidelines/CppCoreGuidelines#Rc-order*

```
public:
    Foo(int x) :m2{x}, m1{++x} { // 나쁨: 초기화 순서가 틀렸음
        std::cout << "m1: " << m1 << '\n';
        std::cout << "m2: " << m2 <<
    }
};

int main() {

    std::cout << '\n';
    Foo foo(1);
    std::cout<< '\n';

}
```

코드만 보면 m2가 먼저 초기화되고 그다음에 m1이 초기화될 것 같다. 그러면 m2는 1이고 m1은 2일 것이다. 그렇지만 [그림 5.6]에서 보듯이 실제로는 m1이 먼저 초기화된다.

클래스 멤버들이 파괴되는 순서는 선언의 역순이다.

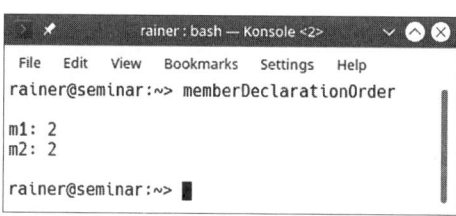

그림 5.6 멤버 변수의 초기화 순서가 잘못된 예.

> **C.48** 생성자에서 멤버를 상수로 초기화할 때 멤버 초기화 구문보다는 클래스 안 초기화 구문을 선호하라.[30]

이 규칙은 규칙 "C.45: 데이터 멤버들을 초기화하기만 하는 기본 생성자는 정의하지 말고, 대신 멤버 초기화 구문을 사용하라"와 비슷하다. 클래스 안 초기화 구문(in-class initalizer)을 사용하면 생성자를 정의하기가 훨씬 편하다. 게다가 멤버를 깜박 잊고 초기화하지 않는 실수도 방지된다.

```
class X { // 나쁨
    int i;
    string s;
    int j;
```

---

[30] https://isocpp.github.io/CppCoreGuidelines/CppCoreGuidelines#Rc-in-class-initializer

```
public:
    X() :i{666}, s{"qqq"} {}        // j의 초기화 누락
    explicit X(int ii) :i{ii} {}    // s는 ""이 되고 j는 초기화되지 않음
    // ...
};

class X2 {
    int i{0};
    std::string s{"qqq"};
    int j{0}
public:
    X2() = default; // 모든 멤버가 해당 기본값으로 초기화됨
    explicit X2(int ii) :i{ii} {}   // s와 j가 해당 기본값으로
                                    // 초기화됨
    // ...
};
```

클래스 내 초기화 구문은 객체의 기본 행동 방식을 따른다. 객체가 기본 행동 방식과는 다르게 행동하게 만들려면 생성자를 사용해야 한다.

C.49 생성자 안의 배정보다는 멤버 초기화 구문을 선호하라.[31]

배정에 비한 초기화의 명백한 장점은 두 가지이다. 첫째로, 깜박 잊고 멤버를 초기화하지 않고 넘어가는 실수를 피할 수 있다. 둘째로, 초기화가 배정보다 느릴 수는 없으며, 상황에 따라서는 더 빠르다. 다음은 이 점을 보여주는 예제 코드로, C++ 핵심 가이드라인에서 발췌했다.

```
class Bad {
    std::string s1;
public:
    Bad(const std::string& s2) { s1 = s2; } // 나쁨: 기본 생성자에
                                            // 배정이 있음
    // ...
};
```

문자열을 인수로 지정해서 Bad 객체를 생성하면 먼저 s1이 기본 생성되고 (std::string의 기본 생성자 호출), 그다음에 Bad의 생성자 안에서 s1에 다른 문자열(인수 s2)이 배정된다.

다음은 좋은 예이다. 앞의 Bad 클래스와는 달리 Good 클래스는 생성자의 멤버 초기화 구문을 이용해서 s1을 직접 생성, 초기화한다.

---

[31] https://isocpp.github.io/CppCoreGuidelines/CppCoreGuidelines#Rc-initialize

```
class Good {
   std::string s1;
public:
   Good(const std::string& s2): s1{s2} {} // 좋음: 직접 생성

   // ...
};
```

5.3.2.4 특수 생성자들

C++11에는 생성자가 같은 클래스의 다른 생성자에게 생성 작업을 위임하는 기능과 부모 클래스로부터 생성자를 상속받는 기능이 추가되었다. 두 기법 모두, 프로그래머가 좀 더 간결하고 표현력 좋은 코드를 작성하는 데 도움이 된다.

> **C.51** 한 클래스의 모든 생성자에 공통인 작업들은 위임 생성자로 표현하라.[32]

생성자는 같은 클래스의 다른 생성자에게 작업을 위임할 수 있다. 모든 생성자에 공통인 작업이 있다면, 현대적인 C++에서는 생성자 위임(constructor delegation) 기능을 이용하는 것이 정석이다. C++11 이전에는 흔히 init이라는 이름의 멤버 함수를 따로 두어서 그런 공통의 초기화 작업을 수행했다.

```
class Degree {
 public:
   explicit Degree(int deg) {            // ❶
      degree = deg % 360;
      if (degree < 0) degree += 360;
   }

   Degree(): Degree(0) {}                // ❷

   explicit Degree(double deg):          // ❸
      Degree(static_cast<int>(std::ceil(deg))) {}

 private:
   int degree;
};
```

Degree 클래스의 생성자 ❷와 ❸은 초기화 작업을 생성자 ❶에 위임한다.† 생성자 ❶은 인수가 유효한지 점검하고 적절히 정규화하는 작업을 담당한다. 생성자

---

[32] *https://isocpp.github.io/CppCoreGuidelines/CppCoreGuidelines#Rc-delegating*

† [옮긴이] ❷와 ❸처럼 다른 생성자에게 초기화 작업을 맡기는 생성자를 위임 생성자(delegating constructor; 위임하는 생성자)라고 부른다.

들을 재귀적으로 호출하는 것은 미정의 행동이다.

다음은 Degree 클래스의 초기화를 좀 더 단순화한 버전이다. 기본 생성자를 생략하고, 대신 클래스 안 초기화 구문을 사용했다.†

```
class Degree {
 public:
    explicit Degree(int deg) {   // ❶
       degree= deg % 360;
       if (degree < 0) degree += 360;
    }

    explicit Degree(double deg): // ❸
       Degree(static_cast<int>(std::ceil(deg))) {}

 private:
    int degree = 0;
};
```

C.52 더 이상의 명시적 초기화가 필요하지 않은 파생 클래스에 기반 클래스의 생성자를 도입할 때는 상속 생성자를 사용하라.[33]

파생 클래스(derived class)는 가능한 한 기반 클래스(base class)의 생성자들을 상속해서 재활용하는 것이 좋다.‡ 단, 이러한 재활용은 파생 클래스 자신이 정의한 멤버들에는 적용되지 않는다. 생성자를 재활용할 수 있는데도 하지 않으면 DRY(don't repeat yourself; 반복하지 말라)[34] 원칙을 어기게 된다. 기반 클래스에서 상속된 생성자들은 기반 클래스의 정의에 있는 원래의 특징들(접근 지정자들과 explicit, constexpr 지정자 등)을 모두 유지한다.

```
class Rec {
    // ... 데이터 멤버들과 여러 생성자 ...
};

class Oper : public Rec {
    using Rec::Rec;
    // ... 데이터 멤버 없음...
```

---

† [옮긴이] 이 예제들은 단지 생성자 위임 기능을 소개하기 위한 것일 뿐임을 주의하자. 실제 업무에서는 "각도는 0 이상, 360 이하이어야 한다"라는 불변식을 확립하는 정규 형식을 만들어서 int나 double 대신 사용하는 것이 바람직할 것이다.

33 https://isocpp.github.io/CppCoreGuidelines/CppCoreGuidelines#Rc-inheriting

‡ [옮긴이] '위임 생성자'와 같은 조어법에 따라, 기반 클래스의 생성자를 상속하는 생성자를 상속 생성자 (inheriting constructor)라고 부른다.

34 https://en.wikipedia.org/wiki/Don%27t_repeat_yourself

```
    // ... 다수의 편의용 함수 ...
};

struct Rec2 : public Rec {
    int x;
    using Rec::Rec;
};

Rec2 r {"foo", 7};
int val = r.x;                          // 초기화되지 않음
```

생성자 상속을 사용할 때는, 파생 클래스에 추가된 멤버는 상속된 생성자들이 초기화하지 않는다는 점을 주의해야 한다. 예제에서 Rec2 클래스의 int x가 그러한 예이다. 이런 멤버들은 명시적으로 초기화해 주어야 한다(되도록 클래스 안 초기화 구문으로-"C.48: 생성자에서 멤버를 상수로 초기화할 때 멤버 초기화 구문보다는 클래스 안 초기화 구문을 선호하라"를 보라).

5.3.3 복사와 이동

C++ 핵심 가이드라인에는 복사와 이동에 관한 규칙이 여덟 개 있는데, 이들은 크게 이동 및 복사 배정 연산에 관한 규칙들(§5.3.3.1)과 복사 및 이동의 의미론에 관한 규칙들(§5.3.3.2), 그리고 악명 높은 슬라이싱에 관한 규칙들(§5.3.3.2 끝부분)로 나뉜다.

5.3.3.1 배정

구문

두 규칙 "C.60: 복사 배정은 const& 매개변수를 받고 비const& 반환값을 돌려주는 비virtual 함수로 선언하라"[35]와 "C63: 이동 배정은 && 매개변수를 받고 비const& 반환값을 돌려주는 비virtual 함수로 선언하라"[36]는 복사 배정 연산자와 이동 배정 연산자의 바람직한 구문을 명시적으로 말해준다. 이 구문을 따르는 예로 std::vector가 있다. 다음은 std::vector의 복사 배정 연산자와 이동 배정 연산자를 단순화한 버전이다.

```
// 복사 배정
vector& operator = (const vector& other);
```

---

[35] *https://isocpp.github.io/CppCoreGuidelines/CppCoreGuidelines#Rc-copy-assignment*
[36] *https://isocpp.github.io/CppCoreGuidelines/CppCoreGuidelines#Rc-move-assignment*

```
// 이동 배정
vector& operator = (vector&& other);            // C++17 이전
vector& operator = (vector&& other) noexcept ;  // C++17부터
```

이 짧은 예제 코드에서 보듯이, C++17부터 이동 배정 연산자는 noexcept이다. 이는 규칙 "C.66: 이동 연산은 noexcept로 선언하라"[37]를 그대로 따른 것이다. '이동 연산'에는 이동 생성자와 이동 배정 연산자가 포함된다. 함수를 noexcept로 선언하면 컴파일러는 좀 더 적극적으로 코드를 최적화할 수 있게 된다. 다음은 std::vector의 이동 연산들이다.

```
vector(vector&& other) noexcept ;               // C++17부터
vector& operator = (vector&& other) noexcept ;  // C++17부터
```

자기 배정

자기 배정(self-assignment)에 관한 규칙은 "C.62: 복사 연산은 자기 배정에 안전하게 작성하라"[38]와 "C.65: 이동 연산은 자기 배정에 안전하게 작성하라"[39] 두 가지이다. 자기 배정에 안전하다는 것은 x = x 연산에 의해 x의 값이 바뀌지는 않는다는 뜻이다.

STL 컨테이너들과 std::string, 그리고 int 같은 내장 형식들의 복사/이동 배정은 모두 자기 배정에 안전하다. 그리고 자기 배정에 안전한 형식들만 사용하는 클래스에 대해 자동으로 생성된 복사/이동 배정 연산자 역시 자기 배정에 안전하다.

다음의 클래스 Foo는 이 규칙들을 잘 지켰기 때문에 자기 배정이 아무런 문제도 일으키지 않는다.

```cpp
class Foo {
   std::string s;
   int i;
public:
   Foo& Foo::operator = (const Foo& a) {
      s = a.s;
      i = a.i;
      return *this;
   }
   Foo& Foo::operator = (Foo&& a) noexcept {
      s = std::move(a.s);
```

---

[37] *https://isocpp.github.io/CppCoreGuidelines/CppCoreGuidelines#Rc-move-noexcept*
[38] *https://isocpp.github.io/CppCoreGuidelines/CppCoreGuidelines#Rc-copy-self*
[39] *https://isocpp.github.io/CppCoreGuidelines/CppCoreGuidelines#Rc-move-self*

```
        i = a.i;
        return *this;
    }
    // ....
};
```

Foo는 이미 자기 배정에 안전한 클래스이므로 다음처럼 명시적인 점검을 추가해도 더 안전해지지는 않는다. 오히려 성능이 나빠질 수 있다.[†]

```
class Foo {
    std::string s;
    int i;
public:
    Foo& Foo::operator = (const Foo& a) {
        if (this == &a) return *this; // 중복된 자기 배정 점검
        s = a.s;
        i = a.i;
        return *this;
    }
    Foo& Foo::operator = (Foo&& a) noexcept {
        if (this == &a) return *this; // 중복된 자기 배정 점검
        s = std::move(a.s);
        i = a.i;
        return *this;
    }
    // ....
};
```

5.3.3.2 의미론

복사와 이동의 의미론(semantics)[‡]에 관한 두 규칙은 "C.61: 복사 연산은 복사를 수행해야 한다"[40]와 "C.64: 이동 연산은 이동을 수행해야 하며, 원본을 유효한 상태로 남겨야 한다"[41]인데, 너무나 당연해서 동어반복처럼 보일 정도이다. 이 규칙들이 정말로 뜻하는 바는 다음과 같다.

[†] [옮긴이] 일반적으로 자기 배정은 드물기 때문에, 프로그램 실행 도중 배정이 많이 일어난다면 자기 배정을 명시적으로 점검해서 줄일 수 있는 복사 비용보다 점검을 위한 비용이 더 클 수 있다.

[‡] [옮긴이] '의미론'은 '구문론(syntax; 또는 통사론)'과 대조되는 개념으로, 언어학에서 넘어온 용어이다. 의미론은 주어진 코드가 어떻게 해석/이해되는가, 좀 더 구체적으로는 "프로그램을 실행했을 때 주어진 코드 조각에 대해 어떤 일이 일어나는가"를 뜻한다. 코드의 '실행 시점 특성'이나 '실행 시점 행동 방식'이라고 생각해도 될 것이다. "이 문장은 복사 의미론을 따른다" 같은 표현은 "프로그램을 실행했을 때 이 문장에서 복사 연산이 일어난다"를 어렵게(하지만 간결하게) 표현한 것이다.

40 *https://isocpp.github.io/CppCoreGuidelines/CppCoreGuidelines#Rc-copy-semantic*
41 *https://isocpp.github.io/CppCoreGuidelines/CppCoreGuidelines#Rc-move-semantic*

- 복사 연산
  - b를 a에 복사하는 연산(a = b)이 수행된 후에는 반드시 a와 b가 같아야 한다(a == b).
  - 복사는 깊을 수도 있고 얕을 수도 있다. 깊은 복사란 복사 후에 객체 a와 b가 서로 독립적이라는 뜻이다. 이는 값 의미론(value semantics)[42]에 해당한다. 반대로 얕은 복사는 복사 후에 a와 b가 하나의 객체를 공유한다는 뜻이다. 이는 참조 의미론(reference semantics)[43]에 해당한다.
- 이동 연산
  - C++ 표준은 이동 원본 객체(moved-from object)가 이동 후에 "명시되지 않았지만 유효한(unspecified but valid)" 상태이어야 함을 요구한다. 이동 원본 객체의 이러한 상태는 해당 객체 형식의 기본값에 해당하는 상태일 때가 많다.

C.67 다형적 클래스는 복사를 금지해야 한다.[44]

다소 평범해 보이는 이 규칙을 제대로 지키지 않아서 미정의 행동이 발생할 때가 많다. 그런데 애초에 '다형적 클래스(polymorphic class)'가 무엇일까?

다형적 클래스는 가상 함수가 하나 이상 있는 클래스이다. 클래스 자신이 직접 정의하든, 아니면 기반 클래스에서 상속하든, 가상 함수가 하나라도 있으면 다형적 클래스가 된다.

다형적 클래스의 객체를 복사하면 슬라이싱^{slicing}(잘림)이 발생할 수 있다. 슬라이싱은 C++의 아주 어두운 구석 중 하나이다.

> **슬라이싱**
>
> 슬라이싱이란 배정이나 초기화 과정에서 객체가 복사될 때 복사가 완전하지 못해서 객체가 부분적으로만 만들어지는 것을 말한다. 다음 예를 보자.
>
> ```
> // slice.cpp
>
> struct Base {
>    int base{1998};
> };
> ```

---

[42] https://isocpp.org/wiki/faq/value-vs-ref-semantics#val-vs-ref-semantics
[43] https://isocpp.org/wiki/faq/value-vs-ref-semantics#val-vs-ref-semantics
[44] https://isocpp.github.io/CppCoreGuidelines/CppCoreGuidelines#Rc-copy-virtual

```cpp
struct Derived : Base {
    int derived{2011};
};

void needB(Base b) {
    // ...
};

int main() {

    Derived d;
    Base b = d;         // ❶
    Base b2(d);         // ❷
    needB(d);           // ❸

}
```

표현식 ❶에서 객체 b는 객체 d에서 Derived 부분이 잘려 나가고 남은 부분만으로 구성된다. ❷의 b2와 ❸의 b(함수 needB의 매개변수)도 마찬가지이다. 이것이 프로그래머의 의도는 아니었을 것이다.

다형적 클래스의 객체를 복사하면 슬라이싱이 발생할 수 있다. 다음은 슬라이싱은 상당히 심각한 문제를 일으킬 수 있음을 보여주는 예이다.

```cpp
1  // sliceVirtuality.cpp
2
3  #include <iostream>
4  #include <string>
5
6  struct Base {
7    virtual std::string getName() const {
8        return "Base";
9    }
10 };
11
12 struct Derived : Base {
13   std::string getName() const override {
14       return "Derived";
15   }
16 };
17
18 int main() {
19
20   std::cout << '\n';
21
22   Base b;
23   std::cout << "b.getName(): " << b.getName() << '\n';
24
25   Derived d;
```

```cpp
26     std::cout << "d.getName(): " << d.getName() << '\n';
27
28     Base b1 = d;   // 슬라이싱
29     std::cout << "b1.getName(): " << b1.getName() << '\n';
30
31     Base& b2 = d;
32     std::cout << "b2.getName(): " << b2.getName() << '\n';
33
34     Base* b3 = new Derived;
35     std::cout << "b3->getName(): " << b3->getName() << '\n';
36
37     std::cout << '\n';
38
39 }
```

이 예제 프로그램은 Base 클래스와 Derived 클래스로 이루어진 작은 클래스 위계구조를 사용한다. Base 클래스의 멤버 함수 getName(행 7)은 가상 함수이고, Derived 클래스는 행 13에서 이 멤버 함수를 재정의(overriding)한다. 가상 함수가 있으므로 Base 클래스는 다형적 클래스이다. 이는 파생 클래스 객체를 기반 클래스 객체 형식의 참조(행 31)나 포인터(행 34)로 지칭함으로써 다형적 행동을 수행할 수 있음을 뜻한다. 내부적으로 해당 객체의 형식은 Derived이다.

그러나 Derived d를 Base b1로 복사하면(행 28) 이러한 다형적 행동 방식이 망가진다. 복사의 경우에는 슬라이싱이 끼어들기 때문에 결과적으로 객체에서 Derived 부분이 잘려 나가고 Base 부분만 남는다. [그림 5.7]에 이 프로그램의 실행 결과가 나와 있다. 복사 연산의 경우 선언된 형식 또는 정적 형식(지금 경우 Derived)이 쓰인다. 그렇지만 객체를 참조나 포인터를 통해서 간접적으로 지칭할 때에는 동적 형식(지금 경우 Base)이 쓰인다.

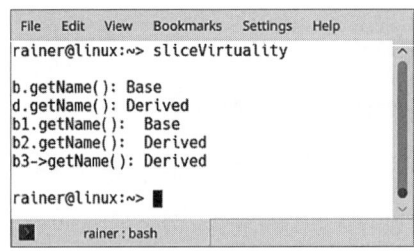

그림 5.7 슬라이싱.

깊은 복사를 원한다면 가상 clone 함수를 두는 것이 낫다. 자세한 내용은 §5.4.2의 "C.130: 다형적 클래스에 깊은 복사를 적용할 때는 복사 생성/배정보다 가상 clone 함수를 선호하라"를 보라.

5.3.4 소멸자

종종 듣는 질문으로 "이 클래스에 소멸자(destructor)가 필요할까요?"가 있다. 대부분의 경우 답은 "없어요"이다. 그냥 0의 법칙을 따르면 되는 경우가 많다. 그렇지만 소멸자가 필요한 경우가 없는 것은 아니다. 그럴 때는 5의 법칙 또는 6의 법칙을 따라야 한다. C++ 핵심 가이드라인은 소멸자에 관해 일곱 개의 규칙을 제시한다. 이 규칙들은 크게 소멸자가 필요한 상황에 관한 규칙들(§5.3.4.1)과 소멸자에서 포인터와 참조를 다루는 방법에 관한 규칙들(§5.3.4.2), 그리고 소멸자의 실패에 관한 규칙들(§5.3.4.3)로 나뉜다.

5.3.4.1 소멸자가 필요한 상황

객체의 수명이 끝나면 객체의 소멸자가 자동으로 실행된다. 좀 더 구체적으로, 객체의 소멸자는 객체가 범위(scope)에서 벗어날 때 호출된다.

> **C.30** 객체가 파괴될 때 어떤 작업을 명시적으로 수행해야 하는 클래스에는 소멸자를 정의하라.[45]

객체의 수명이 끝날 때 특별한 마무리 작업이 필요하다면 소멸자를 정의해야 한다. 이때 생각해야 할 것은 컴파일러가 자동으로 생성하는 소멸자로 충분한가이다. 충분하지 않다면 여러분이 소멸자를 직접 정의해야 하며, 그러면 5 또는 6의 법칙에 따라 다른 특수 멤버 함수들도 정의해 주어야 한다.

다른 말로 하면, 만일 클래스에 추가적인 마무리 작업이 필요한 멤버가 하나도 없다면, 소멸자를 정의할 필요가 없다. 다음이 그러한 예이다.

```
class Foo { // 나쁨: 자동 생성되는 소멸자로 충분하다.
public:
  // ...
  ~Foo() { s = ""; i = 0; vi.clear(); } // 마무리 작업
private:
  std::string s;
  int i;
  std::vector<int> vi;
};
```

---

[45] https://isocpp.github.io/CppCoreGuidelines/CppCoreGuidelines#Rc-dtor

| C.31 | 클래스가 획득한 모든 자원은 반드시 클래스의 소멸자에서 해제해야 한다.[46] |

자원 누수를 방지하려면 이 규칙을 따라야 함은 당연하다. 다만, 이 규칙을 제대로 적용하려면 클래스의 멤버들이 기본 연산들을 완전히 갖추었는지 살펴봐야 한다. 즉, 규칙 C.30에서처럼 이번에도 관건은 0의 법칙을 따를 것인지 5/6의 법칙을 따를 것인지이다.

다음은 명시적인 소멸자가 필요한 예이다. std::ifstream에는 소멸자가 있지만 File 클래스에는 없으므로, MyClass의 객체가 범위를 벗어나면 메모리 누수가 발생한다.

```
class MyClass {
    std::ifstream fstream;   // 파일을 소유할 수 있음
    File* file_;             // 파일을 소유할 수 있음
    ...
};
```

5.3.4.2 포인터와 참조

클래스에 원시 포인터(raw pointer)나 참조 멤버가 있으면, "누가 소유자인가?"라는 중요한 질문에 답해야 한다.

| C.32 | 클래스에 원시 포인터(T*)나 참조(T&) 멤버가 있으면, 그 멤버가 자원을 소유하는지 따져 봐야 한다.[47] |

클래스에 원시 포인터나 참조가 있으면 소유권을 명확하게 정리할 필요가 있다. 포인터의 경우, 소유권이 명확하지 않으면 객체 자신이 소유하지 않은 어떤 객체를 가리키는 포인터를 객체 자신이 삭제하는 문제가 발생할 수 있다. 반대로, 객체 자신이 소유하는 어떤 객체를 가리키는 포인터를 객체 자신이 삭제하지 않는 것도 문제이다. 전자는 이중 삭제에 의한 미정의 행동이 되고, 후자에서는 메모리 누수가 발생한다. 참조에 대해서도 마찬가지이다.

이 문단의 주제는 제4장에서 함수 매개변수의 소유권 의미론을 설명할 때 이미 상세히 살펴보았다. 자세한 사항이 잘 기억이 나지 않는다면 §4.2 "매개변수 전달: 입력과 출력"과 §4.3 "매개변수 전달: 소유권 의미론"을 다시 읽기 바란다.

---

[46] https://isocpp.github.io/CppCoreGuidelines/CppCoreGuidelines#Rc-dtor-release
[47] https://isocpp.github.io/CppCoreGuidelines/CppCoreGuidelines#Rc-dtor-ptr

| C.33 | 클래스에 다른 객체를 소유하는 포인터 멤버가 있으면 소멸자를 정의하라.[48] |

이 규칙의 논거는 명확하다. 클래스가 어떤 객체를 소유한다면 그 객체의 파괴를 클래스가 책임져야 한다. 그리고 파괴는 소멸자의 임무이다.

사실, 객체를 소유하는 포인터 멤버를 가진 클래스에 관해서는 이보다 할 이야기가 많다. 그런 경우 무엇보다도 중요한 질문은 "클래스가 그 포인터(가 가리키는 자원)의 독점적인 소유자이어야 하는가?"이다. 이 질문의 답이 "예"라면, 그 포인터를 std::unique_ptr로 감싸서 클래스의 독점 소유를 보장해야 한다. 답이 "아니요"라면, 그 포인터를 std::shared_ptr로 감싸서 클래스를 공동 소유자로 만들어야 한다. 포인터에서 스마트 포인터로 추상 수준을 끌어올리면 소유권 의미론이 투명해지며, 따라서 프로그래머가 실수할 여지가 줄어든다.

포인터보다 스마트 포인터가 나은 점은 무엇일까? 첫째로, 스마트 포인터의 수명은 C++ 런타임이 자동으로 관리해 준다. 둘째로, std::shared_ptr는 6대 연산을 지원한다. 이는 클래스에서 std::shared_ptr 멤버를 두어도 클래스에 아무런 제약이 가해지지 않음을 뜻한다. 그와는 달리 클래스에 std::unique_ptr 멤버를 두면 복사 의미론이 금지된다.

```cpp
// classWithUniquePtr.cpp

#include <memory>

struct MyClass {
    std::unique_ptr<int> uniPtr = std::make_unique<int>(2011);
};

int main() {

    MyClass myClass;
    MyClass myClass2(myClass);
    MyClass myClass3;
    myClass3 = myClass;

}
```

std::unique_ptr 때문에 MyClass 형식의 객체는 복사할 수 없다. 복사 생성자 호출(MyClass myClass2(myClass))과 복사 배정 연산자 호출(myClass3 = myClass) 둘 다 위법이다. [그림 5.8]에 이 예제 프로그램의 결과가 나와 있다.

---

[48] https://isocpp.github.io/CppCoreGuidelines/CppCoreGuidelines#Rc-dtor-ptr2

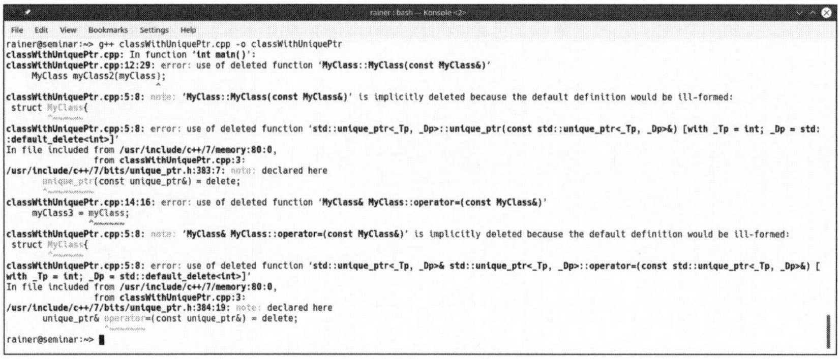

그림 5.8 std::unique_ptr 멤버가 있는 클래스.

| C.35 | 기반 클래스의 소멸자는 public과 vitual의 조합이거나 protected와 비vitual의 조합이어야 한다.[49] |

이 규칙은 가상 함수의 관점에서 대단히 흥미롭다. 이 규칙을 다음과 같이 두 부분으로 나누어서 살펴보자.

- **공개(public) 가상 소멸자**

    만일 기반 클래스에 공개 가상 소멸자가 있다면, 기반 클래스 포인터를 통해서 파생 클래스의 인스턴스를 파괴할 수 있다. 참조도 마찬가지이다.

    ```cpp
    struct Base { // 가상 소멸자 없음
        virtual void f() {};
    };

    struct Derived : Base {
        std::string s {"a resource needing cleanup"};
        ~Derived() { /* ... 마무리 작업 ... */ }
    };

    ...

    Base* b = new Derived();
    delete b;
    ```

    컴파일러는 Base에 대해 비가상(non-virtual) 소멸자를 생성한다. 하지만 소멸자가 비가상인 Base의 포인터를 통해서 Derived의 인스턴스를 삭제하는 것은 미정의 행동이다.

---

[49] https://isocpp.github.io/CppCoreGuidelines/CppCoreGuidelines#Rc-dtor-virtual

- **보호된(protected) 비가상 소멸자**

  이 경우는 이해하기가 상당히 쉽다. 기반 클래스의 소멸자가 보호된 멤버 (protected 섹션의 멤버)이면, 기반 클래스 포인터나 참조를 통해서 파생 클래스 객체를 파괴할 수 없다. 따라서 소멸자는 가상이 아니어야 한다.

  관련해서, 기반 클래스 소멸자의 접근 지정자(access specifier)에 관해서는 다음 사항들을 참고하기 바란다.

- Base 클래스의 소멸자가 private이면 파생(상속)이 불가능하다.
- Base 클래스의 소멸자가 protected면 Base 자체의 객체는 만들 수 없다. 반드시 Base를 상속한 파생 클래스를 만들어서 사용해야 한다.

```
struct Base {
  protected:
    ~Base() = default;
};

struct Derived: Base {};

int main() {
  Base b; // 오류: 이 문맥에서 Base::~Base는 보호되어 있음
  Derived d;
}
```

이 예에서 선언문 Base b;는 컴파일 오류를 일으킨다. Base의 소멸자에 접근할 수 없기 때문이다.

5.3.4.3 소멸자의 실패

소멸자가 자신의 작업에 실패하는 문제와 관련한 규칙은 "C.36: 소멸자는 실패하지 말아야 한다"[50]와 "C.37: 소멸자를 noexcept로 선언하라"[51]이다.

> 🔑 **규칙 "C.37 소멸자를 noexcept로 선언하라" 보충 설명**
>
> 이 규칙은 오해의 소지가 있다. 사용자가 정의했거나 컴파일러가 암묵적으로 생성한 소멸자는 기본적으로 noexcept이다. 사용자 정의 형식 MyType의 소멸자가 noexcept라고 할 때, 만일 MyType의 멤버나 기반 클래스 중 하나라도 소멸자가 noexcept를 보장하지 않는 것이 있으면 MyType의 소멸자도 noexcept를 보장하지 않게 된다. **결과적으로, 그런 경우에는 소멸자에 noexcept를 지정할 필요가 없다.**

---

[50] https://isocpp.github.io/CppCoreGuidelines/CppCoreGuidelines#Rc-dtor-fail
[51] https://isocpp.github.io/CppCoreGuidelines/CppCoreGuidelines#Rc-dtor-noexcept

관련해서, noexcept 자체를 좀 더 설명할 필요가 있겠다.

> **noexcept**
>
> 함수 func를 소멸자처럼 noexcept로 선언하면, func 안에서 예외를 던진 경우 std::terminate[52]가 호출된다. std::terminate 자체는 현재 설치된 종료 처리 함수 (std::terminate_handler 형식[53])를 호출하는데, 기본 종료 처리 함수는 std::abort[54]이다. 따라서 프로그램의 실행이 중단된다. void func() noexcept;처럼 함수 선언에 noexcept를 지정한다는 것은 다음을 의미한다.
>
> - 이 함수는 아무 예외도 던지지 않는다.
> - 만일 어떠한 이유로 함수가 예외를 던진다면, 프로그램 실행을 아예 중단해도 괜찮다.
>
> 소멸자를 명시적으로 noexcept로 선언해야 하는 이유는 명백하다. 소멸자가 실패했을 때 그 실패를 극복하고 프로그램이 정상적으로 계속 실행되게 코드를 작성하는 것은 일반적으로 불가능하기 때문이다. 클래스의 모든 멤버에 noexcept 소멸자가 있다면, 사용자 정의 소멸자나 컴파일러가 생성한 소멸자 역시 암묵적으로 noexcept가 된다.

5.3.5 기타 기본 연산들

생성자, 배정, 소멸자에 관한 나머지 규칙들은 초점이 다양하다. §5.3.5.1에서는 =default와 =delete를 언제 명시적으로 사용해야 하는지와 생성자와 소멸자에서 가상 함수를 호출하면 왜 안 되는지에 관한 규칙들을 소개한다. §5.3.5.2에서는 swap 함수에 관한 규칙들을, §5.3.5.3에서는 상등 연산자에 관한 규칙들을 소개한다. 이 규칙들은 정규 형식(§5.2)에 관한 논의에서 미진한 부분을 채워준다.

5.3.5.1 =default와 =delete의 명시적 용법

이번 절에서는 언제 =default와 =delete를 명시적으로 사용해야 하는가에 관한 지침을 제공한다.

---

52 *https://en.cppreference.com/w/cpp/error/terminate.*
53 *https://en.cppreference.com/w/cpp/error/terminate_handler*
54 *https://en.cppreference.com/w/cpp/utility/program/abort*

| C.80 | 만일 기본 의미론이 적용됨을 명시적으로 밝혀야 한다면 =default를 사용하라.[55] |

5의 법칙을 기억하는지? 5의 법칙은 다섯 가지 특수 멤버 함수 중 하나라도 사용자가 명시적으로 정의하면 나머지 네 특수 멤버 함수도 명시적으로 정의해야 한다는 것이다. 특수 멤버 함수는 모두 여섯 가지인데, 그중 생성자를 제외한 것이 5의 법칙에서 말하는 다섯 가지 특수 멤버 함수이다.

다음 예를 보자. 소멸자를 직접 정의했기 때문에 복사 생성자, 이동 생성자, 복사 배정 연산자, 이동 배정 연산자도 명시적으로 정의해야 했다. 이들을 명시적으로 정의하는 가장 쉬운 방법은 이 예에서처럼 =default를 지정하는 것이다.

```cpp
class Tracer {
  std::string message;
 public:
  explicit Tracer(const std::string& m) : message{m} {
      std::cerr << "entering " << message << '\n';
  }
  ~Tracer() { std::cerr << "exiting " << message << '\n'; }

  Tracer(const Tracer&) = default;
  Tracer& operator = (const Tracer&) = default;
  Tracer(Tracer&&) = default;
  Tracer& operator = (Tracer&&) = default;
};
```

=default를 지정한 덕분에 정의가 아주 쉬웠다. 이런 멤버 함수들을 사용자가 직접 구현하는 것은 지루한 일일 뿐만 아니라 실수의 여지도 아주 크다. 예를 들어 다음은 이동 생성자와 이동 배정 연산자를 사용자가 직접 정의한 예인데, 실수로 noexcept 선언을 빼먹었다.

```cpp
class Tracer {
  std::string message;
 public:
  explicit Tracer(const std::string& m) : message{m} {
      std::cerr << "entering " << message << '\n';
  }
  ~Tracer() { std::cerr << "exiting " << message << '\n'; }

  Tracer(const Tracer& a) : message{a.message} {}
  Tracer& operator = (const Tracer& a) {
      message = a.message; return *this;
```

---

[55] https://isocpp.github.io/CppCoreGuidelines/CppCoreGuidelines#Rc-eqdefault

```
    }
    Tracer(Tracer&& a) :message{a.message} {}
    Tracer& operator = (Tracer&& a) {
       message = a.message; return *this;
    }
};
```

> **C.81** 기본 행동 방식을 비활성화하려면 =delete를 사용하라(다른 여러 가능한 방법 대신).[56]

객체의 특정한 기본 행동 방식을 비활성화해야 할 때도 종종 있다. 그럴 때 =delete가 유용하다. C++은 자신의 개밥을 먹는다.[†] 예를 들어 스레드 적용 API[57]의 거의 모든 형식은 여러 특수 멤버 함수가 =delete로 삭제되어 있다. 뮤텍스나 자물쇠(lock), 미래(future) 객체 같은 데이터 형식들도 마찬가지이다.

=delete를 이용하면 통상적인 방식과는 다르게 행동하는 형식을 만들 수 있다. 다음은 '불멸의(immortal) 객체'를 만드는 예이다. Immortal의 인스턴스는 파괴할 수 없다.

```
// immortal.cpp

class Immortal {
public:
    ~Immortal() = delete;  // 파괴를 허용하지 않음
};

int main() {
    Immortal im;              // ❶
    Immortal* pIm = new Immortal;

    delete pIm;               // ❷
}
```

❶은 소멸자를 암묵적으로 호출하고(범위의 끝에서), ❷는 소멸자를 명시적으로 호출한다. [그림 5.9]에서 보듯이 둘 다 컴파일 오류이다.

---

[56] https://isocpp.github.io/CppCoreGuidelines/CppCoreGuidelines#Rc-delete

[†] [옮긴이] IT 분야에서 "자신의 개밥을 먹는다(eat own dog food)"는 자신이 만든 제품이나 도구를 업무에 사용하는 것을 말한다. 지금 문맥에서는 =delete가 C++ 표준 라이브러리에 널리 쓰임을 말한다.

[57] https://en.cppreference.com/w/cpp/thread

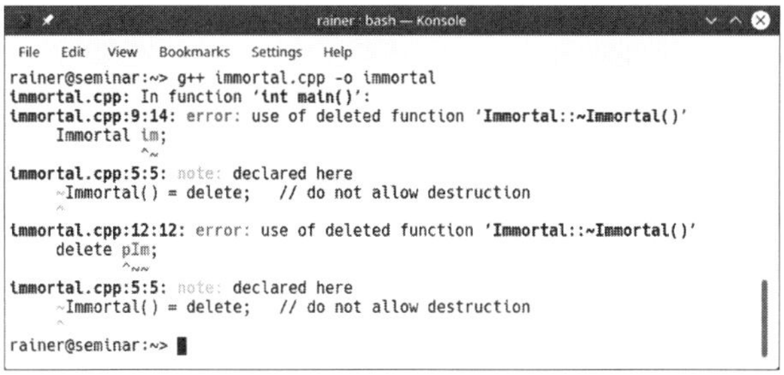

그림 5.9 소멸자가 삭제된 클래스.

C.82 생성자와 소멸자에서는 가상 함수를 호출하지 말라.[58]

생성자나 소멸자에서 순수 가상 함수(pure virtual function)를 호출하는 것은 미정의 행동이다. 생성자나 소멸자에서 호출한 가상 함수는 예상과는 다르게 행동할 수 있다. 보호를 위해 애초에 생성자나 소멸자 안에서는 가상 함수 호출 메커니즘이 비활성화되며, 따라서 그냥 비가상 함수 호출이 일어난다.

다음 예에서, 가상 함수 f의 두 버전 중 어떤 것이 호출될지 생각해 보기 바란다.

```cpp
// virtualCall.cpp

#include <iostream>

struct Base {
    Base() {
        f();
    }
    virtual void f() {
        std::cout << "Base called" << '\n';
    }
};

struct Derived: Base {
    void f() override {
        std::cout << "Derived called" << '\n';
    }
};

int main() {

    std::cout << '\n';
```

---

[58] https://isocpp.github.io/CppCoreGuidelines/CppCoreGuidelines#Rc-ctor-virtual

```
    Derived d;

    std::cout << '\n';

};
```

[그림 5.10]에서 보듯이 실제로는 Base의 버전이 호출된다.

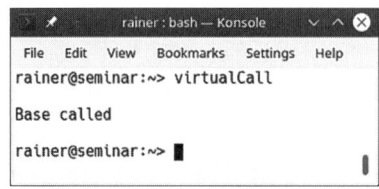

그림 5.10 생성자에서 가상 함수 호출.

5.3.5.2 swap 함수

어떤 형식이 정규 형식(§5.2)이 되려면 반드시 swap 함수[59]를 지원해야 한다. 평범한 용어로 설명하자면 정규 형식이란 값 같은(value-like) 형식, 즉 값처럼 행동하는 형식이다. 이런 어법은 swap 함수에 관한 첫 규칙 "C.83: 값 같은 형식에는 noexcept인 swap 함수를 제공하는 것이 좋다"[60]에 반영되어 있다. 이 규칙은 "C.84: swap은 실패하지 말아야 한다"[61]로 이어진다. swap이 실패하지 말아야 한다면 noexcept로 선언해야 마땅하다. 규칙 "C.85: swap을 noexcept로 선언하라"[62]가 이를 말해준다.

다음은 C++ 핵심 가이드라인에서 가져온 예제이다. Foo 클래스에는 앞의 규칙들을 따르는 swap 함수가 있다.

```
class Foo {
public:
    void swap(Foo& rhs) noexcept {
        m1.swap(rhs.m1);
        std::swap(m2, rhs.m2);
    }

private:
    Bar m1;
```

---

[59] http://en.cppreference.com/w/cpp/algorithm/swap
[60] https://isocpp.github.io/CppCoreGuidelines/CppCoreGuidelines#Rc-swap
[61] https://isocpp.github.io/CppCoreGuidelines/CppCoreGuidelines#Rc-swap-fail
[62] https://isocpp.github.io/CppCoreGuidelines/CppCoreGuidelines#Rc-swap-noexcept

```
    int m2;
};
```

구현된 swap 멤버 함수에 기초해서 비멤버 swap 함수도 구현하면 객체를 좀 더 편하게 사용할 수 있다.

```
void swap(Foo& a, Foo& b) noexcept {
   a.swap(b);
}
```

교환 연산을 요구하는 표준 라이브러리의 알고리즘을 비멤버 swap 함수를 제공하지 않는 형식의 객체에 적용하면 표준 템플릿 함수 std::swap이 해당 교환 연산을 수행한다. 이 함수는 다음처럼 이동 생성과 이동 배정을 이용해서 두 객체를 교환한다.

```
template<typename T>
void std::swap(T& a, T& b) noexcept {
   T tmp(std::move(a));
   a = std::move(b);
   b = std::move(tmp);
}
```

C++ 표준은 40개 이상의 std::swap 중복적재 버전을 제공한다. swap 함수는 복사 생성이나 이동 배정 같은 주요 연산들을 구현할 때 흔히 쓰이는 관용구(idiom)적인 코드의 핵심 요소이다. swap 함수는 실패하지 말아야 하며, 따라서 noexcept로 선언해야 한다.

복사 후 교환 관용구[63]

복사 후 교환(copy-and-swap) 관용구를 이용해서 사용자 정의 형식의 복사 배정 연산자나 이동 배정 연산자를 구현하는 경우에는 반드시 그 형식에 맞는 swap을 사용자가 직접 구현해야 한다. 이때 swap을 멤버 함수로 둘 수도 있고 비멤버 친구(friend) 함수로 둘 수도 있다. 다음은 비멤버 친구 함수 swap을 이용해서 복사 배정 연산자와 이동 연산자를 구현한 예이다.

```
class Cont {
 public:
   // ...
   Cont& operator = (const Cont& rhs);
   Cont& operator = (Cont&& rhs) noexcept;
```

---

[63] https://en.wikibooks.org/wiki/More_C%2B%2B_Idioms/Copy-and-swap

```cpp
        friend void swap(Cont& lhs, Cont& rhs) noexcept {
           swap(lhs.size, rhs.size);
           swap(lhs.pdata, rhs.pdata);
        }
    private:
        int* pData;
        std::size_t size;
    };

    Cont& Cont::operator = (const Cont& rhs) {
       Cont tmp(rhs);
       swap(*this, tmp);
       return *this;
    }

    Cont& Cont::operator = (Cont&& rhs) {
       Cont tmp(std::move(rhs));
       swap(*this, tmp);
       return *this;
    }
```

두 배정 연산자 모두 원본 객체의 임시 복사본 tmp를 생성해서 swap 함수를 적용한다.

swap 함수를 이동 의미론이 아니라 복사 의미론에 기반해서 구현하면 메모리 소진 때문에 swap 함수가 실패할 여지가 있다. 다음 구현은 이전에 언급한 규칙 "C.84: swap은 실패하지 말아야 한다"를 위반한다. 사실 이것은 C++98의 std::swap 구현[64]이다.

```cpp
template<typename T>
void std::swap(T& a, T& b) {
   T tmp = a;
   a = b;
   b = tmp;
}
```

만일 메모리가 부족해서 복사 배정을 제대로 수행할 수 없는 상황이면 std::bad_alloc 예외[65]가 발생한다.

5.3.5.3 상등 연산자

주어진 형식이 정규 형식이 되려면 상등 연산자(equality operator)를 지원해야 한다.

---

[64] http://en.cppreference.com/w/cpp/algorithm/swap.
[65] https://en.cppreference.com/w/cpp/memory/new/bad_alloc

C.86 ==를 피연산자 형식들에 대칭으로 작성하고 noexcept로 선언하라.[66]

불필요한 혼동을 피하려면 사용자 정의 형식의 상등 연산자를 대칭적으로 만들어야 한다.

다음은 비대칭적인 상등 연산자가 사용자에게 어떤 혼란을 주는지 보여주는 예이다. 이 예에서 상등 연산자는 클래스의 멤버 함수로 정의되었다.

```cpp
class MyInt { // 나쁨: 비대칭적인 ==
   int num;
public:
   MyInt(int n): num(n) {};
   bool operator == (const MyInt& rhs) const noexcept {
      return num == rhs.num;
   }
};

int main() {
   MyInt(5) == 5; // OK
   5 == MyInt(5); // 오류
}
```

main 함수의 MyInt(5) == 5 호출은 유효하다. 생성자가 int를 MyInt의 인스턴스로 변환해 주기 때문이다. 하지만 그다음 행의 5 == MyInt(5)는 컴파일 오류이다. int 형식의 객체를 MyInt 객체와 비교하는 상등 연산자가 존재하지 않으며, MyInt에서 int로의 변환도 정의되지 않았기 때문이다.

이러한 비대칭성을 우아하게 해결하는 방법 하나는 operator ==를 비멤버 함수로 두고 MyInt 클래스의 친구로 선언하는 것이다.

```cpp
class MyInt {
   int num;
public:
   MyInt(int n): num(n) {};
   friend bool operator == (const MyInt& lhs, const MyInt& rhs) noexcept {
      return lhs.num == rhs.num;
   }
};

int main() {
   MyInt(5) == 5; // OK
   5 == MyInt(5); // OK
}
```

---

[66] *https://isocpp.github.io/CppCoreGuidelines/CppCoreGuidelines#Rc-eq*

이 책을 세심하게 읽었다면, 인수가 하나인 생성자는 반드시 explicit으로 선언해야 함을 기억할 것이다. 다음은 규칙 "C.146: 클래스 위계구조 안에서의 이동이 불가피하면 dynamic_cast를 사용하라"를 적용한 MyInt 클래스이다.

```cpp
class MyInt {
    int num;
public:
    explicit MyInt(int n): num(n) {};
    friend bool operator == (const MyInt& lhs, const MyInt& rhs) noexcept {
        return lhs.num == rhs.num;
    }
};

int main() {
    MyInt(5) == 5;  // 오류
    5 == MyInt(5);  // 오류
}
```

생성자를 explicit으로 선언했기 때문에 int에서 MyInt로의 암묵적 변환이 금지되었고, 그래서 int와의 상등 비교도 금지되었다. 규칙 C.146을 지키면서 이 문제를 해결하려면 중복적재 버전을 두 개 더 추가해야 한다. 하나는 좌변 피연산자로 int 형식을 받는 버전이고 다른 하나는 우변 피연산자로 int를 받는 버전이다.

```cpp
// equalityOperator.cpp

class MyInt {
    int num;
public:
    explicit MyInt(int n): num(n) {};
    friend bool operator == (const MyInt& lhs, const MyInt& rhs) noexcept {
        return lhs.num == rhs.num;
    }
    friend bool operator == (int lhs, const MyInt& rhs) noexcept {
        return lhs == rhs.num;
    }
    friend bool operator == (const MyInt& lhs, int rhs) noexcept {
        return lhs.num == rhs;
    }
};

int main() {
    MyInt(5) == 5;  // OK
    5 == MyInt(5);  // OK
}
```

상등 연산자를 정의할 때 주의해야 할 사항이 또 있다.

C.87 기반 클래스들에 대한 ==를 조심하라.[67]

클래스 위계구조에 대해 잘 작동하는 상등 연산자를 작성하기란 쉬운 일이 아니다. 다음은 클래스 위계구조와 상등 판정에 관련된 골치 아픈 문제들을 잘 보여주는 예제로, C++ 핵심 가이드라인의 예제를 적절히 수정한 것이다.

```cpp
// equalityOperatorHierarchy.cpp

#include <string>

struct Base {
   std::string name;
   int number;
   virtual bool operator == (const Base& a) const {
      return name == a.name && number == a.number;
   }
};

struct Derived: Base {
   char character;
   virtual bool operator == (const Derived& a) const {
      return name == a.name &&
         number == a.number &&
         character == a.character;
   }
};

int main() {

   Base b;
   Base& base = b;
   Derived d;
   Derived& derived = d;

   base == derived; // name 멤버와 number 멤버만 비교한다.        ❶
                    // derived의 character 멤버는 무시된다.
   derived == base; // 오류: 해당 == 정의가 없음                  ❷
   Derived derived2;
   derived == derived2; // name, number, character를 비교한다.
   Base& base2 = derived2;
   base2 == derived;    // name과 number만 비교한다.              ❸
                        // derived2와 derived의 character는 무시된다.
   derived == base2;    // 이것은 컴파일 오류.                    ❹
}
```

---

[67] https://isocpp.github.io/CppCoreGuidelines/CppCoreGuidelines#Rc-eq-base

Base의 두 인스턴스를 비교하거나 Derived의 두 인스턴스를 비교할 때는 문제가 없다. 그러나 Base의 인스턴스와 Derived의 인스턴스를 비교하면 예상과 다른 결과가 나온다. ❸에서는 Base의 == operator 연산자가 쓰이는데, 이 연산자는 Derived의 character 멤버를 무시한다. 한편, ❹처럼 Derived의 == operator 연산자가 작동하게 하면 컴파일 오류가 발생한다. Base에는 character라는 멤버가 없기 때문이다. ❸을 좀 더 살펴보자. 여기서 Base의 상등 연산자가 호출되는 이유는 무엇일까? Derived의 == operator 연산자가 Base의 == operator를 덮어썼으므로(재정의) Derived의 것이 호출되어야 하지 않을까? 그렇지는 않다. 두 연산자가 서명이 다르다는 점을 주목하자. Base의 것은 상수 Base 참조를 받고 Derived의 것은 상수 Derived 참조를 받는다. 둘은 개별적인 연산자이므로, Derived가 Base의 것을 재정의하지는 않았다.

이상의 논의는 다른 다섯 가지 비교 연산자 !=, <, <=, >, >=에도 그대로 적용된다. 비교 연산자들의 이런 문제 있는 행동은 규칙 "C.167: 연산자는 통상적인 의미의 연산을 수행하는 데 사용하라"에서 이야기한 슬라이싱 문제의 또 다른 측면이다.

5.4 클래스 위계구조

C++ 핵심 가이드라인에서 클래스 위계구조와 관련한 규칙은 약 30개이다.

그런데 먼저 클래스 위계구조(class hierarchy)가 무엇인지부터 짚고 넘어가자. C++ 핵심 가이드라인에 따르면 클래스 위계구조는 "위계적으로 조직화된 개념들의 집합(set of hierarchically organized concepts)"을 표현하는 프로그램 구성 요소이다. 대체로, 클래스 위계구조에 있는 기반 클래스들은 인터페이스 역할을 한다. C++에서 상속(inheritance)의 용법은 크게 두 가지이다. 하나는 소위 '인터페이스 상속'이고 다른 하나는 '구현 상속'이다.

인터페이스 상속(interface inheritance)에서는 public 키워드를 지정한 공개 상속(public inheritance)을 사용한다. 인터페이스 상속에서는 인터페이스와 구현 세부사항이 분리되므로, 기반 클래스에 없는 기능을 파생 클래스에 추가하거나 기반 클래스의 기존 기능을 파생 클래스에서 변경해도 기반 클래스를 사용하는 코드에는 영향이 미치지 않는다.

한 예로, 공을 대표하는 Ball 클래스를 공개 상속해서 Handball이라는 파생 클래스를 만들었다고 하자. 그러면 Ball을 요구하는 곳에서 Ball 대신 Handball

을 사용할 수 있다. 즉, Handball은 Ball이기도 하다. 이처럼 파생 클래스를 기반 클래스 대신 사용할 수 있다는 것을 리스코프 치환 원칙(Liskov substitution principle)[68]이라고 부른다.

한편, 구현 상속(implementation inheritance)에서는 흔히 private 키워드를 지정한 비공개 상속(private inheritance)을 사용한다. 일반적으로 구현 상속에서 파생 클래스는 기반 클래스의 기능성을 개선 또는 변경한 기능성을 제공하는 역할을 한다.

구현 상속의 좋은 예는 적응자 패턴(adapter pattern)[69]을 다중 상속으로 구현하는 것이다. 간단히 말하면, 적응자 패턴은 기존 인터페이스를 새로운 인터페이스로 적응시킴으로써 원래는 연동되지 않던 클래스들을 연동시키는 것이다. C++에서는 기존 인터페이스를 public으로 상속해서 새 인터페이스를 정의하고 기존 구현은 private으로 상속함으로써, 기존 구현의 기능성을 새로운 인터페이스로 제공하는 적응자 클래스를 만들 수 있다.

C++ 핵심 가이드라인에서 클래스 위계구조에 관한 처음 세 규칙은 클래스 위계구조 전반에 관한 것이다(§5.4.1). 이들은 좀 더 세부적인 규칙들, 그러니까 클래스 위계구조 안에서 클래스를 설계하는 데 관련된 규칙들(§5.4.2)과 객체에 접근하는 데 관련된 규칙들(§5.4.3)의 바탕이 되는 일반적인 지침을 제공한다.

5.4.1 일반 규칙

첫 규칙은 클래스 위계구조를 언제 사용할 것인지에 관한 것이다. 추상 클래스 개념도 소개한다.

> **C.120** 클래스 위계구조는 위계적인 구조가 자연스러운 개념들을 표현하는 용도로 (만) 사용하라.[70]

이 규칙을 지켜서 만든 소프트웨어 시스템이 직관적이고 이해하기 쉽다. 원래부터 위계적인 구조가 자연스러운 어떤 대상을 코드로 표현할 때는 위계구조를 사용해야 한다. 대체로, 코드와 현실 세계 사이에 자연스러운 대응 관계가 성립하면 코드를 작성하고 분석하기가 아주 쉬울 때가 많다.

예를 들어 여러분이 소프트웨어 설계자로서 제세동기(defibrillator) 같은 복

---

68 https://en.wikipedia.org/wiki/Liskov_substitution_principle
69 https://en.wikipedia.org/wiki/Adapter_pattern
70 https://isocpp.github.io/CppCoreGuidelines/CppCoreGuidelines#Rh-domain

잡한 시스템을 모형화(modeling)한다고 하자. 그런 시스템은 다수의 하위 시스템으로 구성된다. 이를테면 사용자 인터페이스가 그런 하위 시스템의 하나이다. 제세동기의 사용자 인터페이스에 관한 요구조건 하나는 키보드나 터치스크린, 물리적 버튼 같은 다양한 입력 장치를 지원해야 한다는 것이다. 사용자 인터페이스 같은 다양한 하위 시스템으로 구성된 이런 시스템은 애초에 위계적이므로 클래스 위계구조로 모형화해야 마땅하다. 이러한 위계구조 모형의 큰 장점 하나는, 실제 하드웨어와 소프트웨어 사이에 자연스러운 대응 관계가 성립하기 때문에 복잡한 시스템을 하향식(top-down)으로 설명하기 쉽다는 것이다.

클래스 위계구조를 이용한 설계의 좀 더 전통적인 예는 GUI(graphical user interface; 그래픽 사용자 인터페이스)이다. 다음은 **C++ 핵심 가이드라인**에 나오는 예제이다.

```cpp
class DrawableUIElement {
public:
    virtual void render() const = 0;
// ...
};

class AbstractButton : public DrawableUIElement {
public:
    virtual void onClick() = 0;
// ...
};

class PushButton : public AbstractButton {
    void render() const override;
    void onClick() override;
// ...
};

class Checkbox : public AbstractButton {
// ...
};
```

위계적인 구조가 원래부터 자연스럽지는 않은 대상을 모형화할 때는 위계구조를 사용하지 말아야 한다. 다음 예를 보자.

```cpp
template<typename T>
class Container {
public:
    // 목록 연산들:
    virtual T& get() = 0;
```

```
    virtual void put(T&) = 0;
    virtual void insert(Position) = 0;
    // ...
    // 벡터 연산들:
    virtual T& operator [] (int) = 0;
    virtual void sort() = 0;
    // ...
    // 트리 연산들:
    virtual void balance() = 0;
    // ...
};
```

이것이 나쁜 예인 이유는 코드의 주석들이 잘 말해준다. 클래스 템플릿 Container는 목록(list), 벡터, 트리라는 서로 다른 세 가지 자료 구조를 위한 순수 가상 함수들로 구성되어 있다. 따라서, 만일 Container를 하나의 인터페이스로 사용한다면, 서로 구별되는 세 가지 개념을 모두 구현해야 한다.

> **인터페이스 분리 원칙**
>
> 클래스 템플릿 Container는 **인터페이스 분리 원칙**(interface segregation principle, ISP)을 위반한다. 이 용어는 '밥 아저씨(Uncle Bob)'라는 애칭으로 유명한 소프트웨어 공학자·교육자 로버트 C. 마틴Robert C. Martin이 고안했다. 인터페이스 분리 원칙이란, 클래스를 사용하는 코드(파생 클래스 등)가 자신이 사용하지도 않는 멤버 함수에 의존하도록 클래스를 설계해서는 안 된다는 것이다. 앞에 나온 템플릿 클래스 Container의 경우, 목록 연산들을 사용하기 위해 Container를 상속하는 파생 클래스는 자신이 사용하지 않을 벡터 연산들과 트리 연산들까지도 모두 구현해야 한다.
>
> 인터페이스 분리 원칙은 멤버 함수가 너무 많고 덩치 큰 인터페이스를 좀 더 작고 구체적인 인터페이스들로 나누는 데 도움이 된다.

C.121 인터페이스로 사용할 기반 클래스는 추상 클래스로 만들어라.[71]

추상 클래스(abstract class)는 순수 가상 함수가 하나 이상인 클래스이다. 순수 가상 함수는 클래스 정의 안에서 `virtual void function() = 0;`의 형태로 선언한 멤버 함수를 말한다. 추상 클래스로 사용할 것이 아닌 파생 클래스는 기반 추상 클래스의 순수 가상 함수들을 반드시 모두 구현해야 한다. 그렇지 않으면 파생 클래스 역시 추상 클래스가 되는데, 추상 클래스로는 인스턴스(객체)를 만들 수 없다.

---

71 *https://isocpp.github.io/CppCoreGuidelines/CppCoreGuidelines#Rh-abstract*

완결적인 논의를 위해 덧붙이자면, 추상 클래스에 순수 가상 함수들 외에 구현을 정의한 가상 함수를 두는 것도 가능하며, 그런 경우 파생 클래스는 그 구현을 사용할 수 있다.

일반적으로, 인터페이스로 사용할 클래스는 데이터 멤버 없이 public 순수 가상 함수들과 virtual ~My_interface() = default 형태의 빈 기본 가상 소멸자로만 구성되어야 한다.

> **C.122** 인터페이스와 구현을 완전하게 분리해야 할 때는 추상 클래스를 인터페이스로 사용하라.[72]

추상 클래스는 인터페이스와 구현의 분리를 위한 것이다. 아래의 예에서 클래스 위계구조의 클라이언트(응용 프로그램)는 인터페이스 Device에만 의존하며, 실행 도중에 그 인터페이스의 서로 다른 구현을 사용할 수 있다. 게다가 특정 구현이 바뀌어도 반드시 인터페이스에 영향이 미치지는 않으며, 따라서 인터페이스를 사용하는 응용 프로그램에도 영향이 미치지 않는다.

```
struct Device {
    virtual void write(std::span<const char> outbuf) = 0;
    virtual void read(std::span<char> inbuf) = 0;
};

class Mouse : public Device {
// ... 데이터 멤버들 ...
    void write(std::span<const char> outbuf) override;
    void read(std::span<char> inbuf) override;
};

class TouchScreen : public Device {
// ... 다른 데이터 멤버들 ...
    void write(std::span<const char> outbuf) override;
    void read(std::span<char> inbuf) override;
};
```

5.4.2 클래스 설계

클래스의 설계에 관한 열두 가지 규칙은 크게 추상 클래스의 생성자에 관한 규칙(§5.4.2)과 가상 함수에 관한 규칙들(§5.4.2.1), 데이터 멤버의 접근 지정자에 관한 규칙들(§5.4.2.2), 다중 상속에 관한 규칙들(§5.4.2.3), 그리고 전형적인 함정들에 관한 규칙들(§5.4.2.4)로 나뉜다.

---

[72] *https://isocpp.github.io/CppCoreGuidelines/CppCoreGuidelines#Rh-separation*

C.126 보통의 경우 추상 클래스에는 생성자가 필요 없다.[73]

"C.2: 불변식이 있는 클래스에는 class를 적용하라; 데이터 멤버들이 독립적으로 변할 수 있으면 struct를 적용하라"와 "C.41: 생성자는 완전하게 초기화된 객체를 생성해야 한다"를 합치면 이 규칙이 나온다. 불변식(invariant)은 클래스의 데이터 멤버들에 대한 어떤 조건으로, 흔히 생성자에서 데이터 멤버들을 적절히 초기화해서 확립한다. 그런데 보통의 경우 추상 클래스에는 데이터 멤버가 없으므로 생성자도 필요하지 않다.

5.4.2.1 가상 함수

클래스 위계구조를 만들 때 가상 함수와 관련해서 염두에 두어야 할 규칙이 몇 개 있다.

C.128 가상 함수에는 virtual, override, final 중 딱 하나만 지정해야 한다.[74]

현대적인 C++에서 멤버 함수의 재정의(overriding)를 제어하는 키워드는 다음 세 가지다(final은 C++11부터).

- **virtual**: 이 멤버 함수가 가상 함수이며 파생 클래스에서 재정의할 수 있음을 나타낸다.
- **override**: 이 멤버 함수가 가상 함수이며 기반 클래스의 가상 함수를 재정의함을 나타낸다.
- **final**: 이 멤버 함수가 가상 함수이며 파생 클래스에서 재정의할 수 없음을 나타낸다.

C++ 핵심 가이드라인에 나온 이 세 키워드의 용법을 다음과 같이 정리할 수 있다: "virtual은 새 가상 함수를 선언할 때만 사용하라. override는 재정의 함수(overrider)를 선언할 때만 사용하라. final은 최종적인 재정의 함수를 선언할 때만 사용하라."

```
struct Base{
    virtual void testGood() {}
```

---

[73] *https://isocpp.github.io/CppCoreGuidelines/CppCoreGuidelines#Rh-abstract-ctor*
[74] *https://isocpp.github.io/CppCoreGuidelines/CppCoreGuidelines#Rh-override*

```
    virtual void testBad() {}
};

struct Derived: Base{
    void testGood() final {}
    virtual void testBad() final override {}
};

int main() {
    Derived d;
}
```

이 예에서 Derived 클래스의 멤버 함수 testBad는 접근 지정자가 필요 이상으로 많이 붙어 있다.

- 애초에 final이나 override는 가상 함수에만 사용할 수 있으므로 virtual은 생략해도 된다. 지금 예에서 virtual을 생략하면 void testBad() final override {}가 된다.
- virtual 없는 final은 멤버 함수가 이미 가상 함수일 때만 유효하다. 따라서 Derived는 testBad의 재정의 함수이어야 마땅하다.[†] 그러면 override는 생략할 수 있으며, 생략하면 void testBad() final {}가 남는다.

> **C.130** 다형적 클래스에 깊은 복사를 적용할 때는 복사 생성/배정보다 가상 clone 함수를 선호하라.[75]

이 규칙은 "C.67: 다형적 클래스는 복사를 금지해야 한다"의 확장이다. C.67은 다형적 클래스의 객체를 복사할 때 슬라이싱 문제가 발생할 수 있음을 확실하게 보여준다. 이 문제를 해결하는 방법은 기반 클래스에 가상 함수 clone을 두고, 파생 클래스에서는 실제 형식에 따라 깊은 복사를 수행해서 만든 새 객체를 돌려주도록 clone을 재정의하는 것이다. 이때 파생 클래스에서 재정의한 clone은 기반 클래스의 clone과는 달리 자신의 객체를 돌려줄 수 있는데, 이는 공변 반환 형식(covariant return type) 때문이다.

공변 반환 형식: 재정의하는 멤버 함수는 재정의된 멤버 함수의 반환 형식으로부터 파생된 형식을 돌려줄 수 있다.

[†] [옮긴이] 여기에는, 가상 함수는 다형성을 위한 것이므로 어떤 가상 함수를 처음 정의하는 기반 클래스에서부터 final을 붙이지는 않을 것이라는 논리가 깔려 있다.

[75] *https://isocpp.github.io/CppCoreGuidelines/CppCoreGuidelines#Rh-copy*

다음은 clone 재정의를 이용해서 다형적 클래스의 깊은 복사를 구현하는 예이다.

```cpp
// cloneFunction.cpp

#include <iostream>
#include <memory>
#include <string>

struct Base { // 좋음: 기반 클래스는 복사를 명시적으로 금지한다.

    Base() = default;
    virtual ~Base() = default;
    Base(const Base&) = delete;
    Base& operator = (const Base&) = delete;
    virtual std::unique_ptr<Base> clone() {
        return std::make_unique<Base>();
    }
    virtual std::string getName() const { return "Base"; }
};

struct Derived : public Base {
    Derived() = default;
    std::unique_ptr<Base> clone() override {
        return std::make_unique<Derived>();
    }
    std::string getName() const override { return "Derived"; }
};

int main() {

    std::cout << '\n';

    auto base1 = std::make_unique<Base>();
    auto base2 = base1->clone();
    std::cout << "base1->getName(): " << base1->getName() << '\n';
    std::cout << "base2->getName(): " << base2->getName() << '\n';

    auto derived1 = std::make_unique<Derived>();
    auto derived2 = derived1->clone();
    std::cout << "derived1->getName(): " << derived1->getName() << '\n';
    std::cout << "derived2->getName(): " << derived2->getName() << '\n';

    std::cout << '\n';

}
```

이 예에서 멤버 함수 clone은 새로 생성한 객체를 std::unique_ptr로 감싸서 돌려준다. 따라서 새로 생성한 객체의 소유권은 호출자에 넘어간다. [그림 5.11]의 결과에서 보듯이 가상 디스패치 메커니즘에 의해 getName의 적절한 버전이 호출된다.

이 예에서는 공변 반환 형식이 쓰이지 않았다. Derived::clone의 반환 형식이 std::unique_ptr<Derived>이 아니라 std::unique_ptr<Base>임을 주목하자. Derived::clone의 반환 형식을 std::unique_ptr<Derived>로 바꾸면 [그림 5.12]에서 보듯이 컴파일 오류가 발생한다.†

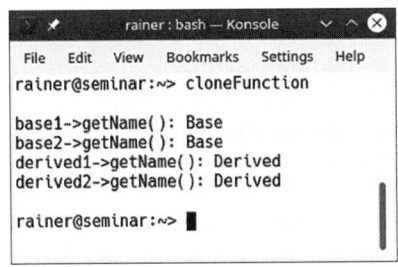

그림 5.11 가상 clone 멤버 함수.

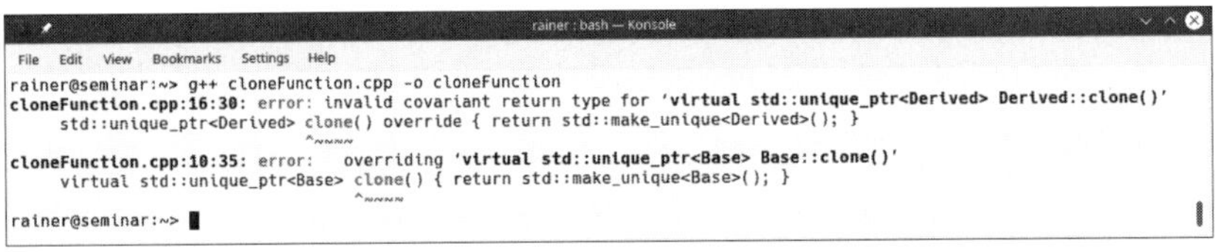

그림 5.12 스마트 포인터는 공변 반환 형식으로 사용할 수 없다.

C.132 이유 없이 함수를 virtual로 만들지는 말라.[76]

가상 함수 기능은 공짜가 아니다.

가상 함수는 다음과 같은 비용을 유발한다.

- 실행 시간이 증가하고 목적 코드가 커진다.
- 파생 클래스에서 재정의할 수 있기 때문에, 사용자가 뭔가 실수할 여지를 준다.

---

† [옮긴이] C++ 언어 자체의 한계 때문에 스마트 포인터는 공변 반환 형식으로 사용할 수 없다. 좀 더 근본적으로 말하면, 공변 반환 형식 기능은 반환 형식 자체에 적용될 뿐 반환 형식의 템플릿 인수로 지정된 형식에까지 소급 적용되지는 않는다. C++ 핵심 가이드라인의 C.130(https://isocpp.github.io/CppCoreGuidelines/CppCoreGuidelines#Rh-copy)에서는 Guidelines Support Library(https://github.com/Microsoft/GSL)의 owner<>를 이용해서 이 문제를 우회한다.

76 tps://isocpp.github.io/CppCoreGuidelines/CppCoreGuidelines#Rc-swap-noexcept

5.4.2.2 데이터 멤버의 접근 지정자

보통의 경우 한 클래스의 모든 데이터 멤버는 접근 지정자가 같다. 즉, 모든 데이터 멤버가 public이거나 private이다.

- 데이터 멤버들에 대한 불변식이 없다면 public을 선택하라. struct를 사용하면 public이 기본으로 적용된다.
- 데이터 멤버들에 대한 불변식이 있다면 private을 선택하라. class를 사용하면 private이 기본으로 적용된다.

C.131 자명한 조회 함수와 설정 함수를 피하라.[77]

조회 함수(getter)나 설정 함수(setter)가 "자명하다(trivial)"라는 것은 그런 함수가 데이터 멤버에 추가적인 의미론적 값을 제공하지는 않는다는 뜻이다. 다음은 C++ 핵심 가이드라인에서 가져온, 자명한 조회 함수와 설정 함수의 예이다.

```cpp
class Point {  // 나쁨: 장황한 코드
public:
   Point(int xx, int yy) : x{xx}, y{yy} { }
   int get_x() const { return x; }
   void set_x(int xx) { x = xx; }
   int get_y() const { return y; }
   void set_y(int yy) { y = yy; }
   // 객체의 행동에 대한 멤버 함수는 없음
private:
   int x;
   int y;
};
```

Point의 x와 y는 그 어떤 값도 가질 수 있다. 이는 Point 객체가 x와 y에 대해 아무런 불변식도 강제하지 않는다는 뜻이다. x와 y는 그냥 값이다. 그냥 값들로만 이루어진 사용자 정의 형식은 struct로 정의하는 것이 낫다. 그런 경우 x와 y는 기본적으로 public이 된다.

```cpp
struct Point {
   int x{0};
   int y{0};
};
```

---

[77] https://isocpp.github.io/CppCoreGuidelines/CppCoreGuidelines#Rh-get

C.133	protected 데이터를 피하라.[78]

protected 데이터는 프로그램을 복잡하게 만들고 사용자의 실수를 유발할 뿐이다. 기반 클래스에 protected 데이터 멤버가 있으면 파생 클래스를 기반 클래스와는 따로 떼어서 고찰할 수 없다. 이는 캡슐화 위반이다. 개별 파생 클래스를 고찰할 때도 항상 클래스 위계구조 전체를 살펴봐야 한다.

이는 protected 데이터와 관련해서 적어도 다음 세 가지 질문을 던져야 함을 뜻한다.

1. protected 데이터를 초기화하기 위해 생성자를 정의해야 하는가?
2. protected 데이터를 사용함으로써 얻을 수 있는 실질적인 이득(가치)은 무엇인가?
3. protected 데이터를 수정하면 다른 클래스들에 어떤 영향이 미치는가?

클래스 위계구조가 복잡할수록 이 세 질문에 답하기가 어렵다.

다른 말로 하면, protected 데이터는 클래스 위계구조의 범위에서 일종의 전역 데이터이다. 다들 알다시피 const가 아닌 전역 데이터는 좋지 않다.

C.134	모든 비const 데이터 멤버의 접근 수준을 동일하게 유지하라.[79]

앞의 규칙 "C.133: protected 데이터를 피하라"에 의해 protected가 제외되므로, 모든 비const 데이터 멤버는 public 아니면 private이어야 한다. 클래스의 데이터 멤버 중에 객체의 불변식과는 무관한 것도 있을 수 있다. 객체의 불변식에 관여하지 않는 비const 데이터 멤버들은 public이어야 한다. 뒤집어 말하면, private 비const 데이터 멤버들은 객체의 불변식에 포함된다. 이 점도 기억해 두기 바란다: 불변식이 강제되는 데이터 멤버는 바탕 형식의 일부 값들만 가질 수 있다.

이 점과 한 클래스에서 불변식에 관여하는 데이터 멤버와 그렇지 않은 데이터 멤버를 섞어서는 안 된다는 점에 근거해서, 모든 비const 데이터 멤버는 public 아니면 private이어야 한다. const가 아닌 public 데이터 멤버들과 private 데이터 멤버들이 있는 클래스는 혼동을 준다. 그런 클래스는 서로 무관한 값들을 모은 것으로 보기도 어렵고, 그렇다고 어떤 불변식을 유지하는 번듯한 사용자 정의 형식이라고 보기도 어렵다.

---

[78] https://isocpp.github.io/CppCoreGuidelines/CppCoreGuidelines#Rh-protected
[79] https://isocpp.github.io/CppCoreGuidelines/CppCoreGuidelines#Rh-public

5.4.2.3 다중 상속

일반적으로 다중 상속의 용도는 두 가지이다. 하나는 인터페이스 상속과 구현 상속을 구분하는 것이고, 다른 하나는 서로 구별되는 다수의 인터페이스를 구현하는 것이다.

C.129 클래스 위계구조를 설계할 때 구현 상속과 인터페이스 상속을 구분하라.[80]

인터페이스 상속은 인터페이스와 구현의 분리를 위한 것, 다시 말해 파생 클래스를 변경해도 기반 클래스의 클라이언트는 수정할 필요가 없게 하기 위한 것이다. 반면에 구현 상속은 기존 클래스의 기능을 확장해서 새로운 기능을 추가하기 위한 것이다.

순수 가상 함수만 있는 기반 클래스를 상속하는 것은 순수 인터페이스 상속이다. 반대로, 데이터 멤버나 구체적인 멤버 함수 정의가 있는 기반 클래스를 상속하는 것은 구현 상속이다. 따라서 구현 상속은 이전의 규칙 "C.121: 인터페이스로 사용할 기반 클래스는 추상 클래스로 만들어라"에 어긋난다. 다음은 두 개념을 섞은 나쁜 예로, **C++ 핵심 가이드라인**에서 발췌한 것이다.

```
class Shape {  // 나쁨: 인터페이스와 구현이 뒤섞였음
public:
    Shape(Point ce = {0, 0}, Color co = none):
        cent{ce}, col {co} {
        /* ... */
    }

    Point center() const { return cent; }
    Color color() const { return col; }

    virtual void rotate(int) = 0;
    virtual void move(Point p) { cent = p; redraw(); }

    virtual void redraw() const;

    // ...
public:
    Point cent;
    Color col;
};

class Circle : public Shape {
```

---

[80] *https://isocpp.github.io/CppCoreGuidelines/CppCoreGuidelines#Rh-kind*

```
public:
    Circle(Point c, int r) :Shape{c}, rad{r} { /* ... */ }

    // ...
private:
    int rad;
};

class Triangle : public Shape {
public:
    Triangle(Point p1, Point p2, Point p3); // 중점 cent를 계산한다.
    // ...
};
```

이 예에서 인터페이스 상속 개념과 구현 상속 개념을 섞는 것이 나쁜 이유는 다음과 같다.

- Shape 클래스를 개선, 확장해 나감에 따라 여러 가지 생성자를 관리하기가 점점 더 어려워지고 실수의 여지가 커진다.
- Shape의 멤버 함수 중 전혀 쓰이지 않는 것들이 있을 수 있다.
- Shape에 데이터 멤버를 추가하면 파생 클래스들과 그것을 사용하는 코드를 다시 컴파일해야 할 수 있다.

인터페이스 상속은 안정적인 인터페이스를 제공하고, 구현 상속은 코드를 재사용할 수 있게 한다. 둘의 장점만 취할 수는 없을까? 한 가지 가능한 방법은 이중 상속(dual inheritance)인데, 잠시 후에 예제를 제시하겠다. 또 다른 가능한 방법은 PImpl 관용구[81]이다. 제3장 I.27에서 소개했듯이 PImpl은 "**p**ointer to **impl**ementation(구현을 가리키는 포인터)"을 줄여서 만든 단어이다. PImpl 관용구에서는 주어진 클래스의 구현 세부사항을 개별적인 클래스로 옮기고 포인터를 통해서 구현 세부사항에 접근한다.

그럼 지금 예제에 이중 상속을 적용해 보자. 다음에서 보듯이 과정이 상당히 복잡하다.

1. 클래스 위계구조의 기반 클래스 Shape를 순수 인터페이스로 만든다.

```
class Shape {
public:
    virtual Point center() const = 0;
```

---

[81] https://en.cppreference.com/w/cpp/language/pimpl

```cpp
    virtual Color color() const = 0;

    virtual void rotate(int) = 0;
    virtual void move(Point p) = 0;

    virtual void redraw() const = 0;

    // ...
};
```

2. Shape를 상속해서 순수 인터페이스 Circle을 만든다.

```cpp
class Circle : public virtual Shape {
public:
    virtual int radius() = 0;
    // ...
};
```

3. 구현 상속을 위한 클래스 Impl::Shape를 만든다.

```cpp
class Impl::Shape : public virtual Shape {
public:
    // 생성자들과 소멸자
    // ...
    Point center() const override { /* ... */ }
    Color color() const override { /* ... */ }

    void rotate(int) override { /* ... */ }
    void move(Point p) override { /* ... */ }

    void redraw() const override { /* ... */ }

    // ...
};
```

4. 인터페이스 클래스와 구현 클래스를 이중으로 상속해서 Impl::Circle 클래스를 구현한다.

```cpp
class Impl::Circle : public Circle, public Impl::Shape {
public:
    // 생성자들과 소멸자
    // ...

    int radius() override { /* ... */ }
    // ...
};
```

5. 클래스 위계구조를 확장하려면 반드시 인터페이스와 구현을 각각 상속해야 한다.

```
class Smiley : public Circle {
public:
    // ...
};

// 구현
class Impl::Smiley : public virtual Smiley, public Impl::Circle {
public:
    // 생성자들과 소멸자
    // ...
}
```

결과적으로 다음과 같은 두 개의 위계구조가 생긴다.

- **인터페이스**: Smiley → Circle → Shape
- **구현**: Impl::Smiley → Impl::Circle → Impl::Shape

이런 구조를 어디선가 본 적이 있다는 느낌이 들 것이다. 사실 이 이중 상속 기법은 다중 상속으로 구현한 적응자 패턴(adapter pattern)[82]과 비슷하다. 적응자 패턴은 흔히 4인방(Gang of Four, GoF)이라고 부르는 에릭 감마[Erich Gamma], 리처드 헬름[Richard Helm], 랄프 존슨[Ralph Johnson], 존 블리시디스[John Vlissides]가 공저한 설계 패턴 서적 *Design Patterns: Elements of Reusable Object-Oriented Software*[†]에 나오는 패턴이다.

> **C.135** 서로 구별되는 여러 인터페이스는 다중 상속을 이용해서 표현하라.[83]

인터페이스들이 각각 전체 설계의 측면 하나씩만 지원하게 하는 것이 바람직하다. 좀 더 설명하자면, 예를 들어 순수 가상 함수들로만 구성된 순수 인터페이스 클래스 하나와 그 가상 함수들을 모두 구현하는 구체 클래스 하나가 있다고 하자. 만일 인터페이스 클래스가 너무 방대하다면, 구현 클래스는 실제로 쓰이지 않거나 말이 안 되는 함수들까지도 구현해야 한다.

'서로 구별되는 여러 인터페이스'의 좋은 예는 C++ 표준 입출력 스트림 라이브러리의 istream과 ostream이다.

---

82 *https://en.wikipedia.org/wiki/Adapter_pattern*
† [옮긴이] 번역서는 《GOF의 디자인 패턴》(김정아 옮김, 피어슨에듀케이션코리아, 2007).
83 *https://isocpp.github.io/CppCoreGuidelines/CppCoreGuidelines#Rh-mi-interface*

```
class iostream : public istream, public ostream { // 크게 단순화했음
  // ...
};
```

5.4.2.4 전형적인 함정들

클래스 위계구조를 설계할 때 흔히 빠지는 함정이 두 개 있다.

> **C.138** 파생 클래스와 그 기반 클래스들을 위한 중복적재 집합을 작성할 때 using 선언을 사용하라.[84]

이 규칙은 가상 함수와 비가상 함수 모두에 적용된다. using 선언을 사용하지 않으면 파생 클래스의 멤버 함수들이 중복적재 집합(overload set) 전체를 숨겨버린다(hide). 이를 가리기(shadowing)라고 부르기도 한다. 가리기가 발생하면 주어진 호출과 가장 잘 부합하는 것처럼 보이는 중복적재 버전이 실제로는 선택되지 않기 때문에, 프로그램이 대다수 C++ 개발자의 직관과는 다르게 행동한다. 다음 예를 보자.

```cpp
// overloadSet.cpp

#include <iostream>

class Base {
public:
    void func(int i) { std::cout << "Base::func(int) \n"; }
    void func(double d) { std::cout << "Base::func(double) \n"; }
};

class Derived: public Base { // 나쁨: Base의 func가 가려짐
public:
    void func(int i) { std::cout << "Derived::func(int) \n"; }
};

int main() {

    std::cout << '\n';

    Derived der;
    der.func(2011);
    der.func(2020.5);
```

---

[84] *https://isocpp.github.io/CppCoreGuidelines/CppCoreGuidelines#Rh-using*

```
        std::cout << '\n';
}
```

main 함수의 der.func(2020.5) 호출에서 인수는 double 형식이지만, 실제로 호출되는 것은 Derived에서 중복적재한 int 버전이다(그림 5.13). 그래서 double에서 int로 좁아지는 변환(narrowing conversion)이 발생한다. 대부분의 경우 이는 여러분이 의도한 행동이 아닐 것이다.

그림 5.13 멤버 함수 가리기.

Base 클래스의 double 버전이 선택되게 하려면 다음과 같이 using 선언을 이용해서 그 버전을 Derived의 범위로 도입해야 한다.

```
class Derived: public Base { // 좋음: Base::func가 도입됨
public:
    void func(int i) { std::cout << "f(int) \n"; }
    using Base::func; // func(double)을 이곳에 드러낸다.
};
```

C.140 가상 함수와 재정의 함수의 기본 인수들이 서로 달라서는 안 된다.[85]

가상 함수와 재정의 함수의 기본 인수가 다르면 사용자가 아주 헷갈릴 것이다.

```
// overrider.cpp

#include <iostream>

class Base {
public:
    virtual int multiply(int value, int factor = 2) = 0;
};

class Derived : public Base { // 나쁨: 가상 함수와는 기본 인수가
                              // 다르다.
```

---

[85] https://isocpp.github.io/CppCoreGuidelines/CppCoreGuidelines#Rh-virtual-default-arg

```
public:
    int multiply(int value, int factor = 10) override {
        return factor * value;
    }
};

int main() {

    std::cout << '\n';

    Derived d;
    Base& b = d;

    std::cout << "b.multiply(10): " << b.multiply(10) << '\n';
    std::cout << "d.multiply(10): " << d.multiply(10) << '\n';
    std::cout << '\n';

}
```

[그림 5.14]에서 보듯이 이 프로그램은 의외의 결과를 출력한다.

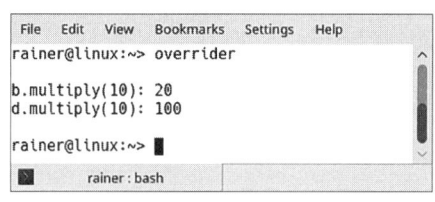

그림 5.14 가상 함수와 재정의 함수의 기본 인수가 다른 예.

무슨 일이 벌어진 것일까? main은 객체 b와 d에 대해 같은 이름의 멤버 함수 multiply를 호출한다. 그런데 그 함수는 가상 함수이기 때문에 동적 바인딩(dynamic binding) 또는 늦은 바인딩(late binding)이 일어난다. 동적 바인딩은 멤버 함수에 적용될 뿐 클래스의 데이터에는 적용되지 않는데, 여기서 클래스의 데이터에는 데이터 멤버뿐만 아니라 멤버 함수의 기본 인수도 포함된다. 데이터는 정적으로 바인딩된다. 즉, 데이터에 대해서는 이른 바인딩(ealry biding)이 적용된다.

5.4.3 객체 접근

C++ 핵심 가이드라인에서 클래스 위계구조의 객체 접근에 관한 규칙은 총 아홉 가지인데, 이번 절에서는 그중 네 개만 살펴보기로 한다. 이유는 두 가지이다. 첫째로, 규칙 "C.145: 다형적 객체에는 포인터나 참조로 접근하라"[86]에 관해 이야

---

[86] https://isocpp.github.io/CppCoreGuidelines/CppCoreGuidelines#Rh-poly

기할 것들은 "C.67: 다형적 클래스는 복사를 금지해야 한다"에서 이미 다 이야기 했다. 둘째로, 생략한 나머지 규칙들은 스마트 포인터와 관련이 있는데, 스마트 포인터는 **C++ 핵심 가이드라인**의 자원 관리 섹션[87]에서 좀 더 자세하고 완전하게 다루므로 굳이 여기서 이야기할 필요가 없다. 자원 관리 섹션의 규칙들은 이 책의 제7장에서 설명한다.

이번 절에서 살펴볼 것은 dynamic_cast에 관한 규칙들과 파생 클래스 객체들의 배열을 가리키는 포인터를 잘못 배정하는 문제에 관한 규칙들이다.

5.4.3.1 dynamic_cast

dynamic_cast에 관한 논의를 시작하기 전에, 먼저 dynamic_cast를 비롯한 형변환(casting) 연산자들을 오남용하는 경우가 너무 많다는 점을 지적하고자 한다. cppreference.com의 dynamic_cast conversion 페이지[88]에 따르면 dynamic_cast의 용도는 "포인터와 참조를 상속 위계구조의 위, 아래, 옆에 있는 클래스들로 안전하게 변환"하는 것이다.

먼저 dynamic_cast를 사용할 수밖에 없는 상황부터 살펴보자.

> **C.146** 클래스 위계구조 안에서의 이동이 불가피하면 dynamic_cast를 사용하라.[89]

dynamic_cast의 용도는 클래스 위계구조 안에서 다른 클래스로 이동하는 것이다.

```
struct Base { // 인터페이스
    virtual void f();
    virtual void g();
};

struct Derived : Base { // 확장된 인터페이스
    void f() override;
    virtual void h();
};

void user(Base* pb) {
    if (Derived* pd = dynamic_cast<Derived*>(pb)) {
        // ... Derived의 인터페이스를 사용한다 ...
    }
```

---

[87] *https://isocpp.github.io/CppCoreGuidelines/CppCoreGuidelines#S-resource*
[88] *https://en.cppreference.com/w/cpp/language/dynamic_cast*
[89] *https://isocpp.github.io/CppCoreGuidelines/CppCoreGuidelines#Rh-dynamic_cast*

```
   else {
      // ... Base의 인터페이스를 사용한다 ...
   }
}
```

실행 시점에서 pb의 적절한 형식을 검출하려면 dynamic_cast가 필요하다. 형변환 dynamic_cast<Derived*>(pb)가 실패하면 널 포인터가 반환된다.

하향 형변환(downcast)은 static_cast로도 할 수 있다. static_cast는 실행 시점에서 점검 비용이 들지 않는다는 장점이 있다. static_cast의 실패는 컴파일 오류이다. 지금 예에서 static_cast는 pb가 실제로 Derived 형식의 객체를 가리킬 때만 안전하다.

다음 두 규칙은 dynamic_cast를 사용할 수 있는 상황에 관한 것이다.

C.147	요구된 클래스를 찾지 못했을 때 오류가 발생해야 한다면 dynamic_cast를 참조 형식에 적용하라.[90]

C.148	요구된 클래스를 찾지 못한 것을 유효한 선택지로 간주할 수 있다면 dynamic_cast를 포인터 형식에 적용하라.[91]

두 규칙을 간단히 설명하자면 이렇다. dynamic_cast는 포인터에 적용할 수도 있고 참조에 적용할 수도 있다. 포인터에 대한 dynamic_cast가 실패하면 널 포인터가 반환될 뿐이지만, 참조에 대한 dynamic_cast가 실패하면 std::bad_cast 형식의 예외가 던져진다. 따라서, 만일 형변환 실패가 그냥 유효한 선택지라면 dynamic_cast를 포인터에 적용해야 하고, 실패가 유효한 선택지가 아니라면 참조에 적용해야 한다.

다음의 badCast.cpp 프로그램은 두 경우를 모두 보여준다.

```
// badCast.cpp

struct Base {
   virtual void f() {}
};
struct Derived : Base {};

int main() {
```

---

[90] *https://isocpp.github.io/CppCoreGuidelines/CppCoreGuidelines#Rh-ref-cast*
[91] *https://isocpp.github.io/CppCoreGuidelines/CppCoreGuidelines#Rh-ptr-cast*

```
    Base a;

    Derived* b1 = dynamic_cast<Derived*>(&a); // nullptr
    Derived& b2 = dynamic_cast<Derived&>(a);  // std::bad_cast
}
```

g++ 컴파일러는 두 dynamic_cast 모두에 대해 경고 메시지를 제공한다. 실행 시점에서 프로그램은 참조에 대한 형변환 실패 시 예상 대로 std::bad_cast 예외를 던진다(그림 5.15).

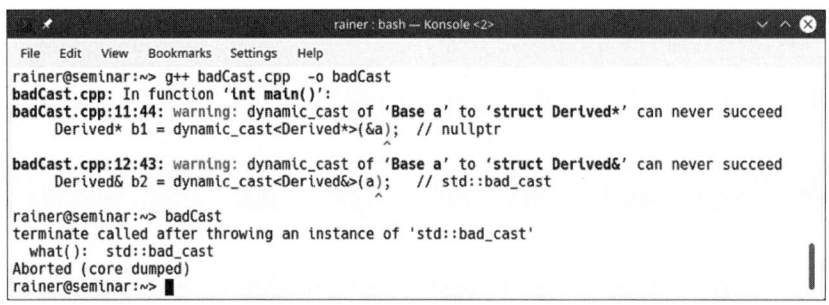

그림 5.15 참조에 대한 dynamic_cast가 std::bad_cast 예외를 던진다.

> **C.152** 파생 클래스 객체들의 배열을 가리키는 포인터를 기반 클래스 객체를 가리키는 포인터에 배정하면 절대로 안 된다.[92]

그런 배정이 흔하지는 않지만, 일단 발생하면 대단히 심각한 결과가 빚어진다. 객체의 접근이 유효하지 않게 될 수도 있고 메모리가 깨질 수도 있다. 다음은 유효하지 않은 객체 접근의 예이다.

```
struct Base { int x; };
struct Derived : Base { int y; };

Derived a[] = {{1, 2}, {3, 4}, {5, 6}};
Base* p = a; // 나쁨: &a[0]으로 붕괴해서 Base*로 변환됨
p[1].x = 7; // Derived[0].y를 덮어씀
```

마지막 배정문의 의도는 배열 둘째 요소의 Base 멤버 x를 7로 설정하는 것이지만, 실제로는 엉뚱한 일이 벌어진다. 포인터 산술에 의해 p[1]은 p[0].x 다음의 두 번째 int 값을 가리킨다. 현재의 메모리 배치에서 그 int는 a[0].y이다! 이런

---

92 *https://isocpp.github.io/CppCoreGuidelines/CppCoreGuidelines#Rh-array*

일이 일어나는 이유는 애초에 Base* 형식의 포인터에 파생 클래스 Derived의 객체들을 담은 배열을 가리키는 포인터를 배정했기 때문이다. 이 Base* p = a; 배정문에서 배열 a는 &a[0]으로 붕괴해서(decay) Base*로 변환된다.

배열에서 포인터로의 암묵적 변환뿐만 아니라 왼값에서 오른값, 함수에서 포인터로의 암묵적 변환도 **붕괴**라고 부른다. 이러한 붕괴 덕분에 Derived*를 받는 함수를 Derived 배열로도 호출할 수 있지만, 그 과정에서 배열의 길이나 const 한정사, volatile 한정사 같은 중요한 정보가 사라진다.

다음 코드 예에서 함수 func는 배열의 첫 요소를 가리키는 포인터를 받는다.

```
void func(Derived* d);
Derived d[] = {{1, 2}, {3, 4}, {5, 6}};

func(d);
```

이 func의 경우에는 배열에서 포인터로의 붕괴가 아무 문제가 되지 않지만, 앞의 p[1].x에서는 문제를 일으킨다.

5.5 중복적재와 중복적재된 연산자

보통의 함수뿐만 아니라 멤버 함수나, 템플릿 함수, 연산자도 중복적재할 수 있다. 함수 객체는 중복적재할 수 없으며, 따라서 람다는 중복적재할 수 없다.

C++ 핵심 가이드라인의 중복적재와 중복적재된 연산자(overloaded operator)† 하위 섹션[93]에 있는 일곱 규칙을 관통하는 핵심 착안은 "사용자가 직관적으로 사용할 수 있는 소프트웨어 시스템을 구축하자"이다. 이 착안은 소프트웨어 개발에서 잘 알려진 황금률 중 하나인 "놀람 최소화 원칙을 따르라"로도 설명할 수 있다. 최소 경악 원칙 또는 **놀람 최소화 원칙**(principle of least astonishment 또는 principle of least surprise)[94]이란 간단히 말해서 한 시스템의 구성요소들은 대부분의 사용자가 예상한 대로 작동해야 한다는 것이다. 이 원칙은 중복적재와 중복적재된 연산자에 대단히 중요한데, 왜냐하면 큰 힘에는 큰 책임이 따르기 때문이다.‡

---

† [옮긴이] '중복적재된 연산자'라는 용어는 중복적재가 불가능한 연산자도 있다는 점을 반영한 용어이다. C++ 핵심 가이드라인은(따라서 이 책도) "연산자를 중복적재한다" 같은 간결한 표현 대신 "중복적재된 연산자를 정의한다" 같은 장황하지만 정확한 표현을 사용한다.

[93] https://isocpp.github.io/CppCoreGuidelines/CppCoreGuidelines#SS-overload

[94] https://en.wikipedia.org/wiki/Principle_of_least_astonishment

‡ [옮긴이] "큰 힘에는 큰 책임이 따른다"는 마블코믹스의 스파이더맨 시리즈에 등장하는 격언이다. 지금 맥락에서는 C++에서 중복적재가 대단히 강력하면서도 오남용하기 쉬운 기능임을 강조하는 의미로 쓰였다.

일곱 규칙이 모두 중복적재와 중복적재된 연산자의 직관적인 행동 방식을 다루긴 하지만, 그 관점은 각자 다르다. 일부는 중복적재의 통상적인 용법에 관한 것이고 일부는 연산자의 암묵적 변환에 관한 것이다. 또한 중복적재된 연산자들의 동등성(equivalence)에 관한 규칙과 연산자를 피연산자의 이름공간 안에서 중복적재하는 것의 중요성을 말해주는 규칙도 있다.

5.5.1 통상적인 용법

통상적인 용법이란 연산자가 예상과 다르게 행동하거나 이상한 부수 효과를 발생해서 사용자가 놀라는 일이 없음을 의미한다.

C.167 연산자는 통상적인 의미의 연산을 수행하는 데 사용하라.[95]

뒤집어 말하면 연산자를 기존과는 다른 의미로 사용하지는 말아야 한다. 다음은 주요 연산자들의 통상적인 의미의 연산을 정리한 것이다.

- ==, !=, <, <=, >, >=: 비교 연산
- +, -, *, /, %: 산술 연산
- ->, 단항 *, []: 객체 접근
- =: 객체 배정
- <<, >>: 입력과 출력 연산

C.161 대칭적인 연산자에는 비멤버 함수를 사용하라.[96]

수치(number)를 모형화하는 데이터 형식은 수치처럼 작동해야 한다는 것도 통상적인 용법에 속한다. 이 규칙은 "C.86: ==를 피연산자 형식들에 대칭으로 작성하고 noexcept로 선언하라"를 일반화한 것이라고 할 수 있다.

일반적으로, + 같은 대칭적인 연산자를 클래스 안에서 구현할 수는 없다.

정수를 모형화한 MyInt라는 형식을 만든다고 하자. MyInt는 정수처럼 행동해야 하므로, 두 MyInt의 덧셈뿐만 아니라 내장 int와의 덧셈도 지원해야 한다. 다음은 첫 시도이다.

```
// MyInt.cpp
```

---

[95] *https://isocpp.github.io/CppCoreGuidelines/CppCoreGuidelines#Ro-overload*
[96] *https://isocpp.github.io/CppCoreGuidelines/CppCoreGuidelines#Ro-symmetric*

```cpp
struct MyInt {
   MyInt(int v):val(v) {};
   MyInt operator + (const MyInt& oth) const {
      return MyInt(val + oth.val);
   }
   int val;
};

int main() {

   MyInt myFive = MyInt(2) + MyInt(3);
   MyInt myFive2 = MyInt(3) + MyInt(2);

   MyInt myTen = myFive + 5;           // OK
   MyInt myTen2 = 5 + myFive;          // 오류

}
```

암묵적 변환 생성자(MyInt(int v):val(v)) 덕분에 표현식 myFive + 5는 유효하다. 인수 하나를 받는 생성자를 변환 생성자라고 부른다. 지금 예에서 MyInt의 변환 생성자는 int 값을 받고 MyInt 객체를 돌려주는데, 이를 "int를 MyInt로 변환한다"라고 말할 수 있다. 그러나 그다음 문장의 표현식 5 + myFive는 유효하지 않다. int와 MyInt에 대한 + 연산자의 중복적재 버전이 없기 때문이다. 따라서 컴파일러는 컴파일 오류를 발생한다(그림 5.16).

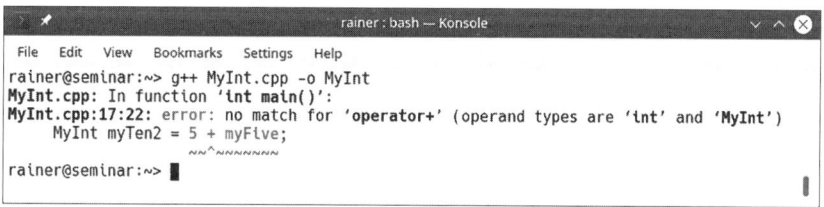

그림 5.16 int와 MyInt에 대한 중복적재 버전이 없음.

이 짧은 예제 프로그램에 문제점이 세 가지나 있다.

1. + 연산자가 대칭적이지 않다.
2. 데이터 멤버 val이 public이다.
3. 변환 생성자가 암묵적이다.

2번 문제는 간단히 해결할 수 있다. 1번 문제는 다음처럼 operator +를 비멤버 친구 함수로 만들면 된다.

```cpp
// MyInt2.cpp

class MyInt2 {
public:
    MyInt2(int v):val(v) {};
    friend MyInt2 operator + (const MyInt2& fir, const MyInt2& sec) {
        return MyInt2(fir.val + sec.val);
    }
private:
    int val;
};

int main() {

    MyInt2 myFive = MyInt2(2) + MyInt2(3);
    MyInt2 myFive2 = MyInt2(3) + MyInt2(2);

    MyInt2 myTen = myFive + 5;   // OK
    MyInt2 myTen2 = 5 + myFive;  // OK

}
```

비멤버 친구 함수로 중복적재한 operator + 덕분에 이제는 마지막 문장의 5에 대해 int에서 MyInt2로의 암묵적 변환이 적용된다. MyInt2(5)와 myFive로 operator +가 호출되므로 더 이상 컴파일 오류가 아니다. 또한 val도 private로 바뀌었다.

3번 문제는 규칙 "C.46: 기본적으로, 단일 인수 생성자는 explicit으로 선언하라"를 어긴다. 다음은 이 문제를 해결하기 위해 변환 생성자를 explicit으로 선언한 MyInt3 클래스이다.

```cpp
// MyInt3.cpp

class MyInt3 {
public:
    explicit MyInt3(int v):val(v) {};

    friend MyInt3 operator + (const MyInt3& fir, const MyInt3& sec) {
        return MyInt3(fir.val + sec.val);
    }
private:
    int val;
};

int main() {
```

```
    MyInt3 myFive = MyInt3(2) + MyInt3(3);
    MyInt3 myFive2 = MyInt3(3) + MyInt3(2);

    MyInt3 myTen = myFive + 5;    // 오류
    MyInt3 myTen2 = 5 + myFive;   // 오류

}
```

그런데 변환 생성자를 explicit으로 선언하고 프로그램을 다시 컴파일하면 컴파일 오류가 발생한다(그림 5.17).

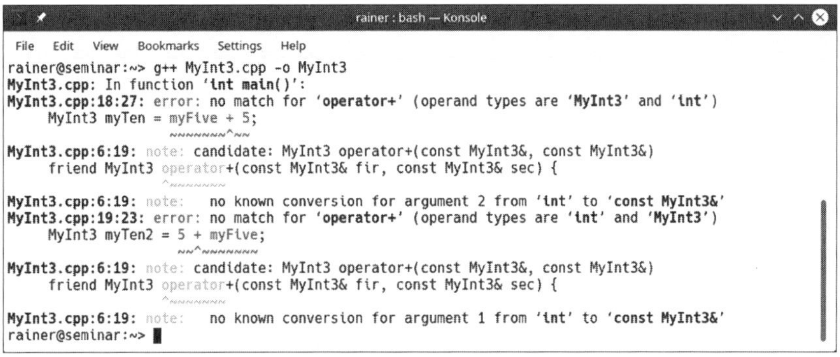

그림 5.17 explicit 생성자와 컴파일 오류.

이 딜레마를 해결하는 일반적인 방법은 operator +의 또 다른 버전 두 개를 추가하는 것이다. 다음이 그러한 MyInt4 클래스인데, 추가된 첫 버전은 오른쪽 인수(우변 피연산자)로 int를 받고, 둘째 버전은 왼쪽 인수(좌변 피연산자)로 int를 받는다.

```
// MyInt4.cpp

class MyInt4 {
public:

    explicit MyInt4(int v):val(v) {};
    friend MyInt4 operator + (const MyInt4& fir, const MyInt4& sec) {
        return MyInt4(fir.val + sec.val);
    }
    friend MyInt4 operator + (const MyInt4& fir, int sec) {
        return MyInt4(fir.val + sec);
    }
    friend MyInt4 operator + (int fir, const MyInt4& sec) {
        return MyInt4(fir + sec.val);
    }
private:
```

```
        int val;
};

int main() {

    MyInt4 myFive = MyInt4(2) + MyInt4(3);
    MyInt4 myFive2 = MyInt4(3) + MyInt4(2);

    MyInt4 myTen = myFive + 5;   // OK
    MyInt4 myTen2 = 5 + myFive;  // OK

}
```

인수 하나짜리 생성자를 explicit으로 선언해야 하는 이유는 의도치 않은 변환을 방지하기 위한 것이다. 같은 이유로 변환 연산자도 explicit으로 선언해야 한다.

C.164 암묵적인 변환 연산자를 피하라.[97]

재미 삼아 bool 연산자를 explicit 없이 중복적재해보기 바란다. 그러면 bool에서 int로의 정수 승격(integer promotion)[98]이 소리 없이 일어난다.

사고팔 수 있는 주택을 모형화하는 사용자 정의 형식을 설계한다고 하자. 다음의 MyHouse가 그러한 클래스인데, 주택을 산 가구(family)가 있는지(즉, 주택이 이미 팔렸는지) 쉽게 점검할 수 있도록 bool 연산자를 중복적재했다.

```
1   // implicitConversion.cpp
2
3   #include <iostream>
4   #include <string>
5
6   struct MyHouse {
7       MyHouse() = default;
8       explicit MyHouse(const std::string& fam): family(fam) {}
9
10      operator bool(){ return not family.empty(); }
11      // explicit operator bool(){ return not family.empty(); }
12
13      std::string family = "";
14   };
15
16   int main() {
17
```

---

97 https://isocpp.github.io/CppCoreGuidelines/CppCoreGuidelines#Ro-conversion
98 https://en.cppreference.com/w/c/language/conversion

```
18      std::cout << std::boolalpha << '\n';
19
20      MyHouse firstHouse;
21      if (not firstHouse) {
22          std::cout << "firstHouse is not sold." << '\n';
23      }
24
25      MyHouse secondHouse("grimm");
26      if (secondHouse) {
27          std::cout << "Grimm bought secondHouse." << '\n';
28      }
29
30      std::cout << '\n';
31
32      int myNewHouse = firstHouse + secondHouse;
33      int myNewHouse2 = (20 * firstHouse - 10 * secondHouse)
34                        / secondHouse;
35
36      std::cout << "myNewHouse: " << myNewHouse << '\n';
37      std::cout << "myNewHouse2: " << myNewHouse2 << '\n';
38
39      std::cout << '\n';
40
41  }
```

행 10의 operator bool 덕분에 주택에 가구가 살고 있는지(행 21) 아닌지(행 26)를 쉽게 판정할 수 있다. 여기까지는 좋다. 그러나 operator bool이 암묵적이기 때문에, MyHouse 객체를 산술 표현식에도 사용할 수 있게 되었다(행 32와 33). 산술 연산의 지원은 내가 의도한 바가 아니다. [그림 5.18]에 이 예제 프로그램의 실행 결과가 나와 있다.

그림 5.18 암묵적 operator bool.

주택으로 사칙연산을 한다는 것은 확실히 이상한 일이다.

C++11부터는 변환 연산자를 explicit으로 선언할 수 있다. 그러면 지금 예의 경우 int의 암묵적 변환이 일어나지 않는다. 행 10 대신 행 11의 explicit operator bool을 사용한다면, 논리 표현식에서는 여전히 주택 객체를 사용할 수 있지만 주택 객체를 산술 연산에 사용하면 [그림 5.19]에서 보듯이 컴파일 오류가 발생한다.

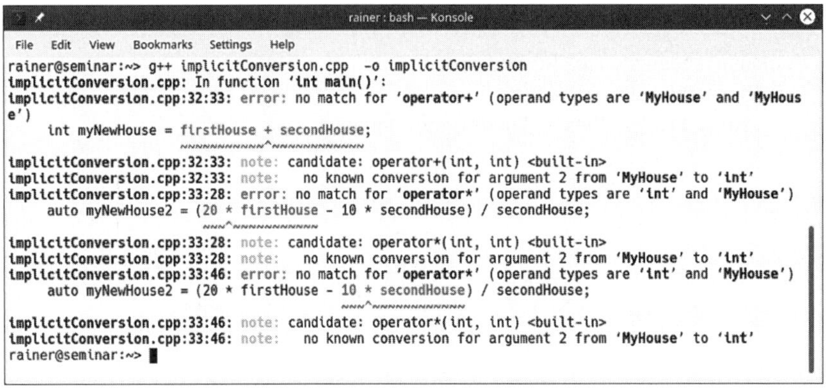

그림 5.19 명시적인 operator bool 연산자.

C.162	대체로 동등한 연산들을 중복적재하라.[99]

C.163	대체로 동등한 연산들만 중복적재하라.[100]

두 규칙은 밀접하게 연관되어 있다. 동등한(equivalent) 연산들에는 같은 이름을 부여해야 한다. 반대로 말하면, 동등하지 않은 연산들에 같은 이름을 부여해서는 안 된다.

다음은 C++ 핵심 가이드라인에 나오는 예제이다.

```
void print(int a);
void print(const string&);
...
print(5);
```

print(5) 호출은, 사용자가 print의 어떤 버전이 선택될지 신경 쓸 필요가 없다는 점에서 일반적 프로그래밍처럼 느껴진다. 그러나 다음처럼 함수들에 이름을 다르게 붙이면 그런 느낌이 사라진다.

---

[99] https://isocpp.github.io/CppCoreGuidelines/CppCoreGuidelines#Ro-equivalent
[100] https://isocpp.github.io/CppCoreGuidelines/CppCoreGuidelines#Ro-equivalent-2

```
void print_int(int a);
void print_string(const string&);
 ...
print_int(5)
```

반대로, 동등하지 않은 연산들에 같은 이름을 붙인다면 이름이 너무 막연해지거나 아예 잘못될 수 있다.

```
std::string translate(const std::string& text);   // 영어로 번역한다.
Code translate(const Code& code);                 // 코드를 컴파일한다.
```

> **C.168** 중복적재된 연산자는 해당 피연산자의 이름공간 안에서 정의하라.[101]

다음 프로그램이 잘 작동해서 실제로 Test가 출력되는 이유를 한 번 생각해 보기 바란다.

```
#include <iostream>
int main() {
    std::cout << "Test\n";
}
```

프로그램 실행 시 이 프로그램은 본질적으로 다음과 같은 프로그램이 된다.

```
#include <iostream>
int main() {
    operator << (std::cout, "Test\n");
}
```

즉, std::cout << "Test\n"은 사실상 operator <<(std::cout, "Test\n");이다. 전역 이름공간에는 operator <<이 없다. 그래서 컴파일러는 인수 의존적 조회(ADL; 제13장)를 적용해서 std 이름공간에서 operator <<를 찾는다. 이는 첫 인수 std::cout이 std 이름공간에 속하기 때문이다. 그 이름공간에는 지금 호출과 부합하는 std::operator << (std::ostream&, const char*)가 있다.

쾨니히[102] 조회(Koenig lookup)라고도 부르는 **인수 의존적 조회**란, 한정되지 않은(unqualified) 이름†의 함수 호출에 대해 컴파일러가 함수 인수들의 이름

---

[101] https://isocpp.github.io/CppCoreGuidelines/CppCoreGuidelines#Ro-namespace
[102] https://en.wikipedia.org/wiki/Andrew_Koenig_(programmer)
† [옮긴이] 이름이 속한 이름공간(들)을 명시한 이름을 가리켜 '한정된 이름(qualified name)'이라고 부른다. 이름공간을 생략하면 한정되지 않은 이름이 된다.

공간에서 해당 함수를 찾는 것을 말한다.

중복적재된 연산자도 함수이므로 ADL이 적용된다. 즉, C++ 컴파일러는 피연산자들의 이름공간에서 해당 연산자를 찾는다. 따라서 중복적재된 연산자는 피연산자의 이름공간에서 정의해야 한다.

5.6 공용체

union 키워드를 이용해서 정의하는 공용체(union)는 모든 멤버가 같은 주소에서 시작하는 특별한 종류의 클래스이다. 공용체는 한 번에 하나의 형식만 담을 수 있다. 그래서 흔히 메모리를 절약하는 용도로 공용체를 사용한다. 현재 가지고 있는 값의 형식을 식별하는 정보('태그')를 유지하는 공용체를 가리켜 차별화된 공용체(discriminated union) 또는 **태그된 공용체**(tagged union)라고 부른다. 표준 라이브러리의 std::variant가 태그된 공용체 형식이다.

C++ 핵심 가이드라인은 공용체의 용도가 메모리 절약임을 말해주는 규칙과 '헐벗은' 공용체 대신 std::variant 같은 태그된 공용체를 사용하라는 규칙을 제공한다.

| C.180 | union은 메모리를 절약하는 데 사용하라.[103] |

공용체는 한 번에 한 형식의 값만 담는다. 공용체의 여러 멤버가 같은 메모리를 공유하기 때문에 공용체를 이용하면 메모리를 절약할 수 있다. 공용체의 크기는 가장 큰 멤버의 크기와 같다.

```
union Value {
   int i;
   double d;
};

Value v = { 123 };          // int 형식의 첫 멤버가 초기화된다.
std::cout << v.i << '\n';   // 123이 출력된다.
v.d = 987.654;              // 이제 v는 double 형식의 값을 담는다.
std::cout << v.d << '\n';   // 987.654가 출력된다.
```

이 Value는 형식 정보가 없는 소위 '헐벗은(naked)' 공용체이다. 다음 규칙이 말해주듯이, 헐벗은 공용체는 사용하지 말아야 한다.

---

[103] https://isocpp.github.io/CppCoreGuidelines/CppCoreGuidelines#Ru-union

C.181 '헐벗은' union을 피하라.[104]

'헐벗은' 공용체는 현재 값의 형식을 사용자가 일일이 관리해야 하기 때문에 실수의 여지가 아주 크다.

```cpp
// nakedUnion.cpp

#include <iostream>

union Value {
   int i;
   double d;
};

int main() {
   
   std::cout << '\n';
   
   Value v;
   v.d = 987.654;
   std::cout << "v.d: " << v.d << '\n';
   std::cout << "v.i: " << v.i << '\n'; // ❶
   
   std::cout << '\n';
   
   v.i = 123;
   std::cout << "v.i: " << v.i << '\n';
   std::cout << "v.d: " << v.d << '\n'; // ❷
   
   std::cout << '\n';
}
```

main 함수의 처음 절반에서 Value 객체 v에 담긴 값은 double 형식이지만, 나머지 절반에서는 int 형식이다. ❶에서는 double 값을 int로 출력하고 ❷에서는 int 값을 double로 출력하는 실수를 저질렀다. 둘 다 미정의 행동이다(그림 5.20).

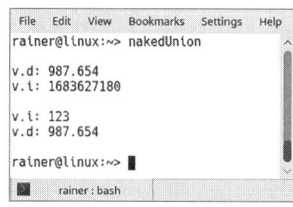

그림 5.20 '헐벗은' 공용체의 미정의 행동.

---

104 *https://isocpp.github.io/CppCoreGuidelines/CppCoreGuidelines#Ru-naked*

이런 문제를 애초에 방지하려면 태그된 공용체를 사용해야 한다.

> **C.182** 태그된 공용체는 익명 union을 이용해서 구현하라.[105]

태그된 공용체를 직접 구현하려면 꽤나 복잡하다. 관심 있는 독자는 C++ 핵심 가이드라인에 있는 이 규칙의 예제를 참고하기 바란다.

여기서는 태그된 공용체의 구현보다는, 헐벗은 공용체에 비한 태그된 공용체의 장점에 초점을 두겠다. 다음은 C++17에서 도입된 표준 태그된 공용체 형식 std::variant를 활용하는 예이다.

```
// variant.cpp; C++17

#include <variant>
#include <string>

int main() {

  std::variant<int, float> v;
  std::variant<int, float> w;

  int i = std::get<int>(v);    // i는 0

  v = 12;                       // v는 int 값을 담는다.
  int j = std::get<int>(v);

  w = std::get<int>(v);
  w = std::get<0>(v);          // 위 행과 같은 효과
  w = v;                        // 위 행과 같은 효과


  // std::get<double>(v);      // 오류: [int, float]에 double은 없음
  // std::get<3>(v);            // 오류: 유효한 색인은 0과 1

  try{
     std::get<float>(w);        // w에 담긴 값은 float가 아니라
  }                              // int이므로 예외가 발생한다.
  catch (std::bad_variant_access&) {}

  v = 5.5f;                     // float로 전환했다가
  v = 5;                        // 다시 int로 복귀

  std::variant<std::string> v2("abc"); // OK: 중의적인 문맥에서 변환 생성자가 작동함
```

---

[105] https://isocpp.github.io/CppCoreGuidelines/CppCoreGuidelines#Ru-anonymous

```
33    v2 = "def";              // OK: 중의적인 문맥에서 변환 배정이 작동함
34
35  }
```

행 8과 9는 두 std::variant 객체 v와 w를 정의한다. 두 객체 모두 int 값과 float 값을 가질 수 있다. 초기 값은 0이다(행 11). 첫 바탕 형식 int의 기본값이 0이기 때문이다. 행 13은 v에 값 13을 배정한다. 행 16의 std::get<int>(v)에서 보듯이, 특정 바탕 형식을 명시적으로 지정해서 그 값을 조회할 수 있다. 행 16과 그다음 두 행은 std::variant 객체들 사이의 여러 배정 방법을 보여준다. 행 17에서 보듯이 특정 바탕 형식의 값을 형식 이름 대신 형식 색인으로 조회할 수도 있다. 반드시 객체가 가진 형식 이름이나 색인을 지정해야 한다. 그렇지 않으면 std::bad_variant_access 예외가 발생한다(행 21과 22). 행 29와 30에서는 v를 float로 전환했다가 다시 int로 돌아온다. 생성자 호출이나 배정 연산자 호출에 중의성이 있는 경우에는 암묵적 변환이 적용된다. std::variant<std::string> 객체를 C 문자열로 생성하거나 객체에 C 문자열을 배정할 수 있는 것은 이 암묵적 변환 덕분이다(행 32와 33).

5.7 관련 규칙들

C++ 핵심 가이드라인의 클래스와 클래스 위계구조 섹션의 두 하위 섹션은 이번 장에서 다루지 않았다. 하나는 컨테이너와 기타 자원 핸들에 관한 하위 섹션[106]이고, 다른 하나는 함수 객체와 람다에 관한 하위 섹션[107]이다.

  컨테이너와 기타 자원 핸들에 관한 하위 섹션을 다루지 않은 것은, 그 섹션의 규칙들에 아직 내용이 부족하다고 판단했기 때문이다.

  함수 객체와 람다에 관해서는 제4장 "함수"에서 이야기했고 제8장 "표현식과 문장"에서 좀 더 이야기할 것이다.

  스마트 포인터에 관한 규칙들은 제7장 "자원 관리"에서 좀 더 큰 문맥에서 논의한다.

---

[106] https://isocpp.github.io/CppCoreGuidelines/CppCoreGuidelines#SS-containers
[107] https://isocpp.github.io/CppCoreGuidelines/CppCoreGuidelines#SS-lambdas

요약

주요 사항

- 클래스 위계구조보다 구체 형식들을 선호하라. 구체 형식은 정규 형식으로 작성하라. 정규 형식은 6대 연산(기본 생성자, 소멸자, 복사/이동 생성자, 복사/이동 배정 연산자)과 swap 함수, 상등 연산자를 지원한다.
- 가능하면 컴파일러가 6대 연산을 생성하게 하라. 가능하지 않다면 모든 특수 멤버 함수에 =default를 지정해서 자동 생성을 요청하라. 그마저도 가능하지 않다면 모든 특수 멤버 함수를 명시적으로 구현하되 일관된 설계를 따라야 한다. 복사 생성자나 복사 배정 연산자는 복사를 수행해야 하고, 이동 생성자와 이동 배정 연산자는 이동을 수행해야 한다.
- 생성자는 완전하게 초기화된 객체를 돌려주어야 한다. 생성자를 이용해서 불변식을 확립하라. 생성자에서 멤버들을 해당 기본값으로 설정하는 대신 클래스 내부 초기화를 사용하라. 그러면 코드 중복이 줄어든다.
- 객체가 파괴될 때 특별한 마무리 작업이 필요하면 소멸자를 구현하라. 기반 클래스의 소멸자는 public과 virtual의 조합이거나 virtual이 아닌 protected이어야 한다.
- 클래스 위계구조는 위계적인 구조가 자연스러운 개념들을 표현하는 용도로(만) 사용하라. 인터페이스로 사용할 기반 클래스는 추상 클래스로 만들어라. 추상 클래스에는 순수 가상 함수들과 컴파일러가 자동으로 생성한 기본 생성자만 있어야 한다.
- 인터페이스 상속과 구현 상속을 구분하라. 인터페이스 상속의 목적은 사용자를 구현으로부터 분리하는 것이다. 구현 상속은 기존 구현을 재사용하기 위한 것이다. 한 클래스에서 두 개념을 섞으면 안 된다.
- 가상 함수가 있는 클래스의 소멸자는 public과 virtual의 조합이거나 virtual이 아닌 protected이어야 한다. 가상 함수에는 virtual, override, final 중 딱 하나만 지정해야 한다.
- 클래스의 데이터 멤버들은 전부 public이거나 전부 private이어야 한다. 클래스가 불변식을 확립한다면 데이터 멤버들을 private로 두고 class를 사용하라. 클래스가 불변식을 확립하지 않는다면 데이터 멤버들을 public으로 두고 struct를 사용하라.
- 인수가 하나인 생성자와 변환 연산자는 explicit으로 선언하라.
- 공용체는 메모리 절약을 위해 사용하라. 헐벗은 공용체는 피하고, C++17의 std::variant 같은 태그된 공용체를 선호하라.

Core Guidelines Explained

6장

C++ Core Guidelines Explained

열거형

1에서 5까지 세는 시피.

열거형(enumeration)은 연관된 정수 값들의 집합 또는 그런 값 집합을 나타내는 사용자 정의 형식이다. **C++ 핵심 가이드라인**의 열거형 섹션에는 총 8개의 규칙이 있는데, 이들을 관통하는 하나의 핵심 지침은 '재래식' 열거형을 피하고 현대적 C++의 범위 있는 열거형을 사용하라는 것이다. 범위 있는 열거형(scoped enumeration)을 강한 형식(strong typed) 열거형이나 열거형 클래스(enum class)라고 부르기로 한다.

6.1 일반 규칙들

C++11 이전의 재래식(classical) 열거형은 단점이 많다. C++ 핵심 가이드라인에는 범위가 적용되지 않는 재래식 열거형과 범위가 적용되는 현대적 열거형의 차이점이 명시적으로 나와 있지 않으므로, 여기서 잠깐 짚고 넘어가자.

다음은 재래식 열거형이다.

```
enum Color {
 red,
   blue,
   green
};
```

이런 재래식 열거형의 단점은 다음과 같다.

- 열거자(enumerator)에 범위가 없다.
- 열거자가 암묵적으로 int로 변환된다.
- 열거자들이 전역 이름공간을 오염시킨다.
- 열거자들의 바탕 형식(underlying type)이 명시적으로 알려지지 않는다. 컴파일러가 열거자들의 값을 담기에 충분히 큰 형식을 자동으로 선택한다.

enum 다음에 키워드 class나 struct를 붙이면 범위 있는 열거형(열거형 클래스)이 된다.

```
enum class ColorScoped {
   red,
   blue,
   green
};
```

이제는 ColorScoped::red처럼 범위 연산자 ::을 이용해서 열거자들에 접근해야 한다. 따라서 열거자들이 전역 공간을 오염시키지 않는다. 또한 ColorScoped::red는 암묵적으로 int로 변환되지 않는다. 이것이 현대적 열거형을 강한 형식 열거형이라고 부르는 이유이다.

그리고 열거자의 바탕 형식은 기본적으로 int이다. 필요하다면 다른 정수 형식을 지정할 수 있다.

열거형에 관한 규칙들을 이해하는 데 필요한 배경지식이 마련되었으므로, 열거형에 관한 가장 중요한 규칙으로 넘어가자.

Enum.1 매크로보다 열거형을 선호하라.[1]

매크로는 범위를 따르지 않으며 형식도 없다. 그래서 다음 예처럼 같은 이름의 매크로 상수를 다른 값으로 설정해도 컴파일러가 불평하지 않는다.[†]

```
// webcolors.h
#define RED 0xFF0000
// productinfo.h
#define RED    0

int webcolor = RED;    // 원래 의도는 0xFF0000
```

앞의 열거형 클래스 ColorScoped에서는 다음처럼 범위 연산자를 이용해서 열거자를 지정해야 하므로 이런 실수가 미리 방지된다.

```
ColorScoped webcolor = ColorScoped::red;
```

Enum.2 열거형은 연관된, 이름 붙은 상수들의 집합을 표현하는 데 사용하라.[2]

열거형 클래스는 정수들의 집합에 이름을 붙인 사용자 정의 형식이라는 점에서 당연한 규칙이다.

```
enum class Day {
    Mon,
    Tue,
    Wed,
    Thu,
    Fri,
    Sat,
    Sun
};
```

Enum.3 '평범한' enum보다 enum class를 선호하라.[3]

범위 있는 열거형(enum class)의 열거자들은 자동으로 int로 변환되지 않으며, 범위 연산자를 통해서 접근해야 한다.

---

[1] *https://isocpp.github.io/CppCoreGuidelines/CppCoreGuidelines#Renum-macro*

[†] [옮긴이] 두 정의가 각자 다른 번역 단위(translation unit)에 있다고 가정 한 것이다. 한 번역 단위에서 같은 매크로 상수를 두 번 정의하면 컴파일러(좀 더 정확히는 전처리기)가 오류를 보고한다.

[2] *https://isocpp.github.io/CppCoreGuidelines/CppCoreGuidelines#Renum-set*

[3] *https://isocpp.github.io/CppCoreGuidelines/CppCoreGuidelines#Renum-class*

```cpp
// scopedEnum.cpp

#include <iostream>

enum class ColorScoped {
   red,
   blue,
   green
};

void useMe(ColorScoped color) {
   switch(color) {
   case ColorScoped::red:
      std::cout << "ColorScoped::red" << '\n';
      break;
   case ColorScoped::blue:
      std::cout << "ColorScoped::blue" << '\n';
      break;
   case ColorScoped::green:
      std::cout << "ColorScoped::green" << '\n';
      break;
   }
}


int main() {

   std::cout << static_cast<int>(ColorScoped::red) << '\n';   // 0
   std::cout << static_cast<int>(ColorScoped::green) << '\n'; // 2

   ColorScoped color{ColorScoped::red};
   useMe(color);                                              // ColorScoped::red
}
```

> **Enum.5** 열거자에 ALL_CAPS 형태의 이름을 사용하지 말라.[4]

대문자와 밑줄로만 이루어진 ALL_CAPS 형태의 이름은 흔히 매크로에 쓰인다. 따라서 열거자에 ALL_CAPS 형태의 이름을 붙이면 기존 매크로와 충돌할 위험이 있다.

```cpp
enum class ColorScoped{ RED };

#define RED 0xFF0000
```

---

4 *https://isocpp.github.io/CppCoreGuidelines/CppCoreGuidelines#Renum-caps*

이 규칙은 열거자뿐만 아니라 상수 변수의 이름에도 적용된다.

Enum.6 이름 없는 열거형을 피하라.[5]

C++에서 모든 컴파일 시점 상수를 enum으로 만들 필요는 없다. 변수를 constexpr로 선언해서 컴파일 시점 상수를 정의할 수 있다. enum은 연관된 상수들의 집합에만 사용해야 한다(Enum.2).

```cpp
// 나쁨
enum { red = 0xFF0000, scale = 4, is_signed = 1 };

// 좋음
constexpr int red = 0xFF0000;
constexpr short scale = 4;
constexpr bool is_signed = true;
```

Enum.7 열거형의 바탕 형식은 꼭 필요할 때만 명시하라.[6]

C++11부터는 열거형의 바탕 형식을 사용자가 직접 지정할 수 있다. 이 기능은 흔히 메모리를 절약하는 데 쓰인다. 기본적으로 범위 있는 열거형의 바탕 형식은 int이다. C++11에서 열거형의 바탕 형식이 정해진 덕분에 열거형의 선행 선언(forward declaration; 전방 선언)이 가능해졌다. 다음은 int 형식과 char 형식의 열거형들을 정의하는 예이다.

```cpp
// typeEnum.cpp

#include <iostream>

enum class Color1 {
    red,
    blue,
    green
};

enum struct Color2: char {
    red,
    blue,
    green
};
```

---

[5] *https://isocpp.github.io/CppCoreGuidelines/CppCoreGuidelines#Renum-unnamed*

[6] *https://isocpp.github.io/CppCoreGuidelines/CppCoreGuidelines#Renum-underlying*

```
int main() {

    std::cout << sizeof(Color1) << '\n';  // 4
    std::cout << sizeof(Color2) << '\n';  // 1

}
```

Enum.8 열거자의 값은 꼭 필요할 때만 명시하라.[7]

열거자 값을 명시적으로 지정하면 같은 값을 두 번 지정하는 실수를 저지를 위험이 있다. 다음 예에서 열거형 Col2에 그런 문제가 있다.

```
enum class Col1 { red, yellow, blue };

enum class Col2 { red = 1, yellow = 2, blue = 2 };  // 오타 있음

enum class Month { jan = 1, feb, mar,     // 관례에 따라 첫 달을
                   apr, may, jun,         // 1로 시작한다.
                   jul, aug, sep,
                   oct, nov, dec };
```

범위 있는 열거형은 열거자의 형식과 값을 컴파일 시점에서 점검한다.

```
// enumChecksRange.cpp

enum struct Color: char {
    red = 127,
    blue,
    green
};

int main() {

    Color color{Color::green};

}
```

[그림 6.1]에서 보듯이 이 프로그램은 컴파일 오류를 일으킨다. 바탕 형식에 맞지 않게 큰 값을 열거자에 담으려 했기 때문이다.[†]

---

7 https://isocpp.github.io/CppCoreGuidelines/CppCoreGuidelines#Renum-value

† [옮긴이] 이 예제는 char가 8비트 unsigned char라는 가정을 깔고 있다. 대다수의 구현체(컴파일러)와 플랫폼에서 이 가정이 성립하지만, C++ 표준이 보장하는 것은 아님을 기억하기 바란다. 컴파일 환경과 무관하게 반드시 8비트와 부호 없음이 보장되는 정수 형식으로는 uint8_t가 있다.

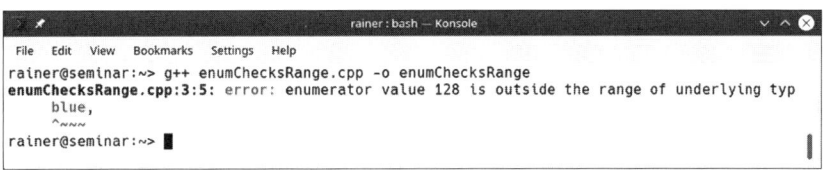

그림 6.1 바탕 형식보다 큰 값을 열거자에 지정해서 발생한 컴파일 오류.

6.2 관련 규칙들

constexpr로 선언한 컴파일 시점 상수들에 관해서는 제8장에서 좀 더 자세히 논의한다.

요약

주요 사항

- 재래식 열거형 대신 범위 있는 열거형을 사용하라. 이름이 말해 주듯이 범위 있는 열거형에는 범위가 있으며, 암묵적으로 int로 변환되지 않으며, 전역 이름공간을 오염시키지 않으며, 기본 바탕 형식이 int이다.
- 범위 있는 열거형의 바탕 형식과 열거자 값은 꼭 필요할 때만 명시하라.

7장

C++ Core Guidelines Explained

자원 관리

정원을 가꾸는 시피.

먼저 자원이 무엇인지부터 생각해 보자. 자원(resource)은 관리해야(manage) 하는 어떤 것이다. 좀 더 구체적으로, 자원은 한정되어 있기 때문에 획득하고 (acquire) 해제해야(release) 하는 어떤 것, 또는 보호해야(protect) 하는 어떤 것이다. 예를 들어 사용할 수 있는 메모리나 소켓, 프로세스, 스레드의 양은 한정되어 있다. 그리고 공유 파일에는 한 번에 한 프로세스만 데이터를 기록해야 하고, 공유 변수에는 한 번에 한 스레드만 값을 설정해야 한다. 프로그램이 이런 규약을 따르지 않으면 여러 가지 문제가 발생한다.

자원 관리라는 것을 잘 생각해 보면 결국은 '소유권'의 문제임을 깨닫게 된다. 내가 현대적 C++에서 특히나 마음에 들어 하는 점은, 소유권에 관한 나의 의도를 코드에 직접 표현할 수 있다는 것이다. 자원의 형태와 그 소유권을 간단히 정리하면 다음과 같다.

- **지역 객체**: 지역 객체(local object)의 소유자는 C++ 런타임이다. C++ 런타임은 지역 객체의 형태로 존재하는 자원을 자동으로 관리해 준다. 전역 객체나 클래스의 멤버도 마찬가지로 자동으로 관리된다. C++ 핵심 가이드라인은 이런 객체들을 범위 있는 객체(scoped object)라고 부른다.
- **참조**: 사용자는 참조가 가리키는 자원을 소유하는 것이 아니라 대여할 뿐이다. 참조는 비어 있지 않음이 보장되며 대여할 수 있는 자원을 나타낸다.
- **원시 포인터**(raw pointer): 사용자는 포인터가 가리키는 자원을 소유하는 것이 아니라 대여할 뿐이다. 참조와는 달리 포인터는 빈(empty) 자원을 가리킬 수 있다.
- **`std::unique_ptr`**: 사용자는 unique_ptr가 가리키는 자원의 독점적인 소유자이며, 언제라도 자원을 해제할 수 있다.
- **`std::shared_ptr`**: 사용자는 다른 사용자와 자원을 공유한다. 사용자가 마지막 소유자라면 자원을 해제할 수 있다. 필요하다면 사용자는 소유권 중 자신의 지분(share)을 해제할 수 있다.
- **`std::weak_ptr`**: 사용자는 자원의 소유자가 아니지만, 멤버 함수 std::weak_ptr.lock()을 이용해서 일시적으로 자원의 공유 소유자가 될 수 있다.

7.1 일반 규칙들

자원 관리 전반에 관한 일반 규칙은 여섯 개인데, 그중 다음 두 규칙은 다른 섹션에 있는 규칙들과 겹친다.

- R.2: 인터페이스에서, 원시 포인터는 개별 객체를 나타낼 때(만) 사용하라.[1] (관련 규칙은 "I.13: 배열을 단일 포인터로 전달하지 말라.")
- R.6: 비const 전역 변수를 피하라.[2] (관련 규칙은 "I.2: 비const 전역 변수를 피하라.")

---

1 *https://isocpp.github.io/CppCoreGuidelines/CppCoreGuidelines#Rr-use-ptr*
2 *https://isocpp.github.io/CppCoreGuidelines/CppCoreGuidelines#Rr-global*

나머지 넷 중에서도 두 규칙은 포인터와 참조의 의미론에 관한 기존 규칙들을 확장한 것이다. 완전히 새로운 것은 RAII에 관한 규칙 R.1과 범위 있는 객체에 관한 규칙 R.5뿐이다.

첫 번째 일반 규칙은 C++의 대표적인 관용구인 RAII에 관한 것이다. RAII는 Resource Acquisition Is Initialization(자원 획득은 초기화이다)을 줄인 용어이다. C++ 표준 라이브러리는 RAII를 체계적으로 따른다.

> **R.1** 자원 핸들과 RAII를 이용해서 자원을 자동으로 관리하라.[3]

RAII의 개념은 간단하다. 자원을 감싸는 일종의 프록시proxy 객체[4]를 만들되, 프록시 객체의 생성자에서 그 자원을 획득하고 소멸자에서 해제하는 것이 RAII의 기본이다. RAII에 의한 자원 관리는 이 프록시 객체를 지역 객체로 두고 C++ 런타임이 프록시 객체를(따라서 자원을) 소유하게 함으로써 일어난다. 지역 객체로서의 프록시 객체가 범위에서 벗어나면 자동으로 프록시 객체의 소멸자가 호출된다. 따라서 객체의 파괴가(따라서 자원의 해제가) 결정론적(deterministic)으로 일어난다.

RAII는 C++ 생태계에서 널리 쓰이는 관용구적인 기법이다. 예를 들어 RAII는 STL 컨테이너들과 스마트 포인터, 자물쇠(lock) 클래스에 쓰인다. 컨테이너는 요소들을 관리하는 데 RAII를 사용하고 스마트 포인터는 메모리를 관리하는데, 자물쇠 클래스는 뮤텍스 객체를 관리하는 데 RAII를 사용한다.

다음 예제에서 `ResourceGuard` 클래스는 RAII의 작동 방식을 보여준다.

```cpp
// raii.cpp

#include <iostream>
#include <new>
#include <string>

class ResourceGuard {
public:
  explicit ResourceGuard(const std::string& res):resource(res){
      std::cout << "Acquire the " << resource << "." << '\n';
  }
  ~ResourceGuard(){
      std::cout << "Release the "<< resource << "." << '\n';
  }
```

---

[3] https://isocpp.github.io/CppCoreGuidelines/CppCoreGuidelines#Rr-raii
[4] https://en.wikipedia.org/wiki/Proxy_pattern

```cpp
15  private:
16      std::string resource;
17  };
18
19  int main() {
20
21    std::cout << '\n';
22
23    ResourceGuard resGuard1{"memoryBlock1"};
24
25    std::cout << "\nBefore local scope" << '\n';
26    {
27        ResourceGuard resGuard2{"memoryBlock2"};
28    }
29    std::cout << "After local scope" << '\n';
30
31    std::cout << '\n';
32
33
34    std::cout << "\nBefore try-catch block" << '\n';
35    try {
36        ResourceGuard resGuard3{"memoryBlock3"};
37        throw std::bad_alloc();
38    }
39    catch (const std::bad_alloc& e) {
40        std::cout << e.what();
41    }
42    std::cout << "\nAfter try-catch block" << '\n';
43
44    std::cout << '\n';
45
46  }
```

ResourceGuard라는 이름은 이것이 자원을 관리하는 보호자(guard)임을 뜻한다. ResourceGuard는 생성자(행 9~11)에서 자원을 확보하고 소멸자(행 12~14)에서 자원을 해제한다. 이 예에서는 자원이 그냥 std::string일 뿐이라서 실질적인 자원 확보 및 해제 작업은 없고, 그저 자원이 확보되고 해제되었다는 메시지를 출력할 뿐이다.

    C++ 런타임은 main 함수의 끝(행 46)에서 resGuard1(행 23)의 소멸자를 호출한다. resGuard2(행 27)의 수명은 행 28에서 바로 끝난다. 따라서 C++ 런타임은 resGuard2의 소멸자를 resGuard1의 것보다 먼저 호출한다. resGuard3(행 36)은 예외가 발생해도 C++ 런타임의 소멸자 호출이 방해되지는 않음을 보여준다. 행 37에서 std::bad_alloc 예외를 던져도, 해당 try 블록(행 35~38)의 끝에서 resGuard3의 소멸자가 호출된다.

[그림 7.1]은 이 프로그램의 출력이다. 객체들의 수명을 파악할 수 있다.

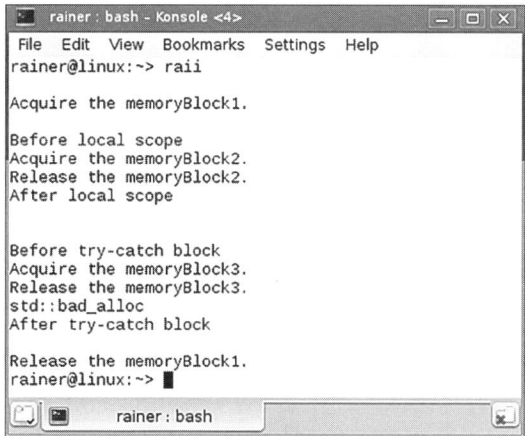

그림 7.1 RAII 예제.

| R.3 | 원시 포인터(T*)는 비소유(non-owning)이다.[5] |

| R.4 | 원시 참조(T&)는 비소유이다.[6] |

두 규칙은 함수에 포인터나 참조를 전달하는 데 관한 규칙들과 함수가 포인터(T*)나 왼값 참조(T&)를 돌려주는 것에 관한 규칙들의 소유권 측면을 일반화한 것이다. 포인터와 참조에서 핵심적인 질문은 "자원의 소유자가 누구인가?"이다. 사용자가 자원을 소유하는 것이 아니라 단지 빌리기만 했다면, 자원을 해제(삭제)해서는 안 된다.

| R.5 | 범위 있는 객체를 선호하라; 불필요하게 힙을 할당하지 말라.[7] |

자원 관리를 단순화하는 데 가장 중요한 규칙은 바로 이 범위 있는 객체에 대한 규칙이다. 범위 있는 객체를 사용하면 자원 관리가 간단해진다.

범위 있는 객체는 이름 그대로 범위가 있는 객체이다. 지역 객체와 전역 객체, 클래스의 멤버 변수에는 범위가 있다. 범위 있는 객체는 C++ 런타임이 관리해 준다. 따라서 사용자가 명시적으로 메모리를 할당하고 해제할 필요가 없으

---

5 https://isocpp.github.io/CppCoreGuidelines/CppCoreGuidelines#Rr-ptr
6 https://isocpp.github.io/CppCoreGuidelines/CppCoreGuidelines#Rr-ref
7 https://isocpp.github.io/CppCoreGuidelines/CppCoreGuidelines#Rr-scoped

며, 따라서 std::bad_alloc 예외가 발생하는 일도 없다.

다음 예제가 왜 나쁜지 생각해 보자.

```cpp
void f(int n) {
   auto* p = new Gadget{n};
   // ...
   delete p;
}
```

Gadget 객체를 굳이 힙^{heap} 메모리에 생성할 필요가 없다. 시간이 더 들 뿐만 아니라 뭔가가 잘못될 여지가 생긴다. 예를 들어 사용자가 delete를 까먹는다거나, delete가 호출되기 전에 예외가 발생할 수도 있다. 두 경우 모두 결과는 메모리 누수이다. 다음처럼 그냥 지역 객체를 사용하면 저절로 안전한 프로그램이 된다.

```cpp
void f(int n) {
   Gadget g{n};
   // ...
}
```

🔑 중괄호의 위력

지역 객체의 수명을 명시적으로 제어하고 싶으면, 다음 예처럼 중괄호({})를 추가해서 인위적으로 범위를 정의하면 된다.

```cpp
int main() {

   {
      std::vector<int> myVec(SIZE);
      measurePerformance(myVec, "std::vector<int>(SIZE)");
   }

   {
      std::deque<int> myDec(SIZE);
      measurePerformance(myDec, "std::deque<int>(SIZE)");
   }

   {
      std::list<int> myList(SIZE);
      measurePerformance(myList, "std::list<int>(SIZE)");
   }

   {
      std::forward_list<int> myForwardList(SIZE);
      measurePerformance(myForwardList,
                    "std::forward_list<int>(SIZE)");
   }
```

```
    {
        std::string myString(SIZE,' ');
        measurePerformance(myString, "std::string(SIZE,' ')");
    }
}
```

이 예제 코드에서 measurePerformance는 메모리 할당을 여러 번 수행하고 그 성능을 측정하는 함수라고 생각하기 바란다. 그리고 SIZE도 상당히 큰 값이라고 가정하자. 그러면 각각의 인위적 범위에서 상당히 큰 컨테이너 객체가 임시로 생성된다. 만일 이 객체들을 인위적인 범위로 나누어서 각각 생성, 해제하는 대신 전부 하나의 범위에서 생성한다면, 메모리가 부족해서 std::bad_alloc 예외가 발생할 수 있다.

7.2 할당과 해제

의외로 C++ 핵심 가이드라인에서 메모리 할당과 해제에 관한 규칙이 넷뿐이고, 그중 셋은 스마트 포인터에 관한 것이다. 사실 메모리 할당 및 해제에 관한 규칙들은 "메모리를 직접 할당/해제하지 말고 스마트 포인터를 사용하라"로 요약할 수 있다. 스마트 포인터는 다음 절(§7.3)에서 좀 더 자세히 다룬다.

    메모리 할당과 해제에 관한 규칙 네 개를 살펴보기 전에, 이 규칙들을 이해하는 데 필요한 배경지식부터 짚고 넘어가자. C++에서 new로 객체를 생성하면 다음 두 가지 일이 차례로 일어난다.

1. 객체를 위한 메모리를 할당한다.
2. 할당된 메모리 안에서 객체를 생성한다.

1번 작업은 operator new나 operator new []⁸가 담당하고, 2번 작업은 생성자가 담당한다.

    객체가 파괴(소멸)될 때는 이와 대응되는 작업들이 역순으로 진행된다. 즉, 먼저 소멸자가 호출되고(소멸자가 있는 경우), 그런 다음 operator delete나 operator delete []⁹로 메모리가 해제된다.

---

8   *http://en.cppreference.com/w/cpp/memory/new/operator_new*
9   *http://en.cppreference.com/w/cpp/memory/new/operator_delete*

> **R.10** malloc()과 free()를 피하라.[10]

new/delete와 malloc/free는 무엇이 다를까? C 함수 malloc과 free는 객체 생성 과정과 소멸 과정의 절반만 담당한다. 즉, malloc은 메모리를 할당하기만 하고, free는 메모리를 해제하기만 한다. malloc을 호출해도 생성자가 호출되지는 않으며, 마찬가지로 free를 호출해도 소멸자가 호출되지는 않는다.

따라서 다음처럼 malloc만으로 생성한 객체를 실제로 사용하는 것은 미정의 행동이다.

```cpp
// mallocVersusNew.cpp

#include <iostream>
#include <string>

struct Record {
   explicit Record(const std::string& na): name(na) {}
   std::string name;
};

int main() {

   Record* p1 = static_cast<Record*>(malloc(sizeof(Record)));  // ❶
   std::cout << p1->name << '\n';

   auto p2 = new Record("Record");                              // ❷
   std::cout << p2->name << '\n';

}
```

❶은 Record 객체를 담을 메모리만 할당한다. 그래서 그다음 행에서 p1->name에 접근하는 것은 미정의 행동이다. 미정의 행동이란 간단히 말해서 프로그램의 행동에 관해 그 어떤 가정도 둘 수 없다는 뜻이다. 이 예제 프로그램을 여러 번 실행했을 때 아무것도 출력되지 않거나, **기대했던 대로** 빈 줄이 출력되거나, [그림 7.2]처럼 코어 덤프가 발생하는 등으로 다양한 결과가 나왔다.

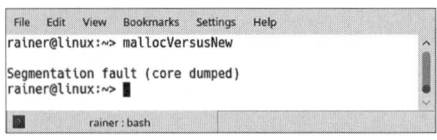

그림 7.2 미정의 행동 때문에 코어 덤프가 발생한 예.

---

10 *https://isocpp.github.io/CppCoreGuidelines/CppCoreGuidelines#Rr-mallocfree*

반면에 ❷의 new는 메모리를 할당할 뿐만 아니라 생성자도 호출한다.

> **R.11** new와 delete의 명시적인 호출을 피하라.[11]

이 규칙을 반드시 명심해야 한다. 이 규칙에서 강조할 단어는 "명시적인"이다. 스마트 포인터나 STL 컨테이너를 사용하면 **암묵적으로** new와 delete가 호출된다. 그런 것까지 피할 필요는 없다.

예를 들어 다음 예제는 std::unique_ptr 객체와 std::shared_ptr 객체를 생성하는 두 가지 방법을 보여준다.

```
std::unique_ptr<int> uniq1(new int(2011));        // ❶
auto uniq2 = std::make_unique<int>(2014);         // ❷

std::shared_ptr<int> shar1(new int(2011));        // ❶
auto share2 = std::make_shared<int>(2014);        // ❷
```

❶과 ❷ 중 어느 것이 더 나은지 모르는 독자에게 C++ 핵심 가이드라인은 명확한 답을 제공한다. 규칙 "R.22: shared_ptr 객체는 make_shared()로 생성하라"와 규칙 "R.23: unique_ptr 객체는 make_unique()로 생성하라"가 바로 그것이다.

❶과 같은 형태의 스마트 포인터 생성을 완전히 피할 수는 없다. 바탕 형식의 소멸자를 사용하면 안 되어서 커스텀 삭제자(deleter)를 지정해야 한다면 다음처럼 new를 명시적으로 사용할 수밖에 없다.

```
std::shared_ptr<int> shar1(new int(2011), MyIntDeleter());
```

> **R.12** 명시적인 자원 할당의 결과를 즉시 관리자 객체에 전달하라.[12]

C++ 공동체는 두문자어(acronym)를 좋아한다. 메모리 할당과 관련해서 NNN이라는 두문자어가 있다. NNN은 No Naked New를 줄인 것인데, '헐벗은' new를 사용하지 말라는 것은 메모리 할당의 결과를 관리자 객체에 전달해야 한다는 이 규칙과 일맥상통한다. 이때 관리자 객체는 std::unique_ptr일 수도 있고 std::shared_ptr일 수도 있다. 물론 이 규칙이 메모리 할당에만 국한되는 것은 아니다. 예를 들어 STL 컨테이너가 요소들을 관리하거나 자물쇠 객체가 뮤텍스를 관리할 때도 이 규칙이 적용된다.

---

[11] *https://isocpp.github.io/CppCoreGuidelines/CppCoreGuidelines#Rr-newdelete*
[12] *https://isocpp.github.io/CppCoreGuidelines/CppCoreGuidelines#Rr-immediate-alloc*

이 규칙을 따르지 않으면 미정의 행동이 발생할 수 있다.

```cpp
// standaloneAllocation.cpp // 나쁨: free가 이중으로 호출됨

#include <iostream>
#include <memory>

struct MyInt{
    explicit MyInt(int myInt):i(myInt) {}
    ~MyInt() {
      std::cout << "Goodbye from " << i << '\n';
    }
    int i;
};

int main() {

    std::cout << '\n';

    MyInt* myInt = new MyInt(2011);

    std::unique_ptr<MyInt> uniq1 = std::unique_ptr<MyInt>(myInt);

    std::unique_ptr<MyInt> uniq2 = std::unique_ptr<MyInt>(myInt);

    std::cout << '\n';

}
```

MyInt의 소멸자는 멤버 변수 i_의 값을 출력한다. main의 "헐벗은" new 호출 (MyInt* myInt = new MyInt(2011);)에서부터 문제가 발생한다. myInt의 소유자는 uniq1과 uniq2 중 하나이어야 하지만, 헐벗은 new 때문에 둘 다 소유자가 된다. 소유자가 둘이라서 메모리 해제도 두 번 일어나는데, 이는 미정의 행동으로 이어진다.

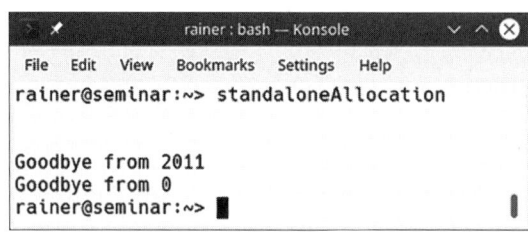

그림 7.3 하나의 자원을 두 std::unique_ptr가 소유하는 문제.

myInt의 이중 해제는 main의 끝에서 일어난다. 첫 해제는 문제가 되지 않지만, 두 번째 해제는 이미 해제된 메모리를 해제하는 것이라서 미정의 행동이 된다. [그림 7.3]은 두 번째 해제에 의해 i_가 0이 된 상황을 보여준다.†

std::make_unique를 이용하면 이런 이중 해제 문제를 미리 피할 수 있다.

```
int main() {

    std::cout << '\n';

    auto uniq = std::make_unique<int>(2011);

    std::cout << '\n';

}
```

R.13 하나의 표현식 문장에서 명시적인 자원 할당은 많아야 한 번만 수행하라.[13]

이 규칙은 설명이 좀 더 필요할 것이다. 다음 예를 보자.

```
void func(std::shared_ptr<Widget> sp1, std::shared_ptr<Widget> sp2) {
    ...
}

func(std::shared_ptr<Widget>(new Widget(1)),
     std::shared_ptr<Widget>(new Widget(2)));
```

이 함수 호출은 예외에 안전하지 않기 때문에 메모리 누수의 위험이 있다. 왜 그런지 이해하려면, 두 스마트 포인터를 초기화하기 위해 다음 네 연산이 수행되어야 한다는 점을 알아야 한다.

1. Widget(1)을 위한 메모리를 할당한다.
2. Widget(1)을 생성한다.
3. Widget(2)를 위한 메모리를 할당한다.
4. Widget(2)를 생성한다.

C++14까지는 컴파일러가 먼저 Widget(1)과 Widget(2)의 메모리를 할당한 후에 두 객체를 생성하는 것이 허용되었다. 이는 성능 최적화를 위한 것이다. Widget

---

† [옮긴이] 0이 된 것은 우연일 뿐이다. 보통은 메모리 어딘가에 있는 쓰레기 값이 출력될 것이다.
13 https://isocpp.github.io/CppCoreGuidelines/CppCoreGuidelines#Rr-single-alloc

객체 두 개를 위한 메모리를 한 번에 할당하는 것이 Widget 객체 하나를 위한 메모리를 두 번 할당하는 것보다 더 빠르기 때문이다. 컴파일러가 이런 최적화를 적용하는 경우 네 가지 연산이 다음과 같은 순서로 일어날 수 있다.

1. Widget(1)을 위한 메모리를 할당한다.
2. Widget(2)를 위한 메모리를 할당한다.
3. Widget(1)을 생성한다.
4. Widget(2)를 생성한다.

만일 두 생성자 호출 중 하나가 예외를 던지면 다른 객체의 메모리는 자동으로 해제되지 않으며, 따라서 메모리가 새게 된다.

이 문제는 std::shared_ptr 객체들을 new로 직접 생성하는 대신 팩토리 함수 std::make_shared로 생성하면 해결된다.

```
func(std::make_shared<Widget>(1), std::make_shared<Widget>(2));
```

std::make_shared는 예외 발생 시 아무런 효과도 발생하지 않음을(즉, 모든 것이 호출 이전 상황으로 되돌아감을) 보장한다. std::unique_ptr를 위한 std::make_unique도 같은 보장을 제공한다.

> **C++17의 평가 순서 보장**[14]
>
> C++17부터는 부분 표현식들의 평가 순서가 보장된다. 이 덕분에 본문의 예제 코드(아래)에서 메모리 누수가 발생하지 않는다.
>
> ```
> void func(std::shared_ptr<Widget> sp1, std::shared_ptr<Widget> sp2) {
>     ...
> }
> func(std::shared_ptr<Widget>(new Widget(1)),
>     std::shared_ptr<Widget>(new Widget(2)));
> ```
>
> C++14까지와는 달리 C++17부터는 func 호출의 인수들이 평가될 때 한 인수의 부분 표현식들 전체가 완전히 평가된 후 다른 인수로 넘어간다. 인수들의 평가 순서는 여전히 C++ 표준이 명시하지 않는다.[†]

---

[14] https://en.cppreference.com/w/cpp/language/eval_order

[†] [옮긴이] 예를 들어 f(a(x), b(y))에서 a(x)와 b(y) 중 어느 것이 먼저 평가되는지는 여전히 표준이 명시하지 않지만, 컴파일러가 a(x)의 x만 평가하고 b(y)를 평가하는 식으로 부분 표현식들의 평가 순서를 섞는 것은 허용되지 않는다. 컴파일러가 a(x)를 먼저 평가하기로 결정했다면, 반드시 a(x) 전체를 평가한 후 b(y)를 평가해야 한다. 지금 예에서 이는 new 호출과 해당 std::shared_ptr 생성자 호출이 반드시 한 묶음으로 처리됨을 뜻한다. 참고: "Stricter Expression Evaluation Order in C++17"(https://www.cppstories.com/2021/evaluation-order-cpp17/).

7.3 스마트 포인터

라이브러리의 관점에서 볼 때 C++11 표준에 추가된 가장 중요한 새 요소는 스마트 포인터들이다. C++ 핵심 가이드라인은 std::unique_ptr와 std::shared_ptr, std::weak_ptr에 관해 10개 이상의 규칙을 제공한다. 스마트 포인터들에 관한 규칙은 크게 두 범주로 나뉘는데, 하나는 스마트 포인터의 기본적인 용법, 즉 자원 소유에 관한 규칙들(§7.3.1)이고 다른 하나는 함수 매개변수로서의 스마트 포인터에 관한 규칙들(§7.3.2)이다.

7.3.1 기본 용법

이번 절은 독자가 C++의 표준 스마트 포인터들에 관한 기본적인 지식을 갖추고 있다고 가정한다. 필요하다면 std::unique_ptr[15]와 std::shared_ptr[16], std::weak_ptr[17]에 관한 참고자료를 먼저 공부한 후 다시 돌아오기 바란다.

> **R.20**   소유권은 unique_ptr나 shared_ptr를 이용해서 표현하라.[18]

완결적인 논의를 위해 std::weak_ptr도 여기서 함께 이야기하겠다. 현대적 C++은 세 종류의 소유권을 표현하기 위해 세 가지 스마트 포인터를 제공한다.

- **std::unique_ptr**: 자원을 독점적으로 소유한다.[19]
- **std::shared_ptr**: 자원을 다른 소유자와 공유한다.[20]
- **std::weak_ptr**: std::shared_ptr가 관리하는 자원을 참조하기만 할 뿐 소유하지는 않는다.[21]

std::unique_ptr는 자원의 독점적인 소유자이다. std::unique_ptr는 복사할 수 없고 이동만 가능하다.

```
auto uniquePtr1 = std::make_unique<int>(1998);
auto uniquePtr2(std::move(uniquePtr1));
```

---

[15] *https://en.cppreference.com/w/cpp/memory/unique_ptr*
[16] *https://en.cppreference.com/w/cpp/memory/shared_ptr*
[17] *https://en.cppreference.com/w/cpp/memory/weak_ptr*
[18] *https://isocpp.github.io/CppCoreGuidelines/CppCoreGuidelines#Rr-owner*
[19] *https://www.modernescpp.com/index.php/std-unique-ptr*
[20] *https://en.cppreference.com/w/cpp/memory/shared_ptr*
[21] *https://en.cppreference.com/w/cpp/memory/weak_ptr*

반면에 std::shared_ptr는 소유권을 공유한다. std::shared_ptr를 복사하거나 복사 배정하면 참조 횟수가 증가하고, 삭제하거나 재설정(reset)하면 참조 횟수가 감소한다. 참조 횟수가 0이 되면 바탕 자원이 삭제된다.

```
auto sharedPtr1 = std::make_shared<int>(1998)   // 참조 횟수 1
auto sharedPtr2(sharedPtr1);                    // 참조 횟수 2
```

std::weak_ptr는 스마트 포인터가 아니다. std::weak_ptr는 std::shared_ptr가 관리하는 객체를 가리키기만 한다. std::weak_ptr의 인터페이스는 상당히 제한적이어서 바탕 자원에 대한 투명한 접근을 허용하지 않는다. std::weak_ptr 객체의 멤버 함수 lock을 이용하면 std::weak_ptr 객체로부터 std::shared_ptr 객체를 생성할 수 있다.

```
auto sharedPtr1 = std::make_shared<int>(1998)   // 참조 횟수 1
std::weak_ptr<int> weakPtr1(sharedPtr1);        // 참조 횟수 1
auto sharedPtr2 = weakPtr1.lock();              // 참조 횟수 2
```

R.21 소유권을 공유할 필요가 없다면 shared_ptr보다 unique_ptr를 선호하라.[22]

스마트 포인터가 필요할 때 가장 먼저 고려할 것은 std::unique_ptr이다. std::unique_ptr는 원시 포인터만큼이나 빠르고 메모리에 효율적이게 설계되었다.

    std::shared_ptr는 std::unique_ptr만큼 효율적이지 않다. std::shared_ptr는 참조 횟수를 담은 참조 카운터를 갱신해야 하고, 제어 블록(control block)을 유지하기 위해 여분의 메모리를 할당해야 한다. std::shared_ptr는 소유권을 공유해야 할 때 빛을 발한다. 소유권 공유에서는 공유 자원을 한 번만 할당하면 되므로 메모리와 시간이 절약된다.

    단지 복사하기 편하다고 std::shared_ptr를 사용하지는 말아야 한다. std::unique_ptr는 복사할 수 없지만 이동은 가능하다.

```
1  // moveUniquePtr.cpp
2
3  #include <algorithm>
4  #include <iostream>
5  #include <memory>
6  #include <utility>
```

---

[22] *https://isocpp.github.io/CppCoreGuidelines/CppCoreGuidelines#Rr-unique*

```cpp
7  #include <vector>
8
9  void takeUniquePtr(std::unique_ptr<int> uniqPtr) {
10     std::cout << "*uniqPtr: " << *uniqPtr << '\n';
11 }
12
13 int main() {
14
15     std::cout << '\n';
16
17     auto uniqPtr1 = std::make_unique<int>(2011);
18
19     takeUniquePtr(std::move(uniqPtr1));
20
21     auto uniqPtr2 = std::make_unique<int>(2014);
22     auto uniqPtr3 = std::make_unique<int>(2017);
23
24     std::vector<std::unique_ptr<int>> vecUniqPtr {};
25     vecUniqPtr.push_back(std::move(uniqPtr2));
26     vecUniqPtr.push_back(std::move(uniqPtr3));
27     vecUniqPtr.push_back(std::make_unique<int>(2020));
28
29     std::cout << '\n';
30
31     std::for_each(vecUniqPtr.begin(), vecUniqPtr.end(),
32                   [](std::unique_ptr<int>& uniqPtr) {
33                       std::cout << *uniqPtr << '\n';
34                   });
35
36     std::cout << '\n';
37
38 }
```

takeUniquePtr 함수(행 9)는 std::unique_ptr 형식의 인수를 값 전달 방식으로 받는다. 여기서 주목할 점은 주어진 std::unique_ptr를 함수 안으로 가져오려면 이동 연산이 필요하다는 것이다(복사가 아니라). 행 24의 std::vector<std::unique_ptr<int>> 객체도 마찬가지이다. STL의 다른 모든 컨테이너처럼 std::vector는 기본적으로 복사 의미론을 사용한다. 컨테이너에 담은 요소들은 컨테이너가 소유하는 것이 자연스럽기 때문이다. 그러나 std::unique_ptr는 복사할 수 없다. 이 문제는 std::move로 해결된다(행 25와 26). std::unique_ptr 객체를 직접 생성하는 해법도 있다(행 27). 내부적으로 복사 의미론이 전혀 쓰이지 않는다면, std::vector<std::unique_ptr<int>>에도 std::for_each 같은 알고리즘을 적용할 수 있다(행 31).

[그림 7.4]는 이 예제 프로그램의 출력이다.

그림 7.4 std::unique_ptr의 이동.

R.22 shared_ptr 객체는 make_shared()로 생성하라.[23]

R.23 unique_ptr 객체는 make_unique()로 생성하라.[24]

std::unique_ptr와 std::shared_ptr를 new 대신 std::make_unique와 std::make_shared로 생성하는 것이 바람직한 이유는 두 가지이다.

첫째 이유는 예외 안전성이다. 이에 관해서는 "R.13: 하나의 표현식 문장에서 명시적인 자원 할당은 많아야 한 번만 수행하라"에서 이야기했다.

둘째 이유는 std::shared_ptr에만 해당한다. 다음 예를 보자.

```
auto sharPtr1 = std::shared_ptr<int>(new int(1998));

auto sharPtr2 = std::make_shared<int>(1998);
```

std::shared_ptr<int>(new int(1998)) 호출에는 두 번의 메모리 할당이 관여한다. 하나는 new int(1998)을 위한 할당이고 다른 하나는 std::shared_ptr의 제어 블록을 위한 것이다. 메모리 할당은 비싼 연산이므로 피해야 한다. std::make_shared<int>(1998)은 그 두 메모리 할당을 한 번의 할당으로 처리하기 때문에 빠르다. 또한, 할당된 객체(new int(1998))와 제어 블록이 메모리 공간의 연속된 장소에 있기 때문에 접근이 빠르다.

---

[23] *https://isocpp.github.io/CppCoreGuidelines/CppCoreGuidelines#Rr-make_shared*
[24] *https://isocpp.github.io/CppCoreGuidelines/CppCoreGuidelines#Rr-make_unique*

R.24 shared_ptr들의 순환 참조 관계를 깨려면 std::weak_ptr를 사용하라.[25]

두 std::shared_ptr가 서로를 참조하면 순환 마디(cycle)가 만들어진다. 예를 들어 이중 연결 목록(doubly linked list)에는 그런 순환 마디들이 존재한다. 이중 연결 목록을 std::shared_ptr로 구현한다면 참조 횟수가 0이 되는 일이 없어서 결국은 메모리가 새게 된다.

[그림 7.5]에는 두 개의 순환 참조 관계가 있다. 하나는 어머니(Mother)와 딸(Daughter)의 순환 참조이고 다른 하나는 어머니와 아들(Son)의 순환 참조이다. 그런데 이 두 관계에는 미묘한 차이점이 있다. 어머니와 아들은 둘 다 서로를 std::shared_ptr로 참조하지만, 어머니와 딸의 참조 관계에서는 어머니가 딸을 std::weak_ptr로 참조한다. 어머니와 아들은 서로에 대한 참조를 계속 유지하기 때문에 둘 다 삭제되지 못한다. 그러나 어머니와 딸 사이에는 그런 강한 참조 관계가 없다. 어머니는 딸을 std::shared_ptr로 참조하지 않기 때문에 딸 객체는 삭제될 수 있다.

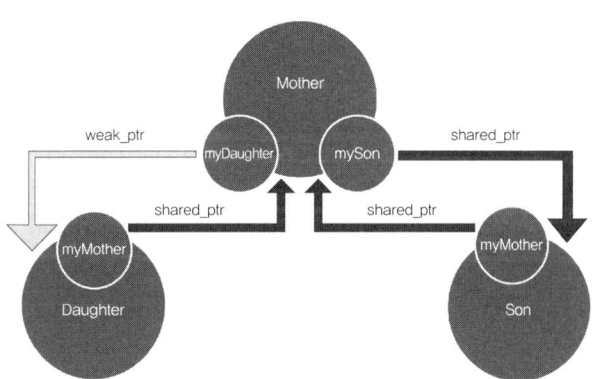

그림 7.5 스마트 포인터들의 순환 마디.

다음은 [그림 7.5]에 해당하는 소스 코드이다.

```
1  // cycle.cpp
2
3  #include <iostream>
4  #include <memory>
5
6  struct Son;
7  struct Daughter;
```

---

[25] *https://isocpp.github.io/CppCoreGuidelines/CppCoreGuidelines#Rr-weak_ptr*

```cpp
 8
 9  struct Mother {
10      ~Mother() {
11          std::cout << "Mother gone" << '\n';
12      }
13      void setSon(const std::shared_ptr<Son> s) {
14          mySon = s;
15      }
16      void setDaughter(const std::shared_ptr<Daughter> d) {
17          myDaughter = d;
18      }
19      std::shared_ptr<Son> mySon;
20      std::weak_ptr<Daughter> myDaughter;
21  };
22
23  struct Son {
24      explicit Son(std::shared_ptr<Mother> m): myMother(m) {}
25      ~Son() {
26          std::cout << "Son gone" << '\n';
27      }
28      std::shared_ptr<Mother> myMother;
29  };
30
31  struct Daughter {
32      explicit Daughter(std::shared_ptr<Mother> m): myMother(m) {}
33      ~Daughter() {
34          std::cout << "Daughter gone" << '\n';
35      }
36      std::shared_ptr<Mother> myMother;
37  };
38
39  int main() {
40
41      std::shared_ptr<Mother> m = std::make_shared<Mother>();
42      std::shared_ptr<Son> s = std::make_shared<Son>(m);
43      std::shared_ptr<Daughter> d = std::make_shared<Daughter>(m);
44      m->setSon(s);
45      m->setDaughter(d);
46
47  }
```

main 함수의 끝에서 어머니 객체와 아들 객체, 딸 객체의 수명이 끝난다. 즉, 어머니와 아들, 딸이 범위를 벗어나면서 Mother 클래스의 소멸자(행 10~12)와 Son 클래스의 소멸자(행 25~27), Daughter 클래스의 소멸자(행 33~35)가 자동으로 호출될 것이다.

앞 문단에서 "호출된다"가 아니라 "호출될 것이다"라고 말한 것은, [그림 7.6]에서 보듯이 실제로는 Daughter의 소멸자만 호출되기 때문이다.

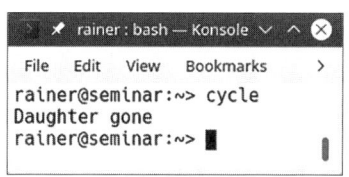

그림 7.6 스마트 포인터 순환 참조 예제.

어머니와 아들 사이의 std::shared_ptr 순환 마디 때문에 해당 객체들의 참조 횟수는 0보다 큰 상태를 유지하며, 따라서 소멸자는 자동으로 호출되지 않는다. 그러나 어머니와 딸 사이는 그런 순환 마디가 없기 때문에, 딸이 범위를 벗어나면 자동으로 삭제된다.

7.3.2 함수 매개변수

이번 절의 나머지 규칙들은 "함수가 스마트 포인터를 매개변수로 어떻게 받아야 하는가?"라는 질문의 답을 제공한다. 매개변수를 std::unique_ptr로 둘 것인가 아니면 std::shared_ptr로 둘 것인가? const로 받을 것인가 아니면 참조로 받을 것인가? 스마트 포인터 매개변수에 관한 이 규칙들은 함수 매개변수 전달에 관한 이전의 일반적인 규칙들을 좀 더 정련한 것에 해당한다. 매개변수 전달의 일반적인 규칙들은 제4장의 §4.2 "매개변수 전달: 입력과 출력"과 §4.3 "매개변수 전달: 소유권 의미론"에서 이야기했다.

[표 7.1]은 스마트 포인터 매개변수에 관한 규칙들을 정리한 것이다.

표 7.1 함수 매개변수로서의 스마트 포인터

함수 서명	의미론	규칙
func(std::unique_ptr<Widget>)	func는 자원을 독점 소유한다.	R.32
func(std::unique_ptr<Widget>&)	func는 자원을 재배치한다(reseat).	R.33
func(std::shared_ptr<Widget>)	func는 자원을 공유한다.	R.34
func(std::shared_ptr<Widget>&)	func가 자원을 재배치할 수도 있다.	R.35
func(const std::shared_ptr<Widget>&)	func가 참조 횟수를 유지할 수도 있다.	R.36

표에는 스마트 포인터 매개변수에 관한 여덟 규칙 중 다섯 개가 나와 있는데, 잠시 후에 좀 더 이야기할 것이다. 또한, 표에 없는 셋 중 둘도† 아래에서 좀 더 자

---

† [옮긴이] 다른 한 규칙 R.31(*https://isocpp.github.io/CppCoreGuidelines/CppCoreGuidelines#Rr-smart*)은 표준 스마트 포인터가 아닌 커스텀 스마트 포인터에 관한 것이다.

세히 살펴본다. 둘 중 하나는 스마트 포인터를 언제 함수 매개변수로 사용하는 것이 좋은지에 관한 규칙이고 다른 하나는 함수가 스마트 포인터 매개변수를 참조로 받을 때 발생할 수 있는 문제점에 관한 규칙이다.

그럼 스마트 포인터를 언제 함수 매개변수로 사용하는 것이 좋은지에 관한 규칙부터 살펴보자.

> **R.30** 수명 의미론을 명시적으로 나타내고자 할 때만 스마트 포인터를 매개변수로 사용하라.[26]

스마트 포인터를 매개변수로 받는 함수가 그 스마트 포인터를 오직 바탕 자원에 접근하는 용도로만 사용한다면 뭔가 잘못된 것이다. 스마트 포인터를 바탕 자원에 접근하는 용도로만 사용한다는 것은 스마트 포인터의 수명 의미론(lifetime semantics)이 필요하지 않다는 것이다. 그런 경우에는 그냥 원시 포인터나 참조를 함수 매개변수로 사용해야 한다.

다음은 스마트 포인터의 상당히 복잡한 수명 관리를 보여주는 예제이다. 스마트 포인터 매개변수의 좋은 용법과 나쁜 용법이 모두 들어 있다.

```
1  // lifetimeSemantic.cpp
2
3  #include <iostream>
4  #include <memory>
5
6  using std::cout;
7
8  void asSmartPointerGood(std::shared_ptr<int>& shr) {
9    cout << "asSmartPointerGood \n";
10   cout << " shr.use_count(): " << shr.use_count() << '\n';
11   shr.reset(new int(2011));
12   cout << " shr.use_count(): " << shr.use_count() << '\n';
13   cout << "asSmartPointerGood \n";
14 }
15
16 void asSmartPointerBad(std::shared_ptr<int>& shr) {
17   cout << "asSmartPointerBad(sharedPtr2) \n";
18   *shr += 19;
19 }
20
21 int main() {
22
```

---

26 *https://isocpp.github.io/CppCoreGuidelines/CppCoreGuidelines#Rr-smartptrparam*

```cpp
23      cout << '\n';
24
25      auto sharedPtr1 = std::make_shared<int>(1998);
26      auto sharedPtr2 = sharedPtr1;
27      cout << "sharedPtr1.use_count(): " << sharedPtr1.use_count()
28           << '\n';
29      cout << '\n';
30
31      asSmartPointerGood(sharedPtr1);
32
33      cout << '\n';
34
35      cout << "*sharedPtr1: " << *sharedPtr1 << '\n';
36      cout << "sharedPtr1.use_count(): " << sharedPtr1.use_count()
37           << '\n';
38      cout << '\n';
39
40      cout << "*sharedPtr2: " << *sharedPtr2 << '\n';
41      cout << "sharedPtr2.use_count(): " << sharedPtr2.use_count()
42           << '\n';
43      cout << '\n';
44
45      asSmartPointerBad(sharedPtr2);
46      cout << "*sharedPtr2: " << *sharedPtr2 << '\n';
47
48      cout << '\n';
49
50  }
```

먼저 std::shared_ptr의 좋은 용법부터 보자. 행 25에서 하나의 int 자원을 가리키는 공유 포인터 sharedPtr1을 생성한다. 행 26에서 sharedPtr1로 또 다른 공유 포인터 sharedPtr2를 초기화했기 때문에, 행 27에서 int 자원의 참조 횟수는 2이다. 행 31에서 호출하는 asSmartPointerGood 함수의 정의(행 8)를 좀 더 자세히 살펴보자. 행 10에서 shr의 참조 횟수는 2이고, 행 12에서는 1이 된다. 행 11에서 어떤 일이 벌어졌을까? 행 11은 shr를 2011이라는 새로운 자원(new int(2011))으로 재설정한다. 이에 의해 공유 포인터 sharedPtr1과 sharedPtr2는 각자 다른 자원의 소유자가 된다. [그림 7.7]에 나온 프로그램 출력을 보면 두 포인터가 각각 어떤 자원을 가리키는지 알 수 있다.

그림 7.7 스마트 포인터의 수명 의미론.

sharedPtr가 std::shared_ptr 형식의 공유 포인터라고 할 때, sharedPtr에 대해 reset을 호출하면 내부적으로 다음과 같은 복잡한 과정이 진행된다.

- sharedPtr에 대해 아무 인수 없이 reset을 호출하면 참조 횟수가 1 감소한다. 호출 후 sharedPtr는 아무것도 소유하지 않는다.
- sharedPtr가 다른 공유 포인터와 하나의 자원을 공유하고 있다고 할 때, sharedPtr에 대해 인수 하나로 reset을 호출하면 참조 횟수는 적어도 2이다. 결과적으로, 개별적인 두 공유 포인터가 서로 다른 자원을 소유하는 상황이 된다.
- 인수가 있든 없든 reset 호출의 결과로 참조 횟수가 0이 되면 해당 자원이 해제된다.

행 16의 asSmartPointerBad(std::shared_ptr<int>& shr) 함수는 스마트 포인터 매개변수의 나쁜 용법을 보여준다. 매개변수 shr가 std::shared_ptr라는 점은 함수가 스마트 포인터를 재배치할(reseat)† 수도 있음을 암시한다. 그러나 asSmartPointerBad는 스마트 포인터를 재배치하지 않고 그냥 바탕 자원에 접근하기만 한다.

---

† [옮긴이] "재배치하다(reseat)"는 포인터나 참조가 지금과는 다른 객체를 가리키게 만드는 것을 말한다. C++ 핵심 가이드라인의 문장들에서(따라서 원서와 번역서에서도) reseat의 목적어가 자원일 때도 있고 스마트 포인터일 때도 있는데, 어떤 경우이든 변하는 것은 스마트 포인터이다(참조 횟수가 0이 되어서 자원이 파괴되는 것은 예외). '재지정'이라는 용어가 더 직관적이겠지만, 재지정은 흔히 redirection의 번역어로 쓰이므로 '재배치'를 사용하기로 한다. reset이 항상 reseat는 아니므로 '재설정'도 적합한 용어는 아니다.

이처럼 매개변수가 암시하는 것과 함수의 실제 행동이 다르면 사용자가 혼동할 여지가 있다. 그런 이유로 이 함수는 스마트 포인터 매개변수의 나쁜 용법에 해당한다.

asSmartPointerBad처럼 스마트 포인터가 가리키는 바탕 자원을 사용하기만 하는 함수라면, 스마트 포인터 대신 원시 포인터나 참조를 매개변수로 사용하는 것이 바람직하다.

7.3.2.1 std::unique_ptr

std::unique_ptr 매개변수에 관한 규칙은 다음 두 가지이다.

- R.32: 함수가 Widget의 소유권을 취한다는 점을 나타내려면 unique_ptr<widget> 매개변수를 받아라.
- R.33: 함수가 Widget을 재배치한다는 점을 나타내려면 unique_ptr<widget>& 매개변수를 받아라.

다음은 이 두 규칙에 해당하는 함수 서명들이다.

```
void sink(std::unique_ptr<Widget>)
void reseat(std::unique_ptr<Widget>&)
```

std::unique_ptr〈Widget〉

함수가 Widget의 소유권을 취한다면 std::unique_ptr<Widget>를 값으로 받아야 한다. 이 경우 호출자는 자신의 std::unique_ptr<Widget>를 함수로 '이동'해야 한다(std::move를 이용해서).

```
// uniqPtrMove.cpp

#include <memory>
#include <utility>

struct Widget {
   explicit Widget(int) {}
};


void sink(std::unique_ptr<Widget> uniqPtr) {
   // uniqPtr로 어떤 작업을 수행한 후 폐기한다.
}

int main() {
```

```
    auto uniqPtr = std::make_unique<Widget>(1998);

    sink(std::move(uniqPtr));    // OK
    sink(uniqPtr);               // 오류
}
```

sink(std::move(uniqPtr))는 좋지만 sink(uniqPtr)는 오류인 이유는 std::unique_ptr의 복사가 금지되어 있기 때문이다. 함수가 그냥 Widget을 사용하기만 하는 경우에는 규칙 "R.30: 수명 의미론을 명시적으로 나타내고자 할 때만 스마트 포인터를 매개변수로 사용하라"에 따라 Widget을 보통의 포인터나 참조로 받아야 한다.

std::unique_ptr〈Widget〉&

함수가 Widget을 재배치해야 할 때도 종종 있다. 그런 경우에는 std::unique_ptr<Widget>을 비const 참조로 받아야 한다.

```
// uniqPtrReference.cpp

#include <memory>
#include <utility>

struct Widget{
    Widget(int) {}
};

void reseat(std::unique_ptr<Widget>& uniqPtr) {
    uniqPtr.reset(new Widget(2003));
    // uniqPtr로 어떤 작업을 수행한다.
}

int main() {

    auto uniqPtr = std::make_unique<Widget>(1998);

    reseat(std::move(uniqPtr));    // 오류
    reseat(uniqPtr);               // OK

}
```

reseat(std::move(uniqPtr)) 호출이 오류인 것은 오른값을 비const 왼값 참조에 묶을(바인딩) 수 없기 때문이다. 그러나 왼값은 왼값 참조에 묶을 수 있으므로 그다음 행의 reseat(uniqPtr)은 오류가 아니다. 한편, uniqPtr.reset(new

Widget(2003))은 새 Widget(2003) 객체를 생성하고 기존 Widget(1998) 객체를 파괴한다.

다음으로, std::shared_ptr에 대한 규칙들을 보자.

7.3.2.2 std::shared_ptr

std::shared_ptr 형식의 매개변수에 관한 규칙은 셋인데, 둘은 이전 규칙들과 겹친다.

- R.34: 함수가 부분적인 소유자임을 나타내려면 shared_ptr<widget> 매개변수를 받아라.
- R.35: 함수가 공유 포인터를 재배치할 수도 있음을 나타내려면 shared_ptr<widget>& 매개변수를 받아라.
- R.36: 함수가 객체에 대한 참조 횟수를 유지할 수도 있음을 나타내려면 const shared_ptr<widget>& 매개변수를 받아라.

다음은 이 규칙들에 해당하는 함수 서명들이다.

```
void share(std::shared_ptr<Widget>);
void reseat(std::shared_ptr<Widget>&);
void mayShare(const std::shared_ptr<Widget>&);
```

그럼 각 함수 서명을 함수의 관점에서 좀 더 자세히 살펴보자.

- **void share(std::shared_ptr<Widget>)**: 함수가 실행되는 동안 함수는 Widget의 공유 소유자이다. 함수의 시작에서 Widget의 참조 횟수가 1 증가하고, 함수의 끝에서 1 감소한다. 따라서 함수의 범위 전체에서 Widget은 파괴되지 않고 유지된다.
- **void reseat(std::shared_ptr<Widget>&)**: 함수는 자원의 참조 횟수를 변경하지 않는다. 따라서 함수는 Widget의 공유 소유자가 아니다. 함수가 실행되는 동안 Widget이 계속 살아 있으리라는 보장은 없다. 하지만 필요하다면 함수는 Widget을 재배치할 수 있다.
- **void mayShare(const std::shared_ptr<Widget>&)**: 함수는 자원을 빌리기만 한다. 함수는 자원의 수명을 연장할 수 없고 재배치할 수도 없다. 따라서 매개변수를 굳이 const std::shared_ptr<Widget>&로 해서 이득이 되지는 않으며, 그냥 원시 포인터(Widget*)나 참조를 받는 게 낫다.

R.37 재명명된 스마트 포인터로 얻은 포인터나 참조를 전달하지 말라.[27]

이 규칙을 이해하려면 "재명명된(aliased)" 스마트 포인터가 무엇인지 알아야 한다. 재명명된 스마트 포인터란 스마트 포인터를 가리키는 포인터나 참조를 말한다.† 재명명된 스마트 포인터는 자원을 소유하지 않는다. 이 규칙을 어기고 재명명된 스마트 포인터로 얻은 포인터나 참조를 전달하면 허상 포인터(dangling pointer)가 생긴다.

다음은 이 규칙과 관련한 문제점을 보여주는 예제이다.

```
void oldFunc(Widget* wid){
    // wid로 어떤 작업을 수행한다.
}

void shared(std::shared_ptr<Widget>& shaPtr){

    oldFunc(*shaPtr);
    // shaPtr로 어떤 작업을 수행한다.

}

auto globShared = std::make_shared<Widget>(2011);

...

shared(globShared);
```

globShared는 전역 공유 포인터이다. 함수 shared는 인수를 참조로 받는다. 즉 shaPtr는 재명명된 스마트 포인터이며, 따라서 shaPtr의 참조 횟수는 증가하지 않는다. 이는 함수 shared가 Widget(2011)의 수명을 연장하지 않는다는 뜻이다. shared 함수가 oldFunc(*shaPtr)를 호출하면서 문제가 시작된다. oldFunc는 Widget 포인터를 받는다. 즉, oldFunc는 Widget을 빌리기만 한다. 따라서, oldFunc가 실행되는 도중에 Widget이 계속 살아 있으리라는 보장이 없다.

해결책은 간단하다. oldFunc가 호출되기 전에 globShared의 참조 횟수가 증가되게 만들면 된다. 방법은 크게 두 가지이다.

- 함수 shared가 std::shared_ptr를 값으로(참조가 아니라) 받는다.

---

[27] https://isocpp.github.io/CppCoreGuidelines/CppCoreGuidelines#Rr-smartptrget
† [옮긴이] 참조(reference) 변수는 기존의 객체에 다른 이름, 즉 '별칭(alias)'을 붙인 것이라 할 수 있다. 옮긴이의 블로그 글 "C++의 참조에 대해"(https://occamsrazr.net/tt/166)에 관련 논의가 있다.

```
void shared(std::shared_ptr<Widget> shaPtr) {

    oldFunc(*shaPtr);

    // shaPtr로 어떤 작업을 수행한다.

}
```

- 함수 shared가 shaPtr의 복사본을 만들어서 oldFunc를 호출한다.

```
void shared(std::shared_ptr<Widget>& shaPtr) {

    auto keepAlive = shaPtr;
    oldFunc(*shaPtr);

    // keepAlive나 shaPtr로 어떤 작업을 수행한다.

}
```

두 해결책을 하나의 직관적인 규칙으로 요약하면 다음과 같다: **공유 자원에는 그 소유권의 지분(share)을 실제로 가지고 있을 때만 접근해야 한다.**

std::unique_ptr에도 같은 논리가 적용되지만, std::unique_ptr는 복사할 수 없기 때문에 간단한 해결책이 없다.

7.4 관련 규칙들

자원 관리의 일반 규칙들(§7.1)은 함수와 인터페이스에 관한 기존 규칙들(§제4장)과 많이 겹친다.

스마트 포인터 매개변수에 관한 규칙들은 제4장의 §4.2 "매개변수 전달: 입력과 출력"과 §4.3 "매개변수 전달: 소유권 의미론"에서 다룬 함수 매개변수 전달에 관한 기존 규칙들을 정련한 것이다.

요약

주요 사항

- 자원이 자동으로 관리되게 하라. 자원을 감싸는 일종의 대리 객체를 만들고, 대리 객체의 생성자에서 자원을 획득하고 소멸자에서 자원을 해제하라. 대리 객체의 수명은 C++ 런타임이 관리해 준다.
- 가능하다면 범위 있는 객체를 사용하라. 범위 있는 객체는 이름 그대로 범위가 있는 객체이다. 지역 객체와 전역 객체, 클래스의 멤버 변수에는 범위가 있다. 범위 있는 객체는 C++ 런타임이 관리해 준다.
- malloc과 free를 사용하지 말고, new와 delete를 피하라. 자원 할당의 결과는 즉시 std::unique_ptr나 std::shared_ptr 같은 자원 관리자에 전달하라.
- 독점적인 소유권을 표현하려면 스마트 포인터 std::unique_ptr를, 공유 소유권을 표현하려면 스마트 포인터 std::shared_ptr를 사용하라. std::unique_ptr 객체는 std::make_unique로 생성하고 std::shared_ptr 객체는 std::make_shared로 생성하라.
- 수명 의미론을 명시적으로 나타내려면 스마트 포인터를 매개변수로 사용하고, 그렇지 않다면 보통의 포인터나 참조를 사용하라.
- 소유권 의미론을 나타내려면 스마트 포인터 매개변수를 값으로 받아라. 함수가 스마트 포인터를 재배치할 수도 있음을 나타내려면 스마트 포인터를 참조로 받아라.

8장

C++ Core Guidelines Explained

표현식과 문장

학교로 돌아간 시피.

C++ 핵심 가이드라인에 따르면, "표현식(expression)과 문장(statement)은 동작과 계산을 표현하는 가장 기본적이고(lowest) 가장 직접적인 방법이다." C++ 핵심 가이드라인의 표현식과 문장 섹션[1]에는 60개가 넘는 규칙들이 있다. 이들은 크게 표현식과 문장에 관한 일반적인 관한 규칙들(§8.1)과 선언에 관한 규칙들(§8.2), 표현식과 문장에 관한 좀 더 구체적인 규칙들(§8.3과 §8.3), 그리고 산술에 관한 규칙들(§8.5)로 나뉜다.

---

[1] https://isocpp.github.io/CppCoreGuidelines/CppCoreGuidelines#S-expr

먼저 표현식과 문장이 무엇인지 간단하게나마 짚고 넘어가자.

- **표현식**(expression)은 하나의 값으로 평가되는 코드 조각이다.
- **문장**(statement)[†]은 어떤 동작을 수행하는 코드 조각으로, 여러 개의 표현식이나 문장으로 구성될 수 있다.

```
5 * 5;                  // 표현식

std::cout << 25;        // 출력문
auto a = 10;            // 배정문

auto b = 5 * 5;         // 표현식 문장
```

그리고 블록 안에 있는 선언은 문장이다. 블록 범위(block scope)는 중괄호로 감싼 범위를 말한다.

8.1 일반 규칙들

C++ 핵심 가이드라인에서 표현식과 문장에 초점을 둔 일반 규칙은 다음 두 가지이다.

ES.1 표준 라이브러리를 다른 라이브러리나 '손으로 직접 짠 코드'보다 선호하라.[2]

벡터에 담긴 double 값들을 모두 합할 때 다음처럼 직접 루프를 작성할 필요는 없다.

```
int max = v.size();
double sum = 0.0;
for (int i = 0; i < max; ++i) sum += v[i];
```

이렇게 하는 대신 STL의 std::accumulate 알고리즘을 사용하는 것이 바람직하다. 그러면 여러분의 의도가 명확하게 전달되고 코드가 좀 더 읽기 쉬워진다.

```
auto sum = std::accumulate(std::begin(v), std::end(v), 0.0);
```

더 나아가서 만일 double 값들을 모두 곱해야 한다면, 적절한 람다 표현식을 지정해서 std::accumulate를 호출하면 그만이다.

---

† [옮긴이] 배정문, 조건문 등 다른 단어와 결합할 때는 '문'으로 줄여서 쓰기도 하겠다. statement를 '명령문'이라고 옮기기도 하지만, 명령문은 여기서 말하는 statement에 비해 너무 구체적이다.

2 https://isocpp.github.io/CppCoreGuidelines/CppCoreGuidelines#Res-lib

```
auto pro = std::accumulate(std::begin(v), std::end(v), 1.0,
               [](double fir, double sec){ return fir * sec; });
```

그런데 이보다 더 나은 방법이 있다. C++ 표준 라이브러리에는 곱셈을 비롯해 다양한 연산을 위한 함수 객체들이 이미 정의되어 있으므로, 다음처럼 미리 정의된 함수 객체를 사용하면 된다.[3]

```
auto pro = std::accumulate(std::begin(v), std::end(v), 1.0,
               std::multiplies<>());
```

규칙 ES.1은 2013년 C++ Seasoning 콘퍼런스의 한 강연[4]에서 숀 패런트Sean Parent가 한 말을 떠올리게 한다: "만일 여러분의 조직에서 코드 품질을 개선하고 싶다면, 모든 코딩 지침을 **직접 짠 루프보다 알고리즘을 선호하라**라는 목표 하나로 대체하세요." 좀 더 직접적으로 표현하면, **프로그래머가 루프를 직접 짠다면**, 아마도 STL의 알고리즘들을 잘 모르기 때문일 것이다. STL에는 100개가 넘는 알고리즘이 있다.[5]

> **ES.2** 언어의 기능을 직접 사용하기보다는 적절한 추상을 선호하라.[6]

이 규칙도 뭔가를 떠올리게 한다. 한 C++ 세미나에서 나는 긴 토론 후에 어떤 함수를 토론보다도 더 길게(상세하게) 분석했다. 그 함수는 누군가가 손으로 직접 짠 코드로 이루어진, std::strstream[7]을 읽고 쓰는 상당히 정교한 함수였다. 내 강의의 수강생이 그 함수를 유지보수해야 했는데, 일주일 동안 들여다봤지만 코드를 제대로 파악할 수 없었다고 한다. 그 함수의 코드를 읽고 이해하기가 어려웠던 주된 이유는 함수가 적절한 추상에 기반해서 구현되지 않았기 때문이다.

예를 들어 다음 함수에서 std::istream에서 데이터를 읽어 들이는 부분은 손으로 짠 루프로 이루어져 있다.

```
char** read1(istream& is, int maxelem, int maxstring, int* nread) {
    auto res = new char*[maxelem];
    int elemcount = 0;
    while (is && elemcount < maxelem) {
        auto s = new char[maxstring];
        is.read(s, maxstring);
```

---

3 *https://en.cppreference.com/w/cpp/utility/functional*
4 *https://www.youtube.com/watch?v=W2tWOdzgXHA*
5 *https://en.cppreference.com/w/cpp/algorithm*
6 *https://isocpp.github.io/CppCoreGuidelines/CppCoreGuidelines#Res-abstr*
7 *http://en.cppreference.com/w/cpp/io/strstream*

```
        res[elemcount++] = s;
    }
    nread = &elemcount;
    return res;
}
```

이를 다음 함수와 비교해 보기 바란다. STL 알고리즘을 사용했기 때문에 코드를 읽고 이해하기가 훨씬 쉽다.

```
std::vector<std::string> read2(std::istream& is) {
    std::vector<std::string> res;
    for (string s; is >> s;) res.push_back(s);
    return res;
}
```

'적절한 추상'을 사용하면 함수 read2처럼 소유권을 고민할 필요 없을 때가 많다. read1에서는 소유권을 프로그래머가 일일이 챙겨야 한다. read1이 돌려주는 결과의 소유자는 read1의 호출자이며, 따라서 그 결과는 호출자가 삭제해야 한다.

8.2 선언

먼저 C++ 핵심 가이드라인에서 선언을 어떻게 정의하는지부터 살펴보자.

> 선언(declaration)은 문장의 일종이다.[†] 선언은 이름을 범위(scope) 안으로 도입한다. 선언에 의해 명명된 객체가 생성되기도 한다.

C++ 핵심 가이드라인에서 선언에 관한 규칙들은 이름에 관한 규칙들(§8.2.1), 변수와 초기화에 관한 규칙들(§8.2.2), 그리고 매크로에 관한 규칙들(§8.2.3)로 나뉜다.

8.2.1 이름

이름에 관한 규칙들은 사실 자명하기 때문에 간단하게만 소개해도 될 것이다. 한편으로, 세상에는 이 간단한 규칙들을 마구 어기는 코드가 많다는 점도 언급하고 싶다. 예를 들어 나는 "모든 이름은 반드시 세 글자로 이루어져야 한다"라고 주장하는 포트란(Fortran) 프로그래머를 만난 적이 있다.

  C++ 핵심 가이드라인의 규칙들을 살펴보기 전에, 중요한 일반 규칙 하나를 언급하겠다: 이름을 잘 지어야 한다는 것은 아마도 좋은 소프트웨어를 위한 가장 중요한 규칙이다.

[†] [옮긴이] 이 점을 고려해서, 문맥에 따라 '선언문'이라는 용어도 사용하기로 한다.

ES.5 범위를 작게 유지하라.[8]

범위 전체가 화면 하나에 담길 정도로 범위가 작으면 범위 안에서 일어나는 일을 한눈에 파악할 수 있다. 만일 하나의 범위가 너무 커졌다면 그 범위의 코드를 함수들이나 클래스들로 조직화해야 한다. 코드에서 논리적인 개체들을 식별하고 각 개체에 명백한(self-explanatory) 이름을 붙여서 리팩토링하면 코드를 읽고 분석하기가 훨씬 쉬워진다.

ES.6 for 문의 초기화 구문과 조건문 안에서 이름을 선언해서 범위를 최소화하라.[9]

다들 알겠지만 for 문 안에서 변수를 선언할 수 있다. 이것은 현대적 C++의 기능이 아니고, C++의 첫 표준에서부터 가능했다.

> 🔑 **비야네 스트롭스트룹의 저서** *The Design and Evolution of C++*[10]
> 이 책의 원고를 감수하면서 비야네 스트롭스트룹[Bjarne Stroustrup]은 첫 C++ 표준이 나오기 전에도 for 문 안의 이름 선언이 가능했음을 지적했다. C++의 역사가 궁금한 독자에게 비야네의 책 *The Design and Evolution of C++*을 강력히 추천한다.

C++17부터는 if 문이나 switch 문에서도 변수를 선언할 수 있다.

```cpp
std::map<int,std::string> myMap;

if (auto result = myMap.insert(value); result.second) {
  useResult(*result.first);
  // ...
}
else {
  // ...
} // result가 자동으로 파괴됨
```

변수 result는 if 문의 if 절과 else 절안에서만 유효하다. result는 if 문 바깥의 범위를 오염시키지 않으며, if 문의 끝에서 자동으로 파괴된다. C++17 이전에는 다음처럼 result를 바깥 범위에서 선언해야 했다.

```cpp
std::map<int,std::string> myMap;
auto result = myMap.insert(value)
```

---

[8] *https://isocpp.github.io/CppCoreGuidelines/CppCoreGuidelines#Res-scope*
[9] *https://isocpp.github.io/CppCoreGuidelines/CppCoreGuidelines#Res-cond*
[10] *https://www.stroustrup.com/dne.html*

```
if (result.second){
  useResult(*result.first);
  // ...
}
else {
  // ...
}
```

> **ES.7** 흔하고 지역 범위에 있는 이름은 짧게, 흔하지 않고 지역 범위가 아닌 이름은 길게 지어라.[11]

이 규칙을 몰랐던 독자도 이미 이 규칙을 따르고 있을 가능성이 크다. 예를 들어 우리는 흔히 루프 색인 변수에 i라는 이름을 붙이고 템플릿 매개변수에는 T라는 이름을 붙인다. 이런 문맥에서는 i가 index(색인)이고 T가 type(형식)임이 명백하므로 더 긴 이름을 붙일 필요가 없다.

```
template<typename T>
void print(std::ostream& os, const std::vector<T>& v) {
  for (int i = 0; i < v.size(); ++i) os << v[i] << '\n';
}
```

i는 루프 색인 변수의 이름으로는 합당하지만, 함수 매개변수의 이름으로는 좋지 않다. 그리고 전역 변수의 이름으로는 끔찍하게 나쁘다.

    이 규칙에는 "이름은 반드시 대상을 명백하게 설명하는 것이어야 한다"라는 좀 더 근본적인 규칙이 깔려 있다. 짧은 문맥에서는 짧은 이름으로도 변수의 의미를 파악할 수 있다. 그러나 긴 문맥에서는 그렇지 않으므로 좀 더 긴 이름을 사용해야 한다.

> **ES.8** 비슷해 보이는 이름들을 피하라.[12]

다음 코드를 읽고 바로 이해하기란 어려운 일이다.

```
if (readable(i1 + l1 + ol + o1 + o0 + ol + o1 + I0 + l0)) surprise();
```

나는 종종 숫자 0과 대문자 O를 혼동한다. 글꼴에 따라서는 둘을 구분하기가 아주 어렵다. 몇 년 전에 나는 서버에 로그인이 안 되어서 시간을 허비한 적이 있

---

[11] https://isocpp.github.io/CppCoreGuidelines/CppCoreGuidelines#Res-name-length
[12] https://isocpp.github.io/CppCoreGuidelines/CppCoreGuidelines#Res-name-similar

는데, 알고 보니 패스워드 관리자가 자동으로 생성한 패스워드에 대문자 O가 있었다.

ES.9 ALL_CAPS 이름을 피하라.[13]

대문자와 밑줄로만 된 ALL_CAPS 형태의 이름은 흔히 매크로에 쓰이므로, 다른 대상에 그런 이름을 붙이면 기존의 매크로와 충돌할 위험이 있다. 다음은 이 문제를 보여주는 예이다.

```
// 어떤 헤더 파일의 어딘가에서:
#define NE !=

// 다른 어떤 헤더 파일의 어딘가에서:
enum Coord { N, NE, NW, S, SE, SW, E, W };


// 그리고 불운한 프로그래머의 한 .cpp 파일에서:
switch (direction) {
case N:
   // ...
case NE:
   // ...
// ...
}
```

ES.10 하나의 선언문에서는 하나의 이름만 선언하라.[14]

다음은 이 규칙을 지키지 않은 예이다. 문제가 있는 지점 두 곳을 찾아보기 바란다.

```
char* p, p2;
char a = 'a';
p = &a;
p2 = a;

int a = 7, b = 9, c, d = 10, e = 3;
```

첫째로, p2는 char*가 아니라 그냥 char이다. 둘째로, c는 초기화되지 않는다. C++17에는 이 규칙이 적용되지 않는 기능이 하나 추가되었는데, 바로 구조적 바

---

[13] *https://isocpp.github.io/CppCoreGuidelines/CppCoreGuidelines#Res-not-CAPS*
[14] *https://isocpp.github.io/CppCoreGuidelines/CppCoreGuidelines#Res-name-one*

인딩(structured binding)[15]이다.

다음은 구조적 바인딩을 이용해서 하나의 선언문에서 두 개의 변수를 선언하는 예이다. 두 변수를 if 문 안에서 선언한 것은 규칙 "ES.6: for 문의 초기화 구문과 조건문 안에서 이름을 선언해서 범위를 최소화하라"를 따른 것이다.

```
std::map<int, std::string> myMap;

if (auto [iter, succeeded] = myMap.insert(value); succeeded) {
   useResult(iter);
   // ...
}
else {
    // ...
} // iter와 succeeded가 자동으로 파괴된다.
```

ES.11 auto를 이용해서 형식 이름의 불필요한 중복을 피하라.[16]

auto를 활용하면 코드를 처음에 입력하기도 쉬울 뿐만 아니라 나중에 고치기도 쉽다.

다음 코드는 모든 선언문에서 auto를 사용한다. auto를 사용하면 컴파일러가 적절한 형식을 결정해 주므로, 사용자가 형식을 잘못 지정하는 실수를 저지를 일도 없다. 예를 들어 res의 형식은 int가 된다. 그리고 필요하다면 typeid 연산자를 이용해서 형식의 문자열 표현도 얻을 수 있다.

```
auto a = 5;
auto b = 10;
auto sum = a * b * 3;
auto res = sum + 10;
std::cout << typeid(res).name() << '\n'; // i
```

아래의 ❶처럼 b를 int 형식의 리터럴 대신 double 형식의 리터럴로 바꾸면 res의 형식 역시 자동으로 변한다. ❷에서는 int 리터럴 3 대신 float 리터럴 3.1f를 사용하는데, 이 경우에도 컴파일러가 res의 형식을 자동으로 연역한다.

```
auto a = 5;
auto b = 10.5;            // ❶
auto sum = a * b * 3;
auto res = sum * 10;
```

---

15 *https://en.cppreference.com/w/cpp/language/structured_binding*
16 *https://isocpp.github.io/CppCoreGuidelines/CppCoreGuidelines#Res-auto*

```
std::cout << typeid(res).name() << '\n';  // d

auto a = 5;
auto b = 10;
auto sum = a * b * 3.2f;    // ❷
auto res = sum * 10;
std::cout << typeid(res).name() << '\n';  // f
```

typeid가 제공하는 형식 이름은 컴파일러마다 다를 수 있다. 이 예제들에서 GCC 컴파일러와 Clang 컴파일러는 int와 double, float를 짧게 i, d, f로 표현하는 반면에 MSVC 컴파일러는 온전한 int, double, float를 사용한다.

ES.12 내포된 범위들에서 이름을 재사용하지 말라.[17]

가독성과 유지보수를 위해서는 내포(중첩)된 범위들에서 이름을 재사용하지 않아야 한다.

```
// shadow.cpp

#include <iostream>

int shadow(bool cond) {
   int d = 0;
   if (cond) {
      d = 1;
   }
   else {
      int d = 2; // 지역 범위에서 d를 선언한다.
                 // 부모 범위의 d는 가려진다.
      d = 3;
   }             // 지역 범위의 d가 파괴된다.
   return d;
}

int main() {

   std::cout << '\n';

   std::cout << "shadow(true): " << shadow(true) << '\n';
   std::cout << "shadow(false): " << shadow(false) << '\n';

   std::cout << '\n';

}
```

---
[17] https://isocpp.github.io/CppCoreGuidelines/CppCoreGuidelines#Res-reuse

여러 범위에서 d를 중복해서 사용한 탓에 이 프로그램이 무엇을 출력할지 예상하기가 쉽지 않다. [그림 8.1]에 출력이 나와 있다.

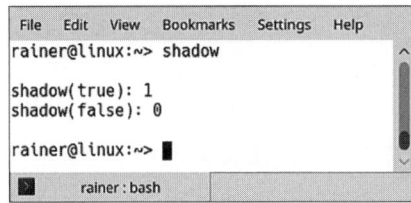

그림 8.1 내포된 범위들에서 이름을 재사용한 예.

앞 프로그램의 출력을 수월하게 맞춘 독자라도, 다음과 같이 클래스 위계구조(class hierarchy)에서 이름을 재사용하는 경우는 프로그램의 결과를 쉽게 예상하지 못할 것이다.

```cpp
// shadowClass.cpp

#include <iostream>
#include <string>

struct Base {
    void shadow(std::string) {               // ❶
        std::cout << "Base::shadow" << '\n';
    }
};

struct Derived: Base {
    void shadow(int) {                        // ❷
        std::cout << "Derived::shadow" << '\n';
    }
};

int main() {

    std::cout << '\n';

    Derived derived;

    derived.shadow(std::string{});            // ❸
    derived.shadow(int{});

    std::cout << '\n';

}
```

Base와 Derived 모두 shadow라는 멤버 함수가 있다. Base의 shadow는 std::string을 받고 Derived의 것은 int를 받는다(❷). ❸에서는 기본 생성된 std::string으로 Derived 객체에 대해 shadow를 호출하는데, 아마도 Base의 shadow가 호출되리라고 예상하는 독자가 있을 것이다. 그렇지는 않다. ❸의 호출에 대해 컴파일러는 Derived에서 shadow이라는 이름의 멤버 함수를 찾을 뿐, Base에 있는 shadow는 고려하지 않는다. 그런데 Derived에는 std::string을 받는 shadow가 없으므로 컴파일러는 컴파일 오류를 낸다. [그림 8.2]는 GCC의 컴파일 오류 메시지이다.

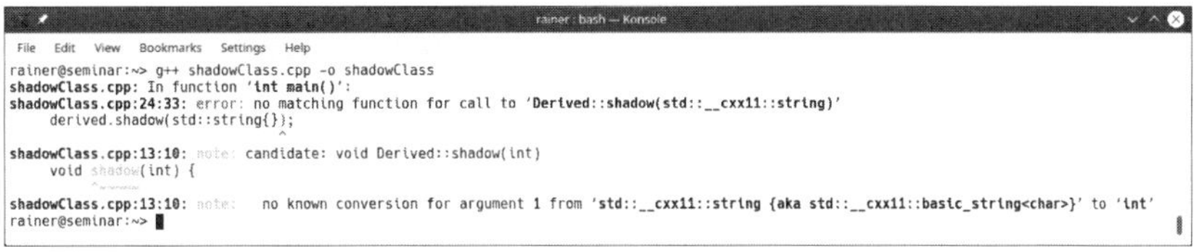

그림 8.2 파생 클래스가 기반 클래스의 멤버 함수를 가리는 문제.

다행히, 다음과 같이 using 선언을 이용하면 기반 클래스의 shadow가 Derived에서도 보이게 된다.

```
struct Derived: Base {
  using Base::shadow;
  void shadow(int) {
    std::cout << "Derived::shadow" << '\n';
  }
};
```

Derived에 using Base::shadow를 추가하고 다시 컴파일하면 프로그램이 의도대로 작동한다(그림 8.3). 클래스 위계구조에서 이처럼 부모 클래스의 멤버 이름이 가려지는 문제를 제5장의 규칙 "C.138: 파생 클래스와 그 기반 클래스들을 위한 중복적재 집합을 작성할 때 using 선언을 사용하라"에서 이야기했었다.

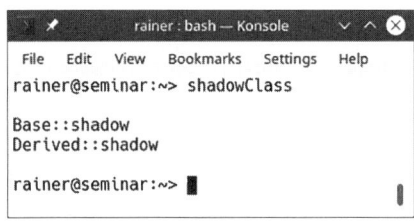

그림 8.3 using 선언을 이용한 가시성 변경.

8.2.2 변수와 변수 초기화

앞에서 살펴본 이름에 관한 규칙들처럼 변수와 변수의 초기화에 관한 규칙들 역시 상당히 간단하고 직관적이지만, 귀중한 통찰을 제공하는 것도 몇 개 있다. 이번 절에서는 직관적인 규칙들은 간단하게만 살펴보고, 가치 있는 통찰을 좀 더 자세히 다루기로 한다.

> **ES.20** 객체를 항상 초기화하라.[18]

이것은 아주 기본적이지만 그래도 수많은 전업 C++ 프로그래머가 제대로 지키지 않는 규칙 중 하나이다. 다음 예제 코드에서 어떤 변수가 초기화되고 어떤 변수가 초기화되지 않는지 파악해 보기 바란다.

```cpp
struct T1 {};

class T2{
public:
    T2() {}
};

int n;              // OK

int main() {
    int n2;         // 나쁨
    std::string s;  // OK
    T1 t1;          // OK
    T2 t2;          // OK
}
```

변수 n은 기본 형식(fundamental type)[19]의 전역 변수이므로 자동으로 0으로 초기화된다. 그러나 n2는 지역 범위의 변수라서 초기화되지 않는다. 하지만 std::string이나 T1, T2 같은 사용자 정의 형식의 변수는 지역 범위에서도 초기화된다.

초기화 누락 문제를 해결하는 간단한 방법이 있다. auto를 사용하는 것이다. auto를 사용하면 애초에 초기화 구문을 생략할 수 없기 때문이다.

```cpp
struct T1 {};
```

---

18 *https://isocpp.github.io/CppCoreGuidelines/CppCoreGuidelines#Res-always*
19 *https://en.cppreference.com/w/cpp/language/types*

```
class T2{
public:
    T2() {}
};

auto n = 0;

int main() {
    auto n2 = 0;
    auto s = ""s;
    auto t1 = T1();
    auto t2 = T2();
}
```

ES.21 필요하기도 전에 변수(또는 상수)를 도입하지는 말라.[20]

첫 번째 ANSI C 표준인 C89[21]에서는 모든 변수를 범위의 처음 부분에서 모두 선언해야 한다. 그러나 우리가 사용하는 언어는 C89가 아니라 C++이다.

ES.22 초기화할 값을 갖추기 전에 변수를 선언하지 말라.[22]

이 규칙을 따르지 않으면 소위 '설정 전 사용(use-before-set)' 오류가 발생한다. C++ 핵심 가이드라인에서 발췌한 다음 예제를 보자.

```
int var;

if (cond) set(&var);   // 어떤 자명하지 않은 조건
else if (cond2 || !cond3) {
    var = set2(3.14);
}

f(var);                // 여기서 var를 사용한다.
```

만일 cond가 참이면, 또는 cond2가 참이거나 cond3이 참이 아니면 var는 설정된다. 그러나 그 외의 경우에는 var가 설정되지 않은 채로 사용된다.

---

20 https://isocpp.github.io/CppCoreGuidelines/CppCoreGuidelines#Res-introduce
21 https://en.wikipedia.org/wiki/ANSI_C#C89
22 https://isocpp.github.io/CppCoreGuidelines/CppCoreGuidelines#Res-init

ES.23 {} 초기화 구문을 선호하라.[23]

중괄호 초기화(brace initialization) 또는 {} 초기화를 사용하는 것이 바람직한 이유는 여러 가지이다.

{} 초기화는

- 항상 적용할 수 있고,
- 소위 '가장 당황스러운 구문 해석(§8.2.2.2)'[24]의 문제가 없고,
- 좁아지는 변환(§8.2.2.3)이 일어나지 않는다.

처음 두 장점은 C++ 코드를 좀 더 직관적으로 만들어 주고, 마지막 장점은 미정의 행동을 방지해 준다.

8.2.2.1 항상 적용 가능

{} 초기화는 항상(어디에나) 적용할 수 있다. 다음은 {} 초기화의 몇 가지 예를 보여주는 예제 코드이다.

```cpp
// uniformInitialization.cpp

#include <map>
#include <vector>
#include <string>

class Array {
public:
    Array(): myData{1,2,3,4,5} {}    // C 배열의 초기화

private:
    const int myData[5];
};

class MyClass {
public:
    int x;
    double y;
};

class MyClass2 {
    public:
```

---

[23] https://isocpp.github.io/CppCoreGuidelines/CppCoreGuidelines#Res-list
[24] https://en.wikipedia.org/wiki/Most_vexing_parse

```cpp
        MyClass2(int fir, double sec): x{fir}, y{sec} {};
    private:
        int x;
        double y;
};

int main() {

    // 표준 컨테이너를 직접 초기화하는 예
    int intArray[]= {1, 2, 3, 4, 5};
    std::vector<int> intArray1{1, 2, 3, 4, 5};
    std::map<std::string, int> myMap{ {"Scott", 1976},
                                      {"Dijkstra", 1972} };

    Array arr;

    // 여러 형식의 기본 초기화
    int i{};                        // i는 0이 된다.
    std::string s{};                // s는 ""이 된다.
    std::vector<float> v{};         // v는 빈 벡터가 된다.
    double d{};                     // d는 0.0이 된다.

    // public 멤버가 있는 객체를 직접 초기화하는 예
    MyClass myClass{2011, 3.14};
    MyClass myClass1 = {2011, 3.14};

    // 생성자로 객체를 초기화하는 예
    MyClass2 myClass2{2011, 3.14};
    MyClass2 myClass3 = {2011, 3.14};

}
```

그런데 '항상'이라는 말은 함부로 하지 않는 것이 좋다. 중괄호 초기화가 의외의 결과를 내는 경우가 있었는데, C++17에서 해결되었다.

auto를 이용한 형식 연역

"항상 적용할 수 있다"가 틀린 말은 아니지만, 한 가지 특별한 규칙을 기억할 필요가 있다. C++17 이전에서, auto를 이용한 자동 형식 연역과 {} 초기화를 함께 사용하는 경우 해당 변수의 형식은 std::initializer_list가 된다.

```cpp
auto initA{1};          // std::initializer_list<int>
auto initB = {2};       // std::initializer_list<int>
auto initC{1, 2};       // std::initializer_list<int>
auto initD = {1, 2};    // std::initializer_list<int>
```

이 직관적이지 못한 행동은 C++17에서 바로잡혔다.

```
auto initA{1};              // int
auto initB = {2};           // std::initializer_list<int>
auto initC{1, 2};           // 오류: 값이 여러 개라서 형식을 특정할 수 없음
auto initD = {1, 2};        // std::initializer_list<int>
```

8.2.2.2 가장 당황스러운 구문 해석

'가장 당황스러운 구문 해석'은 잘 알려진 함정이다. 전문적인 C++ 개발자라도 한 번쯤은 이 함정에 걸려들었을 것이다. 다음은 이 함정을 보여주는 짧은 예제 프로그램이다.

```
// mostVexingParse.cpp

#include <iostream>

struct MyInt {
    MyInt(int arg = 0): i(arg) {}
    int i;
};

int main() {

    MyInt myInt(2011);
    MyInt myInt2();

    std::cout << myInt.i;
    std::cout << myInt2.i;

}
```

간단해 보이는 프로그램이지만 컴파일러는 컴파일을 거부한다. [그림 8.4]는 GCC의 오류 메시지이다.

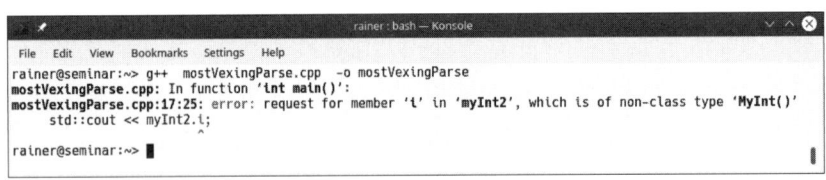

그림 8.4 가장 당황스러운 구문 해석.

오류 메시지만 보고는 문제의 원인을 짐작하기가 쉽지 않다. 근본 원인은 `MyInt myInt2()`를 컴파일러가 생성자 호출로 해석할 수도 있고 함수의 선언으로 해석할 수도 있다는 점이다. 이런 중의성(ambiguity)이 있는 구문은 함수 선언

으로 간주한다는 것이 C++의 구문 해석(파싱) 규칙이다. 즉 myInt2는 하나의 함수이며, 따라서 myInt2.i는 유효하지 않은 코드가 된다.

    MyInt myInt2()의 소괄호 쌍을 중괄호 쌍으로 바꾸어서 MyInt myInt2{}로 하면 중의성이 사라진다.

```
// mostVexingParseSolved.cpp

#include <iostream>

struct MyInt {
   MyInt(int arg = 0): i(arg) {}
   int i;
};

int main() {

   MyInt myInt(2011);
   MyInt myInt2{};

   std::cout << myInt.i;
   std::cout << myInt2.i;

}
```

8.2.2.3 좁아지는 변환

좁아지는 변환은 한 수치 형식의 값이 다른 수치 형식의 값으로 암묵적으로 변환되면서 정밀도가 손실되는 것을 말한다. 좁아지는 변환은 흔히 미정의 행동으로 이어지며, 프로그램에 따라서는 대단히 심각한 결과가 벌어질 수 있다.

    다음 예제 코드는 두 기본 형식 char와 int의 좁아지는 변환을 보여준다. 예제에서 보듯이, 좁아지는 변환은 직접적인 초기화(생성자 호출)에서는 물론이고 복사 초기화에서도 일어난다.

```
// narrowingConversion.cpp

#include <iostream>

int main() {

   char c1(999);
   char c2 = 999;
   std::cout << "c1: " << c1 << '\n';
   std::cout << "c2: " << c2 << '\n';
```

```
    int i1(3.14);
    int i2 = 3.14;
    std::cout << "i1: " << i1 << '\n';
    std::cout << "i2: " << i2 << '\n';

}
```

예제 프로그램을 실행해 보면 두 가지 문제점을 알아챌 수 있다. 첫째로, char 형식의 변수들이 int 리터럴 999를 온전하게 담지 못했다. 둘째로, int 형식의 변수들이 double 리터럴 3.14를 온전하게 담지 못했다. [그림 8.5]에 예제를 실행한 결과가 나와 있다.

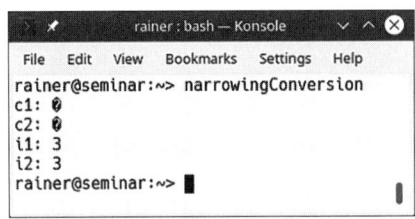

그림 8.5 좁아지는 변환.

{} 초기화에서는 좁아지는 변환이 아예 불가능하다.

```
// narrowingConversionSolved.cpp

#include <iostream>

int main() {

    char c1{999};
    char c2 = {999};
    std::cout << "c1: " << c1 << '\n';
    std::cout << "c2: " << c2 << '\n';

    int i1{3.14};
    int i2 = {3.14};
    std::cout << "i1: " << i1 << '\n';
    std::cout << "i2: " << i2 << '\n';

}
```

{} 초기화를 사용하면 컴파일러가 좁아지는 변환을 검출한다. C++ 표준은 좁아지는 변환이 발견된 경우 컴파일러가 적어도 경고 메시지를 출력할 것을 요구한다. 대부분의 컴파일러는 좁아지는 변환을 컴파일 오류로 취급한다. 그러나

안전을 위해서는, 컴파일러를 실행할 때 항상 좁아지는 변환을 오류로 취급하는 플래그를 명시적으로 지정하는 것이 좋다. [그림 8.6]은 GCC의 해당 플래그(-Werror=narrowing)와 컴파일 오류 메시지를 보여준다.

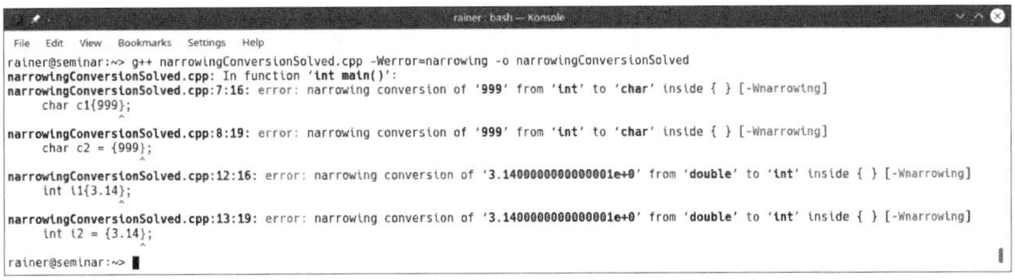

그림 8.6 좁아지는 변환이 검출되었다.

ES.26 하나의 변수를 서로 무관한 두 가지 용도로 사용하지 말라.[25]

다음 코드가 마음에 드는가?

```
void use() {
   int i;
   for (i = 0; i < 20; ++i) { /* ... */ }
   for (i = 0; i < 200; ++i) { /* ... */ } // 나쁨: i를 재활용했음
}
```

마음에 들지는 않았길 바란다. 이렇게 하는 대신, i를 for 문에서 직접 선언하는 것이 바람직하다. 그러면 i의 범위가 for 루프로 한정된다.

```
void use() {
   for (int i = 0; i < 20; ++i) { /* ... */ }
   for (int i = 0; i < 200; ++i) { /* ... */ }
}
```

C++17부터는 if 문[26]과 switch 문[27]에서도 변수를 직접 선언할 수 있다.

ES.28 복잡한 초기화에는, 특히 const 변수의 복잡한 초기화에는 람다를 사용하라.[28]

나는 종종 "람다 함수를 즉석에서(in-place) 호출해야 하는 이유는 무엇인가요?"라는 질문을 받는다. 이 규칙은 이 질문의 답을 제공한다. 즉, 여러 단계로 이루

---

25 *https://isocpp.github.io/CppCoreGuidelines/CppCoreGuidelines#Res-recycle*
26 *https://en.cppreference.com/w/cpp/language/if*
27 *https://en.cppreference.com/w/cpp/language/switch*
28 *https://isocpp.github.io/CppCoreGuidelines/CppCoreGuidelines#Res-lambda-init*

어진 복잡한 초기화 과정 전체를 하나의 람다 함수로 감싸고, 그 함수를 즉석에서 호출해서 변수를 초기화하는 것이다. 람다를 이용한 이런 초기화 기법은 변수가 const일 경우에 특히나 도움이 된다.

초기화 후에 값을 수정할 일이 없는 변수는 const로 선언해야 마땅하다. 그런데 변수를 초기화하는 데 여러 단계의 작업이 필요할 수도 있다. 그런 경우 일반적인 방법으로는 변수를 const로 선언할 수 없다.

다음 예를 보자. 이 예에서 x는 한 번 초기화한 후에는 변경하지 않을 변수이다. 그렇지만 초기화 과정에서 x를 여러 번 수정해야 하기 때문에, const로 선언할 수 없다.

```
widget x; // const로 선언해야 마땅하지만, 그럴 수 없다.
for (auto i = 2; i <= N; ++i) {
   x += some_obj.do_something_with(i);
}

// 여기서부터 x는 변하지 않는다. 그러나
// 초기화 과정이 복잡한 탓에 const로 선언하지 못했다.
```

해결책은 람다 표현식이다. 소위 IILE(Immediately Invoked Lambda Expression; 즉시 호출된 람다 표현식)이라는 기법을 사용하면 된다.

다음 코드는 초기화 과정 전체를 하나의 람다 표현식으로 감싸고 그것을 즉시 호출해서 x의 값을 초기화한다. 이 덕분에 x를 const로 선언할 수 있다. 초기화 과정에서 다른 객체들을 사용해야 하기 때문에 람다가 환경을 참조로 갈무리했다(capture).

```
const widget x = [&]{
   widget val;
   for (auto i = 2; i <= N; ++i) {
      val += some_obj.do_something_with(i);
   }
   return val;
}();
```

람다 함수를 즉석에서 호출하는 구문이 좀 이상해 보일 수도 있지만, 생각해 보면 그리 이상한 것은 아니다. 그냥 초기화 작업들을 람다 함수의 본문에 집어넣고, 마지막에 소괄호 쌍을 추가해서 그 람다 함수를 호출하는 것일 뿐이다.

8.2.3 매크로

C++ 표준 위원회의 모든 사람이 예외 없이 동의하는 점이 있다면 바로 **매크로는 사라져야 한다**일 것이다. 매크로는 그냥 텍스트 치환 기술일 뿐, C++ 의미론과는 무관하다. 매크로는 코드 자체를 다른 모습으로 바꾼다. 컴파일러는 매크로가 치환된 결과만 볼 뿐이다. 이러한 매크로 치환은 다양한 오류의 원인이 되며, 게다가 컴파일러가 보는 코드는 매크로가 모두 치환된 결과이기 때문에 오류 메시지를 보고 오류의 원인을 파악하기 어렵다.

그렇긴 하지만 C++로 프로그래밍하다 보면 매크로에 의존하는 구식 코드를 다루어야 할 때도 종종 생긴다. 완전함을 위해 **C++ 핵심 가이드라인**은 매크로에 관한 규칙들도 제공한다. 현재 매크로에 관한 규칙은 다음 네 가지이다.

- ES.30: 매크로를 프로그램 텍스트 조작을 위해 사용하지 말라.[29]
- ES.31: 매크로를 상수나 '함수'의 용도로 사용하지 말라.[30]
- ES.32: 모든 매크로 이름에 `ALL_CAPS`를 사용하라.[31]
- ES.33: 매크로를 꼭 사용해야 한다면 고유한 이름을 붙여라.[32]

"사용하지 말라" 규칙들부터 보자. 다음 예제는 함수로 쓰이는 매크로 max를 보여준다. 이 max는 GNU C 라이브러리[33]의 일부인 param.h 헤더 파일에서 복사해 온 것이다.

```
// macro.cpp

#include <stdio.h>

#define max(a, b) ((a) > (b)) ? (a) : (b)

int main() {

    int a = 1, b = 2;
    printf("\nmax(a, b): %d\n", max(a, b));
    printf("a = %d, b = %d\n", a, b);

    printf("\nmax(++a, ++b): %d\n", max(++a, ++b)); // ❶
```

---

[29] *https://isocpp.github.io/CppCoreGuidelines/CppCoreGuidelines#Res-macros*
[30] *https://isocpp.github.io/CppCoreGuidelines/CppCoreGuidelines#Res-macros2*
[31] *https://isocpp.github.io/CppCoreGuidelines/CppCoreGuidelines#Res-ALL_CAPS*
[32] *https://isocpp.github.io/CppCoreGuidelines/CppCoreGuidelines#Res-MACROS*
[33] *https://www.gnu.org/software/libc/*

```
        printf("a = %d, b = %d\n\n", a, b);              // ❷
}
```

[그림 8.7]은 이 프로그램을 실행한 결과이다. ❷가 출력한 값을 보고 의외라고 생각하는 독자가 많을 것이다.

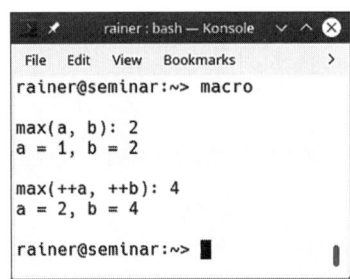

그림 8.7 함수 같은 매크로 max를 사용하는 예제.

b가 4가 된 것은 ❶의 max '호출'에서 매크로 '인수' ++b가 한 번이 아니라 두 번 평가되었기 때문이다. 함수 같은 매크로 max 대신 constexpr 함수나 함수 템플릿 max를 사용하면 이런 문제가 없다.

```
template<typename T>
T max (T i, T j) {
   return ((i > j) ? i : j);
}

constexpr int max (int i, int j){
   return ((i > j) ? i : j);
}
```

같은 맥락에서, 매크로를 상수로 사용하는 것도 피해야 한다.

```
#define PI 3.14            // 나쁨

constexpr double pi = 3.14  // 좋음
```

어떤 이유로 매크로를 계속 사용해야 한다면, 각각의 매크로에 고유한 이름을 붙여야 한다. 또한, 매크로 이름은 반드시 ALL_CAPS의 형태이어야 한다. 다음은 그 두 규칙을 모두 어긴 예이다. 매크로 forever는 이름이 소문자로 되어 있다. 그리고 매크로 CHAR는 너무 흔한 이름이라서, 다른 누군가가 이미 사용하고 있는 같은 이름의 매크로와 충돌할 가능성이 있다.

```
#define forever for (;;)

#define CHAR
```

8.3 표현식

C++ 핵심 가이드라인의 표현식과 문장 섹션에서 표현식에 관한 규칙은 약 20개인데, 주제가 상당히 다양하고 기존 규칙들과도 많이 겹친다. 이번 절에서는 복잡한 표현식에 적용되는 규칙들(§8.3.1)과 포인터에 관한 규칙들(§8.3.2), 평가 순서에 관한 규칙들(§8.3.3), 변환에 관한 규칙들(§8.3.4)에 초점을 둔다.

8.3.1 복잡한 표현식

제일 중요한 규칙은 될 수 있으면 복잡한 표현식은 사용하지 말아야 한다는 것이다.

ES.40 복잡한 표현식은 피하라.[34]

그런데 복잡해야 '복잡한' 표현식일까? 다음은 C++ 핵심 가이드라인에 나온 복잡한 표현식의 예이다. 주석의 설명을 참고하기 바란다.

```
// 나쁨: 배정이 부분 표현식 안에 숨어 있다.
while ((c = getc()) != -1)

// 나쁨: 부분 표현식 안에서 비지역 변수 두 개가 배정된다.
while ((cin >> c1, cin >> c2), c1 == c2)

// 더 낫지만 여전히 복잡할 수 있다.
for (char c1, c2; cin >> c1 >> c2 && c1 == c2;)

// OK: 단, i와 j가 별칭(같은 데이터에 대한 다른 이름)이 아닐 때.
int x = ++i + ++j;

// OK: 단, i != j이고 i != k일 때.
v[i] = v[j] + v[k];

// 나쁨: 부분 표현식들에 다중 배정이 "숨어 있다".
x = a + (b = f()) + (c = g()) * 7;

// 나쁨: 흔히 오해하는 우선순위 규칙에 의존한다.
```

---

[34] https://isocpp.github.io/CppCoreGuidelines/CppCoreGuidelines#Res-complicated

```
x = a & b + c * d && e ^ f == 7;

// 나쁨: 미정의 행동
x = x++ + x++ + ++x;
```

ES.41 연산자 우선순위에 자신이 없으면 괄호를 사용하라.[35]

만일 여러분이 연산자 우선순위를 확실하게 알지 못한다면 괄호를 사용해서 계산 순서를 명시적으로 지정해 주는 것이 안전하다. 그렇지만 괄호를 사용하지 않아도 될 정도로 연산자 우선순위를 좀 더 확실하게 공부할 필요도 있다. 괄호 활용과 우선순위 공부의 적절한 균형점을 잡는 것이 중요할 것이다.

```
const unsigned int flag = 2;
unsigned int a = flag;

if (a & flag != 0)         // 나쁨: 실제로는 a&(flag != 0)으로 평가됨

if (a < 0 || a <= max) {   // 좋음: 꽤 명백함
   // ...
}
```

전문가의 눈에는 표현식이 명백해 보여도 초보자에게는 그렇지 않을 수 있다. 두 가지 조언을 제공하고자 한다.

1. 연산자 우선순위에 자신이 없으면 괄호를 사용하라. cppreference.com의 우선순위 표[36]도 참고하기 바란다.
2. 초보자를 염두에 두고 코드를 작성하라. 언제라도 찾아볼 수 있도록 우선순위 표를 잘 챙겨두라.

ES.42 포인터는 간단하고 직관적으로만 사용하라.[37]

C++ 핵심 가이드라인은 "복잡한 포인터 조작은 실수의 주된 근원이다"라고 말한다. 여러분은 그런 코드를 작성하지 않겠지만, 포인터를 복잡하게 조작하는 표현식으로 가득한 구식 코드를 읽고 수정해야 하는 일도 생긴다. 다음이 그런 코드의 예이다.

---

[35] https://isocpp.github.io/CppCoreGuidelines/CppCoreGuidelines#Res-parens
[36] https://en.cppreference.com/w/cpp/language/operator_precedence
[37] https://isocpp.github.io/CppCoreGuidelines/CppCoreGuidelines#Res-ptr

```cpp
void f(int* p, int count) {
    if (count < 2) return;

    int* q = p + 1;

    int n = *p++;

    if (count < 6) return;

    p[4] = 1;

    p[count - 1] = 2;

    use(&p[0], 3);
}

int myArray[100];

f(myArray, 100);
```

함수 f의 주된 문제점은 C 배열의 길이(요소 개수)를 호출자가 정확하게 지정해야 한다는 것이다. 만일 길이를 틀리게 지정하면 미정의 행동이 발생한다.

이 예제 코드의 마지막 두 행을 곰곰이 생각해 보기 바란다. myArray는 C 배열이지만 f에는 그냥 포인터로 전달되며, 그 과정에서 형식 정보가 사라진다. 이러한 변화 과정을 배열에서 포인터로의 붕괴(decay)[38]라고 말한다. 애초에 C 배열의 요소들을 잘못 세었든, 아니면 C 배열의 길이가 중간에 변했든, 잘못된 길이로 f를 호출하면 그 결과는 미정의 행동이다.

이런 문제를 피하려면 C 배열 대신 이런 용도에 좀 더 적합한 데이터 형식을 사용해야 한다. C++20이 제공하는 std::span[39]이 그러한 데이터 형식의 하나이다.

```cpp
void f(std::span<int> a) {
    if (a.size() < 2) return;

    int n = a[0]; // OK

    std::span<int> q = a.subspan(1);

    if (a.size() < 6) return;

    a[4] = 1;
```

---

[38] *https://en.cppreference.com/w/cpp/types/decay*
[39] *https://en.cppreference.com/w/cpp/container/span*

```
    a[count - 1] = 2;

    use(a.data(), a.size());
}
```

std::span 객체는 자신의 길이를 안다. 그런데 아직 C++20을 사용할 수 없는 환경에서 일하는 독자도 있을 것이다. 다행히 C++의 템플릿과 C++11에 도입된 std::array를 이용하면 배열 경계(bounds) 위반을 미리 방지하는 코드를 그리 어렵지 않게 작성할 수 있다. 다음이 그러한 예이다.

```
1  // at.cpp
2
3  #include <algorithm>
4  #include <array>
5  #include <deque>
6  #include <string>
7  #include <vector>
8
9  template <typename T>
10 void use(T*, int) {}
11
12 template <typename T>
13 void f(T& a) {
14
15   if (a.size() < 2) return;
16
17   int n = a.at(0);
18
19   std::array<typename T::value_type , 99> q;
20   std::copy(a.begin() + 1, a.end(), q.begin());
21
22   if (a.size() < 6) return;
23
24   a.at(4) = 1;
25
26   a.at(a.size() - 1) = 2;
27
28   use(a.data(), a.size());
29 }
30
31 int main() {
32
33   std::array<int, 100> arr{};
34   f(arr);
35
36   std::array<double, 20> arr2{};
```

```
37    f(arr2);
38
39    std::vector<double> vec{1, 2, 3, 4, 5, 6, 7, 8, 9};
40    f(vec);
41
42    std::string myString= "123456789";
43    f(myString);
44
45    // std::deque<int> deq{1, 2, 3, 4, 5, 6, 7, 8, 9, 10};
46    // f(deq);
47
48  }
```

행 34와 행 37에서 보듯이, 이제 함수 f는 서로 다른 크기와 형식의 std::array들에 대해 잘 작동한다. 게다가 std::vector(행 40)와 std::string(행 43)으로 호출할 수도 있다. 이 컨테이너들은 데이터를 연속된 메모리 블록에 담는다는 것이 공통점이다. 그러나 std::deque는 그렇지 않기 때문에, 주석으로 처리한 행 46의 호출은 행 26의 a.data()에서 컴파일 오류를 일으킨다. 더욱 중요한 것은, 컨테이너 객체에 대한 at 호출은 색인을 점검해서 만일 유효 범위를 벗어난 색인이면 std::out_of_range 예외를 던진다는 점이다.

행 19의 T::value_type이라는 표현식은 컨테이너에 담긴 요소들의 형식을 의미한다. 그런데 이 표현식의 구체적인 '값'은 함수 템플릿 f의 형식 매개변수인 T에 따라 결정된다. 그래서 이런 T::value_type을 의존적 이름(dependent name; 종속적 이름)이라고 부른다. 지금 문맥에서는 이 이름이 실제로 '형식'임을 명시해 주어야 하므로† typename T::value_type처럼 typename 키워드를 붙였다.

ES.45 '마법의 상수'를 피하고 기호 상수를 사용하라.[40]

기호 상수(symbolic constant)가 마법의 상수(magic constant)보다 더 명시적이다. 다음은 C++ 핵심 가이드라인에서 발췌한 예제 코드인데, 1과 12가 마법의 상수이고 first_month와 last_month는 기호 상수이다.

```
                    // 나쁨: 마법의 상수 1과 12
for (int m = 1; m <= 12; ++m) std::cout << month[m] << '\n';

                    // 달(month)의 색인 범위는 1..12(기호 상수)
```

---

† [옮긴이] T에 따라서는 value_type이 형식 멤버가 아니라 멤버 변수나 멤버 함수일 수도 있다.
40 *https://isocpp.github.io/CppCoreGuidelines/CppCoreGuidelines#Res-magic*

```
constexpr int first_month = 1;
constexpr int last_month = 12;
for (int m = first_month; m <= last_month; ++m) {
    std::cout << month[m] << '\n';
}
```

> **ES.55** 색인 범위 점검이 필요한 상황을 피하라.[41]

색인 범위의 길이를 점검할 필요가 없으면 '하나 모자라는 오류(off-by-one error)'[42]가 생길 여지도 없다. 다음 예를 보자. 이 예제 프로그램은 std::vector에 담긴 요소들을 합산한다.

```
// sumUp.cpp

#include <iostream>
#include <numeric>
#include <vector>

int main() {

    std::vector<int> vec{1, 2, 3, 4, 5, 6, 7, 8, 9, 10};

    // 나쁨
    int sum1 = 0;
    auto sizeVec = vec.size();
    for (int i = 0; i < sizeVec; ++i) sum1 += vec[i];

    std::cout << sum1 << '\n'; // 55

    // 더 나음
    int sum2 = 0;
    for (auto v: vec) sum2 += v;
    std::cout << sum2 << '\n'; // 55

    // 제일 좋음
    auto sum3 = std::accumulate(vec.begin(), vec.end(), 0);
    std::cout << sum3 << '\n'; // 55

}
```

'나쁨'의 예처럼 컨테이너의 요소들을 명시적으로 훑는 코드는 실수의 여지가 많다. '좋음'의 예처럼 구간 기반 for 루프를 이용해서 컨테이너를 암묵적으로 훑는

---

41 https://isocpp.github.io/CppCoreGuidelines/CppCoreGuidelines#Res-range-checking
42 https://en.wikipedia.org/wiki/Off-by-one_error

것이 더 안전하다. 더 나아가서, 지금처럼 컨테이너의 요소들을 합산하려는 경우에는 STL의 std::accumulate 알고리즘[43]을 이용해서 그런 의도를 명확하게 표현하는 것이 최선이다.

8.3.2 포인터

포인터에 관한 규칙들은 널 포인터에 관한 규칙으로 시작해서 포인터의 삭제와 역참조에 관한 규칙들로 이어진다.

> **ES.47** 0이나 NULL 대신 nullptr를 사용하라.[44]

널 포인터를 0이나 NULL로 표현하지 말아야 하는 이유는 다음과 같다.

- **0**: 리터럴 0은 문맥에 따라 널 포인터 (void*)0이 될 수도 있고 그냥 수치 0이 될 수도 있다. 따라서 프로그래머는 널 포인터라고 생각하고 사용했지만 실제로는 수치로 취급되는 문제가 발생할 여지가 있다.
- **NULL**: NULL은 매크로이며, 따라서 실제 값이 무엇인지는 소스 코드를 뜯어봐야 알 수 있다. 다음은 cppreference.com에 나온, 가능한 정의의 하나이다.[45]

```
#define NULL 0
// C++11부터:
#define NULL nullptr
```

> **널 포인터 0과 NULL을 nullptr로 대체하자**
>
> 평소에 나는 기존 코드의 리팩터링을 그리 권하지 않는다. 하지만 널 포인터 0과 NULL은 예외이다. 모든 널 포인터 0과 NULL을 널 포인터 nullptr로 대체하길 권한다.
>
> ```
> int* a = 0;          // 나쁨
> int* b = NULL;       // 나쁨
>
> int* a = nullptr;    // 좋음
> int* b = nullptr;    // 좋음
> ```
>
> 리팩터링 후에 프로그램이 컴파일된다면 잘 된 것이다. 만일 컴파일 오류가 난다면, 그것도 다행이다. 컴파일 오류는 애초에 널 포인터가 있으면 안 되는 곳에 널 포인터를 사용했다는 뜻이므로, 숨겨진 미정의 행동을 잡아낸 것이다.

---

43 https://en.cppreference.com/w/cpp/algorithm/accumulate
44 https://isocpp.github.io/CppCoreGuidelines/CppCoreGuidelines#Res-nullptr
45 https://en.cppreference.com/w/cpp/types/NULL

널 포인터 nullptr에는 수치 리터럴 0과 매크로 NULL의 중의성이 없다. 어떤 문맥에서든 nullptr의 형식은 std::nullptr_t이다. nullptr는 임의의 포인터에 배정할 수 있다. nullptr를 배정한 포인터는 아무것도 가리키지 않는 널 포인터가 된다. nullptr는 역참조할 수 없다. 이런 형식의 포인터에 허용되는 연산은 다른 포인터와의 비교와 다른 포인터 형식으로의 변환뿐이다. nullptr를 정수 형식과 비교하거나 정수 형식으로 변환할 수는 없다. 단, nullptr를 프로그래머가 명시적으로, 또는 문맥에 따라 컴파일러가 암묵적으로 bool로 변환하는 것은 가능하다. 이 덕분에 nullptr를 논리 표현식에 사용할 수 있다.†

8.3.2.1 일반적 코드

세 종류의 널 포인터를 일반적 코드(generic code)에서 사용해 보면 수치 0과 매크로 NULL의 단점이 바로 드러난다. 템플릿 인수 연역에 의해 리터럴 0과 NULL은 정수 형식으로 연역된다. 그러면 그 두 리터럴이 널 포인터를 의도한 것이라는 정보가 사라진다.

```
// nullPointer.cpp

#include <cstddef>
#include <iostream>

template<class P >
void functionTemplate(P p) {
   int* a = p;
}

int main() {
   int* a = 0;
   int* b = NULL;
   int* c = nullptr;

   functionTemplate(0);          // ❶
   functionTemplate(NULL);       // ❷
   functionTemplate(nullptr);
}
```

0과 NULL로 int 포인터를 초기화하는 것은 허용된다. 그렇지만 ❶과 ❷에서처럼 0과 NULL을 함수 템플릿의 인수로 사용하면 컴파일 오류를 발생한다. [그림 8.8]에 오류 메시지가 나와 있다.

---

† [옮긴이] 짐작했겠지만 nullptr는 항상 false로 평가된다.

```
rainer@seminar:~> g++ nullPointer.cpp -o nullPointer
nullPointer.cpp: In instantiation of 'void functionTemplate(P) [with P = int]':
nullPointer.cpp:16:23:   required from here
nullPointer.cpp:8:10: error: invalid conversion from 'int' to 'int*' [-fpermissive]
     int* a = p;
          ^
nullPointer.cpp: In instantiation of 'void functionTemplate(P) [with P = long int]':
nullPointer.cpp:17:26:   required from here
nullPointer.cpp:8:10: error: invalid conversion from 'long int' to 'int*' [-fpermissive]
rainer@seminar:~>
```

그림 8.8 널 포인터 0, NULL, nullptr.

함수 템플릿에서 컴파일러는 0을 int 형식으로, NULL을 long int 형식으로 연역한다. 하지만 nullptr는 사정이 다르다. 연역 과정을 거쳐도 nullptr는 여전히 std::nullptr_t 형식이다.

ES.61 배열은 delete[]로 삭제하고 배열이 아닌 객체는 delete로 삭제하라.[46]

STL 컨테이너나 std::unique_ptr<X[]> 같은 스마트 포인터를 사용하지 않고 메모리를 직접 관리하다 보면 실수를 저지르기 마련이다.

```
void f(int n) {
    auto p = new X[n]; // 기본 생성된 X 객체 n개의 배열
    // ...
    delete p; // 오류: 객체 p만 삭제될 뿐이다.
              // 배열 p[]는 삭제되지 않는다.
}
```

C 배열을 배열이 아닌 delete로 삭제하는 것은 미정의 행동이다.

원시 메모리를 직접 관리할 수밖에 없는 상황이라면 제7장의 §7.2 "할당과 해제"에 나오는 규칙들을 숙지하기 바란다.

ES.65 유효하지 않은 포인터를 역참조하지 말라.[47]

유효하지 않은 포인터를 역참조하는 것은 미정의 행동이다. 이런 미정의 행동을 피하려면, 포인터를 사용하기 전에 매번 점검하는 수밖에 없다.

```
void func(int* p) {
    if (!p) {
```

---

46 *https://isocpp.github.io/CppCoreGuidelines/CppCoreGuidelines#Res-del*
47 *https://isocpp.github.io/CppCoreGuidelines/CppCoreGuidelines#Res-deref*

```
        // 뭔가 특별한 작업을 수행한다.
    }
    int x = *p;
}
```

이런 번거로움을 피하려면 애초에 원시 포인터를 사용하지 않는 것이 최선이다. 포인터 의미론이 필요하다면 std::unique_ptr나 std::shared_ptr 같은 스마트 포인터를 사용하자.

8.3.3 평가 순서

표현식들의 적용 순서가 애매하면 프로그램이 미정의 행동을 일으킬 수 있다.

ES.43 평가 순서가 정의되지 않는 표현식을 피하라.[48]

다음 표현식은 C++14에서 미정의 행동을 유발한다.

```
v[i] = ++i; // 결과가 정의되지 않음
```

C++17부터는 이것이 더 이상 미정의 행동이 아니다. C++17은 이 표현식이 오른쪽에서 왼쪽으로 평가됨을 보장한다. 즉, 반드시 우변이 먼저 평가되고 좌변이 평가된다. 따라서 이 표현식의 행동이 잘 정의된다.

평가 순서에 관해 C++17은 다음을 보장한다.

- 후위(postfix) 표현식은 왼쪽에서 오른쪽으로 평가된다. 함수 호출과 멤버 선택 표현식이 여기에 포함된다.
- 배정 표현식은 오른쪽에서 왼쪽으로 평가된다. += 같은 복합 배정도 여기에 포함된다.
- 자리이동(shift) 연산자의 피연산자들은 왼쪽에서 오른쪽으로 평가된다.

다음은 몇 가지 예이다. 이 예들 모두에서 a가 먼저 평가되고 b가 평가된다.[†]

```
a.b
a->b
a->*b
a(b1, b2, b3)
```

---

48 *https://isocpp.github.io/CppCoreGuidelines/CppCoreGuidelines#Res-order*
† [옮긴이] 이 예제 코드에서 '@'는 +나 -처럼 등 복합 배정을 지원하는 이항 연산자들을 하나의 기호로 표현한 것이다. C++에 실제로 @라는 연산자는 없다.

```
b @= a
a[b]
a << b
a >> b
```

함수 호출 a(b1, b2, b3)은 까다롭다. C++17은 세 인수 표현식이 모두 평가된 후에 함수 안으로 전달됨을 보장할 뿐, 세 인수 표현식이 어떤 순서로 평가되는지는 명시하지 않는다.

그럼 함수 인수들의 평가 순서 문제를 좀 더 자세히 살펴보자.

ES.44 함수 인수들의 평가 순서에 의존하지 말라.[49]

최근 몇 년 동안 나는 함수 인수들이 왼쪽에서 오른쪽으로 평가된다는 잘못된 가정 때문에 생긴 오류를 많이 보았다. 현재의 C++ 표준은 그런 순서를 보장하지 않음을 명심하기 바란다.

```cpp
// unspecified.cpp

#include <iostream>

void func(int fir, int sec) {
    std::cout << "(" << fir << "," << sec << ")" << '\n';
}

int main(){
    int i = 0;
    func(i++, i++);
}
```

표준은 함수 인수들의 평가 순서를 명시하지 않는다. 따라서 이 프로그램은 명시되지 않은 행동, 줄여서 비명시 행동(unspecified behavior)을 보인다. 비명시 행동이란 프로그램의 행동이 구현체에 따라 다를 수 있음을 뜻한다. 또한, C++ 표준은 그런 비명시 행동의 효과를 문서화하지 않은 구현체도 C++ 표준을 준수하는 구현체라고 인정한다.

실제로, C++ 표준을 준수하는 GCC와 Clang은 앞의 예제 프로그램에 대해 서로 다른 결과를 낸다(그림 8.9).

---

[49] https://isocpp.github.io/CppCoreGuidelines/CppCoreGuidelines#Res-order-fct

― C++

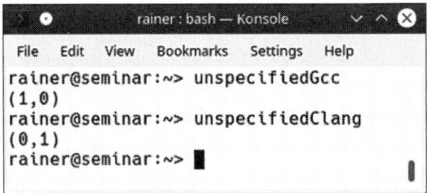

그림 8.9 비명시 행동.

> 🔑 **C++17의 표현식 평가 순서 보장**
>
> 다음은 C++17 표준에 명시된 평가 순서를 보여주는 표현식들이다.
>
> ```
> f1()->m(f2());           // 왼쪽에서 오른쪽으로 평가됨
> std::cout << f1() << f2();  // 왼쪽에서 오른쪽으로 평가됨
>
> f1() = f(2);             // 오른쪽에서 왼쪽으로 평가됨
> ```
>
> 왜 이런 순서로 평가되는지 설명하자면 다음과 같다.
>
> - **f1()->m(f2())**: 후위(postfix) 표현식은 왼쪽에서 오른쪽으로 평가된다. 함수 호출과 멤버 선택 표현식이 여기에 포함된다.
> - **std::cout << f1() << f2()**: 자리이동(shift) 연산자의 피연산자들은 왼쪽에서 오른쪽으로 평가된다.
> - **f1() = f(2)**: 배정 표현식은 오른쪽에서 왼쪽으로 평가된다.

8.3.4 형변환

형변환(type casting)은 흔히 미정의 행동으로 이어진다. 꼭 필요하다면 형식을 명시적으로 변환해야 한다.

ES.48 형변환을 피하라.[50]

C++의 형식 시스템을 무시하고 double을 long int로 변환한 후 다시 long long int로 변환하면 어떤 일이 벌어지는지 살펴보자.

```
// casts.cpp

#include <iostream>

int main() {

    double d = 2;
```

---

[50] https://isocpp.github.io/CppCoreGuidelines/CppCoreGuidelines#Res-casts

```
auto p = (long*)&d;
auto q = (long long*)&d;
std::cout << d << ' ' << *p << ' ' << *q << '\n';
}
```

[그림 8.10]은 이 프로그램을 Visual Studio로 컴파일해서 실행한 결과인데, 뭔가 수상쩍은 수치가 출력되었다.

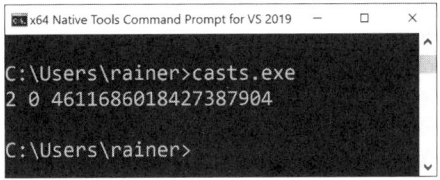

그림 8.10 잘못된 형변환 코드를 Visual Studio 컴파일러로 컴파일한 결과.

GCC나 Clang 컴파일러도 별로 나을 것이 없다(그림 8.11).

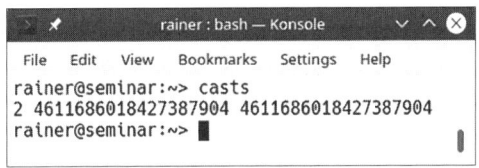

그림 8.11 잘못된 형변환 코드를 GCC 또는 Clang 컴파일러로 컴파일한 결과.

이런 C 스타일 형변환의 문제점은 실제로 어떤 종류의 형변환이 일어나는 지를 알기 어렵다는 것이다. 문맥에 따라서는 하나의 C 스타일 형변환 구문에 대해 여러 가지 형변환의 조합이 적용될 수 있다.

대략 말하자면, 하나의 C 스타일 형변환에 대해 먼저 static_cast가 적용되고, 그런 다음 const_cast가 적용되고, 마지막으로 reinterpret_cast가 적용된다.

ES.49 형변환이 꼭 필요하다면 명명된 형변환을 사용하라.[51]

The Zen of Python(파이썬의 선)[52]에는 "명시적인 것이 암묵적인 것보다 낫다"라는 원칙이 있다. 이 원칙은 C++의 형변환에도 적용된다. 즉, 형변환이 필요하다면 명명된 형변환을 명시적으로 사용해야 한다.

---

51 *https://isocpp.github.io/CppCoreGuidelines/CppCoreGuidelines#Res-casts-named*
52 *https://www.python.org/dev/peps/pep-0020/*

C++11부터 C++은 다음 여섯 가지 명명된 형변환 수단을 제공한다.

- **static_cast**: 포인터 형식들이나 수치 형식들처럼 서로 비슷한 형식들 사이의 변환에 쓰인다.
- **const_cast**: const나 volatile 한정사를 추가 또는 제거한다.
- **reinterpret_cast**: 포인터들 사이의 변환 또는 수치 형식과 포인터 사이의 변환에 쓰인다.
- **dynamic_cast**: 같은 클래스 위계구조에 있는 다형적 포인터들이나 다형적 참조들 사이의 변환에 쓰인다.
- **std::move**: 주어진 객체를 오른값 참조로 변환한다.
- **std::forward**: 왼값을 왼값 참조로, 오른값을 오른값 참조로 변환한다.

std::move와 std::forward를 형변환 수단으로 간주했다는 점에 놀란 독자도 있겠다. std::move의 내부를 살펴보면 놀라움이 사라질 것이다.

static_cast<std::remove_reference<decltype(arg)>::type&&>(arg)

이 표현식이 하는 일은 다음과 같다. 먼저, decltype(arg)를 이용해서 인수 arg의 형식을 연역한다. 그런 다음 그 형식에서 모든 참조를 std::remove_reference를 이용해서 제거한 후 참조 두 개를 추가한다. std::remove_reference[53]는 형식 특질(type traits) 라이브러리에 있는 메타함수이다. 결과적으로, arg가 어떤 원래 형식이었든 오른값 참조가 나온다.

ES.50 const를 강제로 제거하지 말라.[54]

다음 예제의 constInt처럼 원래 const로 선언된 객체에서 const를 강세로 제거한 후 객체를 변경하는 것은 미정의 행동이다.

```
const int constInt = 10;
const int* pToConstInt = &constInt;

int* pToInt = const_cast<int*>(pToConstInt);
*pToInt = 12;        // 미정의 행동
```

---

53 *https://en.cppreference.com/w/cpp/types/remove_reference*
54 *https://isocpp.github.io/CppCoreGuidelines/CppCoreGuidelines#Res-casts-const*

이 규칙의 근거를 C 표준 명세서(C++ 표준과도 관련이 있는)의 다음 문구에서 찾을 수 있다. "구현체는 volatile이 아닌 const 객체를 저장소의 읽기 전용 영역에 배치할 수 있다."(*International Organization for Standardization (ISO)/International Electrotechnical Commission (IEC) 9899:2011*, subclause 6.7.3, paragraph 4).

8.4 문장

C++ 핵심 가이드라인의 문장(statement) 하위 섹션[55]에 있는 규칙들은 크게 두 범주로 나뉜다. 하나는 반복문에 관한 규칙들(§8.4.1)이고 다른 하나는 선택문에 관한 규칙들(§8.4.2)이다. 먼저 반복문에 관한 규칙들을 살펴보자. 규칙을 따로 제시하고 설명을 붙이는 대신, 필요한 내용을 설명하고 C++ 핵심 가이드라인의 관련 규칙을 인용하는 식으로 진행하겠다.

8.4.1 반복문

C++의 반복문은 while 문, do while 문, for 문 세 가지이다. C++11에서는 for 문을 위한 편의 구문(syntactic sugar; 문법적 설탕)[56]이라고 할 수 있는 구간 기반(range-based) for 루프가 추가되었다.

```
std::vector<int> vec = {0, 1, 2, 3, 4, 5};

            // for 루프
for(std::size_t i = 0; i < vec.size(); ++i) {
   std::cout << vec[i] << ' ';
}

            // 구간 기반 for 루프
for (auto ele : vec) std::cout << ele << ' ';
```

- 구간 기반 for 루프가 더 읽기 쉬울 뿐만 아니라, 색인이 구간을 벗어나는 오류가 발생하지 않으며 루프 본문에서 색인을 변경할 수 없다("ES.71: 선택할 수 있다면 for 문보다 구간 기반 for 문을 선호하라"[57]와 "ES.86: 기본 for 루프의 본문 안에서 루프 제어 변수를 변경하는 일을 피하라"[58]).
- 명백한 루프 변수가 있다면 while 문 대신 for 루프를 사용해야 한다("ES.72:

---

[55] *https://isocpp.github.io/CppCoreGuidelines/CppCoreGuidelines#esstmt-statements*
[56] *https://en.wikipedia.org/wiki/Syntactic_sugar*
[57] *https://isocpp.github.io/CppCoreGuidelines/CppCoreGuidelines#Res-for-range*
[58] *https://isocpp.github.io/CppCoreGuidelines/CppCoreGuidelines#Res-loop-counter*

명백한 루프 변수가 있다면 while 문보다 for 문을 선호하라"[59]). 그런 변수가 없다면 while 문을 사용해야 한다("ES.73: 명백한 루프 변수가 없다면 for 문보다 while 문을 선호하라"[60]).

```
for (auto i = 0; i < vec.size(); ++i) {
    // 어떤 작업을 수행한다.
}

int events = 0;
while (wait_for_event()) {
    ++events;
    // 어떤 작업을 수행한다.
}
```

- for 루프에는 반드시 루프 변수를 선언해야 한다("ES.74: for 문의 초기화 부분에서 루프 변수를 선언하는 쪽을 선호하라"[61]). 기억하겠지만 C++17부터는 result 같은 변수를 if 문이나 switch 문의 초기화 부분에서도 선언할 수 있다.

```
std::map<int,std::string> myMap;

if (auto result = myMap.insert(value); result.second){
    useResult(result.first);
    // ...
}
else{
    // ...
} // result가 자동으로 파괴된다.
```

- do while 문과 goto 문은 될 수 있으면 사용하지 말아야 한다("ES.75: do 문을 피하라"[62]와 "ES.76: goto를 피하라"[63]). 또한, 반복문에서 break와 continue는 최소한으로만 사용해야 한다("ES.77: 루프에서 break와 continue의 사용을 최소화하라"[64]). break 문이나 continue 문이 있으면 코드가 읽기 어려워지기 때문이다. 코드가 읽기 어려우면 프로그래머가 실수할 여지도 많고, 리팩터링하기도 어렵다. break 문은 반복문 전체를 끝내고 continue 문은 현재 반복을 끝낸다.

---

59 *https://isocpp.github.io/CppCoreGuidelines/CppCoreGuidelines#Res-for-while*
60 *https://isocpp.github.io/CppCoreGuidelines/CppCoreGuidelines#Res-while-for*
61 *https://isocpp.github.io/CppCoreGuidelines/CppCoreGuidelines#Res-for-init*
62 *https://isocpp.github.io/CppCoreGuidelines/CppCoreGuidelines#Res-do*
63 *https://isocpp.github.io/CppCoreGuidelines/CppCoreGuidelines#Res-goto*
64 *https://isocpp.github.io/CppCoreGuidelines/CppCoreGuidelines#Res-continue*

> 🔑 **명시적인 루프보다 알고리즘을 선호하라**
>
> **C++ 핵심 가이드라인**의 반복문 하위 섹션에는 메타 규칙 하나가 빠져 있다. 바로, "명시적인 루프보다 알고리즘을 선호하라(의도에 맞는 적절한 이름의 알고리즘이 있다고 할 때)"이다. 이 점은 이 책의 초고를 검수한 비야네 스트롭스트룹이 제시해 주었다. STL에는 컨테이너에 대한 암묵적인 연산들을 제공하는 알고리즘이 100개가 넘는다. 그중에는 람다 표현식을 이용해서 좀 더 구체적인 연산을 지정할 수 있는 알고리즘들도 많고, 병렬 버전이나 병렬 및 벡터화 버전을 제공하는 것들도 많다.
>
> ```
> std::vector<int> vec = {-10, 5, 0, 3, -20, 31};
>
>             // 병렬 실행을 허락한다.
> std::sort(std::execution::par, vec.begin(), vec.end());
>
>             // 병렬 및 벡터화 실행을 허락한다.
> std::sort(std::execution::par_unseq, vec.begin(), vec.end())
> ```

8.4.2 선택문

C++의 선택문은 if 문과 switch 문이다. 둘 다 C에서 물려받았다.

- 선택이 가능하다면 if 문 대신 switch 문을 사용하는 것이 좋다("ES.70: 선택이 가능하다면 if 문보다 switch 문을 선호하라"[65]). switch 문이 if 문보다 읽기 쉬울 뿐만 아니라 컴파일러가 최적화하기도 좋기 때문이다.

이번 절에서는 switch 문에 관한 여러 규칙 중에 주목할 만한 규칙 두 개를 살펴보겠다.

ES.78 switch 문에서 암묵적인 실행 지속에 의존하지 말라.[66]

구식 코드에서 case 절이 100개가 넘는 switch 문을 본 적이 있다. 비어 있지 않은 case 절에 break 문이 없으면 switch 문을 유지보수하기가 대단히 어려워진다. 다음은 C++ 핵심 가이드라인에서 발췌한 예이다.

```
switch (eventType) {
case Information:
    update_status_bar();
    break;
case Warning:
```

---

[65] https://isocpp.github.io/CppCoreGuidelines/CppCoreGuidelines#Res-switch-if
[66] https://isocpp.github.io/CppCoreGuidelines/CppCoreGuidelines#Res-break

```
   write_event_log();
   // 나쁨 - 암묵적인 실행 지속(fallthrough)
case Error:
   display_error_window();
   break;
}
```

무엇이 문제인지 눈치채지 못한 독자를 위해 설명하자면, case: Warning 절에 break이 없기 때문에 eventType이 Warning인 경우 case: Error 절의 코드도 자동으로 실행된다.

물론 의도적으로 실행이 지속되게 하는 경우도 있다. C++17에는 프로그래머가 그런 의도를 명시적으로 표현할 수 있도록 [[fallthrough]]라는 특성(attibute)이 추가되었다. [[fallthrough]]는 반드시 case 레이블 바로 앞에 하나의 개별적인 문장으로 두어야 한다. [[fallthrough]]는 다음 case 절로의 실행 지속이 실수가 아니라 프로그래머의 의도임을 컴파일러에 알려주는 역할을 한다. 결과적으로 컴파일러는 해당 코드에 대해 경고 메시지를 출력하지 않는다.

```
void f(int n) {
   void g(), h(), i();
   switch (n) {
      case 1:
      case 2:
         g();
         [[fallthrough]];   // ❶
      case 3:
         h();               // ❷
      case 4:
         i();
         [[fallthrough]];   // ❸
   }
}
```

❶의 [[fallthrough]]는 컴파일러 경고를 억제하는 효과를 낸다. 그러나 ❷에는 [[fallthrough]]가 없으므로 컴파일러가 경고 메시지를 출력할 수 있다. 그리고 ❸은 그다음에 case 절이 없으므로 잘못된 코드이다.

ES.79 공통의 사례들은(그리고 그런 사례들만) default로 처리하라.[67]

다음은 이 규칙이 어떻게 작용하는지 보여주는 예제 프로그램 switch.cpp이다.

```cpp
// switch.cpp

#include <iostream>

enum class Message{
   information,
   warning,
   error,
   fatal
};

void writeMessage() { std::cerr << "message" << '\n'; }
void writeWarning() { std::cerr << "warning" << '\n'; }
void writeUnexpected() { std::cerr << "unexpected" << '\n'; }

void withDefault(Message message) {
   switch(message) {
      case Message::information:
         writeMessage();
         break;
      case Message:: warning:
         writeWarning();
         break;
      default:
         writeUnexpected();
         break;
   }
}

void withoutDefaultGood(Message message) {
   switch(message) {
      case Message::information:
         writeMessage();
         break;
      case Message::warning:
         writeWarning();
         break;
      default:
         // 나머지 사례들에 대해서는 할 일이 없음
         break;
   }
}
```

---

[67] https://isocpp.github.io/CppCoreGuidelines/CppCoreGuidelines#Res-default

```
void withoutDefaultBad(Message message) {
    switch(message) {
        case Message::information:
            writeMessage();
            break;
        case Message::warning:
            writeWarning();
            break;
    }
}

int main() {

    withDefault(Message::fatal);
    withoutDefaultGood(Message::information);
    withoutDefaultBad(Message::warning);

}
```

함수 withDefault와 withoutDefaultGood의 구현은 따로 설명할 것이 없을 정도로 명백하다. withoutDefaultGood 함수의 유지보수자는 이 switch 문에 기본 사례가 없는 것이 의도적임을(즉, Message::warning과 Message::information 이외의 사례에 대해서는 이 함수가 따로 할 일이 없음을) 주석을 보고 알 수 있다. withoutDefaultBad는 그렇지 않다. 유지보수자의 관점에서 withoutDefaultBad를 withoutDefaultGood과 비교해 보기 바란다. 원 작성자가 처음부터 default 절을 빼 먹었을 수도 있고 나중에 Message::error와 Message::fatal이 열거형에 추가되었을 수도 있다. 어떤 경우이든 유지보수자가 이 문제를 해결하려면 소스 코드를 더 조사하거나 원 작성자에게 물어보아야 한다.

8.5 산술

산술 표현식 하위 섹션[68]의 일곱 규칙 중에는 위반 시 상당히 의외의 결과가 나오는 것들도 있다. 이 규칙들은 크게 두 범주로 나뉘는데, 하나는 부호 있는(signed)/없는(unsigned) 정수의 산술에 관한 규칙들(§8.5.1)이고 다른 하나는 위넘침(overflow)[†]/아래넘침(undeflow)과 0으로 나누기 같은 전형적인 산술 오류에 관한 규칙들(§8.5.2)이다.

---

[68] https://isocpp.github.io/CppCoreGuidelines/CppCoreGuidelines#arithmetic
[†] [옮긴이] overflow를 그냥 '넘침'이라고 옮기기도 하지만, 여기서는 underflow와 구분해서 사용하므로 '위'를 붙였다. 둘을 묶어서 이야기할 때는 '넘침'을 사용하겠다.

8.5.1 부호 있는/없는 정수의 산술

이 규칙들을 어기면 예기치 못한 결과가 나올 수 있다.

ES.100 부호 있는 산술과 부호 없는 산술을 섞지 말라.[69]

부호 있는 산술과 부호 없는 산술을 섞으면 의외의 결과를 얻게 될 수 있다.

```
// mixSignedUnsigned.cpp

#include <iostream>

int main() {

    int x = -3;
    unsigned int y = 7;

    std::cout << x - y << '\n'; // 4294967286
    std::cout << x + y << '\n'; // 4
    std::cout << x * y << '\n'; // 4294967275
    std::cout << x / y << '\n'; // 613566756

}
```

GCC와 Clang, Microsoft 컴파일러는 모두 같은 결과를 산출한다.

ES.101 비트 조작에는 부호 없는 형식을 사용하라.[70]

부호 '있는' 피연산자에 비트 단위 연산자(~, >>, >>=, <<, <<= &, &=, ^, ^=, |, and |=)를 적용한 비트 조작(bit manipulation)은 소위 '구현체가 정의하는 행동'(implementation-defined behavior), 줄여서 구현체 정의 행동에 해당한다. 구현체 정의 행동이란 프로그램의 행동이 구현체에 따라 다를 수 있고 구현체는 반드시 각 행동의 효과를 문서화해야 함을 뜻한다. 따라서 부호 있는 형식에 대해서는 비트 조작을 수행하지 말고 대신 부호 없는 형식을 사용해야 한다.

```
unsigned char x = 0b00110010;
unsigned char y = ~x; // y == 0b11001101
```

---
69 *https://isocpp.github.io/CppCoreGuidelines/CppCoreGuidelines#Res-mix*
70 *https://isocpp.github.io/CppCoreGuidelines/CppCoreGuidelines#Res-unsigned*

ES.102 산술에는 부호 있는 형식을 사용하라.[71]

첫째로, 부호 없는 형식은 산술에 사용하지 말아야 한다. 부호 없는 형식의 두 값의 뺄셈 결과가 음수인 경우 이상한 결과가 나올 수 있기 때문이다. 둘째로, 부호 있는 산술과 부호 없는 산술을 섞으면 안 된다(앞의 규칙 "ES.100: 부호 있는 산술과 부호 없는 산술을 섞지 말라"). 다음은 이 규칙들을 어기면 어떤 문제가 발생하는지를 보여주는 예이다.

```cpp
// signedTypes.cpp

#include <iostream>

template<typename T, typename T2>
T subtract(T x, T2 y) {
    return x - y;
}

int main() {

    int s = 5;
    unsigned int us = 5;
    std::cout << subtract(s, 7) << '\n';       // -2
    std::cout << subtract(us, 7u) << '\n';     // 4294967294
    std::cout << subtract(s, 7u) << '\n';      // -2
    std::cout << subtract(us, 7) << '\n';      // 4294967294
    std::cout << subtract(s, us + 2) << '\n';  // -2
    std::cout << subtract(us, s + 2) << '\n';  // 4294967294


}
```

GCC, Clang, Microsoft 컴파일러 모두 같은 결과를 산출한다.

ES.106 unsigned를 이용해서 음수를 피하려 들지 말라.[72]

부호 없는 정수 형식에 관한 흥미로운 사실 하나: unsigned int 변수에 -1을 배정하면 unsigned int에 담을 수 있는 가장 큰 값이 된다.

정수들에 대한 산술 표현식의 행동은 피연산자가 부호 있는 형식이냐 부호 없는 형식이냐에 따라 다를 수 있다.

---

[71] *https://isocpp.github.io/CppCoreGuidelines/CppCoreGuidelines#Res-signed*
[72] *https://isocpp.github.io/CppCoreGuidelines/CppCoreGuidelines#Res-nonnegative*

그럼 간단한 예제 프로그램을 보자.

```cpp
// modulo.cpp

#include <cstddef>
#include <iostream>

int main(){

    std::cout << '\n';

    unsigned int max{100000};
    unsigned short x{0};
    std::size_t count{0};
    while (x < max && count < 20) {
       std::cout << x << " ";
       x += 10000;         // ❶
       ++count;
    }

    std::cout << "\n\n";
}
```

이 예제의 핵심은, ❶에서 x에 값을 계속 더해도 위넘침이 발생하지는 않는다는 것이다. x에 담을 수 없을 정도로 큰 값이 들어와도 그냥 모듈로 연산(modulo operation)†의 결과가 배정될 뿐이다. 이는 x가 unsigned short 형식이기 때문이다.

x를 부호 있는 형식으로 바꾸면 프로그램의 행동이 극적으로 바뀐다.

```cpp
// overflow.cpp

#include <cstddef>
#include <iostream>

int main() {

    std::cout << '\n';

    int max{100000};
    short x{0};
    std::size_t count{0};
```

---

† [옮긴이] 모듈로 연산은 연산의 결과를 '법'이라고 부르는 특정한 값으로 나눈 나머지가 연산의 최종 결과인 연산을 말한다. 아날로그 시계에서 12시를 지나서 13시가 되는 것이 아니라 1시가 되는 것이 모듈로 연산의 일상적인 예이다. 즉, 아날로그 시계의 시에는 법이 12인 모듈로 연산이 적용된다.

8.5 산술 **221**

```
    while (x < max && count < 20) {
        std::cout << x << " ";
        x += 10000;
        ++count;
    }

    std::cout << "\n\n";
}
```

이제는 누적된 덧셈에서 위넘침이 발생한다. [그림 8.12]에서 원으로 강조된 부분에 주목하기 바란다.

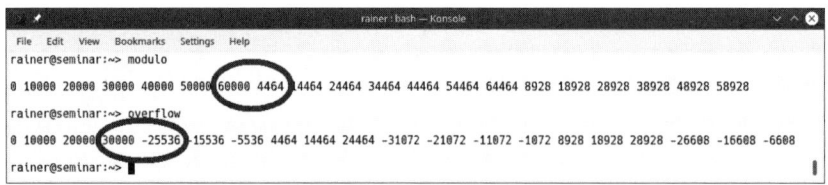

그림 8.12 unsigned의 나머지 산술과 signed의 위넘침.

넘침 검출

이 지점에서 위넘침이나 아래넘침을 어떻게 검출할 수 있는지가 대단히 궁금한 독자들이 있을 것이다. 방법은 상당히 쉽다. x += 1000 같은 오류성 배정 표현식을 중괄호를 이용한 표현식 x = {x + 1000}으로 바꾸면 된다. 이렇게 하면 컴파일러가 좁아지는 변환(§8.2.2.3)을 점검하며, 결과적으로 넘침이 검출된다. [그림 8.13]은 GCC 컴파일러가 출력한 오류 메시지이다.

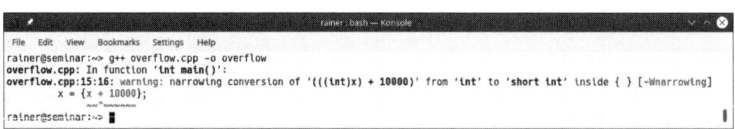

그림 8.13 좁아지는 변환 점검을 이용한 넘침 검출.

8.5.2 전형적인 산술 오류

이번 절의 세 규칙은 위반 시 항상 미정의 행동으로 이어진다.

ES.103 위넘침을 허용하지 말라.[73]

ES.104 아래넘침을 허용하지 말라.[74]

두 규칙을 묶어서 설명하겠다. 산술에 관한 넘침은 앞에서 보았듯이 의외의 결과를 산출하고, 구간(유효한 색인 범위)의 넘침은 메모리 깨짐(memory corruption)을 일으킨다. 메모리 깨짐은 미정의 행동으로 이어진다. 다음은 int 배열에 대한 구간 넘침을 시험해 보는 간단한 프로그램이다. 이 프로그램을 GCC로 컴파일해서 실행했을 때 얼마나 오래 실행될까?

```
// overUnderflow.cpp

#include <cstddef>
#include <iostream>

int main() {

   int a[0];
   int n = 0;

   while (true){
      if (!(n % 100)){
         std::cout << "a[" << n << "] = " << a[n]
      }
      a[n] = n;
      a[-n] = -n;
      ++n;
   }

}
```

이 프로그램은 불안해질 정도로 오래 실행된다. 이 프로그램은 매 100번째 배열 원소를 std::cout에 출력한다. [그림 8.14]에 실행 결과가 나와 있는데, 결국에는 코어 덤프가 발생했다.

---

73 *https://isocpp.github.io/CppCoreGuidelines/CppCoreGuidelines#Res-overflow*
74 *https://isocpp.github.io/CppCoreGuidelines/CppCoreGuidelines#Res-underflow*

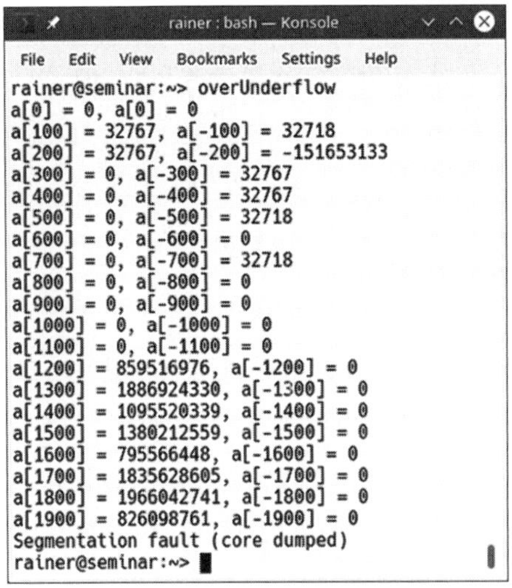

그림 8.14 C 배열의 아래넘침과 위넘침.

ES.105 0으로 나누기를 허용하지 말라.[75]

0으로 나누기(divide by zero)가 발생하면 프로그램이 폭주(crash)할 가능성이 크다.

auto res = 5 / 0; // 폭주

논리 표현식에서는 0으로 나누기가 문제를 일으키지 않을 수도 있다.

auto res = false and (5 / 0); // 문제없음

이 경우 (5 / 0)은 아예 평가되지 않으므로, 0으로 나누기가 실제로 발생하지 않는다. 이처럼 논리 표현식의 일부만 평가해서 전체 표현식의 결과를 결정하는 것을 '단축 평가(short circuit evaluation)'[76]라고 부른다. 단축 평가는 느긋한 평가(lazy evaluation)[77]의 한 특수 사례이다.

---

75 *https://isocpp.github.io/CppCoreGuidelines/CppCoreGuidelines#Res-zero*
76 *https://en.wikipedia.org/wiki/Short-circuit_evaluation*
77 *https://en.wikipedia.org/wiki/Lazy_evaluation*

8.6 관련 규칙들

매크로 함수를 대신하는 constexpr 함수에 관해서는 제12장 "상수와 불변성"에서 좀 더 이야기한다.

제13장의 메타프로그래밍 관련 절에서는 매크로 함수를 대신하는 constexpr 함수를 템플릿 메타프로그래밍의 맥락에서 소개한다.

표현식과 문장에 관한 규칙들은 그 초점이 다양하다. 그런 만큼 이전에 나온 규칙들과 크게 겹치는 규칙들도 있다. 다음 규칙들의 상세한 사항은 C++ 핵심 가이드라인에서 찾아보기 바란다.

- ES.56: std::move()는 객체를 다른 범위로 명시적으로 이동해야 할 때만 사용하라.[78] (§4.3 "매개변수 전달: 소유권 의미론" 참고.)
- ES.60: 자원 관리 함수 바깥에서는 new와 delete를 피하라.[79] ("R.12: 명시적인 자원 할당의 결과를 즉시 관리자 객체에 전달하라" 참고.)
- ES.63: 슬라이스를 허용하지 말라.[80] ("C.67: 다형적 클래스는 복사를 금지해야 한다" 참고.)
- ES.64: 객체 생성에 T{e} 표기법을 사용하라.[81] ("ES.23: {} 초기화 구문을 선호하라" 참고.)

---

[78] https://isocpp.github.io/CppCoreGuidelines/CppCoreGuidelines#Res-move
[79] https://isocpp.github.io/CppCoreGuidelines/CppCoreGuidelines#Res-new
[80] https://isocpp.github.io/CppCoreGuidelines/CppCoreGuidelines#Res-slice
[81] https://isocpp.github.io/CppCoreGuidelines/CppCoreGuidelines#Res-construct

요약

주요 사항

- 프로그래머가 루프를 직접 짠다면, 아마도 STL의 알고리즘들을 잘 모르기 때문일 것이다. STL에는 100개가 넘는 알고리즘이 있다.
- 이름을 잘 지어야 한다는 것은 아마도 좋은 소프트웨어를 위한 가장 중요한 규칙일 것이다. 이름은 반드시 대상을 명백하게 설명해야 하며, 가능하면 지역 이름이어야 한다. 또한 기존 이름과 비슷하지 않아야 하고, ALL_CAPS 형태이어서도 안 되며, 내포된 범위들에서 재사용하지 말아야 한다.
- 변수를 항상 초기화하라. {} 초기화 구문을 선호하라. const 변수의 복잡한 초기화에는 즉석에서 호출되는 람다 표현식을 사용하라.
- 상수나 함수에 매크로를 사용하지 말라. 매크로를 꼭 사용해야 하거나 기존 매크로를 유지보수할 때는 고유한 ALL_CAPS 이름을 사용하라.
- 가능하면 보통의 for 루프보다 구간 기반 for 루프를 선호하라. 구간 기반 for 루프는 읽기가 더 쉽고 색인 관련 오류가 생길 여지가 없다.
- 가능하면 if 문 대신 switch 문을 사용하는 것이 좋다. switch 문은 if 문보다 읽기 쉬울 뿐만 아니라 컴파일러가 최적화하기도 좋다.
- 특별한 이유가 없는 한 부호 있는 정수를 사용하고, 부호 있는 산술과 부호 없는 산술을 섞지 말라.
- 위넘침과 아래넘침은 미정의 행동이며, 실행 시점에서 프로그램이 폭주할 가능성이 크다는 점을 명심하라.

9장

C++ Core Guidelines Explained

성능

시피의 성능 테스트.

고성능 또는 낮은 잠복지연(low latency)이 C++의 큰 매력임은 모두가 동의할 것이다. 그런 만큼, 이 글을 쓰는 현재 C++ 핵심 가이드라인의 성능 섹션[1]에 있는 규칙 중에 아직 내용이 채워지지 않은 것이 많다는 점은 다소 아쉬운 일이다. 그래서 이번 장을 쓰면서 나는 그 규칙들에 적당히 살을 붙여야 했다. C++ 핵심 가이드라인의 성능 섹션은 잘못된 최적화에 관한 규칙들(§9.1)로 시작해서 잘못된 가정에 관한 규칙들(§9.2)로 이어지고, 최적화를 활성화하는 것에 관한 규칙들(§9.3)로 끝난다.

---

1 https://isocpp.github.io/CppCoreGuidelines/CppCoreGuidelines#S-performance

9.1 잘못된 최적화

- Per.1: 이유 없이 최적화하지 않는다.[2]
- Per.2: 섣불리 최적화하지 않는다.[3]
- Per.3: 성능이 중요하지 않은 것은 최적화하지 않는다.[4]

처음 세 규칙은 다음과 같은 유명한 인용구로 잘 요약된다.

> 진짜 문제는 프로그래머가 효율성을 잘못된 시기, 잘못된 지점에서 걱정하느라 시간을 너무 많이 허비했다는 점이다. 프로그래밍에서 섣부른 최적화는 만악의 (또는 적어도 대부분의 악의) 근원이다.
> —도널드 커누스 Donald Knuth[5], *Computer Programming as an Art*(1974)

더 줄여서 "섣부른 최적화는 만악의 근원"이라는 경구를 항상 기억하기 바란다. 또한, 성능에 관해 뭔가를 가정할 때는 성능 분석의 가장 핵심적인 규칙인 **"프로그램의 성능을 측정하라"**를 적용해야 한다는 점도 기억하자.

성능을 구체적으로 측정하지 않으면 다음 사항들을 파악할 수 없다.

- 프로그램의 어떤 부분이 병목(bottleneck)인가?
- 사용자가 받아들이려면 프로그램이 적어도 어느 정도는 빨라야 하는가?
- 잠재적으로 프로그램이 얼마나 빠를 수 있는가?

실세계의 데이터로 성능 테스트를 수행하되, 성능 테스트들의 버전을 적절한 도구로 관리해야 한다. 하드웨어나 컴파일러 같은 기반구조(infrastructure)의 뭔가를 바꿀 때마다 성능 테스트들을 다시 실행해야 한다.

잘못된 가정에 기초해서 본격적인 최적화를 적용하는 것은 전형적인 안티패턴 antipattern 이다.

9.2 잘못된 가정

- Per.4: 복잡한(complicated) 코드가 단순한 코드보다 반드시 빠를 것이라고 가정하지 말자.[6]

---

2 *https://isocpp.github.io/CppCoreGuidelines/CppCoreGuidelines#Rper-reason*
3 *https://isocpp.github.io/CppCoreGuidelines/CppCoreGuidelines#Rper-Knuth*
4 *https://isocpp.github.io/CppCoreGuidelines/CppCoreGuidelines#Rper-critical*
5 *https://en.wikipedia.org/wiki/Donald_Knuth*
6 *https://isocpp.github.io/CppCoreGuidelines/CppCoreGuidelines#Rper-simple*

- Per.5: 저수준 코드가 고수준 코드보다 반드시 빠를 것이라고 가정하지 말자.[7]
- Per.6: 측정 없이는 성능에 관해 뭔가를 주장하지 말자.[8]

본론으로 들어가기 전에 한 가지 짚고 넘어가자. 나는 단일체(싱글턴) 패턴[9]을 권하지 않는다. 단일체는 단점이 많기로 악명이 높다. 단일체의 문제점에 관해서는 §3.1의 "I.3: 단일체(싱글턴)를 피하라"에서 자세히 이야기했다. 이번 절의 예제에 단일체가 쓰인 것은 그 예제가 실제 프로젝트에 기초한 것이기 때문이다.

이번 절에서는 복잡한 저수준 코드가 반드시 더 빠르지는 않음을, 다양한 단일체 구현의 성능을 측정해서 보여준다.

이 성능 테스트에서는 여러 방식의 단일체 구현에 대해 네 개의 스레드에서 각각 1천만 번씩(총 4천만 번) 단일체 인스턴스를 얻고 각 스레드의 실행 시간을 측정한다. 스레드를 네 개로 둔 것은 테스트에 사용한 컴퓨터의 코어가 네 개이기 때문이다. 단일체는 지연 방식으로 초기화한다. 즉, 첫 번째 접근에서 단일체가 초기화된다.

이 테스트의 성능 수치들을 너무 진지하게 받아들이지는 말기 바란다. 이 수치들은 단지 대략적이고 상대적인 성능 수준을 말해줄 뿐이다.

첫 구현은 소위 마이어스 단일체(Meyers singleton)이다. 블록 범위의 정적 변수는 스레드에 안전한 방식으로 초기화된다는 C++11의 표준 보장 덕분에 이 단일체 구현은 스레드에 안전하다.

```cpp
// singletonMeyers.cpp

#include <chrono>
#include <iostream>
#include <future>

constexpr auto tenMill = 10'000'000;

class MySingleton {
public:
    static MySingleton& getInstance() {
        static MySingleton instance;         // ❶
        volatile int dummy{};                // ❷
        return instance;
```

---

7 *https://isocpp.github.io/CppCoreGuidelines/CppCoreGuidelines#Rper-low*
8 *https://isocpp.github.io/CppCoreGuidelines/CppCoreGuidelines#Rper-measure*
9 *https://en.wikipedia.org/wiki/Singleton_pattern*

```cpp
    }
private:
    MySingleton()= default;
    ~MySingleton()= default;
    MySingleton(const MySingleton&)= delete;
    MySingleton& operator = (const MySingleton&)= delete;
};

std::chrono::duration<double> getTime() {

    auto begin= std::chrono::system_clock::now();

    for (size_t i = 0; i < tenMill; ++i) {
        MySingleton::getInstance();              // ❸
    }
    return std::chrono::system_clock::now() - begin;

};

int main() {

    auto fut1 = std::async(std::launch::async,getTime);
    auto fut2 = std::async(std::launch::async,getTime);
    auto fut3 = std::async(std::launch::async,getTime);
    auto fut4 = std::async(std::launch::async,getTime);

    auto total = fut1.get() + fut2.get() +
                 fut3.get() + fut4.get();

    std::cout << total.count() << '\n';

}
```

❶은 C++11 런타임의 보장을 이용해서 단일체 인스턴스를 스레드에 안전한 방식으로 초기화한다. main 함수의 네 스레드는 각자 1천만 번씩 이 인스턴스에 접근한다(❸). 스레드가 네 개이므로 총 4천만 번이다. ❷의 volatile 변수 dummy는 꼭 필요하다. 이 dummy 변수가 없으면 컴파일러의 탁월한 최적화 기능 때문에 ❸이 있는 for 루프가 통째로 사라질 수 있기 때문이다. 물론 그렇게 되면 아주 인상적인 성능 수치가 나올 것이다.

다음은 마이어스 단일체보다 좀 더 나은 단일체를 만들려는 시도로, 원자적 (atomic) 객체를 활용해서 단일체 패턴을 스레드에 안전하게 만든 것이다. 이 구현은 악명 높은 이중 점검 잠금 패턴(double-checked locking pattern)[10]에 기초

---

10 *https://en.wikipedia.org/wiki/Double-checked_locking*

한다. main 함수는 이전과 다를 바 없으므로 MySingleton 클래스의 구현만 제시하겠다.

```
class MySingleton {
public:
   static MySingleton* getInstance() {
      MySingleton* sin= instance.load(std::memory_order_acquire);
      if ( !sin ) {
         std::lock_guard<std::mutex> myLock(myMutex);
         sin = instance.load(std::memory_order_relaxed);
         if( !sin ){
            sin = new MySingleton();
            instance.store(sin,std::memory_order_release);
         }
      }

      volatile int dummy{};
      return sin;
   }
private:
   MySingleton()= default;
   ~MySingleton()= default;
   MySingleton(const MySingleton&)= delete;
   MySingleton& operator = (const MySingleton&)= delete;

   static std::atomic<MySingleton*> instance;
   static std::mutex myMutex;
};

std::atomic<MySingleton*> MySingleton::instance;
std::mutex MySingleton::myMutex;
```

이 구현의 작동 방식을 이해하려면 메모리 순서(memory order)[11]를 알아야 하고, 획득-해제 의미론(acquire-release semantics)과 동기화 및 순서 지정 제약(ordering constraint)을 고려해야 한다. 쉬운 주제들이 아니라서 제대로 이해하려면 며칠이 걸릴 수 있다.

어쨌거나, 코드를 고도로 정교하고 복잡하게 작성했으니 속도가 더 빠르지 않을까?

안타깝게도 그렇지는 않다. 성능 최적화의 핵심 규칙인 "Per.6: 측정 없이는 성능에 관해 뭔가를 주장하지 말자"을 적용했어야 했다. 먼저, [그림 9.1]은 리눅

---

[11] *https://en.cppreference.com/w/cpp/atomic/memory_order*

스에서 마이어스 단일체의 성능을 측정한 결과이다. 항상 그렇듯이 최적화 옵션을 최대로 설정해서 프로그램을 컴파일했다.

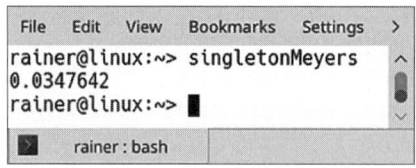

그림 9.1 마이어스 단일체의 성능.

과연 고도로 정교하고 복잡하게 짠 코드의 성능은 어느 정도일까? [그림 9.2]를 보자.

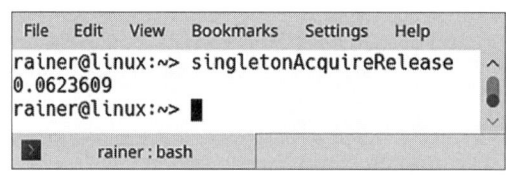

그림 9.2 획득-해제 의미론 기반 단일체의 성능.

정교한 획득-해제 의미론 기반 단일체가 마이어스 단일체보다 80%정도 느리다! 게다가, 코드가 복잡하다 보니 구현이 정확한지 증명하기가 불가능하다.

이것으로 끝은 아니다. 성능을 평가하려면 기준선(baseline)이 있어야 한다. 성능 테스트에서 기준선은 목표점이 아니라 출발점이어야 한다. 단일체 하나를 4천만 번 실행하는 것이 얼마나 빠를 수 있을까? 동기화 추가부담이 생기지 않도록 스레드 하나에서 단일체를 4천만 번 실행했을 때의 성능이 좋은 기준선이 될 것이다. [그림 9.3]을 보자.

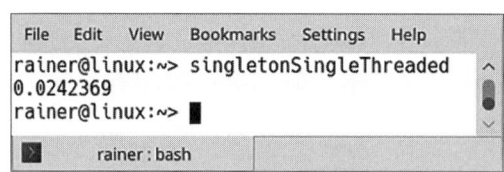

그림 9.3 단일 스레드에서 단일체의 성능.

단일 스레드 실행에는 약 0.024초가 걸렸고 마이어스 단일체에 대한 다중 스레드 실행은 약 0.035초가 걸렸다. 이는 동기화 추가부담 때문에 마이어스 단일체가 45%정도 느려졌음을 뜻한다.

이 작은 동기화 추가부담이 상당히 두드러진다. 단일체 패턴을 스레드에 안전하게 초기화하는 문제에 관해 좀 더 자세히 알고 싶다면 내 블로그 글 "Thread-Safe Initialization of a Singleton"[12]을 참고하기 바란다. `std::call_once` 함수와 `std::once_flag` 함수, `std::lock_guard` 자물쇠 객체, 그리고 순서 일관성 (sequential consistency)을 이용한 원자적 객체에 기초한 다른 여러 구현들과 리눅스(GCC) 및 Microsoft 플랫폼(cl.exe)에서 측정한 성능 수치들도 이 글에서 볼 수 있다.

9.3 최적화의 활성화

앞 절에서는 잘못된 가정에 관한 규칙들을 이야기했다. 이번에는 낙관적인 분위기로 바꾸어서, 실질적인 최적화를 위한 규칙들을 살펴보자.

> 🔑 **궁극의 진실을 보여주는 Compiler Explorer**
>
> 어떤 코드가 더 잘 최적화되는지 알고 싶다면 컴파일러가 생성한 어셈블리어 명령들을 살펴보아야 한다. Compiler Explorer[13]는 GCC, Clang, Microsoft 컴파일러를 비롯해 다양한 컴파일러로 어셈블리 코드를 생성해 준다. -O3이나 /Ox 같은 컴파일러 플래그를 지정해서 최적화 수준을 최대로 설정하는 것도 가능하다

Per.7 최적화가 가능하도록 설계하라.[14]

이 규칙은 특히 이동 의미론에 중요하다. 성능을 위해서는 복사 의미론이 아니라 이동 의미론을 이용해서 알고리즘(함수)을 작성해야 하기 때문이다. 이동 의미론을 이용하면 다음과 같은 이득이 저절로 생긴다.

1. 알고리즘이 비싼 복사 연산 대신 값싼 이동 연산을 사용한다.
2. 알고리즘이 좀 더 안정적이 된다. 이동 연산에서는 메모리 할당이 발생하지 않으므로 `std::bad_alloc` 예외가 발생할 여지가 없다.
3. `std::unique_ptr` 같은 이동 전용 형식들을 알고리즘에 사용할 수 있다.

그런데 이러한 논리에는 한 가지 허점이 있다. 바로, 이동이 불가능한 복사 전용(copy-only) 형식들이 존재한다는 점이다. 다음은 복사 전용 형식을 이동 의미론이 필요한 알고리즘에 사용하면 어떤 일이 생기는지 보여주는 예제 프로그램이다.

---

12 *https://www.modernescpp.com/index.php/thread-safe-initialization-of-a-singleton*
13 *https://godbolt.org/*
14 *https://isocpp.github.io/CppCoreGuidelines/CppCoreGuidelines#Rper-efficiency*

```cpp
// swap.cpp

#include <algorithm>
#include <iostream>
#include <utility>

template <typename T>
void swap(T& a, T& b) noexcept { // ❷
    T tmp(std::move(a));
    a = std::move(b);
    b = std::move(tmp);
}

class BigArray {

public:
    explicit BigArray(std::size_t sz): size(sz), data(new int[size]) {}

    BigArray(const BigArray& other): size(other.size),
                                     data(new int[other.size]) {
        std::cout << "Copy constructor" << '\n';
        std::copy(other.data, other.data + size, data);
    }

    BigArray& operator = (const BigArray& other) {
        std::cout << "Copy assignment" << '\n';
        if (this != &other){
            delete [] data;
            data = nullptr;
            size = other.size;
            data = new int[size];
            std::copy(other.data, other.data + size, data);
        }
        return *this;
    }

    ~BigArray() {
        delete[] data;
    }
private:
    std::size_t size;
    int* data;
};

int main(){

    std::cout << '\n';

    BigArray bigArr1(2011);
```

```
    BigArray bigArr2(2017);
    swap(bigArr1, bigArr2);       // ❶

    std::cout << '\n';
}
```

BigArray는 이동 의미론을 지원하지 않는다. 복사만 가능하다. ❶에서는 두 BigArray 객체를 교환(swap)하지만, swap 알고리즘은 내부적으로 이동 의미론을 사용한다(❷). 여기서 어떤 일이 벌어지는지를 [그림 9.4]에서 볼 수 있다.

그림 9.4 복사 전용 형식에 대한 이동 의미론.

예제 프로그램에 보여주듯이, 복사 전용 형식에 이동 의미론을 적용하면 그냥 복사 연산이 수행된다. 즉, 복사 의미론은 이동 의미론의 '대비책(fallback)'인 셈이다. 거꾸로 보면, 이동 의미론은 복사 의미론의 최적화 버전이다. 이 점을 좀 더 구체적으로 살펴보자. 예제의 swap 알고리즘은 이동 연산을 요구한다. 이는 std::move가 오른값을 돌려주기 때문이다. const 왼값 참조는 오른값에 묶일 (바인딩) 수 있으며, 복사 생성자나 복사 배정 연산자는 const 왼값 참조를 받는다. BigArray에 오른값 참조를 받는 이동 생성자나 이동 배정 연산자가 있었다면, 복사 생성자나 복사 배정 연산자보다 그 둘이 우선시된다. 이동 의미론으로 알고리즘을 구현한다는 것은 데이터 형식이 이동 의미론을 지원하는 경우 자동으로 이동 연산들이 적용됨을 뜻한다. 만일 데이터 형식이 이동 의미론을 지원하지 않으면 복사 의미론이 '대비책'으로서 쓰인다. 즉, 사정이 여의치 않으면 전통적인(더 느린) 행동이 발생하는 것이다.

BigArray의 복사 배정 연산자를 잘 살펴보면 몇 가지 문제점을 발견할 수 있다.

1. if(this != &other)는 자기 배정(self-assignment)을 판정한다. 이 판정은 항상 수행되지만, 보통의 경우 자기 배정은 그렇지 않은 배정보다 훨씬 드물게 일어난다.
2. 메모리 할당(data = new int[size])이 실패할 수 있는데, 그런 경우에도 this는 이미 수정된 후이다. size에는 틀린 길이가 들어 있고 data는 이미 삭제되었다. 예외 안전성의 관점에서 이는 예외 발생 시 복사 생성자가 보장하는 것이 "메모리 누수가 없음" 뿐이라는 뜻이다.†
3. 복사 생성자와 복사 배정 연산자는 비용이 큰 표현식 std::copy(other.data, other.data + size,data)로 데이터를 복사한다.

BigArray에 대해 이동 의미론의 swap을 구현하고 그 swap 함수로 복사 연산들을 구현하면 이 문제점들이 모두 해결된다. 다음은 그런 식으로 구현한 복사 배정 연산자이다. 인수를 참조가 아니라 값으로 받기 때문에 자기 배정 판정은 필요 없다.

```cpp
BigArray& operator = (BigArray other) {
    swap(*this, other);
    return *this;
}
```

BigArray에는 여전히 몇 가지 문제점이 남아 있는데, C 배열 대신 std::vector를 사용하면 모두 해결된다. 다음은 이 모든 문제점을 해결한 버전으로, 이전보다 훨씬 짧아지기까지 했다.

```cpp
class BigArray {
public:
    BigArray(std::size_t sz): vec(std::vector<int>(sz)) {}
private:
    std::vector<int> vec;
};
```

클래스의 모든 멤버가 6대 연산(§5.3)을 모두 지원한다면, 컴파일러는 클래스에 대해 6대 연산을 자동으로 생성할 수 있다. 6대 연산은 기본 생성자, 소멸자, 복사 및 이동 배정 연산자, 복사 및 이동 생성자이다. std::vector는 6대 연

---

† [옮긴이] 참고로 이 보장은 세 가지 예외 안전성 보장 중 가장 낮은 수준인 '기본 보장(basic guarantee)'에 해당한다. 나머지 두 보장 수준은 '강한 보장(strong guarantee)'과 '안 던짐 보장(nothrow guarantee)'인데, 자세한 사항은 https://en.cppreference.com/w/cpp/language/exceptions#Exception_safety 같은 문서를 참고하자.

산을 지원하므로 BigArray도 6대 연산을 지원할 자격이 있지만, BigArray에는 사용자 정의 생성자가 있으므로 기본 생성자는 자동으로 생성되지 않고 나머지 다섯 특수 멤버만 자동으로 생성된다.

Per.10 정적 형식 시스템에 의존하라.[15]

프로그래머가 코드를 다음과 같은 방식으로 작성하면 컴파일러가 코드를 좀 더 잘 최적화할 수 있다.

- **코드를 지역적으로 작성한다**: 예를 들어 std::sort에 커스텀 정렬 기준을 적용할 때 비교 함수를 따로 정의해서 사용하는 대신 즉석에서 호출되는 람다 표현식을 사용하면 성능이 좋아진다. 그러면 컴파일러가 좀 더 최적화된 코드를 생성하는 데 필요한 모든 정보를 갖추기 때문이다. 반면에 함수는 현재 번역 단위(간단히 말하면 소스 파일)와는 다른 번역 단위에 정의될 수 있는데, 컴파일러의 최적화 모듈(optimizer)은 번역 단위의 경계를 잘 넘지 못한다.

```
bool lessLength(const std::string& f, const std::string& s){
    return f.size() < s.size();
}

int main() {

    std::vector<std::string> vec = {"12345", "123456", "1234",
                                    "1", "12", "123", "12345"};

    // 개별 함수를 술어로 사용한다.
    std::sort(vec.begin(), vec.end(), lessLength);

    // 람다를 술어로 사용한다.
    std::sort(vec.begin(), vec.end(),
              [](const std::string& f, const std::string& s) {
                  return f.size() < s.size();
              });
}
```

- **코드를 간단하게 작성한다**: 최적화 모듈은 자신이 알고 있는 최적화 대상 패턴들을 찾는다. 코드를 너무 정교하고 복잡하게 짜면 최적화 모듈이 그런 패턴들을 찾아내기 어려워지며, 결과적으로 덜 최적화된 프로그램이 산출된다.

---

[15] https://isocpp.github.io/CppCoreGuidelines/CppCoreGuidelines#Rper-type

- **컴파일러에게 추가적인 힌트를 제공한다**: 예를 들어 예외를 던지지 않거나 예외 발생 여부가 무의미한 함수는 noexcept로 선언하는 것이 좋다. 마찬가지로, 더 이상 재정의하지 말아야 할 가상 함수를 명시적으로 final로 선언하면 최적화에 도움이 된다.

> **Per.11** 계산을 실행 시점에서 컴파일 시점으로 이동하라.[16]

다음은 유클리드 호제법[17]을 이용해서 두 수의 최대공약수를 구하는 gcd 함수이다. 이 gcd 함수는 최대공약수를 실행 시점에서 계산한다.

```
int gcd(int a, int b) {
   while (b != 0) {
      auto t = b;
      b = a % b;
      a = t;
   }
   return a;
}
```

이 gcd 함수를 constexpr로 선언하면 컴파일 시점에서 실행할 수 있는 함수가 된다. 함수를 constexpr로 선언하려면 몇 가지 제약조건을 지켜야 한다. constexpr 함수는 static 변수나 thread_local 변수, 예외 처리, goto 문을 사용할 수 없고, 모든 변수를 초기화해야 한다. 또한, 모든 변수는 리터럴 형식(literal type)[18]이어야 한다. 간단히 말하면 내장 형식들과 참조 형식, 생성자가 constexpr인 클래스가 리터럴 형식이다. 또한, 리터럴 형식의 배열도 리터럴 형식이다.

그럼 최대공약수를 컴파일 시점에서 계산해 보자.

```
// gcd.cpp

#include <iostream>

constexpr int gcd(int a, int b) {
   while (b != 0){
      auto t = b;
      b = a % b;
      a = t;
   }
```

---

16 *https://isocpp.github.io/CppCoreGuidelines/CppCoreGuidelines#Rper-Comp*
17 *https://en.wikipedia.org/wiki/Euclidean_algorithm*
18 *https://en.cppreference.com/w/cpp/named_req/LiteralType*

```
    return a;
}

int main() {

    std::cout << '\n';

    constexpr auto res1 = gcd(121, 11);                // ❶
    std::cout << "gcd(121, 11) = " << res1 << '\n';

    auto val = 121;                                    // ❸
    auto res2 = gcd(val, 11);                          // ❷
    std::cout << "gcd(val, 11) = " << res2 << '\n';

    std::cout << '\n';

}
```

constexpr로 선언한다고 해서 gcd 함수가 반드시 컴파일 시점에서 실행되는 것은 아니다. 단지 gcd가 컴파일 시점에서 실행될 "수 있음"을 뜻할 뿐이다. constexpr 함수가 컴파일 시점에서 실행되려면 상수 표현식 안에서 호출되어야 한다. ❶의 res1 배정은 상수 표현식이다. res1이 constexpr 변수이기 때문이다. 그러나 ❷의 res2 배정은, ❸에서 선언한 변수 val이 constexpr가 아니라서 상수 표현식이 될 수 없다. 실제로 ❷의 좌변을 constexpr auto res2로 바꾸면 컴파일 오류가 발생한다. constexpr가 아닌 val을 constexpr 변수의 초기화에 사용할 수는 없기 때문이다. [그림 9.5]에 이 프로그램의 출력이 나와 있다.

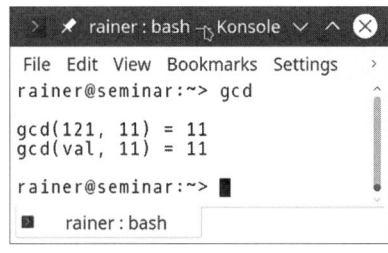

그림 9.5 gcd의 컴파일 시점 호출과 실행 시점 호출.

이 예제의 요지를 다시 말하자면, constexpr 함수는 실행 시점에서 사용할 수도 있고 컴파일 시점에서 사용할 수도 있다. 컴파일 시점에서 사용하려면 상수 표현식 안에서 사용해야 하며, 인수들도 모두 상수 표현식이어야 한다.

계산이 실제로 컴파일 시점에서 수행되는지는 Compiler Explorer[19]를 이용

---

[19] https://godbolt.org/

해서 어셈블리어 명령들을 살펴보면 알 수 있다. [그림 9.6]은 ❶의 gcd(121, 11) 호출에 대해 컴파일러가 생성한 어셈블리 코드인데, 계산 과정은 사라지고 계산 결과인 11만 남았다.

```
mov esi, 11
mov edi, OFFSET FLAT:std::cout
call std::basic_ostream<char, std::char_traits<char> >::operator<<(int)
```

그림 9.6 컴파일 시점 gcd 호출에 대한 어셈블리어 명령들.

Per.19 메모리에 예측 가능한 방식으로 접근하라.[20]

"예측 가능한 방식"이 무슨 뜻일까? 예를 들어 메모리에서 int 값을 하나 읽을 때, 실제로는 int 하나의 크기보다 더 많은 데이터를 읽게 된다. CPU는 하나의 캐시 라인cache line 전체에 해당하는 분량의 데이터를 메모리에서 읽어서 캐시에 저장한다. 현대적인 아키텍처에서 캐시 라인 하나는 흔히 64바이트이다. 같은 int 변수의 값에 다시 접근하면 CPU는 메모리를 조회하는 대신 캐시에 있는 값을 읽는다. 이 연산은 주 메모리까지 가는 대신 캐시를 직접 읽기 때문에 속도가 훨씬 빠르다.

std::vector처럼 데이터를 연속된 메모리 블록에 저장하는 자료 구조는 한 번의 메모리 읽기에서 여러 개의 요소가 캐시에 저장된다. 이처럼 캐시 라인 활용 가능성이 높은 자료 구조를 '캐시 라인 친화적(cache-line-friendly)' 자료 구조라고 부른다. std::array와 std::string도 캐시 라인 친화적이다.

std::deque는 std::vector와 비슷한 자료 구조이지만 데이터를 연속된 메모리 블록에 저장하지는 않는다. 일반적으로 std::deque의 요소들은 일련의 고정 크기 배열들에 저장된다. 기존의 고정 크기 배열들이 다 차면 새 배열이 std::deque에 추가된다(그림 9.7).

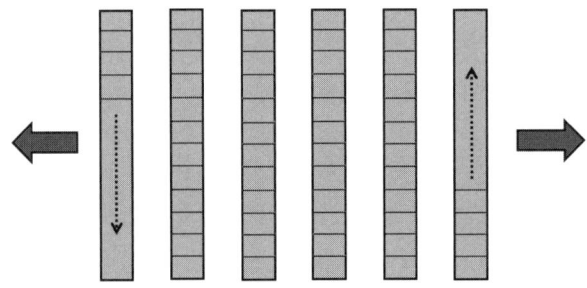

그림 9.7 std::deque의 구조.

---

20 *https://isocpp.github.io/CppCoreGuidelines/CppCoreGuidelines#Rper-access*

한편 std::list와 std::forward_list는 이중 연결(doubly linked) 또는 단일 연결(singly linked) 컨테이너이다. std::list는 양쪽으로 자라고(그림 9.8) std::forward_list는 한쪽으로만 자란다(그림 9.9).†

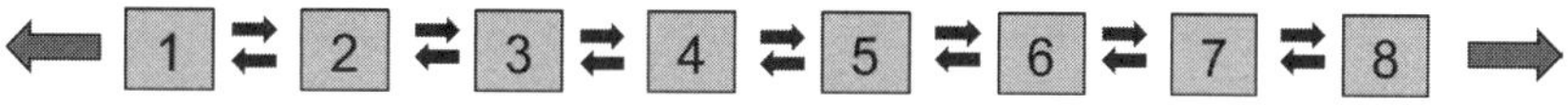

그림 9.8 std::list의 구조.

그림 9.9 std::forward_list의 구조.

이상이 캐시 라인의 이론이다. 그런데 캐시 라인 친화성이 정말로 성능에 크게 영향을 미칠까? 이를 실제로 실험해 보자. 다음은 std::vector, std::deque, std::list, std::forward_list에 대해 해당 컨테이너의 모든 요소를 읽고 합산하는 시간을 측정하는 예제 프로그램이다.

```cpp
// memoryAccess.cpp

#include <forward_list>
#include <chrono>
#include <deque>
#include <iomanip>
#include <iostream>
#include <list>
#include <string>
#include <vector>
#include <numeric>
#include <random>

const int SIZE = 100'000'000;

template <typename T>
void sumUp(T& t, const std::string& cont) {

    std::cout << std::fixed << std::setprecision(10);

    auto begin = std::chrono::steady_clock::now();
    std::size_t res = std::accumulate(t.begin(), t.end(), 0LL);
    std::chrono::duration<double> last =
            std::chrono::steady_clock::now() - begin;
    std::cout << cont << '\n';
    std::cout << "time: " << last.count() << '\n';
```

---

† [옮긴이] 두 경우 모두, 상자(메모리 칸)들이 메모리의 여기저기에 흩어져 있을 수 있다는 점이 중요하다.

```cpp
27      std::cout << "res: " << res << '\n';
28      std::cout << '\n';
29
30      std::cout << '\n';
31
32  }
33
34  int main() {
35
36      std::cout << '\n';
37
38      std::random_device seed;
39      std::mt19937 engine(seed());
40      std::uniform_int_distribution<int> dist(0, 100);
41
42      std::vector<int> randNum;
43      randNum.reserve(SIZE);
44      for (int i = 0; i < SIZE; ++i){
45          randNum.push_back(dist(engine));
46      }
47
48      {
49          std::vector<int> vec(randNum.begin(), randNum.end());
50          sumUp(vec,"std::vector<int>");
51      }
52
53
54      {
55          std::deque<int>deq(randNum.begin(), randNum.end());
56          sumUp(deq,"std::deque<int>");
57      }
58
59      {
60          std::list<int>lst(randNum.begin(), randNum.end());
61          sumUp(lst,"std::list<int>");
62      }
63
64      {
65          std::forward_list<int>forwardLst(randNum.begin(),
66                                          randNum.end());
67          sumUp(forwardLst,"std::forward_list<int>");
68      }
69
70  }
```

memoryAccess.cpp 프로그램은 먼저 0에서 100 사이의 난수 1억 개를 생성한다(행 38). 그런 다음 그 난수들을 각각 std::vector(행 50), std::deque(행 56), std::list(행 61), std::forward_list(행 67)에 추가하고 sumUp(행 16~32)을 호출

해서 그 난수들을 모두 합한다. sumUp은 std::accumulate를 이용해서 합산을 수행하는데, 근거 있는 추측에 따르면 GCC와 Clang, Microsoft Visual Studio 컴파일러 모두 std::accumulate를 다음과 크게 다르지 않게 구현할 것이다.

```
template<class InputIt, class T>
T accumulate(InputIt first, InputIt last, T init) {
   for (; first != last; ++first) {
      init = init + *first;
   }
   return init;
}
```

따라서 전반적인 합산 성능을 좌우하는 지배적인 요인은 요소에 접근하는 시간이다. [그림 9.10]에 이 예제 프로그램의 실행 결과가 나와 있다.

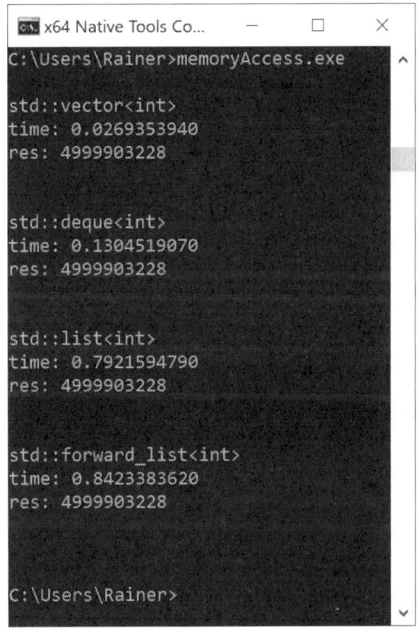

그림 9.10 Windows에서 측정한 순차 컨테이너들의 메모리 접근 성능.

성능 측정 결과를 요약하면 다음과 같다.

- std::vector가 std::list나 std::forward_list보다 약 30배 빠르다.
- std::vector가 std::deque보다 약 5배 빠르다.
- std::deque가 std::list와 std::forward_list보다 약 6배 빠르다.
- std::list와 std::forward_list는 성능이 비슷하다.

리눅스와 GCC에서도 이와 비슷한 결과가 나왔지만, 이 성능 수치들을 너무 심각하게 받아들이지는 말기 바란다. 다만, 이 성능 수치들로 볼 때 컨테이너 요소들에 접근하는 시간이 컨테이너의 캐시 라인 친화성에 크게 의존한다는 점은 거의 확실하다.

9.4 관련 규칙들

제13장의 메타프로그래밍 절(§13.6)은 템플릿 메타프로그래밍 및 형식 특질 라이브러리를 소개하고, 이번 장에서 언급한 constexpr 함수(계산을 실행 시점에서 컴파일 시점으로 옮기기 위한)도 좀 더 자세히 설명한다.

요약

주요 사항
- 잘못된 가정에 기초해서 최적화를 적용하기 전에 프로그램의 성능부터 측정하라.
- 컴파일러가 프로그램을 최적화하기 좋게 코드를 작성하라. 함수를 이동 의미론으로 구현하고, 가능하면 constexpr로 선언하라.
- 현세대 컴퓨터 아키텍처들은 연속된 메모리 블록을 읽는 데 최적화되어 있다. 따라서 컨테이너를 선택할 때는 std::vector나 std::array, std::string부터 고려해야 한다.

10장

C++ Core Guidelines Explained

동시성

털실(스레드)과 싸우는 시피.

C++ 핵심 가이드라인의 동시성 섹션[1]에 있는 규칙들의 주된 목표는 다음 세 가지이다.

- 다중 스레드 환경에서 사용하도록 고치기 쉬운 코드를 작성하는 데 도움을 준다.
- 표준 라이브러리가 제공하는 스레드 적용 기본 요소들을 깔끔하고 안전하게 사용하는 방법을 보여준다.
- 동시성과 병렬성이 기대한 만큼 성능 향상에 도움이 되지 않을 때 해야 할 일을 제시한다.

[1] https://isocpp.github.io/CppCoreGuidelines/CppCoreGuidelines#S-concurrency

이 규칙들은 크게 비전문가를 위한 일반적인 지침들(§10.1)과 동시성(§10.2), 병렬성(§10.3), 메시지 전달(§10.4), 그리고 잠금 없는 프로그래밍(§10.5)에 관한 규칙들로 나뉜다.

> **동시성과 병렬성**
> - **동시성**(concurrency): 여러 작업의 실행이 겹치는 것을 말한다. 동시성은 병렬성을 포함한다.
> - **병렬성**(parallelism): 여러 작업이 동시에 실행되는 것을 말한다. 병렬성은 동시성에 포함된다.

10.1 일반 지침

이번 절의 규칙들은 초점이 다양하지만, 모든 규칙이 중요하다.

CP.1 여러분의 코드가 다중 스레드 프로그램의 일부로 실행될 것이라고 가정하라.[2]

이 규칙이 의외라고 생각하는 독자도 있을 것이다. 특별한 경우를 위해 코드를 최적화하라는 뜻인가? 해명하자면, 이 규칙은 기본적으로 라이브러리에 쓰일 코드에 관한 것이다. 그리고 경험에 따르면 라이브러리 코드는 자주 재사용된다. 그런 만큼 라이브러리에 포함된 코드가 다중 스레드 프로그램의 일부로 실행될 가능성이 크다.

다음은 C++ 핵심 가이드라인에서 발췌한 예제 코드이다.

```
1   double cached_computation(double x) {
2       static double cached_x = 0.0;
3       static double cached_result = COMPUTATION_OF_ZERO;
4       double result;
5
6       if (cached_x == x) return cached_result;
7       result = computation(x);
8       cached_x = x;
9       cached_result = result;
10      return result;
11  }
```

cached_computation 함수는 단일 스레드 환경에서는 잘 돌아가지만, 다중 스레드 환경에서는 문제를 일으킨다. 둘 이상의 스레드가 정적 변수(static으로 선

---

[2] *https://isocpp.github.io/CppCoreGuidelines/CppCoreGuidelines#Rconc-multi*

언한 변수) cached_x(행 2, 6, 9)와 cached_result(행 3, 6, 9)를 동시에 수정할 수 있기 때문이다.

비원자적(non-atomic) 공유 변수를 동기화 없이 읽고 쓰면 데이터 경쟁(data race)이 벌어진다. 그런 경우 프로그램의 행동은 정의되지 않는다(미정의 행동).

지금 예에서 데이터 경쟁을 피하는 방법은 크게 세 가지이다.

1. 임계 영역(critical region)† 전체를 자물쇠(lock) 하나로 보호한다.
2. cached_computation 함수의 호출을 자물쇠로 보호한다.
3. 정적 변수 cached_x와 cached_result를 둘 다 thread_local 변수로 바꾼다. thread_local로 선언된 변수는 스레드마다 따로 마련된다. 정적 변수의 수명은 주 스레드의 수명에 묶이지만 thread_local 변수의 수명은 해당 스레드의 수명에 묶인다.

```
std::mutex m;
double cached_computation(double x) {                   // ❶
    static double cached_x = 0.0;
    static double cached_result = COMPUTATION_OF_ZERO;
    double result;
    {
        std::lock_guard<std::mutex> lck(m);
    if (cached_x == x) return cached_result;
    result = computation(x);
    cached_x = x;
    cached_result = result;
    }
     return result;
}

std::mutex cachedComputationMutex;                      // ❷
{

    std::lock_guard<std::mutex> lck(cachedComputationMutex);
    auto cached = cached_computation(3.33);
}

double cached_computation(double x) {                   // ❸
    thread_local double cached_x = 0.0;
```

---

† [옮긴이] 여러 스레드가 공유 변수에 접근할 수 있는, 따라서 데이터 경쟁이 발생할 수 이 영역을 말한다.

```
    thread_local double cached_result = COMPUTATION_OF_ZERO;
    double result;

    if (cached_x == x) return cached_result;
    result = computation(x);
    cached_x = x;
    cached_result = result;
    return result;
}
```

우선 주목할 점은 C++ 런타임이 정적 변수를 스레드에 안전한 방식으로 초기화한다는 점이다. C++11부터 이것이 보장된다. 따라서 정적 변수의 초기화는 보호할 필요가 없다.

1. ❶번 구현은 '성긴(coarse-grained)' 잠금 접근 방식을 사용한다. 일반적으로는 이런 성긴 잠금을 사용하지 않는 것이 좋지만, 지금 예에서는 그리 나쁘지 않다.
2. ❷번 구현은 함수 전체를 잠근다는 점에서 가장 성긴 잠금 접근 방식이다. 이런 접근 방식에는 함수의 사용자가 동기화를 책임져야 한다는 명백한 단점이 있다. 일반적으로 이는 바람직하지 않은 일이다.
3. ❸번이 가장 간단하고 효과적인 방법이다. 그냥 정적 변수를 thread_local 변수로 바꾸면 된다.

CP.2 데이터 경쟁을 피하라.[3]

먼저 데이터 경쟁이 무엇인지부터 살펴보자.

- **데이터 경쟁**은 둘 이상의 스레드가 동기화 없이 비원자적 공유 변수에 접근하려 하며 적어도 하나의 스레드가 그 변수를 수정하려는 상황을 말한다.

데이터 경쟁은 반드시 피해야 한다. 데이터 경쟁이 벌어지면 프로그램의 행동은 정의되지 않는다.

앞에 나온 데이터 경쟁의 정의를 자세히 읽어 보면, 변경 가능한(mutable) 공유 상태가 없으면 데이터 경쟁도 일어나지 않음을 알 수 있다. [그림 10.1]은 이 점을 정리한 것이다. 즉, 동시 실행 환경에서 오른쪽 아래 칸만 피하면 데이터 경쟁은 발생하지 않는다.

---

3 *https://isocpp.github.io/CppCoreGuidelines/CppCoreGuidelines#Rconc-races*

	변경 가능?	
	아니요	예
공유? 아니요	OK	OK
예	OK	데이터 경쟁

그림 10.1 변수의 네 가지 범주.

다음은 데이터 경쟁을 보여주는 간단한 예제 프로그램이다.

```cpp
// dataRace.cpp

#include <future>

int getUniqueId() {
    static int id = 1;
    return id++;
}

int main() {

    auto fut1 = std::async([]{ return getUniqueId(); });
    auto fut2 = std::async([]{ return getUniqueId(); });

    auto id = fut1.get();
    auto id2= fut2.get();

}
```

어떤 문제가 발생할까? 예를 들어 `id++`는 읽기-수정-쓰기 연산이다. 읽기, 수정, 쓰기 연산이 각각 원자적이라고 해도, 그 셋을 조합한 읽기-수정-쓰기 연산은 원자적이지 않다. 이 데이터 경쟁 때문에, `getUniqueId`가 고유하지 않은 ID 값을 돌려줄 가능성이 크다.

CP.3 쓰기 가능 데이터의 명시적인 공유를 최소화하라.[4]

앞의 규칙(CP.2)에 따라 데이터 경쟁을 피하는 한 가지 방법은 공유 데이터를 상수로 두는 것이다.

그런데 상수 공유 데이터를 초기화할 때 데이터 경쟁이 벌어질 수도 있다. C++11부터 이를 피하는 방법은 다음과 같이 여러 가지이다.

---

[4] https://isocpp.github.io/CppCoreGuidelines/CppCoreGuidelines#Rconc-data

1. 스레드를 시작하기 전에 데이터를 초기화한다. 이것은 C++11 이전 표준에서 도 가능하며, 적용하기도 쉽다.

   ```cpp
   const std::unordered_map<std::string, int> val = {
       {"Grimm",1966},
       {"Smith",1968},
       {"Blac",1930} };
   std::thread t1([&tele] { .... });
   std::thread t2([&tele] { .... });
   ```

2. 상수 표현식을 사용한다. 상수 표현식은 컴파일 시점에서 평가되므로, 데이 터 역시 컴파일 시점에서 초기화된다.

   ```cpp
   constexpr auto doub = 5.1;
   ```

3. std::call_once 함수와 std::once_flag 객체의 조합을 사용한다. 원하는 초기 화 작업을 수행하는 함수(또는 람다 표현식 등 호출 가능 요소)를 std::once_flag 객체와 함께 지정해서 std::call_once로 호출하면, C++ 런타임은 해당 초기화 함수가 실행 시점에서 딱 한 번만 실행됨을 보장한다.

   ```cpp
   std::once_flag onceFlag;

   void do_once() {
       std::call_once(onceFlag, []{
           std::cout << "Important initialization"   << '\n';
       };
   }
   ...
   std::thread t1(do_once);
   std::thread t2(do_once);
   std::thread t3(do_once);
   std::thread t4(do_once);
   ```

4. 블록 범위의 static 변수를 공유 데이터로 사용한다. C++11부터 C++ 런타임 은 정적 변수가 스레드에 안전한 방식으로 초기화됨을 보장한다.

   ```cpp
   void func() {
       ....
       static int val = 2011;

       ....
   }
   ```

```
...
std::thread t1{ func() };
std::thread t2{ func() };
```

CP.4   스레드가 아니라 작업의 관점에서 사고하라.[5]

"작업(task; 또는 과제)"은 실행의 단위(unit)를 가리키는 일반 용어이다. 그러나 C++11부터는 '작업'이 두 가지 구성요소를 대표하는 특별한 용어로 쓰인다. 한 요소는 약속(promise)이고 다른 한 요소는 미래(future)이다. 약속 요소는 어떠한 값을 산출한다. 그리고 그 값을 미래 요소를 이용해서 비동기적으로 조회할 수 있다. 약속 요소와 미래 요소는 서로 다른 스레드에서 실행될 수 있으며, 안전한(secure) 통신 채널을 통해서 연동할 수 있다.

C++에서 약속 요소는 세 가지 형태로, std::async와 std::packaged_task, std::promise이다. C++의 작업 객체에 관한 좀 더 자세한 사항은 내 블로그의 관련 글들[6]을 참고하기 바란다.

std::packaged_task와 std::promise는 둘 다 상당히 저수준이라는 공통점이 있다. 따라서 여기서는 std::async만 이야기하겠다.

다음은 3과 4의 합을 스레드로 계산하는 예와 작업(약속/미래 쌍)으로 계산하는 예이다.

```
// 스레드
int res;
std::thread t([&]{ res = 3 + 4; });
t.join();
std::cout << res << '\n';

// 작업
auto fut = std::async([]{ return 3 + 4; });
std::cout << fut.get() << '\n';
```

스레드와 작업의 근본적인 차이점은 무엇일까? 스레드는 어떻게 계산해야 하는가에 관한 것인 반면에 작업은 무엇을 계산해야 하는가에 관한 것이다.

이를 좀 더 구체적으로 살펴보자.

---

[5] *https://isocpp.github.io/CppCoreGuidelines/CppCoreGuidelines#Rconc-task*
[6] *https://www.modernescpp.com/index.php/tag/tasks*

- 스레드 t는 공유 변수 res를 이용해서 자신의 계산 결과를 제공한다. 반면에 작업의 약속 요소에 해당하는 std::async는 안전한 데이터 채널을 통해서 자신의 결과를 미래 요소 fut과 공유한다. 스레드 버전에서 이처럼 데이터를 안전하게 공유하려면 스레드 t가 사용하는 res를 명시적으로 보호해야 한다.
- 스레드 버전에서는 스레드를 명시적으로 생성한다. std::async에서는 스레드의 생성이 숨겨져 있다. 작업 버전의 초점은 어떻게 계산할 것인가가 아니라 무엇을 계산할 것인가이다. 스레드의 생성 여부와 시기, 방법 등은 C++ 런타임이 알아서 결정한다.

CP.8 volatile을 동기화에 사용하지는 말라.[7]

자바나 C#에서는 원자적 객체를 volatile로 선언한다. C++에서도 그렇게 하면 될 거라고 짐작하는 독자도 있겠지만, 틀린 생각이다. C++에서 volatile에는 다중 스레드 의미론이 없다. C++에서는 std::atomic 템플릿(C++11에서 도입되었다)을 이용해서 원자적 객체를 표현한다.

그렇다면 C++에서 volatile은 어떤 용도일까?

volatile은 컴파일러가 최적화 과정에서 읽기 연산이나 쓰기 연산을 제거해 버리면 안 되는 특별한 객체를 위한 것이다. volatile은 흔히 내장형 프로그래밍 분야에서 정규 프로그램 흐름과는 독립적으로 변할 수 있는 객체를 표시하는 데 쓰인다. 외부 장치를 나타내는 객체(메모리맵 I/O)가 좋은 예이다. 그런 객체는 프로그램의 정상적인 실행 흐름과 무관하게 값이 변할 수 있으며, 그 값은 주 메모리에 직접 기록된다. 따라서 하드웨어 캐시에 최적화된 방식으로 값이 저장되는 일은 없다.

CP.9 가능하면 항상 적절한 도구를 이용해서 동시적 코드의 유효성을 검증하라.[8]

나는 이 규칙이 동시성 관련 규칙에서 가장 중요한 규칙이라고 생각한다.

내 C++ 강의의 수강생들은 동시성과 관련해서 다양한 버그를 만들어 낸다. 사실 내가 짠 여러 프로그램에도 버그가 확실히 있다. 버그가 있음을 확신하는

---

[7] *https://isocpp.github.io/CppCoreGuidelines/CppCoreGuidelines#Rconc-volatile*

[8] *https://isocpp.github.io/CppCoreGuidelines/CppCoreGuidelines#Rconc-tools*

이유는, 동적 코드 분석 도구 ThreadSanitizer[9]와 정적 코드 분석 도구 CppMem[10]으로 검증해 보았기 때문이다. ThreadSanitizer와 CppMem은 용도가 다르다.

    ThreadSanitizer는 전체적인 상을 제시하며, 프로그램 실행 도중 벌어진 데이터 경쟁 조건을 검출한다. 반면에 CppMem은 좀 더 작은 규모의 코드 조각에 대한 상세한 통찰을 제공하는데, 대부분의 경우는 원자적 객체와 관련한 코드이다.

    그럼 간단한 예제 프로그램의 데이터 경쟁을 이 도구들로 검출해 보자. 먼저 ThreadSanitizer부터 살펴본다.

ThreadSanitizer

"ThreadSanitizerCppManual"[11]에 나온 ThreadSanitizer의 공식 소개 문구는 다음과 같다: "ThreadSanitizer(줄여서 TSan)는 C/C++을 위한 데이터 경쟁 검출기이다. 데이터 경쟁은 동시적 시스템에서 대단히 흔하고 대단히 고치기 어려운 버그이다. 데이터 경쟁은 두 스레드가 같은 비원자적 변수에 동시에 접근할 때, 그리고 적어도 한 스레드가 그 변수에 값을 쓰려고 할 때 발생한다. C++은 데이터 경쟁을 공식적으로 금지한다. C++11부터 데이터 경쟁은 미정의 행동으로 분류된다."

    ThreadSanitizer는 Clang 3.2와 GCC 4.8의 일부이다. ThreadSanitizer를 사용하려면 -fsanitize=thread 옵션을 지정해서 프로그램을 빌드(컴파일 및 링크)해야 한다. 또한, 최적화 수준을 적어도 -O2로 지정하고 디버깅 정보 생성을 위해 -g 플래그도 지정해야 한다(-fsanitize=thread -O2 -g).

    ThreadSanitizer의 실행 시점 추가부담은 꽤 크다. 메모리 사용량이 5에서 10배, 실행 시간이 2에서 20배로 증가할 수 있다. 하지만 소프트웨어 개발의 주요 법칙 중 하나가 "**먼저 프로그램을 정확하게 작성하고, 그런 다음 더 빠르게 만들어라**"임을 생각해야 한다.

    그럼 ThreadSanitizer를 실제로 적용해 보자. 다음은 내 다중 스레드 강좌에서 조건 변수(condition variable)와 관련해서 자주 제시하는 실습 과제이다.

---

9 *https://github.com/google/sanitizers/*
10 *http://svr-pes20-cppmem.cl.cam.ac.uk/cppmem/*
11 *https://github.com/google/sanitizers/wiki/ThreadSanitizerCppManual*

> 작은 핑퐁 게임을 작성하라.
> 두 스레드가 하나의 bool 변수에 번갈아서 true 또는 false를 설정해야 한다.
> 한 스레드는 bool 변수를 true로 설정한 후 다른 스레드에 그 사실을 통지한다.
> 다른 스레드는 bool 변수를 false로 설정한 후 그 사실을 원 스레드에 통지한다.
> 이러한 교대 실행 과정('핑퐁')을 일정 횟수만큼 반복한 후 프로그램을 종료한다.

그리고 다음은 내 수강생들이 흔히 작성하는 형태의 전형적인 구현이다.

```cpp
1  // conditionVariablePingPong.cpp
2
3  #include <condition_variable>
4  #include <iostream>
5  #include <thread>
6
7  bool dataReady= false;
8
9  std::mutex mut;
10 std::condition_variable condVar1;
11 std::condition_variable condVar2;
12
13 int counter = 0;
14 int COUNTLIMIT = 50;
15
16 void setTrue() {
17
18     while(counter <= COUNTLIMIT) {
19         std::unique_lock<std::mutex> lck(mut);
20         condVar1.wait(lck, []{return dataReady == false;});
21         dataReady = true;
22         ++counter;
23         std::cout << dataReady << '\n';
24         condVar2.notify_one();
25     }
26 }
27
28 void setFalse() {
29
30     while(counter < COUNTLIMIT) {
31         std::unique_lock<std::mutex> lck(mut);
32         condVar2.wait(lck, []{return dataReady == true;});
33         dataReady = false;
34         std::cout << dataReady << '\n';
35         condVar1.notify_one();
36     }
37 }
38
```

```
39  int main() {
40
41      std::cout << std::boolalpha << '\n';
42
43      std::cout << "Begin: " << dataReady << '\n';
44
45      std::thread t1(setTrue);
46      std::thread t2(setFalse);
47
48      t1.join();
49      t2.join();
50
51      dataReady = false;
52      std::cout << "End: " << dataReady << '\n';
53
54      std::cout << '\n';
55
56  }
```

setTrue 함수(행 16)는 부울 변수 dataReady를 true로 설정하고(행 21), setFalse 함수(행 28)는 그 변수를 false로 설정한다(행 33). 핑퐁 게임은 setTrue가 시작한다. setTrue는 조건 변수 condVar1을 이용해서 자신의 차례를 기다린다(행 20). dataReady가 false가 되면 condVar1.wait 호출이 반환된다. 그러면 setTrue는 dataReady를 true로 설정하고 카운터를 1 증가한(행 22) 후 다른 스레드에 자신의 일이 끝났음을 통지한다(행 24). 그러면 condVar2.wait(행 32)로 자신의 차례를 기다리던 setFalse 함수의 실행이 재개된다. setFalse는 dataReady를 false로 설정한 후 그 사실을 setTrue에 통지한다. 이러한 과정이 카운터가 COUNTLIMIT과 같아질 때까지(행 18) 반복된다. 이 프로그램이 잘 실행될까? 그렇지 않다!

프로그램 실행 도중 카운터에 대한 데이터 경쟁이 일어난다. 두 스레드는 동기화 없이 카운터를 읽고(행 30) 쓴다(행 22). [그림 10.2]는 이 데이터 경쟁을 ThreadSanitizer가 검출한 모습이다.

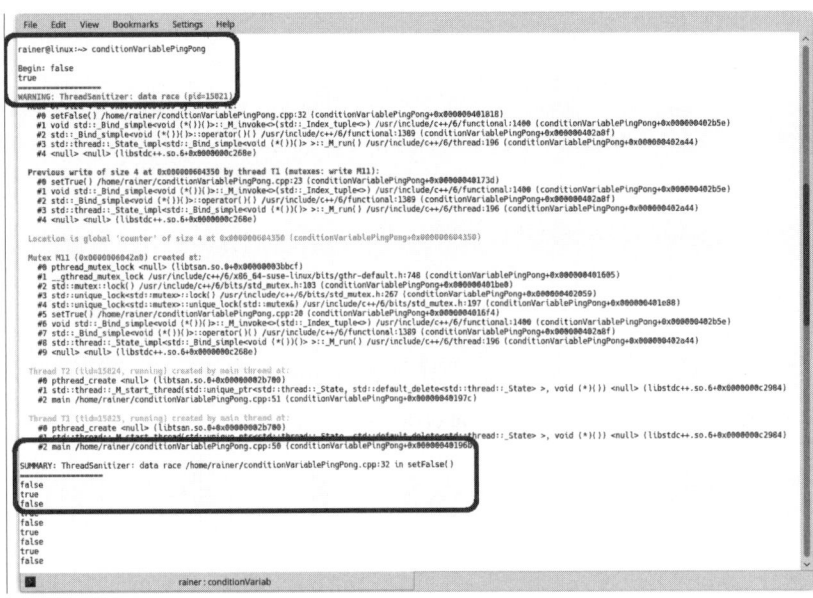

그림 10.2 ThreadSanitizer가 검출한 데이터 경쟁.

ThreadSanitizer는 실행 시점에서 데이터를 검출하지만 CppMem은 소스 코드를 분석해서 문제가 발생할 만한 부분을 찾아낸다.

CppMem

CppMem을 간단히 소개하자면 다음과 같다.

CppMem은 대단히 가치 있는 서비스들을 제공하는 온라인 도구로, 원한다면 PC에 설치해서 실행할 수도 있다.

1. CppMem은 작은 코드 조각을 검증해 준다. 흔히 원자적 객체가 포함된 코드 조각을 CppMem으로 검증한다.
2. CppMem의 아주 정확한 분석 결과는 C++ 메모리 모형을 좀 더 깊게 이해하는 데 도움이 된다.

CppMem이 제공하는 메모리 모형에 관한 통찰들을 좀 더 자세히 알고 싶다면 CppMem에 관한 내 블로그 글들[12]을 참고하기 바란다.† 여기서는 CppMem의 기본적인 사용법을 개괄적으로 살펴보는 정도로 만족하자.

---

12 http://www.modernescpp.com/index.php/tag/cppmem

† [옮긴이] CppMem을(그리고 C++의 다중 스레드 의미론 자체를) 이해하려면 C++의 메모리 모형과 시퀀싱(sequencing) 개념을 알 필요가 있다. 안타깝게도 이에 관한 한국어 자료는 많지 않다. 추천할만한 영서로는 *C++ Concurrency In Action*(Manning, 2019)이 있다.

이 개요에서는 CppMem의 기본 설정을 사용하기로 한다. 이 개요를 바탕으로 좀 더 다양한 설정을 시험해 보기 바란다.

[그림 10.3]은 CppMem의 전체 구성이다. 번호로 표시한 주요 구성요소들을 간단히 설명하면 다음과 같다.

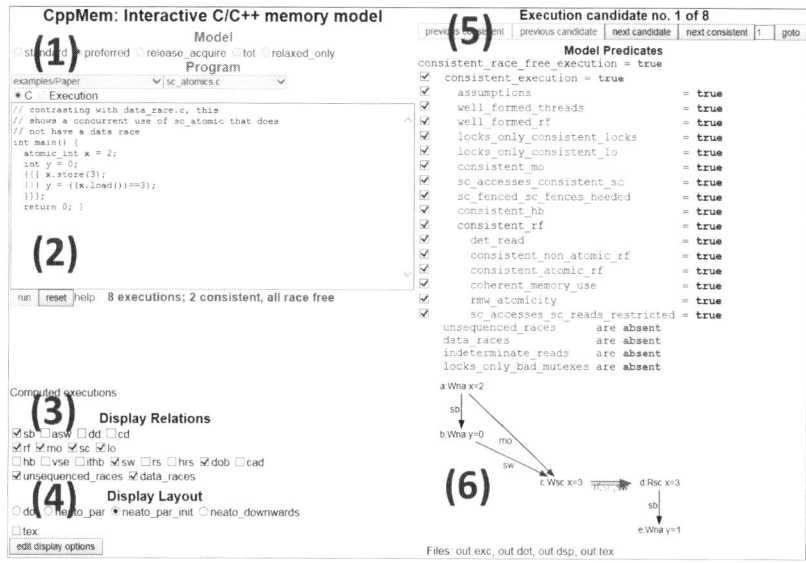

그림 10.3 CppMem의 개요.

1. **Model**
   - 여기서 C++ 메모리 모형을 선택한다. 이 개요에서는 기본 선택인 preferred를 사용한다.

2. **Program**
   - C/C++과 비슷한 문법으로 작성된, 실행 가능한 프로그램 소스 코드이다.
   - CppMem은 원자적 객체 교대 접근에 대한 여러 전형적인 예제 프로그램을 제공한다. 이 프로그램들을 좀 더 자세히 알고 싶으면 아주 잘 쓴 논문 "Mathematizing C++ Concurrency"[13](Mark Betty 외)를 읽어보기 바란다. 물론 여러분의 코드를 이 영역에 직접 입력할 수도 있다.
   - CppMem은 다중 스레드에 관한 것이므로, 스레드 관련 코드를 좀 더 간단하게 표현할 수 있는 문법을 제공한다.
     - 동시에 실행할 두 개의 스레드를 간단하게 {{{ ... ||| ... }}}로 정의할 수 있다. ...를 스레드에서 실행할 코드로 대체하면 된다.

---

[13] http://www.cl.cam.ac.uk/~pes20/cpp/popl085ap-sewell.pdf

3. **Display Relations**
   - 원자적 객체, 울타리(fence) 객체, 자물쇠에 대한 읽기, 쓰기, 읽기-쓰기 연산들 사이의 여러 관계들의 표시 여부를 설정한다.
   - 약자로 표시된 관계 체크상자를 체크하면 해당 관계가 오른쪽 그래프(6)에 표시된다. 주요 관계들을 간단히 소개하면 다음과 같다.
     - **sb**: sequenced-before(이전 시퀀스에서 실행)
     - **rf**: read from(~에서 읽음)
     - **mo**: modification order(수정 순서)
     - **sc**: sequential consistency(순서 일관성)
     - **lo**: lock order(잠금 순서)
     - **sw**: synchronizes-with(~와 동기화됨)
     - **dob**: dependency-ordered-before(이전 순서 의존성)
     - **data_races**: 데이터 경쟁들

4. **Display Layout**
   - 오른쪽 그래프를 생성하는 데 사용할 Doxygraph[14] 그래프 종류를 선택한다.

5. **Execution candidate no. 1 of ...**
   - 여러 실행 결과 중 하나를 선택한다.

6. **주석이 달린 그래프**
   - 주석(annotation)이 달린 그래프가 여기에 표시된다.

그럼 구체적인 예제 프로그램에 CppMem을 적용해 보자.

다음은 int 변수 x에 대한 데이터 경쟁이 있는 예제 프로그램 dataRaceOnX.cpp이다. 변수 y는 원자적 객체이므로 동시성의 관점에서 아무런 문제도 없다.

```
// dataRaceOnX.cpp

#include <atomic>
#include <iostream>
#include <thread>

int x = 0;
std::atomic<int> y{0};
```

---

[14] *https://sourceforge.net/projects/doxygraph/*

```cpp
void writing() {
   x = 2000;
   y.store(11);
}

void reading(){
   std::cout << y.load() << " ";
   std::cout << x << '\n';
}

int main() {

   std::thread thread1(writing);
   std::thread thread2(reading);

   thread1.join();
   thread2.join();

}
```

CppMem을 사용하려면 C++ 프로그램을 CppMem 파서가 인식하는 특정한 문법(C의 변형)으로 재작성해야 한다. C++ 코드를 그대로 복사해서 붙이고 run 버튼을 클릭하면 그냥 "Can't parse: Frontc.ParseError(Parse error)"라는 불친절한 오류 메시지가 나올 뿐이다. 다음은 앞의 프로그램을 CppMem의 좀 더 간결한 문법으로 다시 작성한 것이다.

```
// dataRaceOnXCppMem.txt

int main(){
   int x = 0;
   atomic_int y = 0;

   {{{
     {
       x = 2000;
       y.store(11);
     }
   |||
     {
       y.load();
       x;
     }
   }}}
}
```

이제 run 버튼을 클릭하면 실행 및 분석 결과가 즉시 나타난다. 16회의 실행 중 일관된(consistent; 모순이나 중의성이 없는) 실행은 두 개인데, 첫 번째의 일관된 실행에서 x에 대한 데이터 경쟁이 발생했다. [그림 10.4]는 이에 대한 그래프이다.†

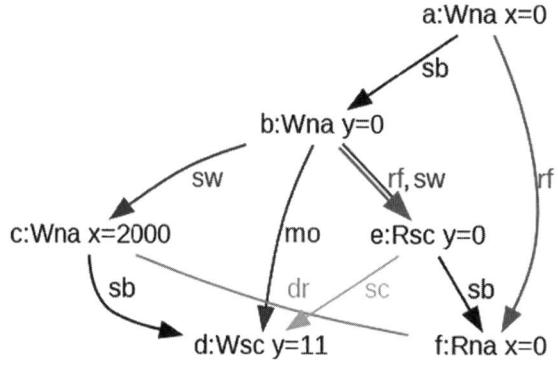

그림 10.4 CppMem이 검출한 데이터 경쟁.

그래프를 잘 보면 데이터 경쟁을 발견할 수 있을 것이다. 쓰기 연산(x=2000)과 읽기 연산(x=0) 사이의 화살표 없는 노란색 간선(dr)이 데이터 경쟁을 나타낸다.

CppMem에 관한 좀 더 자세한 사항은 내 블로그의 글들[15]을 참고하기 바란다.

10.2 동시성

동시성은 어려운 주제이다. 동시성이 어려운 이유는 동시성을 위해 C++이 제공하는 저수준 추상들을 다루기가 까다롭기 때문이다. 따라서, 다중 스레드 프로그램이 잘 정의된 방식으로 작동하게 하려면, 이번 절의 규칙들을 숙지하고 잘 적용하는 것이 대단히 중요하다.

이번 절에서는 C++ 핵심 가이드라인의 동시성 하위 섹션[16]에 있는 15가지 규칙을 잠금(§10.2.1), 스레드(§10.2.2), 조건 변수(§10.2.3)라는 주요 추상 범주들과 스레드 간 데이터 공유(§10.2.4), 자원 관리(§10.2.5), 종종 간과하는 함정(§10.2.6)이라는 부차적인 범주들로 나누어서 설명한다.

---

† [옮긴이] Display Layout에서 기본 선택인 neato_par_init 대신 dot을 선택해야 이런 형태의 그래프가 나온다.
15 *https://www.modernescpp.com/index.php/tag/cppmem*
16 *https://isocpp.github.io/CppCoreGuidelines/CppCoreGuidelines#SScp-con*

10.2.1 잠금

NNN은 No Naked New(헐벗은 new를 사용하지 말라)를 줄인 것으로, 메모리 할당을 개별적인 연산으로 수행하지 말고 반드시 관리자 객체 안에서 수행하라는 뜻이다("R.12: 명시적인 자원 할당의 결과를 즉시 관리자 객체에 전달하라"). 이 원칙은 뮤텍스^{mutex}에도 적용된다. 즉, 뮤텍스를 만들었으면 그 즉시 관리자 객체에 넘겨야 한다. 이때 관리자 객체는 곧 자물쇠(lock)이다. 현대적 C++이 제공하는 표준 자물쇠 형식으로는 std::lock_guard[17], std::unique_lock[18], std::shared_lock(C++14)[19], std::scoped_lock(C++17)[20]이 있다. NNN의 뮤텍스 버전인 NNM(No Naked Mutex)을 기억해 두면 뮤텍스를 항상 자물쇠와 함께 사용하라는 원칙을 까먹지 않을 것이다. 표준 자물쇠 형식들은 RAII 관용구를 구현한다. RAII 관용구의 핵심은 자원의 수명을 지역 변수의 수명과 묶는다는 것이다. 지역 변수의 수명은 C++ 런타임이 관리해주므로, 자원도 자동으로 관리된다.

> **CP.20** 항상 RAII를 적용하고, lock()/unlock()은 절대로 직접 사용하지 말라.[21]

다음은 자물쇠의 용도를 직접적으로 보여주는 작은 예이다.

```
std::mutex mtx;

void do_stuff() {
  mtx.lock();
  // ... 어떤 작업을 수행한다 ... ❶
  mtx.unlock();
}
```

그런데 만일 ❶에서 예외가 발생하면 unlock 메서드가 호출되지 않는다. 또는, 프로그래머가 unlock 호출을 까먹을 수도 있다. 두 경우 모두 mtx의 잠금이 풀리지 않으므로, 만일 다른 어떤 스레드가 mtx를 획득하려(즉, 잠그려) 하면 그 스레드는 영원히 기다려야 한다. 이는 바로 교착(deadlock) 상황이다. 다음처럼 뮤텍스를 자물쇠 객체에 담으면 예외 발생이나 unlock 호출 누락 문제에 벗어날 수 있다.

```
std::mutex mtx;
```

---

17 *https://en.cppreference.com/w/cpp/thread/lock_guard*
18 *https://en.cppreference.com/w/cpp/thread/unique_lock*
19 *https://en.cppreference.com/w/cpp/thread/shared_lock*
20 *https://en.cppreference.com/w/cpp/thread/scoped_lock*
21 *https://isocpp.github.io/CppCoreGuidelines/CppCoreGuidelines#Rconc-raii*

```
void do_stuff() {
    std::lock_guard<std::mutex> lck {mtx};
    // ... 어떤 작업을 수행한다 ...
}
```

뮤텍스를 자물쇠에 담으면 std::lock_guard의 생성자에서 뮤텍스가 자동으로 획득되고 소멸자에서(즉, lck가 범위를 벗어날 때) 자동으로 해제된다.

> **CP.21** 여러 개의 뮤텍스를 획득할 때는 std::lock()이나 std::scoped_lock 을 사용하라.[22]

하나의 스레드가 한 번에 여러 개의 뮤텍스를 획득해야 하는 경우, 뮤텍스들이 항상 같은 순서로 획득되게 하는데 신경 써야 한다. 획득 순서가 어긋나면 스레드들의 교대 접근 때문에 교착이 발생할 수 있다. 다음은 그런 문제 때문에 교착이 발생하는 예이다.

```
// lockGuardDeadlock.cpp

#include <iostream>
#include <chrono>
#include <mutex>
#include <thread>

struct CriticalData {
    std::mutex mut;
};

void deadLock(CriticalData& a, CriticalData& b) {

    std::lock_guard<std::mutex> guard1(a.mut);           // ❶
    std::cout << "Thread: " << std::this_thread::get_id() << '\n';

    std::this_thread::sleep_for(std::chrono::milliseconds(1));

    std::lock_guard<std::mutex> guard2(b.mut);           // ❷
    std::cout << "Thread: " << std::this_thread::get_id() << '\n';

    // a와 b로 어떤 작업을 수행한다(임계 영역)        ❸
}

int main() {

    std::cout << '\n';
```

---

[22] https://isocpp.github.io/CppCoreGuidelines/CppCoreGuidelines#Rconc-lock

```
    CriticalData c1;
    CriticalData c2;

    std::thread t1([&]{deadLock(c1, c2);});          // ❹
    std::thread t2([&]{deadLock(c2, c1);});

    t1.join();
    t2.join();

    std::cout << '\n';
}
```

스레드 t1과 t2는 주어진 두 CriticalData 객체에 담긴 뮤텍스(멤버 변수 mut)를 이용해서 각자 자신의 임계 영역(❸)을 보호한다. 그런데 ❹에서 두 스레드를 생성하는 코드를 보면 deadlock 호출 시 인수 c1, c2의 순서가 서로 다르다. 이 때문에 두 스레드는 ❶과 ❷에서 두 뮤텍스를 각자 다른 순서로 획득하게 된다. 이것은 교착 상태로 이어질 수 있는 경쟁 조건(race condition)이다. 예를 들어 만일 스레드 t1이 첫 뮤텍스 a.mut를 잠근 후에 둘째 뮤텍스 b.mut를 잠그기도 전에 스레드 t2가 먼저 b.mut를 잠그면, 두 스레드가 영원히 나머지 한 뮤텍스를 획득하지 못하는 교착 상태에 빠진다. [그림 10.5]가 그러한 예이다.

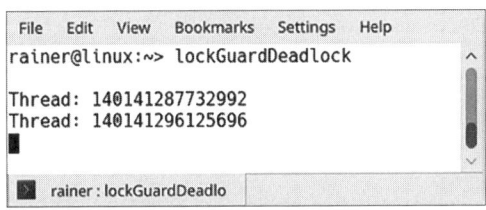

그림 10.5 다중 뮤텍스 잠금 순서 문제 때문에 발생한 교착 상태.

이런 교착을 피하는 가장 쉬운 방법은 다수의 뮤텍스를 원자적으로 잠그는 것이다.

C++11부터는 std::unique_lock 객체와 std::lock 함수를 함께 사용해서 이 문제를 해결할 수 있다. std::unique_lock 객체를 생성할 때 std::defer_lock이라는 태그를 지정하면 std::unique_lock의 생성자는 뮤텍스를 잠그지 않고 저장하기만 한다. 이후 뮤텍스를 잠가야 할 때가 되면 std::lock을 호출하면 되는데, 이때 핵심은 std::lock[23] 함수가 임의의 개수의 인수들을 받는다는 점이다.

---

[23] https://en.cppreference.com/w/cpp/thread/lock

```
void deadLock(CriticalData& a, CriticalData& b) {
    std::unique_lock<mutex> guard1(a.mut, std::defer_lock);
    std::unique_lock<mutex> guard2(b.mut, std::defer_lock);
    std::lock(guard1, guard2);
    // a와 b로 어떤 작업을 수행한다(임계 영역).
}
```

또한 C++17부터는 std::scoped_lock을 이용해서 임의의 개수의 뮤텍스를 원자적으로 잠글 수 있다.

```
void deadLock(CriticalData& a, CriticalData& b) {
    std::scoped_lock scoLock(a.mut, b.mut);
    // a와 b로 어떤 작업을 수행한다(임계 영역).
}
```

CP.22 자물쇠를 잠근 상태에서 절대로 미지의 코드(이를테면 콜백 함수)를 호출하지 말라.[24]

다음 예제 코드가 왜 나쁜지, 왜 절대로 코드 검토(code review)를 통과하면 안 되는지 생각해 보기 바란다.

```
std::mutex m;
{
    std::lock_guard<std::mutex> lockGuard(m);
    sharedVariable = unknownFunction();
}
```

문제는 unknownFunction의 정체를 알 수 없다는 것이다. unknownFunction 함수가

- 뮤텍스 m을 획득하려 한다면, 이는 미정의 행동이다. 대부분의 경우 이 미정의 행동의 결과는 교착이다.
- 뮤텍스 m을 획득하려는 스레드를 시작한다면, 역시 교착 상태에 빠질 위험이 있다.
- 또 다른 뮤텍스 m2를 잠글 수도 있다. 이는 결국 두 개의 뮤텍스(m과 m2)를 동시에, 그러나 원자적이지 않은 방식으로 잠그는 것이다. 만일 다른 스레드가 그 두 뮤텍스를 다른 순서로 잠그려 한다면 교착이 발생한다.

---

24 *https://isocpp.github.io/CppCoreGuidelines/CppCoreGuidelines#Rconc-unknown*

- 뮤텍스 m을 직접적으로든 간접적으로든 잠그지 않는다면 문제가 없어 보인다. "보인다"라고 말한 것은 여러분의 동료가 나중에 unknownFunction을 바꿀 수도 있기 때문이다. 그러면 프로그램이 어떻게 행동할지 예측할 수 없다.
- 동시성 관련 문제를 일으키지 않는다고 해도, 만일 unknownFunction의 실행이 오래 걸린다면 성능상의 문제가 될 수 있다. 한 스레드가 자물쇠를 잠근 상태에서 시간을 오래 끌면, 단일 스레드에 비한 다중 스레드의 장점이 사라져 버린다.

이런 문제점들을 극복하는 방법은 미지의 함수는 임계 영역 밖에서 호출하고, 호출 결과를 지역 변수에 담아서 임계 영역 안에서 사용하는 것이다.

```
std::mutex m;
auto tempVar = unknownFunction();
{
  std::lock_guard<std::mutex> lockGuard(m);
  sharedVariable = tempVar;
}
```

이 추가적인 간접층 덕분에 모든 문제가 해결된다. tempVar는 지역 변수이므로 데이터 경쟁의 피해자가 되지 않는다. 피해자가 없다는 것은 unknownFunction을 동기화 메커니즘 없이 호출해도 된다는 뜻이다. 게다가, 잠금을 유지하는 시간이 최소화된다. tempVar의 값을 sharedVariable에 배정하는 동안에만 자물쇠를 잠그면 된다.

10.2.2 스레드

스레드는 동시 및 병렬 프로그래밍의 기본 구축 요소이다. 새 C++ 표준이 나올 때마다 스레드는 점점 저수준 구현 세부사항 쪽으로 이동하고, 좀 더 고수준의 동시성/병렬성 구축 요소가 추가된다. 예를 들어 C++17에는 실행 정책(execution policy)[25]을 지정할 수 있는 병렬 STL이 추가되었고 C++20에는 코루틴[26]이 추가되었다. 그리고 C++23에 트랜잭션 메모리[27] 지원을 추가하는 문제가 논의되고 있다.

---

[25] *https://en.cppreference.com/w/cpp/algorithm#Execution_policies*
[26] *https://en.cppreference.com/w/cpp/language/coroutines*
[27] *https://en.cppreference.com/w/cpp/language/transactional_memory*

CP.23	주 스레드에 합류하는(joining) thread를 일종의 범위 있는 컨테이너로 간주하라.[28]

CP.24	thread를 전역 컨테이너로 간주하라.[29]

다음은 이 두 규칙의 이해를 돕는 예제 코드로, C++ 핵심 가이드라인의 예제를 조금 수정한 것이다.

```cpp
void f(int* p) {
  // ...
  *p = 99;
  // ...
}

int glob = 33;

void some_fct(int* p) {                  // ❶
  int x = 77;
  std::thread t0(f, &x);                 // OK
  std::thread t1(f, p);                  // OK
  std::thread t2(f, &glob);              // OK
  auto q = make_unique<int>(99);
  std::thread t3(f, q.get());            // OK
  // ...
  t0.join();

  t1.join();
  t2.join();
  t3.join();
  // ...
}

void some_fct2(int* p) {                 // ❷
  int x = 77;
  std::thread t0(f, &x);                 // 나쁨
  std::thread t1(f, p);                  // 나쁨
  std::thread t2(f, &glob);              // OK
  auto q = make_unique<int>(99);
  std::thread t3(f, q.get());            // 나쁨
  // ...
  t0.detach();
  t1.detach();
  t2.detach();
```

---

[28] *https://isocpp.github.io/CppCoreGuidelines/CppCoreGuidelines#Rconc-join*
[29] *https://isocpp.github.io/CppCoreGuidelines/CppCoreGuidelines#Rconc-detach*

```
        t3.detach();
        // ...
}
```

some_fct 함수(❶)와 some_fct2 함수(❷)의 유일한 차이점은, 전자는 자신이 생성한 스레드(자식 스레드)를 주 스레드(부모 스레드)에 합류시키지만(join) 후자는 자신이 생성한 모든 스레드를 주 스레드에서 떼어낸다는(detach; 분리) 점이다.

    자식 스레드는 부모 스레드에 합류시키거나, 아니면 주 스레드로부터 떼어내야 한다. 자식 스레드를 합류시키지도, 분리하지도 않으면 자식 스레드의 소멸자에서 std::terminate가 호출되어서 프로그램이 강제로 종료된다(규칙 "CP.25: std::thread보다 std::jthread를 선호하라" 참고).

    자식 스레드를 합류시키는 것과 분리하는 것의 차이점은 다음과 같다. 자식 스레드가 thr라고 할 때, 부모 스레드에서 thr.join()을 호출하면 그 호출은 자식 스레드의 실행이 끝날 때까지 차단(대기)된다. 이는 thr.join() 호출이 하나의 동기화 지점(synchronization point)이라는 뜻이다. 범위의 관점에서 이야기하면, 자식 스레드 thr가 실행되는 동안 thr가 생성된 범위(부모 스레드의)에 있는 모든 변수는 여전히 살아 있다. 이 덕분에 예제의 some_fct 함수가 생성한 스레드들의 모든 f 호출은 유효하다.

    반면에 thr.detach() 호출은 스레드 실행 종료를 기다리지 않으므로 동기화 지점이 아니다. 이는 자식 스레드가 실행되는 도중에 부모 스레드가 끝날 수도 있음을 뜻한다. 따라서 thr가 생성된 범위의 변수들이 계속 유효하리라는 보장이 없다. some_fct2 함수가 가진 문제점이 바로 그것이다. 자식 스레드들이 실행되는 도중에 변수 x와 포인터 p, 그리고 std::unique_ptr q가 가리키는 자원이 더 이상 유효하지 않아질 수 있다.

    바깥에서 볼 때 스레드는 하나의 전역 컨테이너라고 할 수 있다. 그리고 스레드를 주 스레드에 합류시킨다면, 그 컨테이너의 수명은 일정한 범위로 한정된다.

CP.25 std::thread보다 std::jthread를 선호하라.[30]

C++ 핵심 가이드라인에 있는 규칙은 std::jthread가 아니라 가이드라인 지원 라이브러리(Guidelines Support Library)의 gsl::joining_thread를 추천하지만, 여기서는 gsl::joining_thread를 C++20에 추가된 std::jthread로 바꾸었다.[†]

다음 프로그램에서 나는 깜빡하고 스레드 t를 합류시키지 않았다.

```cpp
// threadWithoutJoin.cpp

#include <iostream>
#include <thread>

int main() {

    std::thread t([]{
        std::cout << std::this_thread::get_id() << '\n';
    });

}
```

이 때문에 프로그램이 강제로 종료된다(그림 10.6).

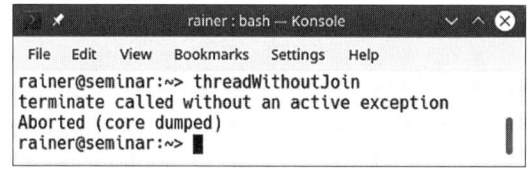

그림 10.6 스레드를 합류시키지 않아서 문제가 발생한 예.

생성된 자식 스레드 t의 수명은 해당 호출 가능 요소가 종료되면 끝난다. 자식의 수명에 대한 부모 스레드의 선택지는 두 개이다. 하나는 자식이 끝날 때까지 기다리는 것이고(t.join()), 다른 하나는 자식을 자신과 분리하는 것이다(t.detach()). t가 호출 가능(callable) 객체를 가진 스레드라고 할 때(호출 가능 요소를 지정하지 않고서는 스레드를 생성할 수 없다), 만일 아직 t.join()이나 t.detach()가 호출되지 않았다면 t는 '합류 가능(joinable)' 스레드이다. 합류 가

---

[30] https://isocpp.github.io/CppCoreGuidelines/CppCoreGuidelines#Rconc-joining_thread
[†] [옮긴이] 참고로, 여전히 C++17을 사용하는 프로그래머들을 고려해서 C++ 핵심 가이드라인 편집자들은 규칙 CP.25의 문구를 그대로 두고, 대신 Enforcement 항목에 std::jthread에 대한 언급을 추가했다. 관련 논의가 https://github.com/isocpp/CppCoreGuidelines/issues/1503에 있다.

능 스레드의 소멸자는 std::terminate[31] 함수를 호출하며, 그러면 기본적으로 std::abort[32] 예외가 발생한다. 지금 예제에서는 자식 스레드가 자신의 스레드 ID를 출력할 새도 없이 프로그램이 강제로 종료된다.

std::thread와는 달리 std::jthread는 소멸자에서 자신을 자동으로 부모 스레드에 합류시킨다. 따라서 앞의 예제에서 std::thread를 std::jthread로 대체하면 프로그램이 정상적으로 작동한다.

```
// threadWithJoin.cpp; C++20

#include <iostream>
#include <thread>

int main() {

   std::jthread t([]{
      std::cout << std::this_thread::get_id() << '\n';
   });

}
```

CP.26 스레드를 분리하지(detach()) 말라.[33]

이 규칙은 좀 이상하다. C++ 표준이 스레드 분리 수단(C++11에 추가된 std::thread::detach())을 정식으로 지원하는데, 그걸 쓰지 말라는 것인가? 이런 규칙이 C++ 핵심 가이드라인에 있는 것은 스레드를 제대로 분리하기가 꽤 어렵기 때문이다. 다음은 이 점을 보여주는 작은 예제 프로그램인데, 미정의 행동이 있다. 심지어 저장 기간(storage duration)이 정적(static)인 객체도 문제가 될 수 있음을 주목하기 바란다.

```
// threadDetach.cpp

#include <iostream>
#include <string>
#include <thread>

void func() {
   std::string s{"C++11"};
```

---

[31] *https://en.cppreference.com/w/cpp/error/terminate*
[32] *https://en.cppreference.com/w/cpp/utility/program/abort*
[33] *https://isocpp.github.io/CppCoreGuidelines/CppCoreGuidelines#Rconc-detached_thread*

```
    std::thread t([&s]{ std::cout << s << '\n';});   // ❶
    t.detach();
}
int main() {
    func();
}
```

❶의 람다는 부모 스레드의 s를 참조로 받는다. func 함수가 끝나면 s는 사라지지만, 부모와 분리된 자식 스레드는 여전히 s를 참조한다. 이는 미정의 행동이다. 이 문제는 쉽게 발견할 수 있었지만, 문제의 원인이 깊숙이 숨어 있을 때도 있다. 많은 프로그래머가 간과하는 std::cout가 좋은 예이다. std::cout는 정적 저장 기간(static duration) 객체이다. std::cout의 저장 기간이 정적이라는 것은 std::cout의 수명이 프로그램(프로세스)의 수명과 같다는 것이다. 그런데 프로그램이 종료된 후에도 스레드 t가 여전히 std::cout를 사용하려 들 수 있다. 이는 경쟁 조건에 해당한다.

> 경쟁 조건(race condition): 경쟁 조건은 어떤 연산의 결과가 개별 연산들의 교대 실행(interleaving) 순서에 따라 달라질 수 있는 상황을 말한다.

10.2.3 조건 변수

CP.42 조건 없이 대기하지(wait) 말라.[34]

조건 변수의 개념은 상당히 간단하다. 한 스레드가 뭔가를 준비하고, 준비를 마치면 그것을 기다리는 다른 스레드에게 신호(통지)를 보낸다. 이때 신호의 수단이 조건 변수이다.

    이 규칙의 근거는 이렇다. "조건을 걸지 않고 기다리다 보면 깨어날 신호를 놓치거나, 할 일도 없는데 그냥 깨어날 가능성이 있다." 이 문장은 조건 변수와 관련된 두 가지 심각한 문제인 '깨어남 놓침(lost wakeup; 또는 깨어남 소실)'과 '가짜 깨어남(spurious wakeup)'을 언급한 것이다. 이 문제점들의 근본적인 원인은 조건 변수에 '기억'이 없다는 점이다.

    이 문제점들을 설명하기 전에, 먼저 조건 변수의 올바른 사용법부터 살펴보자.

---

[34] *https://isocpp.github.io/CppCoreGuidelines/CppCoreGuidelines#Rconc-wait*

```cpp
// conditionVariable.cpp

#include <condition_variable>
#include <iostream>
#include <mutex>
#include <thread>

std::mutex mut;
std::condition_variable condVar;

bool dataReady{false};

void waitingForWork() {
   std::cout << "Waiting " << '\n';
   std::unique_lock<std::mutex> lck(mut);
   condVar.wait(lck, []{ return dataReady; });    // ❹
   std::cout << "Running " << '\n';
}

void setDataReady() {
   {
      std::lock_guard<std::mutex> lck(mut);
      dataReady = true;
   }
   std::cout << "Data prepared" << '\n';
   condVar.notify_one();                          // ❸
}

int main() {

   std::cout << '\n';
   std::thread t1(waitingForWork);                // ❶
   std::thread t2(setDataReady);                  // ❷

   t1.join();
   t2.join();

   std::cout << '\n';

}
```

이 프로그램은 두 개의 자식 스레드를 실행한다. 두 스레드 t1과 t2가 어떻게 동기화될까? 두 스레드는 각각 waitingForWork와 setDataReady를 실행한다(❶과 ❷). t2의 setDataReady는 데이터를 준비한 후 그 사실을 조건 변수 condVar를 이용해서 다른 스레드에 통지한다. ❸의 condVar.notify_one()이 바로 그것이다. 한편 t1은 자물쇠를 잠그고 ❹의 condVar.wait(lck, []{ return dataReady; })로 그 신호를 기다린다. 신호를 보내는 쪽(송신자)과 받는 쪽(수신자)

둘 다 자물쇠가 있어야 한다. 송신자는 자물쇠를 한 번만 잠그고 풀면 되므로 그 냥 std::lock_guard를 사용하면 된다. 그러나 수신자는 보통의 경우 뮤텍스를 여러 번 잠그고 풀어야 하므로 std::unique_lock을 사용해야 한다.

[그림 10.7]은 이 프로그램의 출력이다.

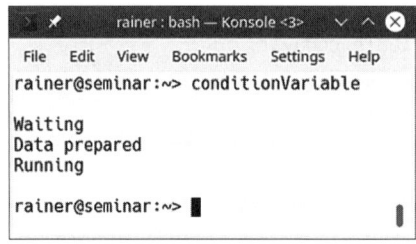

그림 10.7 조건 변수 예제의 실행 결과.

그런데 조건 변수의 wait 메서드를 호출할 때 람다 표현식으로 하나의 술어 (predicate)를 지정했음을 주목하자. wait를 술어 없이 호출할 수도 있지만, 그러면 깨어남 놓침을 방지하기 위한 추가 수단들 때문에 작업 흐름이 필요 이상으로 복잡해진다.

그럼 다시 본론으로 돌아가서, 조건 변수에 기억이 없어서 발생하는 현상인 깨어남 놓침과 가짜 깨어남을 살펴보자.

- **깨어남 놓침**: 이것은 수신자가 대기를 시작하기도 전에 송신자가 신호를 보내서 수신자가 그 신호를 놓치는 현상을 말한다.
- **가짜 깨어남**: 신호가 오지도 않았는데 수신자가 깨어나는 현상을 말한다. 적어도 POSIX 스레드[35]와 Windows API[36]에서는 이러한 가짜 깨어남 현상이 발생할 가능성이 있다.

이 두 문제점을 피하려면 추가적인 술어를 기억 수단으로 사용하거나, 이 규칙이 말하듯이 또 다른 조건을 사용해야 한다. 조건 변수를 술어 없이 사용하면 깨어남 신호를 놓칠 위험이 있다. 깨어남 놓침이 발생하면 수신자가 신호를 무한히 기다리는 교착 상황이 된다.

다음은 추가적인 술어 없이 조건 변수를 사용하는 예이다. 어떤 문제가 발생하는지 생각해 보기 바란다.

---

35 *https://en.wikipedia.org/wiki/POSIX_Threads*
36 *https://en.wikipedia.org/wiki/Windows_API*

```cpp
// conditionVariableWithoutPredicate.cpp

#include <condition_variable>
#include <iostream>
#include <mutex>
#include <thread>

std::mutex mut;
std::condition_variable condVar;

void waitingForWork() {
   std::cout << "Waiting " << '\n';
   std::unique_lock<std::mutex> lck(mut);
   condVar.wait(lck);
   std::cout << "Running " << '\n';
}

void setDataReady() {
   std::cout << "Data prepared" << '\n';
   condVar.notify_one();
}

int main() {

   std::cout << '\n';

   std::thread t1(waitingForWork);
   std::thread t2(setDataReady);

   t1.join();
   t2.join();

   std::cout << '\n';

}
```

만일 스레드 t2의 신호 통지가 스레드 t1의 신호 대기보다 먼저 실행되면 그 신호는 소실된다. [그림 10.8]은 이 때문에 프로그램이 교착 상태에 빠진 모습이다.

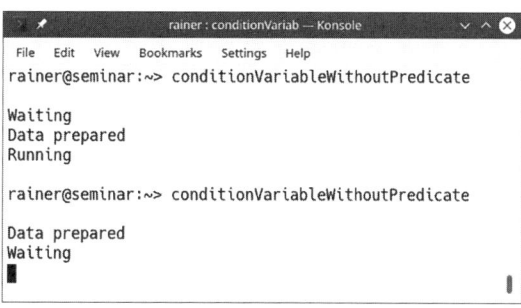

그림 10.8 술어 없는 조건 변수 예제.

10.2.4 데이터 공유

공유하는 데이터가 적을수록, 그리고 지역 변수를 많이 사용할수록 동기화 문제가 덜 발생한다. 그렇지만 어쩔 수 없이 데이터를 공유해야 하는 상황도 종종 생긴다. 예를 들어 자식 스레드가 자신의 작업 결과를 부모 스레드에 알리려면 데이터 공유가 필요하다.

> **CP.31** 스레드에서 스레드로 작은 데이터를 넘겨줄 때는 참조나 포인터 대신 값으로 전달하라.[37]

데이터를 한 스레드에서 다른 스레드로 참조가 아니라 값으로 전달하면 다음과 같은 이득이 생긴다.

1. 공유되는 데이터가 없으므로 데이터 경쟁이 발생할 여지가 없다. 데이터 경쟁의 필요조건은 변경 가능한 공유 데이터이다.
2. 데이터의 수명을 걱정할 필요가 없다. 데이터는 생성된 스레드의 수명 동안 유지된다.

값 전달의 장점은 명확하다. 남은 질문은 "적은 양"이 어느 정도인가이다. C++ 핵심 가이드라인에는 이 점이 명확하게 나와 있지 않다. 다만 규칙 "F.16: '입력' 매개변수는 복사 비용이 낮은 형식이면 값으로, 그 밖의 형식이면 참조로 전달하라"에 따르면 함수의 값 전달 인수로 적당한 크기는 최대 2 * sizeof(void*)이다. 데이터의 크기가 2 * sizeof(void*)이하이면 값으로 전달하고, 2 * sizeof(void*)보다 크면 참조나 포인터로 전달해야 한다.

물론 구체적인 기준은 프로그램의 성능을 측정해서 결정해야 할 것이다.

> **CP.32** 서로 무관한 thread들이 소유권을 공유할 때는 shared_ptr를 사용하라.[38]

무관한 여러 스레드가 어떤 객체를 공유해야 한다고 하자. 여기서 "무관한"은 그 객체에 대해 데이터 경쟁이 일어나지 않는다는 뜻이다. 이런 상황에서 핵심 질문은 그 객체의 소유자가 누구인가, 다시 말해 그 객체의 메모리를 누가 언제 해제해야 하는가이다. 메모리를 제대로 해제하지 않으면 메모리 누수가 발생한다. 한편, 이미 해제된 메모리에 접근하거나 같은 포인터를 여러 번 delete로 삭제하

---

[37] *https://isocpp.github.io/CppCoreGuidelines/CppCoreGuidelines#Rconc-data-by-value*
[38] *https://isocpp.github.io/CppCoreGuidelines/CppCoreGuidelines#Rconc-shared*

는 것은 미정의 행동이다. 대부분의 경우 미정의 행동은 프로그램의 폭주나 강제 종료로 이어진다.

```cpp
// threadSharesOwnership.cpp

#include <iostream>
#include <thread>

using namespace std::literals::chrono_literals;

struct MyInt {
   int val{2017};
   ~MyInt() {                                     // ❹
      std::cout << "Goodbye" << '\n';
   }
};

void showNumber(const MyInt* myInt) {
   std::cout << myInt->val << '\n';
}

void threadCreator() {
   MyInt* tmpInt= new MyInt;                      // ❶

   std::thread t1(showNumber, tmpInt);            // ❷
   std::thread t2(showNumber, tmpInt);            // ❸

   t1.detach();
   t2.detach();
}

int main() {

   std::cout << '\n';

   threadCreator();
   std::this_thread::sleep_for(1s);

   std::cout << '\n';

}
```

의도적으로 단순하게 만든 예제이다. 주 스레드가 자식 스레드 t1과 t2보다 더 오래 실행되게 하려고 주 스레드를 1초 동안 재웠다. 물론 이것이 제대로 된 동기화는 아니지만, 이 예제의 목적으로는 충분하다. 이 예제의 핵심은 ❶의 tmpInt를 누가 삭제할 것인가이다. 스레드 t1(❷)와 스레드 t2(❸), 그리고 main

함수(주 스레드) 중 누가 tmpInt의 소유자인가? 자식 스레드들이 얼마나 오래 실행될지 미리 알 수 없기 때문에, 누구를 소유자로 선택하든 미정의 행동이 발생할 여지가 있다. 그래서 그냥 메모리 누수가 일어나게 했다. delete가 아예 없으므로, MyInt의 소멸자(❹)는 호출되지 않는다(그림 10.9).

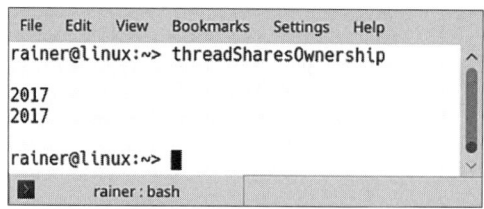

그림 10.9 포인터를 이용한 소유권 공유.

std::shared_ptr를 이용하면 소유권과 수명 문제가 간단하게 해결된다.

```cpp
// threadSharesOwnershipSharedPtr.cpp

#include <iostream>
#include <memory>
#include <thread>

using namespace std::literals::chrono_literals;

struct MyInt {
   int val{2017};
   ~MyInt() {
      std::cout << "Goodbye" << '\n';
   }
};

void showNumber(std::shared_ptr<MyInt> myInt) { // ❷
   std::cout << myInt->val << '\n';
}

void threadCreator() {
   auto sharedPtr = std::make_shared<MyInt>();   // ❶

   std::thread t1(showNumber, sharedPtr);
   std::thread t2(showNumber, sharedPtr);

   t1.detach();
   t2.detach();
}

int main() {
```

```
    std::cout << '\n';

    threadCreator();
    std::this_thread::sleep_for(1s);

    std::cout << '\n';
}
```

이전 버전에서 두 군데만 간단히 수정한 것이다. 첫째로, ❶에서 보듯이 포인터가 MyInt*에서 std::shared_ptr로 바뀌었다. 둘째로, 이에 따라 함수 showNumber는 원시 포인터 대신 스마트 포인터를 받는다(❷). 이전 버전처럼, 예제를 간단하게 하려고 스레드 t1과 t2가 1초 이내로 종료된다는 가정하에서 제대로 된 동기화를 생략했다. [그림 10.10]에 이 버전의 실행 결과가 나와 있다.

그림 10.10 스마트 포인터를 이용한 소유권 공유.

10.2.5 자원

동시성을 활용하는 주된 이유 중 하나는 성능이다. 스레드의 사용에는 시간과 메모리라는 자원이 소비된다는 점을 항상 기억해야 한다. 스레드를 생성할 때도 자원이 소비되고, 사용자 공간(user space)에서 커널 공간(kernel space)으로 문맥이 전환될 때마다 자원이 소비된다. 또한 스레드를 파괴할 때도 자원이 소비된다. 추가로, 스레드 자체의 상태를 할당하고 관리하는 데에도 자원이 필요하다.

CP.40	문맥 전환을 최소화하라.[39]

CP.41	스레드의 생성과 파괴를 최소화하라.[40]

스레드의 비용이 어느 정도일까? 이 질문의 답이 곧 이 두 규칙의 근거이다. 그럼 스레드의 전형적인 크기를 살펴보고, 스레드 생성에 필요한 비용을 파악해 보자.

10.2.5.1 크기

std::thread는 운영체제가 제공하는 저수준 스레드를 감싸는 가벼운 클래스이다. 따라서 std::thread의 크기를 이야기하려면 저수준 스레드를 고찰해야 한다. 여기서는 Windows 스레드와 POSIX 스레드[41]의 크기를 살펴본다.

- **Windows 시스템**: Microsoft 웹사이트의 "Thread Stack Size" 문서[42]에 따르면 Windows에서 스레드 하나가 사용하는 스택의 크기는 1MB이다.
- **리눅스 시스템**: pthread_create 함수의 man 페이지[43]에 따르면 리눅스의 스레드 스택 크기는 2MB로, i386 아키텍처와 x86_64 아키텍처 둘 다 동일하다. 이들을 비롯해 POSIX를 지원하는 여러 아키텍처의 스택 크기가 [표 10.1]에 나와 있다.

표 10.1 전형적인 스레드 스택 크기

아키텍처	기본 스택 크기
i386	2MB
IA-64	32MB
PowerPC	4MB
S/390	2MB
Sparc-32	2MB
Sparc-64	4MB
x86_64	2MB

---

39 https://isocpp.github.io/CppCoreGuidelines/CppCoreGuidelines#Rconc-switch
40 https://isocpp.github.io/CppCoreGuidelines/CppCoreGuidelines#Rconc-create
41 https://en.wikipedia.org/wiki/POSIX_Threads
42 https://msdn.microsoft.com/en-us/library/windows/desktop/ms686774(v=vs.85).aspx
43 http://man7.org/linux/man-pages/man3/pthread_create.3.html

10.2.5.2 생성 비용

스레드 하나를 생성하는 데 걸리는 시간에 관한 자료는 찾지 못했다. 감을 잡기 위해, 간단한 성능 테스트를 리눅스와 Windows에서 실행해 보았다. 이 수치들을 리눅스와 Windows의 비교에 사용하지는 말기 바란다. 두 운영체제의 비교는 이 성능 테스트의 목적이 아니다.

성능 테스트에 사용한 컴퓨터는 리눅스 데스크톱과 Windows 노트북이고, 성능 테스트 프로그램을 빌드한 컴파일러는 각각 GCC 6.2.1과 Microsoft Visual Studio 2017이다. 둘 다 최적화 수준을 최대로 설정했다.

다음은 테스트 프로그램이다.

```
// threadCreationPerformance.cpp

#include <chrono>
#include <iostream>
#include <thread>

constexpr long long numThreads= 1'000'000;

int main() {

    auto start = std::chrono::system_clock::now();

    for (long long i = 0; i < numThreads; ++i) {          // ❶
        std::thread([]{}).detach();
    }

    std::chrono::duration<double> dur =
        std::chrono::system_clock::now() - start;

    std::cout << "time: " << dur.count()

}
```

이 프로그램은 빈 람다 함수를 실행하는 스레드 1백만 개를 생성한다(❶). [그림 10.11]과 [그림 10.12]에 리눅스와 Windows의 결과가 나와 있다.

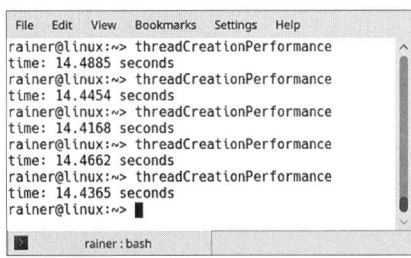

그림 10.11 리눅스의 스레드 생성 성능 측정.

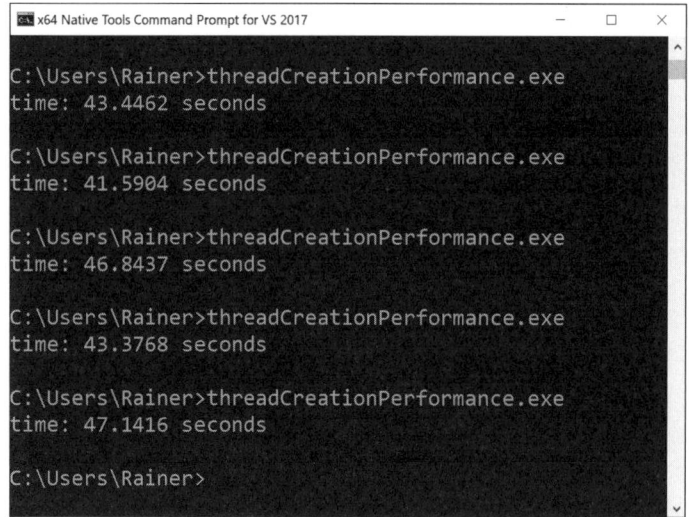

그림 10.12 Windows의 스레드 생성 성능 측정.

리눅스에서는 스레드 하나를 생성하는 데 약 14.5초 / 1000000 = 14.5마이크로초가 걸렸고 Windows에서는 약 44초 / 1000000 = 44마이크로초가 걸렸다.

초당 스레드 수로 환산하면, 리눅스에서는 스레드를 1초에 약 69,000개 생성할 수 있고 Windows에서는 약 23,000개 생성할 수 있다.

CP.43 임계 영역에서 소비하는 시간을 최소화하라.[44]

스레드가 뮤텍스를 잠가 두는 시간이 짧을수록 다른 스레드들이 더 많이, 오래 실행될 수 있다. 이 점을 조건 변수 통지의 예로 살펴보자.

```
void setDataReady() {
  std::lock_guard<std::mutex> lck(mut);
  dataReady = true;                          // ❶
  std::cout << "Data prepared" << '\n';
  condVar.notify_one();
}
```

뮤텍스 mut는 함수의 시작에서 잠기고 끝에서 풀린다. 이 함수는 뮤텍스를 이렇게 오래 잠그고 있을 필요가 없다. 보호해야 할 부분은 ❶의 dataReady = true 뿐이다.

---

[44] https://isocpp.github.io/CppCoreGuidelines/CppCoreGuidelines#Rconc-time

첫째로, std::cout는 스레드에 안전하다. C++11 표준은 각 문자가 원자적으로, 그리고 제 순서로 출력 스트림에 기록됨을 보장한다. 둘째로, 통지를 위한 condVar.notify_one() 호출은 스레드에 안전하다.

다음은 setDataReady 함수를 좀 더 개선한 버전이다.

```cpp
void setDataReady() {
    {
        std::lock_guard<std::mutex> lck(mut);
        dataReady = true;
    }
    std::cout << "Data prepared" << '\n';
    condVar.notify_one();
}
```

10.2.6 흔히 간과하는 위험

> **CP.44** lock_guards와 unique_locks에 이름을 붙이는 것을 잊지 말라.[45]

std::lock_guard 객체나 std::unique_lock 객체에 이름을 붙이지 않으면 임시 객체가 생성되었다가 즉시 파괴된다. std::lock_guard와 std::unique_lock은 생성자에서 자신의 뮤텍스를 잠그고 소멸자에서 푼다. 이런 패턴을 RAII(§7.1의 규칙 R.1 참고)라고 부른다.

다음은 std::lock_guard의 개념적인 작동 방식을 보여주기 위해 직접 작성한 자물쇠 보호 클래스이다. std::lock_guard의 확장판이라고 할 수 있는 std::unique_lock은 좀 더 많은 기능을 제공한다.

```cpp
// myGuard.cpp

#include <mutex>
#include <iostream>

template <typename T>
class MyGuard {
public:
    explicit MyGuard(T& m): myMutex(m) {
        std::cout << "lock" << '\n';
        myMutex.lock();
    }
    ~MyGuard() {
```

---

[45] https://isocpp.github.io/CppCoreGuidelines/CppCoreGuidelines#Rconc-name

```cpp
        myMutex.unlock();
        std::cout << "unlock" << '\n';
    }
private:
    T& myMutex;
};

int main() {

    std::cout << '\n';

    std::mutex m;
    MyGuard<std::mutex> {m};                          // ❶ 이런!
    std::cout << "CRITICAL SECTION" << '\n';          // ❷

    std::cout << '\n';

}                                                     // ❸
```

MyGuard는 생성자와 소멸자에서 lock과 unlock을 호출한다. ❶은 MyGuard 형식의 임시 객체를 생성할 뿐이므로, 쓸데없이 뮤텍스가 잠겼다가 바로 풀린다. 원래 의도는 범위의 끝인 ❸에서 뮤텍스가 풀리는 것이지만, ❶에서 그대로 풀려버리므로 ❷의 임계 영역은 보호되지 않는다.

프로그램의 실행 결과(그림 10.13)를 보면 CRITICAL SECTION 메시지가 출력되기 전에 unlock 메시지가 출력된다.

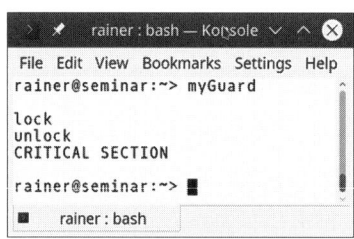

그림 10.13 std::lock_guard를 임시 객체로 사용한 예.

❶의 임시 객체에 MyGuard<std::mutex> {m};에 이름을 붙여서 지역 변수로 만들면(이를테면 MyGuard<std::mutex> myGuard{m};) 의도한 대로 임계 영역이 보호된다(그림 10.14).

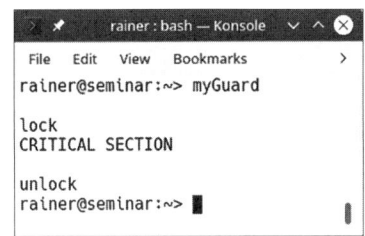

그림 10.14 std::lock_guard 객체에 이름을 붙인 예.

10.3 병렬성

이 책을 쓰는 현재 C++ 핵심 가이드라인의 병렬성 하위 섹션[46]에는 아무런 규칙도 없다. 그래서 이번 절에서는 내가 고안한 규칙 하나를 제시하고 STL의 병렬 알고리즘들을 소개하기로 한다. 다음은 병렬성에 관한 나의 규칙이다.

> 스레드를 이용해서 직접 짠 병렬 알고리즘보다 STL의 병렬 알고리즘을 선호하라.

이 규칙의 취지는 상당히 간단하다. STL(표준 템플릿 라이브러리)에는 구간(range)을 검색하거나 요소 개수를 세고 조작하기 위한 알고리즘이 100개가 넘는다. C++17에서 기존 알고리즘 중 67개가 중복적재되었고 새로운 알고리즘도 몇 개 추가되었다. 중복적재된 알고리즘들과 새로 추가된 알고리즘들은 소위 실행 정책(execution policy)을 지정하는 인수를 받는다. 실행 정책 인수는 알고리즘을 순차적으로 실행할지, 병렬로 실행할지, 벡터화해서 병렬로 실행할지를 결정한다. 실행 정책 인수로 사용할 수 있는 값은 다음 세 가지이다.†

- **std::execution::seq**: 알고리즘을 순차적으로(직렬로) 실행한다.
- **std::execution::par**: 알고리즘을 다수의 스레드에서 병렬로 실행한다.
- **std::execution::par_unseq**: 알고리즘을 다수의 스레드에서 병렬로 실행하되, 개별 루프들의 교대(interleaving)를 허용한다(벡터화).

std::execution::par_unseq를 지정해서 벡터화(vectorization)를 허용하면 컴파일러는 현세대 CPU의 SIMD(Single Instruction, Multiple Data)[47] 명령 집합 확장

---

46 https://isocpp.github.io/CppCoreGuidelines/CppCoreGuidelines#SScp-par
† [옮긴이] 이들은 std::cout처럼 미리 생성된, 그리고 어디에서도 접근할 수 있는 전역 상수 객체들이다. 사용하려면 표준 헤더 <execution>을 포함시켜야 한다.
47 https://en.wikipedia.org/wiki/SIMD

을 활용하는 기계어 코드를 생성한다. SIMD를 이용하면 CPU는 하나의 연산을 다수의 데이터에 대해 병렬로 실행할 수 있다.

실행 정책 인수가 알고리즘의 실행 방식을 절대적으로 결정하지는 않는다. C++ 런타임에게 강력한 힌트를 제공할 뿐이다. 다음은 이들의 사용법을 보여주는 예이다.

```
std::vector<int> v = {5, -3, 10, -5, -10, 22, 0};

// 표준적인 순차적 정렬
std::sort(v.begin(), v.end());

// 순차 실행
std::sort(std::execution::seq, v.begin(), v.end());

// 병렬 실행 활성화
std::sort(std::execution::par, v.begin(), v.end());

// 벡터화 병렬 실행 활성화
std::sort(std::execution::par_unseq, v.begin(), v.end())
```

STL의 알고리즘 중 69개가 병렬 또는 병렬 및 벡터화 실행을 지원한다. [표 10.2]에 이 알고리즘들이 나와 있다.

표 10.2 병렬 실행을 지원하는 STL 알고리즘들(std 이름공간은 생략했음)

adjacent_difference	is_heap_until	replace_copy_if
adjacent_find	is_partitioned	replace_if
all_of	is_sorted	reverse
any_of	is_sorted_until	reverse_copy
copy	lexicographical_compare	rotate
copy_if	max_element	rotate_copy
copy_n	merge	search
count	min_element	search_n
count_if	minmax_element	set_difference
equal	mismatch	set_intersection
fill	move	set_symmetric_difference
fill_n	none_of	set_union
find	nth_element	sort
find_end	partial_sort	stable_partition

find_first_of	partial_sort_copy	stable_sort
find_if	partition	swap_ranges
find_if_not	partition_copy	transform
generate	remove	uninitialized_copy
generate_n	remove_copy	uninitialized_copy_n
includes	remove_copy_if	uninitialized_fill
inner_product	remove_if	uninitialized_fill_n
inplace_merge	replace	unique
is_heap	replace_copy	unique_copy

그리고 C++17에서는 다음 여덟 알고리즘이 추가되었다.

```
std::for_each
std::for_each_n
std::exclusive_scan
std::inclusive_scan
std::transform_exclusive_scan
std::transform_inclusive_scan
std::reduce
std::transform_reduce
```

다음은 std::transform_exclusive_scan의 사용법을 보여주는 예제이다.

```
// transformExclusiveScan.cpp; C++17 이상에서

#include <execution>
#include <numeric>
#include <iostream>
#include <vector>

int main() {

    std::cout << '\n';

    std::vector<int> resVec{1, 2, 3, 4, 5, 6, 7, 8, 9};
    std::vector<int> resVec1(resVec.size());
    std::transform_exclusive_scan(std::execution::par,
                       resVec.begin(), resVec.end(),
                       resVec1.begin(), 0,
                       [](int fir, int sec){ return fir + sec; },
                       [](int arg){ return arg * arg; });

    std::cout << "transform_exclusive_scan: ";
```

```
for (auto v: resVec1) std::cout << v << " ";

std::cout << '\n';
}
```

std::transform_exclusive_scan 알고리즘은 사용법을 익히기가 꽤 어렵다. 이 예제를 기준으로 최대한 설명해 보겠다. 첫 단계에서 std::transform_exclusive_scan 알고리즘은 람다 표현식 [](int arg){ return arg * arg; }를 resVec.begin()에서 resVec.end() 직전까지의 구간에 있는 각 요소에 적용한다. 둘째 단계에서 알고리즘은 이항 연산 [](int fir, int sec){ return fir + sec; }를 중간 결과 벡터(첫 단계에서 산출한 요소들)에 적용한다. 따라서 알고리즘은 중간 결과 벡터의 모든 요소를 차례로 합산하는데, 다섯째 인수 0은 그 합산의 초기 값이다. 합산 결과들은 resVec1에 추가된다.† [그림 10.15]에 실행 결과가 나와 있다.

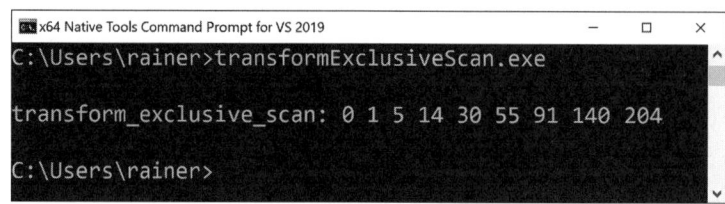

그림 10.15 std::transform_exclusive_scan 예제.

10.4 메시지 전달

C++ 핵심 가이드라인의 메시지 전달 하위 섹션[48]에 있는 규칙은 다음 두 개이다.

- CP.60: 동시적인 작업의 값을 돌려줄 때는 future를 사용하라.[49]
- CP.61: 동시적인 작업을 새로 시작할 때는 async()를 사용하라.[50]

---

† [옮긴이] 이항 연산의 fir 매개변수는 지금까지의 누산(지금 예에서는 합산) 결과, sec은 거기에 누산할 새 요소(중간 결과 벡터에서 가져온)를 뜻한다. 모든 요소를 합산한 결과 하나가 아니라 그때까지의 합산 결과들을 계속해서 결과 벡터에 추가한다는 점을 주의하자. [그림 10.15]의 결과가 어떻게 나왔는지 잘 생각해 보면 이 알고리즘의 작동 방식을 어느 정도 감을 잡을 수 있을 것이다. 이 알고리즘을 비롯해 '구간 합'이나 '누산'을 수행하는 여러 표준 알고리즘에 대한 설명이 《핵심 C++ 표준 라이브러리》(인사이트, 2021)에 나온다.

48 *https://isocpp.github.io/CppCoreGuidelines/CppCoreGuidelines#SScp-mess*
49 *https://isocpp.github.io/CppCoreGuidelines/CppCoreGuidelines#Rconc-future*
50 *https://isocpp.github.io/CppCoreGuidelines/CppCoreGuidelines#Rconc-async*

이 책을 쓰는 현재 두 규칙 모두 제목만 있고 실제 내용은 없다. 따라서 이번 절의 내용은 이 규칙 제목들에 기반해서 내가 임의로 작성한 것이다.

C++에서 작업(task) 또는 과제는 스레드들 사이에서 메시지를 전달하기 위한 수단이다. 여기서 메시지^{message}는 하나의 값일 수도 있고 통지 신호일 수도 있다. 하나의 작업은 약속과 미래라는 두 가지 요소로 구성된다. C++에서 약속 요소는 세 가지 형태로, `std::async`와 `std::packaged_task`, `std::promise`이다. 약속 요소는 메시지를 생성하고, 미래 요소는 그 메시지를 비동기적으로 조회한다.

`std::async`는 §10.1의 "CP.4: 스레드가 아니라 작업의 관점에서 사고하라"에서 살펴보았다. 이번 절에서는 `std::promise`를 이용해서 약속에서 미래로 메시지를 보내는 방법을 이야기한다.

10.4.1 값 또는 예외 보내기

통상적인 스레드들과는 달리 약속 요소와 미래 요소는 안전한 통신 채널을 공유한다. 다음 예제는 두 개의 약속 요소를 사용하는데, 하나는 값을 전송하고 다른 하나는 예외를 전송한다.

```cpp
// promiseFutureException.cpp

#include <exception>
#include <future>
#include <iostream>
#include <thread>
#include <utility>

struct Div {
   void operator()(std::promise<int> intPromise, int a, int b) const {
      try {                                                            // ❸
         if (b == 0) {
            std::string err = "Illegal division by zero: " +
                              std::to_string(a) + "/" + std::to_string(b);
            throw std::runtime_error(err);
         }
         intPromise.set_value(a / b);                                  // ❷
      }
      catch ( ... ) {
         intPromise.set_exception(std::current_exception());           // ❶
      }
   }
};
```

```
void executeDivision(int nom, int denom) {
   std::promise<int> divPromise;
   std::future<int> divResult= divPromise.get_future();
   Div div;
   std::thread divThread(div, std::move(divPromise), nom, denom);

   // 결과 또는 예외를 가져온다.                                    // ❺
   try {
      std::cout << nom << "/" << denom << " = "
                << divResult.get() << '\n';                    // ❸
   }
   catch (std::runtime_error& e){
      std::cout << e.what() << '\n';
   }

   divThread.join();
}

int main() {

   std::cout << '\n';

   executeDivision(20, 0);
   executeDivision(20, 10);

   std::cout << '\n';

}
```

std::promise에 지정된 호출 가능 요소가 예외를 던지면 그 예외는 약속과 미래가 공유하는 상태(shared state)에 저장된다. 이후 미래 객체 divResult가 divResult.get()을 호출하면(❸) 그 예외가 실제로 던져진다. 그 예외는 미래 객체가 처리해야 한다. executeDivision 함수의 첫 호출에서는 제수가 0이라서 std::promise 객체 divPromise가 공유 상태를 예외로 설정하고(❶의 intProm.set_value(std::current_exception());), 둘째 호출에서는 공유 상태를 수치로 설정한다(❷의 intPromise.set_value(a / b);). 약속 객체가 try-catch 블록(❹)으로 예외를 처리하듯이, 미래 객체도 자신의 try-catch 블록(❺)으로 예외를 처리해야 한다. 0으로 나누기는 미정의 행동이다. executeDivision 함수는 계산의 결과 또는 예외 정보를 출력한다(그림 10.16).

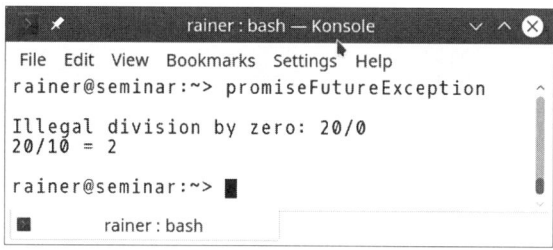

그림 10.16 메시지로 전달된 값과 예외.

10.4.2 통지 보내기

약속 요소와 미래 요소의 쌍(즉, '작업')을 이용한 다중 스레드 동기화는 조건 변수를 이용한 다중 스레드 동기화(§10.2.3)와 공통점이 많다. 그러나 대부분의 경우 약속/미래 쌍이 조건 변수보다 더 안전하다.

관련 예제로 넘어가기 전에, 조건 변수와 작업을 비교 정리한 표부터 살펴보기 바란다.

표 10.3 조건 변수 대 작업

기준	조건 변수	작업
다중 동기화	예	아니요
임계 영역	예	아니요
가짜 깨어남 발생	예	아니요
깨어남 놓침 발생	예	아니요

약속/미래에 비한 조건 변수의 장점은 하나의 조건 변수를 여러 번 스레드 동기화에 사용할 수 있다는 것이다. 반면에 하나의 약속 요소는 통지를 딱 한 번만 보낼 수 있다. 동기화가 한 번만 필요한 경우에는 약속/미래 쌍이 낫다. 그런 상황에서 조건 변수를 제대로 사용하기란 쉽지 않다. 약속/미래 쌍은 자물쇠가 필요 없고 가짜 깨어남이나 깨어남 놓침도 발생하지 않으며, 임계 영역이나 추가 조건을 사용할 필요도 없다.

```cpp
// promiseFutureSynchronize.cpp

#include <future>
#include <iostream>
#include <utility>

void waitingForWork(std::future<void> fut) {
```

```cpp
        std::cout << "Waiting " << '\n';
        fut.wait();                                     // ❺
        std::cout << "Running " << '\n';
}

void setDataReady(std::promise<void> prom) {
        std::cout << "Data prepared" << '\n';
        prom.set_value();                               // ❻
}

int main() {

        std::cout << '\n';

        std::promise<void> sendReady;                   // ❶
        auto fut = sendReady.get_future();              // ❷

        std::thread t1(waitingForWork, std::move(fut));         // ❸
        std::thread t2(setDataReady, std::move(sendReady));     // ❹

        t1.join();
        t2.join();

        std::cout << '\n';

}
```

이 예제 프로그램은 약속 객체 sendReady를 생성하고(❶) 그로부터 미래 객체 fut를 얻는다(❷). 그런 다음 이 두 통신 채널 종점(endpoint)들을 각각 스레드 t1(❸)과 t2(❹)로 이동한다. 미래 객체는 fut.wait()를 이용해서 통지를 기다린다(❺). 약속 객체가 ❻에서 prom.set_value()를 호출하면 미래 객체가 통지를 받게 된다.

이 예제의 구조와 출력은 "CP.42: 조건 없이 대기하지(wait) 말라"(§10.2.3)의 조건 변수 예제와 일대일로 대응된다. [그림 10.17]에 이 예제의 출력이 나와 있다.

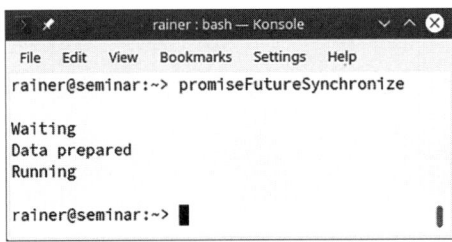

그림 10.17 작업을 이용한 통지.

10.5 무잠금 프로그래밍

동시성과 병렬성에 관한 규칙들은 비전문가를 대상으로 한다. 그러나 무잠금 프로그래밍(Lock-free programming) 또는 자물쇠 없는 프로그래밍은 전문가만을 위한 주제이다. 그래서 무잠금 프로그래밍 하위 섹션[51]에는 짧은 규칙 몇 개만 있다.

> **CP.100** 절대적으로 필요하지 않은 한 무잠금 프로그래밍은 사용하지 말라.[52]

이 규칙은 무잠금 프로그래밍에 관한 가장 중요한 메타 규칙이다. 이 규칙을 믿지 못하겠다면, 전 세계적으로 알려진 전문가들이 이 문제에 대해 여러 강연에서 이야기한 말들을 참고하기 바란다.

- **허브 서터**Herb Sutter: "무잠금 프로그래밍은 마치 칼을 가지고 장난하는 것과 비슷하다." (CppCon 2014)
- **앤서니 윌리엄스**Anthony Williams: "무잠금 프로그래밍은 제 발에 총 쏘기에 관한 것이다." (NDC 2016)[†]
- **토니 판에이르트**Tony Van Eerd: "무잠금 코딩은 여러분이 전혀 하고 싶지 않은 일이다." (NDC 2016).
- **페도르 피쿠스**Fedor Pikus: "무잠금 프로그래밍을 작성하기란 어렵다. 올바른 무잠금 프로그램을 작성하기란 더 어렵다." (NDC 2018)

> **CP.101** 여러분의 하드웨어/컴파일러 조합을 신뢰하지 말라.[53]

"여러분의 하드웨어/컴파일러 조합을 신뢰하지 말라"라는 것이 무슨 뜻인지 잘 감이 잡히지 않을 것이다. 다른 식으로 말해 보겠다. 순서 일관성이 깨지면 프로그램의 실행 흐름에 대한 여러분의 직관도 깨진다. 다음은 이 점을 보여주는 간단한 예제 프로그램이다.

---

[51] https://isocpp.github.io/CppCoreGuidelines/CppCoreGuidelines#SScp-free
[52] https://isocpp.github.io/CppCoreGuidelines/CppCoreGuidelines#Rconc-lockfree
[†] [옮긴이] NDC는 노르웨이, 영국, 호주 등에서 다양한 방식으로 열리는 소프트웨어 개발자 콘퍼런스로, 게임 개발사 넥슨이 주최하는 같은 이름의 콘퍼런스와는 무관하다. 웹사이트는 *https://ndcconferences.com/* 이다.
[53] https://isocpp.github.io/CppCoreGuidelines/CppCoreGuidelines#Rconc-distrust

```cpp
// sequentialConsistency.cpp

#include <atomic>
#include <iostream>
#include <thread>

std::atomic<int> x{0};
std::atomic<int> y{0};

void writing(){
    x.store(2000);                          // ❶
    y.store(11);                            // ❷
}

void reading(){
    std::cout << y.load() << " ";           // ❸
    std::cout << x.load() << '\n';          // ❹
}

int main(){
    std::thread thread1(writing);
    std::thread thread2(reading);
    thread1.join();
    thread2.join();
}
```

이 짧은 예제에 대해 이런 질문을 던지고자 한다. ❸와 ❹에서 y와 x가 어떤 값들을 가질 수 있을까? y와 x는 원자적 객체이므로 데이터 경쟁은 발생하지 않는다. 그리고 메모리 순서를 코드에 명시하지 않았으므로 순서 일관성이 적용된다. 여기서 순서 일관성은 다음을 의미한다.

- 각 스레드는 자신의 연산들을 주어진 순서로 실행한다. 즉, ❶이 ❷보다 먼저 일어나고, ❸이 ❹보다 먼저 일어난다.
- 모든 스레드의 모든 연산에 대한 하나의 전역적인 순서가 존재한다. 다르게 말하면, 각 스레드는 모든 연산을 하나의 동일한 순서로 인식한다.

순서 일관성의 이 두 가지 성질을 조합해 보면, x와 y가 가질 수 있는 값들의 조합으로 불가능한 조합이 하나 있음을 알게 될 것이다. 바로 y == 11과 x == 0이다. 그럼 이러한 순서 일관성을 의도적으로 깨 보자. 아마 여러분의 직관도 깨질 것이다.

완화된 순서 정렬(relaxed ordering)은 모든 메모리 순서 정렬† 방식 중에서 가장 약한 방식이다. 완화된 순서 정렬을 한마디로 요약하면, "원자적 객체에 대한 연산들은 오직 연산의 원자성만 보장한다"이다. 그 밖의 보장은 없다.

```cpp
// relaxedSemantic.cpp

#include <atomic>
#include <iostream>
#include <thread>

std::atomic<int> x{0};
std::atomic<int> y{0};

void writing(){
   x.store(2000, std::memory_order_relaxed);
   y.store(11, std::memory_order_relaxed);
}

void reading(){
   std::cout << y.load(std::memory_order_relaxed) << " ";
   std::cout << x.load(std::memory_order_relaxed) << '\n';
}

int main(){
   std::thread thread1(writing);
   std::thread thread2(reading);
   thread1.join();
   thread2.join();
}
```

이 예제 프로그램에서 대단히 직관적이지 않은 현상 두 가지가 발생할 수 있다. 첫째로, thread2가 인식하는 thread1 연산들의 실행 순서가 thread1이 인식하는 것과는 다를 수 있다. 둘째로, thread1은 자신의 연산들의 순서를 재정렬 (reordering)할 수 있다(두 연산이 서로 다른 원자적 객체에 대해 수행되므로). 이 두 현상이 x와 y가 가질 수 있는 값들에 어떤 영향을 미칠까? 이전 예제와는 달리 완화된 순서 정렬에서는 y == 11과 x == 0의 조합이 가능하다. 좀 더 구체적으로 말하면, 어떤 결과가 가능한지는 하드웨어에 달려 있다. [표 10.4]를 보기 바란다. 표에서 LoadLoad는 한 원자적 객체에 대한 적재(load) 연산 다음

---

† [옮긴이] std::atomic의 일부 멤버 함수는 std::memory_order 형식의 '메모리 순서 정렬(memory ordering)' 매개변수를 받는다. 이 매개변수는 원자적 연산 도중 메모리가 접근되는 순서를 결정한다. 좀 더 자세한 사항은 cppreference.com의 std::memoyr_order 페이지(*https://en.cppreference.com/w/cpp/atomic/memory_order*)를 참고하기 바란다.

에 다른 원자적 객체에 대한 적재 연산이 수행되는 흐름을 뜻한다. LoadStore, StoreLoad, StoreStore도 마찬가지 방식으로 해석하면 된다(Store는 저장 연산).

표 10.4 여러 플랫폼의 연산 순서 재정렬

아키텍처	LoadLoad	LoadStore	StoreLoad	StoreStore
x86, AMD64			예	
Alpha, IA64, RISC	예	예	예	예

예를 들어 x86이나 AMD64에서는 연산 순서 재정렬이 상당히 보수적으로 일어난다. 이 아키텍처들에서는 저장 연산을 적재 연산 다음으로 배치하는 것만 허용된다. 반면에 Alpha나 IA64, RISC(ARM) 아키텍처에서는 저장 연산과 적재 연산의 네 가지 순서 재정렬이 모두 허용된다.

> **CP.102** 문헌들을 세심하게 공부하라.[54]

다음은 이 주제에 관한 두드러진 문헌과 참고자료이다. 이 자료들부터 공부하기 바란다.

- 앤서니 윌리엄스의 저서 *C++ Concurrency in Action* 제2판. Manning Publications, 2019, ISBN 9781617294693 (*https://www.manning.com/books/c-plus-plus-concurrency-in-action-second-edition*)
- 바르토시 밀레프스키[Bartosz Milewski]의 블로그 *Programming Cafe*(*https://bartoszmilewski.com/*)
- 허브 서터의 "Effective Concurrency" 연재(*http://www.gotw.ca/publications/*)
- 제프 프레싱[Jeff Preshing]의 블로그 *Preshing on Programming*(*https://preshing.com/*)

10.6 관련 규칙들

- 두 규칙 "CP.110: 초기화를 위한 이중 점검 잠금(double-checked locking)을 직접 작성하지 말라."[55]와 "CP.111: 이중 점검 잠금이 꼭 필요하다면 통상적인 패턴을 사용하라."[56]

---

54 *https://isocpp.github.io/CppCoreGuidelines/CppCoreGuidelines#Rconc-literature*
55 *https://isocpp.github.io/CppCoreGuidelines/CppCoreGuidelines#Rconc-double*
56 *https://isocpp.github.io/CppCoreGuidelines/CppCoreGuidelines#Rconc-double-pattern*

- 규칙 "CP.200: volatile은 C++ 메모리가 아닌 메모리를 다룰 때만 사용하라"[57]는 원래 "CP.8: volatile을 동기화에 사용하지는 말라"의 일부였다.

요약

주요 사항

- 동시성과 병렬성은 같은 것이 아님을 주의할 것. 동시성은 여러 작업이 겹치는 것을 말하고, 병렬성은 여러 작업이 함께 실행되는 것을 말한다.
- 자료 공유를 최소화해서 데이터 경쟁을 피하고, 공유 데이터를 변경 불가(immutable)로 만들라.
- ThreadSanitizer나 CppMem 같은 도구를 이용해서 동시성 코드를 검증하라.
- 뮤텍스를 직접 잠그고 풀지 말라. 뮤텍스를 std::lock_guard나 std::unique_lock 같은 자물쇠 객체에 집어넣어야 한다.
- 자물쇠를 잠근 상태에서 미지의 코드를 호출하지 말라. 언제든 한 번에 둘 이상의 자물쇠를 획득하려 하지 말라.
- 한 번에 둘 이상의 자물쇠가 필요하다면 std::lock이나 std::scoped_lock을 이용해서 원자적으로 획득하라.
- std::thread 대신, 파괴(소멸) 시 자동으로 부모 스레드에 합류되는 std::jthread를 사용하라.
- 조건 변수를 사용할 때 가짜 깨어남이나 깨어남 놓침을 피하려면 추가적인 술어를 반드시 지정하라.
- 어떤 일을 병렬로 실행하려는 경우 스레드들을 이용해서 직접 짠 병렬 코드보다 STL의 병렬 알고리즘을 선호하라.
- 스레드들 사이에서 메시지나 예외를 전달하려면 작업(약속/미래 쌍)을 사용하라. 스레드들을 동기화할 때 조건 변수 대신 작업을 사용하라.
- 무잠금 프로그래밍 기법은 꼭 필요한 경우에만 사용하라. 그 전에 관련 문헌을 세심하게 공부하라.

---

[57] https://isocpp.github.io/CppCoreGuidelines/CppCoreGuidelines#Rconc-volatile2

11장

C + + Core Guidelines Explained

오류 처리

오류를 처리하는 시피.

먼저 기본적인 사항부터 짚고 넘어가자. C++ 핵심 가이드라인에 따르면 프로그램의 오류 처리에는 다음과 같은 사항이 관여한다.

- 오류를 검출한다.
- 오류에 관한 정보를 어떤 오류 처리 코드에 넘겨준다.
- 프로그램의 유효한 상태를 보존한다.
- 자원 누수를 피한다.

C++ 프로그램의 오류(error)는 예외(exception)를 이용해서 처리하는 것이 기본이다. 부스트^{Boost} C++ 라이브러리의 창립자 중 한 명이자 ISO C++ 표준

화 위원회의 멤버였던 데이비드 에이브럼스$^{David\ Abrahams}$[1]는 "Exception Safety in Generic Components" 문서[2]에서 예외 안전성의 의미를 정밀하게 정식화했다. 소위 '에이브럼스 보장들(Abrahams guarantees)'[3]이라고 부르는 예외 안전성 보장들은 예외 안전성과 관련된 여러 수준의 계약(contract)을 서술한다. 다음은 C++ 표준 라이브러리가 제공하는 네 가지 수준의 예외 안전성 보장이다(출처: Bjarne Stroustrup, *The C++ Programming Language*, Third Edition. Addison-Wesley, 1997).†

1. **던지지 않음 보장**(no-throw guarantee; 또는 무투척 보장): **실패 투명성**(failure transparency)이라고도 부르는 이 수준은 예외가 발생해도 연산이 성공적으로 수행되고 모든 요구조건이 충족됨을 보장한다. 발생한 예외는 내부적으로 처리되며, 클라이언트는 예외가 발생했음을 알지 못한다.

2. **강한 예외 안전성**(strong exception safety): **이행 아니면 철회 의미론**(commit or rollback semantics)이라고도 부르는 이 수준은 연산이 실패할 수 있지만 실패한 연산이 부수 효과(side effect; 부작용)를 발생하지는 않음을, 즉 모든 데이터가 원래의 값을 유지함을 보장한다.

3. **기본 예외 안전성**(basic exception safety): **누수 없음 보장**(no-leak guarantee)이라고도 부르는 이 수준은 연산이 부분적으로 수행된 후 실패했을 때 부수 효과가 발생할 수는 있지만 그래도 모든 불변식이 유지되며 자원 누수(메모리 누수 포함)가 없음을 보장한다. 모든 데이터의 값은, 비록 예외가 발생하기 전과는 다를 수 있지만, 여전히 유효한 값이다.

4. **예외 안전성 없음**(no exception safety): 예외 안전성에 관해 아무것도 보장하지 않는다.

C++ 핵심 가이드라인의 오류 처리 섹션[4]에 있는 규칙들은 다음 종류의 오류 또는 실수를 피하는 데 도움이 된다. 괄호 안은 해당 오류의 전형적인 예로, 내가 추가한 것이다.

- 형식 위반(잘못된 형변환)
- 자원 누수(메모리 누수)

---

[1] *https://en.wikipedia.org/wiki/David_Abrahams_(computer_programmer)*
[2] *https://www.boost.org/community/exception_safety.html*
[3] *https://en.wikipedia.org/wiki/Exception_safety*
† [옮긴이] 번역서는 《C++ 프로그래밍 언어 특별판》(곽용재 옮김, 피어슨에듀케이션코리아, 2005).
[4] *https://isocpp.github.io/CppCoreGuidelines/CppCoreGuidelines#S-errors*

- 경계 오류(컨테이너의 경계 바깥에 접근)
- 수명 오류(삭제된 객체에 접근)
- 논리 오류(잘못 짠 논리 표현식)
- 인터페이스 오류(인터페이스에 잘못된 값을 전달)

오류 처리 섹션의 규칙들은 20개가 넘는데, 크게 세 범주로 나뉜다. 처음 두 범주는 오류 처리 전략의 설계(§11.1)와 구현(§11.2)이고, 셋째 범주는 예외를 던질 수 없는 상황에 관한 것이다(§11.3).

오류 처리 섹션의 규칙들은 함수 섹션과 클래스 및 클래스 위계구조 섹션과 많이 겹친다. 그래서 그 섹션들에 나온 규칙들과 같거나 비슷한 규칙들은 이번 절에서 생략했다. 생략한 규칙들은 §11.4 "관련 규칙들"에서 언급하겠다.

11.1 오류 처리의 설계

모든 소프트웨어 단위(software unit)는 클라이언트^{client}(그 단위를 사용하는 다른 소프트웨어 단위)와 두 가지 통신 채널^{channel}로 통신한다. 한 채널은 정규적인(regular) 상황을 위한 것이고 다른 한 채널은 비정규(irregular) 상황을 위한 것이다. 소프트웨어 단위는 불변식(invariant)을 중심으로 설계해야 한다.

11.1.1 통신

- E.1: 설계의 초기 단계에서 오류 처리 전략을 수립하라.[5]
- E.17: 모든 함수에서 모든 예외를 잡으려 들지는 말라.[6]
- E.18: 명시적인 try/catch는 최소한으로만 사용하라.[7]

먼저 소프트웨어 단위가 무엇인지부터 짚고 넘어가자. 소프트웨어 단위는 하나의 함수일 수도 있고, 객체일 수도 있고, 전체 시스템을 구성하는 개별 하위 시스템일 수도 있고, 전체 시스템 자체일 수도 있다. 소프트웨어 단위는 자신의 클라이언트와 통신(연동)한다. 따라서 소프트웨어 단위와 클라이언트가 통신하는 방식을 반드시 시스템 설계의 초반 단계에서 설계해야 한다. 단위와 단위 사이의 경계(boundary)에서 일어나는 통신은 크게 두 종류인데, 하나는 정규 통

---

[5] *https://isocpp.github.io/CppCoreGuidelines/CppCoreGuidelines#Re-design*
[6] *https://isocpp.github.io/CppCoreGuidelines/CppCoreGuidelines#Re-not-always*
[7] *https://isocpp.github.io/CppCoreGuidelines/CppCoreGuidelines#Re-no-throw*

신이고 다른 하나는 비정규 통신이다. 정규 통신은 인터페이스의 기능적 측면 (functional aspect)에 해당한다. 다른 말로 하면, 정규 통신은 소프트웨어 단위가 마땅히 해야 할 일에 관한 것이다. 비정규 통신은 비기능적 측면에 해당한다. 비기능적 측면(nonfunctional aspect)은 시스템의 운영 방식을 명시한다. 이 비기능적 측면의 상당 부분을 차지하는 것이 오류 처리이다. 즉, 비기능적 측면의 상당 부분은 시스템에서 무엇이 잘못될 수 있고 그럴 때 어떻게 해야 하는지를 명시한다. 비기능적 측면을 그냥 '품질 특성(quality attributes)'이라고 부르는 경우도 많다.

제어 흐름(control-flow)의 관점에서 명시적인 try/catch는 goto 문과 공통점이 많다. 예외가 발생하면("던져지면") 제어의 흐름은 즉시 예외 처리부(exception handler)로 넘어간다. 이때 예외 처리부가 예외를 던진 소프트웨어 단위와는 다른 단위에 있을 수 있다. 그러면 제어 흐름을 예측하거나 유지보수하기가 어렵다. 간단히 말해서 소위 '스파게티 코드'[8]가 되는 것이다.

그렇다면 예외 처리 코드의 구조를 어떻게 짜는 것이 좋을까? 그러려면 먼저 예외를 지역(예외가 발생한 단위)에서 처리할 수 있는지를 고려해야 한다.

예외를 지역에서 처리할 수 있다면 그렇게 하면 된다. 지역에서 처리할 수 없다면, 예외를 처리하기에 충분한 문맥이 있는 지점까지 예외가 전파되게 해야 한다. 이 경우 예외 처리는 곧 던져진 예외를 잡고 클라이언트가 편하게 처리할 수 있는 다른 형식의 예외를 다시 던지는 것에 해당한다. 예외를 이런 식으로 다시 던지는 것은 소프트웨어 단위의 클라이언트가 제한된 종류의 예외만 처리할 수 있게 하는 목적에도 부합한다.

임의의 예외로부터 클라이언트를 보호하는 것이 바람직하다는 점 때문에, 예외를 처리하기에 가장 좋은 장소는 단위와 단위의 경계일 때가 많다. 따라서 단위 경계는 정규 통신과 비정규 통신을 시험하기에도 적합한 장소이다.

11.1.2 불변식

- E.2: 예외는 함수가 주어진 작업을 수행할 수 없음을 나타내는 용도로 던져라.[9]
- E.4: 불변식을 중심으로 오류 처리 전략을 설계하라.[10]

---

8 *https://en.wikipedia.org/wiki/Spaghetti_code*
9 *https://isocpp.github.io/CppCoreGuidelines/CppCoreGuidelines#Re-throw*
10 *https://isocpp.github.io/CppCoreGuidelines/CppCoreGuidelines#Re-design-invariants*

- E.5: 생성자가 불변식을 확립하게 하고, 불변식을 확립할 수 없으면 예외를 던져라.[11]

C++ 핵심 가이드라인에 따르면, "불변식은 생성자가 반드시 확립해야 하고 public 멤버 함수들이 가정하는, 객체의 멤버들에 대한 어떤 논리 조건식이다. 불변식이 확립되고 나면(흔히 생성자에 의해) 객체에 대해 모든 멤버 함수를 호출할 수 있다." 그런데 내 생각에 이 정의는 너무 좁다. 함수가 콘셉트나 계약을 이용해서 불변식을 확립할 수도 있다.

이 규칙들 외에도, 불변식과 불변식 확립에 관한 논의를 보충하는 규칙들이 있다(제5장 참고).

- C.2: 불변식이 있는 클래스에는 class를 적용하라; 데이터 멤버들이 독립적으로 변할 수 있으면 struct를 적용하라.
- C.41: 생성자는 완전하게 초기화된 객체를 생성해야 한다.
- C.45: 데이터 멤버들을 초기화하기만 하는 기본 생성자는 정의하지 말고, 대신 멤버 초기화 구문을 사용하라.

C++ 핵심 가이드라인의 불변식 정의를 오류 처리에 적용하면, 오류 처리 전략을 불변식을 중심으로 설계해야 한다는 결론이 나온다. 불변식을 확립할 수 없다면 예외를 던져야 한다.

11.2 구현

이번 절에서는 오류 처리를 구현할 때 염두에 두어야 할, 해야 할 사항들과 하지 말아야 사항들과 살펴본다.

11.2.1 해야 할 사항들

다음은 해야 할 사항들(Do's)이다. 이들 외에도 몇 가지가 더 있는데 §11.4 "관련 규칙들"에서 언급하겠다.

---

[11] *https://isocpp.github.io/CppCoreGuidelines/CppCoreGuidelines#Re-invariant*

E.3   예외는 오류 처리에만 사용하라.[12]

예외는 일종의 goto 문이다. 아마 여러분이 따르는 코딩 지침에 goto 문 금지 조항이 있을 것이다. 코딩 지침 때문에 goto를 사용하지 못하는 프로그래머가 "그럼 예외를 goto 대신 사용하자"라는 발상을 떠올리기도 한다. 다음이 그런 예이다. 이 예제는 함수가 주어진 일에 성공한 경우에 예외를 사용한다.

```
// 나쁜 예: 오류 처리 이외의 용도로 예외를 사용함
int getIndex(std::vector<const std::string>& vec,
             const std::string& x) {
   try {
      for (auto i = 0; i < vec.size(); ++i) {
         if (vec[i] == x) throw i; // x를 찾았음
      }
   } catch (int i) {
      return i;
   }
   return -1; // 찾지 못했음
}
```

내 의견에 이것은 예외의 가장 나쁜 오남용이다. 이 예제는 프로그램의 정규 제어 흐름과 예외적인 제어 흐름이 뒤집혀 있다. 작업에 성공한 경우에는 예외를 던지고, 실패한 경우에는 정상적인 반환문을 사용한다. 이러면 코드를 읽는 사람이 헷갈릴 수밖에 없다.

E.14   목적에 맞게 설계한 사용자 정의 형식을 예외로 사용하라(내장 형식들 말고).[13]

내장 형식을 예외로 사용해서는 안 된다. 심지어 표준 예외 형식들도 사용하지 말아야 한다. 다음은 C++ 핵심 가이드라인에서 가져온 나쁜 예이다.

```
void my_code()        // 이렇게 하지 말 것
{
   // ...
   throw 7;           // 7은 "오늘은 그믐달임"을 뜻한다.
   // ...
}

void your_code()      // 이렇게 하지 말 것
{
```

---

12 *https://isocpp.github.io/CppCoreGuidelines/CppCoreGuidelines#Re-errors*
13 *https://isocpp.github.io/CppCoreGuidelines/CppCoreGuidelines#Re-exception-types*

```
    try {
        // ...
        my_code();
        // ...
    }
    catch(int i) {    // i == 7은 "입력 버퍼가 너무 작음"을 뜻한다
        // ...
    }
}
```

이 예제는 int를 아무 의미론 없이 예외로 사용한다. 7의 의미는 주석으로만 알 수 있을 뿐이다. 이보다는, 예외의 의미를 알 수 있는 형식을 만들어서 사용하는 것이 낫다. 주석은 틀릴 수 있다. 확신을 가지려면 문서화를 봐야 한다. int 같은 형식의 예외에는 그 어떤 의미 있는 정보도 첨부할 수 없다. 7이 어떤 특정한 예외 상황을 대표한다면, 아마도 1에서 6까지의 정수도 어떤 예외 상황들을 대표하리라고 짐작하는 것이 자연스럽다. 예를 들어 1은 어떤 명시되지 않은 오류를 뜻하는 등이다. 이런 전략은 너무 작위적이고, 실수의 여지가 많고, 코드를 읽고 유지보수하기가 상당히 어렵게 만든다.

그럼 int 대신 표준 예외 형식을 사용해보자.

```
void my_code()        // 이렇게 하지 말 것
{
    // ...
    throw std::runtime_error{"moon in the 4th quarter"};
    // ...
}

void your_code()      // 이렇게 하지 말 것
{
    try {
        // ...
        my_code();
        // ...
    }
    catch(const std::runtime_error&) {    // std::runtime_error는
                                          // "입력 버퍼가 너무 작음"을 뜻한다.
        // ...
    }
}
```

내장 형식 대신 표준 예외 형식을 사용하면 추가적인 정보를 예외에 덧붙일 수 있고 예외들의 위계구조를 구축할 수 있으므로 조금 낫다. 그러나 조금 나을 뿐 좋은 것은 아니다. 왜 그럴까? 표준 예외들은 너무 일반적이다. std::runtime_ error는 실행 시점에서 오류가 있음을 뜻할 뿐이다. my_code 함수가 어떤 입력 하위 시스템의 일부라고 상상하자. 그 함수의 클라이언트가 std::runtime_error 형식의 예외를 잡았다고 할 때, 클라이언트는 그것이 "입력 버퍼가 너무 작음" 같은 일반적인 오류인지 아니면 "입력 장치가 연결되지 않았음" 같은 하위 시스템 고유의 특수한 오류인지 알 수 없다.

이런 문제를 극복하는 방법은 std::runtime_error를 상속해서 구체적인 예외 형식을 만드는 것이다. 다음이 그런 예외 형식의 간단한 예이다.

```cpp
class InputSubsystemException: public std::runtime_error {
    const char* what() const noexcept override {
        return "예외의 좀 더 자세한 내용";
    }
};
```

이제 입력 하위 시스템의 클라이언트는 catch(const InputSubsystemException& ex)를 이용해 구체적인 예외를 잡아서 처리할 수 있다. 또한, 입력 하위 시스템 작성자가 InputSubsystemException을 더욱 파생해서 예외 위계구조를 구축할 수도 있다.

E.15 위계구조에 속한 예외들은 참조로 잡아라.[14]

예외 위계구조의 한 예외를 값으로 잡으면 슬라이싱 문제를 겪을 수 있다.

앞 규칙(E.14)에서 예로 든 InputSubsystemException을 상속해서 USBInputException이라는 새 예외 클래스를 만들었다고 하자. try 절에서 USBInputException 예외가 발생했는데, catch 절에서 InputSubsystemException 형식의 예외를 값으로 잡으면 어떻게 될까?

```cpp
void subsystem() {
    // ...
    throw USBInputException();
    // ...
}

void clientCode() {
    try {
        subsystem();
```

---

[14] https://isocpp.github.io/CppCoreGuidelines/CppCoreGuidelines#Re-exception-ref

```
    }
    catch(InputSubsystemException e) { // 슬라이싱 위험
        // ...
    }
}
```

USBInputException 형식의 예외를 InputSubsystemException 형식의 값으로 잡으면 e의 형식은 기반 형식인 InputSubsystemException이 되며, 따라서 USBInputException에만 있는 정보가 잘려 나가는 슬라이싱 문제가 발생한다. 슬라이싱에 관해서는 규칙 "C.67: 다형적 클래스는 복사를 금지해야 한다"(제5장)에서 이야기했다.

바람직한 방법을 요약하면 다음과 같다.

1. 기본적으로 예외는 const 참조로 받아야 한다. 예외를 변경해야 하는 경우에만 참조로 받도록 한다.
2. 예외 처리부에서 예외 e를 다시 던져야 한다면, throw e;가 아니라 throw;를 사용하라. throw e;를 사용하면 e가 복사된다.

예외를 값으로 받는 문제에 대한 좀 더 직접적인 해결책이 있다. 바로, 규칙 "C.121: 인터페이스로 사용할 기반 클래스는 추상 클래스로 만들어라"(제5장)를 적용하는 것이다. 지금 예에서 InputSubsystemException을 추상 기반 클래스로 만들면 애초에 InputSubsystemException을 값으로 받을 수 없게 된다.

11.2.2 하지 말아야 할 사항들

C++ 핵심 가이드라인은 해야 할 사항들 외에 하지 말아야 할 사항(Don'ts) 세 가지도 제시한다.

E.13 객체를 직접 소유한 상황에서는 절대로 예외를 던지지 말라.[15]

다음은 C++ 핵심 가이드라인에서 발췌한, 직접적인 소유권에 관한 예이다.

```
void leak(int x) {          // 나쁨: 메모리가 샐 수 있다.
    auto* p = new int{7};
    auto* pa = new int[100]
    if (x < 0) throw Get_me_out_of_here{};   // *p와 *pa가 샌다.
    // ...
```

---
[15] https://isocpp.github.io/CppCoreGuidelines/CppCoreGuidelines#Re-never-throw

```
    delete p;      // 예외가 발생하면 여기에 도달하지 못한다.
    delete [] pa;
}
```

예외가 던져지면 delete 호출들이 생략되어서 메모리가 샌다. 간단한 해결책은 소유권을 제거하고, C++ 런타임이 객체의 직접적인 소유자가 되게 하는 것이다. 간단히 말해서 규칙 "R.1: 자원 핸들과 RAII를 이용해서 자원을 자동으로 관리하라"(§7.1)를 적용하면 된다.

RAII를 적용하는 방법은 간단하다. 그냥 자원 자체를 지역 객체로서 생성하거나, 자원을 보호하는 지역 객체를 생성하면 된다. 지역 객체의 수명은 C++ 런타임이 관리해 주므로, 필요에 따라 메모리가 자동으로 해제된다. 다음은 자동 메모리 관리의 세 가지 형태를 보여주는 예이다.

```
void leak(int x) { // 좋음: 메모리가 새지 않는다.
    auto p1 = int{7};
    auto p = std::make_unique<int>(7);
    auto pa = std::vector<int>(100);
    if (x < 0) throw Get_me_out_of_here{};
    // ...
}
```

p1은 그 자체로 지역 객체이고, p와 pa는 자원을 보호하는 지역 객체이다. std::vector는 힙을 이용해서 자신의 데이터를 관리한다. 세 형태 모두 delete가 필요하지 않음을 주목하자.

E.30 예외 명세는 사용하지 말라.[16]

먼저 예외 명세(exception specification)의 예를 하나 보자.

```
int use(int arg) throw(X, Y) {
    // ...
    auto x = f(arg);
    // ...
}
```

throw(X, Y)는 이 use 함수가 X 형식의 예외나 Y 형식의 예외를 던질 수 있다는 뜻이다. 그 밖의 예외가 실행 시점에서 함수 바깥으로 던져지면 std::terminate[17]

---

[16] https://isocpp.github.io/CppCoreGuidelines/CppCoreGuidelines#Re-specifications
[17] https://en.cppreference.com/w/cpp/error/terminate

가 호출된다.

throw(X, Y) 같은 인수 있는 동적 예외 명세와 throw() 같은 인수 없는 동적 예외 명세 둘 다 C++11에서 비권장(deprecated)으로 분류되었다. 인수 있는 동적 예외 명세는 C++17에서 제거되었고 인수 없는 동적 예외 명세는 C++20에서 제거되었다. C++20 이전에 throw()는 noexcept와 같은 의미로 쓰였다.

noexcept에 관한 좀 더 구체적인 규칙으로는 "E.12: throw로 함수를 벗어나는 것이 불가능하거나 부적합한 함수에는 noexcept를 사용하라"[18]가 있다.

E.31   catch 절들을 적절한 순서로 배치하라.[19]

예외는 '최초 부합(first match)' 전략에 따라 처리된다. 이는 여러 catch 절 중 던져진 예외와 처음으로 부합하는 것이 그 예외를 잡는다는 뜻이다. 따라서 예외 처리부들은 구체적인 것에서 일반적인 것의 순서로 배치해야 한다. 그렇게 하지 않으면 구체적인 예외 처리부가 예외를 잡을 기회를 잃는다. 다음 예에서 DivisionByZeroException은 std::exception을 상속한, 좀 더 구체적인 예외 형식이다.

```
try{
    // 여기서 예외를 던진다.                            ❶
}
catch(const DivisionByZeroException& ex) { .... } // ❷
catch(const std::exception& ex) { .... }          // ❸
catch(...) { .... }                               // ❹
```

❶이 예외를 던지면 C++ 런타임은 그 예외가 ❷의 DivisionByZeroException과 부합하는지 점검해서, 부합한다면 해당 catch 절을 실행한다. 부합하지 않으면 그다음의 std::exception 예외 처리부(❸)로 넘어가고, 그것에도 부합하지 않으면 ❹의 마지막 처리부로 넘어간다. ❹의 줄임표(...)는 그 어떤 예외와도 부합하므로, 앞의 예외 처리부들을 통과한 모든 예외가 여기서 잡힌다.

11.3 예외를 던질 수 없으면

- E.25: 만일 예외를 던질 수 없으면 RAII를 흉내 내서 자원을 관리하라.[20]

---

18 *https://isocpp.github.io/CppCoreGuidelines/CppCoreGuidelines#Re-noexcept*
19 *https://isocpp.github.io/CppCoreGuidelines/CppCoreGuidelines#Re_catch*
20 *https://isocpp.github.io/CppCoreGuidelines/CppCoreGuidelines#Re-no-throw-raii*

- E.26: 만일 예외를 던질 수 없으면 빨리 실패하는 쪽을 고려하라.[21]
- E.27: 만일 예외를 던질 수 없으면 오류 코드를 체계적으로 사용하라.[22]

첫 규칙 "E.25: 만일 예외를 던질 수 없으면 RAII를 흉내 내서 자원을 관리하라"부터 보자. RAII의 개념은 간단하다. 관리하려는 자원을 클래스의 한 멤버로 두고, 그 클래스의 생성자에서 자원을 초기화하고 소멸자에서 자원을 파괴한다. 그 클래스의 지역 인스턴스를 스택에 생성하면 C++ 런타임이 자원을 자동으로 처리해 준다. RAII에 관한 좀 더 자세한 사항은 자원 관리에 관한 첫 규칙 "R.1: 자원 핸들과 RAII를 이용해서 자원을 자동으로 관리하라"(§7.1)를 참고하기 바란다.

그런데 RAII를 흉내 내서(simulate) 자원을 관리하라는 것이 무슨 뜻일까? 다음 함수를 보자. 다음은 예외를 던질 수 있는 상황의 예이다. 함수 func는 Gadget 객체를 생성할 수 없으며 예외와 함께 함수를 종료한다.

```
void func(std::string& arg) {
    Gadget g {arg};
    // ...
}
```

그러나 예외를 던질 수 없는 상황이라면, 다음처럼 Gadget에 valid라는 멤버 함수를 추가해서 RAII를 흉내 내야 한다.

```
error_indicator func(std::string& arg) {
    Gadget g {arg};
    if (!g.valid()) return gadget_construction_error;
    // ...
    return 0; // 0은 "성공"을 뜻함
```

이 경우 호출자는 func의 반환값을 점검해서 오류 여부를 파악하고 적절히 대응해야 한다.

규칙 "E.26: 만일 예외를 던질 수 없으면 빨리 실패하는 쪽을 고려하라"는 말뜻 그대로이다. 메모리 소진(memory exhaustion)처럼 오류를 복구하고 실행을 계속할 방법이 없는 상황이라면 빨리 실패하는 것이 낫다. 예외를 던질 수 없다면 std::abort[23]를 호출하는 것이 최후의 수단이다.

---

[21] https://isocpp.github.io/CppCoreGuidelines/CppCoreGuidelines#Re-no-throw-crash
[22] https://isocpp.github.io/CppCoreGuidelines/CppCoreGuidelines#Re-no-throw-codes
[23] https://en.cppreference.com/w/cpp/utility/program/abort

```
void f(int n) {
  // ...
  p = static_cast<X*>(malloc(n, X));
  if (!p) std::abort(); // 메모리 소진 시 강제 종료
  // ...
}
```

기본적으로 std::abort는 프로그램을 비정상적으로(강제로) 종료시킨다. 다른 방식의 종료 처리를 원한다면 SIGABRT 신호[24]를 받는 신호 처리부(signal handler)를 설치해야 한다.

신호 처리부를 설치하지 않은 경우 앞의 함수 f의 행동은 다음 함수와 본질적으로 같다.

```
void f(int n) {
  // ...
  p = new X[n]; // 메모리 소진 시 예외 발생
  // ...
}
```

마지막 규칙 "E.27: 만일 예외를 던질 수 없으면 오류 코드를 체계적으로 사용하라"로 넘어가자. 이 규칙에 관한 논의에는 혐오스러운 goto 키워드가 등장한다.

C++ 핵심 가이드라인에 따르면, 예외가 던질 수 없는 상황에서 오류 처리와 관련해 여러분은 다음 세 가지 질문에 답해야 한다.

1. 오류 지표(error indicator; 오류가 발생했음을 나타내는 어떤 요소)를 함수 밖으로 내보내는 방법은 무엇인가?
2. 오류에 의해 함수를 종료하기 전에 모든 자원을 해제하는 방법은 무엇인가?
3. 오류 지표로는 무엇을 사용할 것인가?

이런 식으로 오류를 처리하려는 경우 일반적으로 함수는 두 개의 값을 돌려주어야 한다. 하나는 함수의 값(함수의 작업 결과)이고 다른 하나는 오류 지표이다. 두 개의 값을 돌려주는 데 적합한 형식은 std::pair이다. 자원 해제는 좀 더 어려운 문제이다. 예외를 던질 수 없는 상황에서 자원 해제 문제는 악몽 같은 유지보수 작업으로 이어지기 쉽다. 다음 예처럼 자원 마무리(cleanup) 코드를 함수 안에 캡슐화한다고 해도 그렇다.

---

[24] https://en.cppreference.com/w/cpp/utility/program/SIG_types

```
std::pair<int, error_indicator> user() {

   Gadget g1 = make_gadget(17);
   Gadget g2 = make_gadget(17);

   if (!g1.valid()) {
      return {0, g1_error};
   }

   if (!g2.valid()) {
      cleanup(g1);
      return {0, g2_error};
   }

   // ...

   if (all_foobar(g1, g2)) {
      cleanup(g1);
      cleanup(g2);
      return {0, foobar_error};
   // ...

   cleanup(g1);
   cleanup(g2);
   return {res, 0};
}
```

언뜻 보기에 큰 문제가 없는 것 같지만, 과연 그럴까?

DRY가 "Don't repeat yourself(반복하지 말라)"[25]의 약자임을 기억할 것이다. 앞의 예제에서 자원 마무리 코드가 함수 안에 잘 캡슐화되어 있긴 하지만, 여전히 코드 중복의 악취가 남아 있다. cleanup 함수가 함수의 곳곳에서 호출된다는 점이 악취의 근원이다. 이 중복을 제거하는 한 가지 방법은 다음처럼 마무리 코드를 함수 끝에 두고 필요에 따라 그곳으로 '점프'하는 것이다.

```
std::pair<int, error_indicator> user() {
   error_indicator err = 0;

   Gadget g1 = make_gadget(17);
   Gadget g2 = make_gadget(17);

   if (!g1.valid()) {
      err = g1_error;                    // ❶
      goto exit;
```

---

[25] https://en.wikipedia.org/wiki/Don%27t_repeat_yourself

```
    }

    if (!g2.valid()) {
        err = g2_error;                    // ❶
        goto exit;
    }

    if (all_foobar(g1, g2)) {
        err = foobar_error;                // ❶
        goto exit;
    }
    // ...
exit:                                      // ❷
    if (g1.valid()) cleanup(g1);
    if (g2.valid()) cleanup(g2);
    return {res, err};
}
```

이 경우에는 goto가 오히려 함수의 전체적인 구조를 깔끔하게 만드는 데 도움이 되었다. 이 함수는 오류를 검출할 때마다 그냥 오류 지표를 설정하고(❶들) 마무리 코드(❷)로 점프한다. 금기시되는 goto를 쓰긴 했지만, 예외적인 상황에는 예외적인 대응이 필요한 법이다.

11.4 관련 규칙들

RAII는 자원 관리의 첫 규칙 "R.1: 자원 핸들과 RAII를 이용해서 자원을 자동으로 관리하라"(§7.1)를 설명할 때 이야기했다. 그래서 이번 장에서는 규칙 "E.6: RAII를 이용해서 누수를 방지하라"[26]를 생략했다.

규칙 "E.7: 전제조건들을 명시하라"[27]와 "E.8: 사후조건들을 명시하라"[28]는 아직 C++ 표준에 도입되지 않은 계약(contract) 기능에 관한 것이다. 계약 기능은 부록 C "계약"에서 간단하게나마 소개한다.

규칙 "E.12: throw로 함수를 벗어나는 것이 불가능하거나 부적합한 함수에는 noexcept를 사용하라"[29]는 함수에 관한 규칙 "F.6: 함수가 예외를 던지지 않는다면 noexcept로 선언하라"(§4.1.1)과 겹친다.

---

[26] *https://isocpp.github.io/CppCoreGuidelines/CppCoreGuidelines#Re-raii*
[27] *https://isocpp.github.io/CppCoreGuidelines/CppCoreGuidelines#Re-precondition*
[28] *https://isocpp.github.io/CppCoreGuidelines/CppCoreGuidelines#Re-postcondition*
[29] *https://isocpp.github.io/CppCoreGuidelines/CppCoreGuidelines#Re-noexcept*

전역 상태는 관리하기 어려우며 숨겨진 의존관계를 도입한다. 관련 규칙은 "I.2: 비const 전역 변수를 피하라"(§1.6)이다. 이는 규칙 "E.28: 전역 상태(이를테면 errno)에 기초한 오류 처리를 피하라"[30]로 이어진다.

규칙 "E.16: 소멸자, 메모리 해제, swap은 절대로 실패하지 말아야 한다"[31]는 제5장의 생성자와 배정, 소멸자에 관한 절(§5.1)에 나온 규칙들과 겹친다.

요약

주요 사항

- 소프트웨어 단위는 작업 결과를 정규 채널과 비정규 채널을 통해서 자신의 클라이언트와 통신한다. 오류 처리는 비정규 채널의 주된 부분이므로, 소프트웨어 설계의 초기 단계에서 오류 처리 전략을 수립해야 한다.
- 오류 처리는 불변식을 중심으로 설계하라. 생성자의 임무는 불변식을 확립하는 것이다. 불변식을 확립할 수 없으면 예외를 던져라.
- 사용자 정의 형식을 예외로 사용하라. 예외를 참조로 잡되, 구체적인 것에서 일반적인 것의 순서로 잡아야 한다.
- 예외는 오류 처리에만 사용하라.
- 객체를 직접 소유하지 말라. 해제가 필요한 자원은 항상 RAII 형식을 이용해서 관리하라. RAII는 예외를 사용하지 않는 경우에도 자원 관리에 도움이 된다.

---

[30] *https://isocpp.github.io/CppCoreGuidelines/CppCoreGuidelines#Re-no-throw*
[31] *https://isocpp.github.io/CppCoreGuidelines/CppCoreGuidelines#Re-never-fail*

12장

C++ Core Guidelines Explained

상수와 불변성

다이아몬드를 감상하는 시피.

이번 장의 주제는 상수성(constness)와 불변성(immutability)이다. 그런데 문제가 하나 있다. 한편으로, C++ 핵심 가이드라인의 상수와 불변성 섹션[1]에 있는 다섯 규칙의 내용은 대부분 이전 장들의 다른 규칙들에서 이미 다룬 것이다. 다른 한편으로, 상수와 변경 불가 데이터를 최대한 사용해서 소프트웨어를 작성하면 여러 가지 문제가 자동으로 해결되는 만큼, 상수성과 불변성은 거듭 강조해도 지나치지 않다. 그래서 이번 장은 상수성을 위한 규칙들의 요점을 다시 짚어보고, 필요하다면 기존 규칙들을 언급하는 식으로 진행하겠다. 사실 const와

---

[1] https://isocpp.github.io/CppCoreGuidelines/CppCoreGuidelines#S-const

constexpr, 그리고 불변성은 필수 개념들이므로, 좀 중복이 있더라도 C++ 핵심 가이드라인에 관한 책의 한 장(챕터)로 두는 것이 마땅하다.

12.1 const 적용

> **const 정확성**
>
> 상수성과 불변성에 관한 글이나 강연에 흔히 등장하는 용어로 const 정확성(const correctness)이 있다. C++FAQ에 따르면[2] const 정확성은 "const 객체가 변경되는 일을 키워드 const를 이용해서 방지하는 것을 뜻한다."

Con.1 기본적으로 객체를 변경 불가(immutable)로 만들어라.[3]

이 규칙은 따르기 쉽다. 내장 형식의 변수나 사용자 정의 형식의 인스턴스를 선언할 때 const를 붙이면 된다. 두 경우 모두 효과는 같다. 변수나 인스턴스를 변경하려고 하면 컴파일러가 오류를 내서 알려준다.[†]

```
struct Immutable {
   int val{12};
};
int main() {
   const int val{12};
   val = 13;           // 오류: 읽기 전용 변수 'val'에 대한 배정

   const Immutable immu;
   immu.val = 13;      // 오류: 읽기 전용 객체의 멤버 'Immutable::val'에
                       //       대한 배정
}
```

원래 const인 객체에서 형변환을 이용해서 강제로 const를 제거하면 미정의 행동이 발생할 수 있다("ES.50: const를 강제로 제거하지 말라").

---

2 *https://isocpp.org/wiki/faq/const-correctness*
3 *https://isocpp.github.io/CppCoreGuidelines/CppCoreGuidelines#Rconst-immutable*
† [옮긴이] 주석들은 GCC의 오류 메시지를 번역한 것이다. Con.2의 예제도 마찬가지이다.

Con.2 기본적으로 멤버 함수에 const를 적용하라.[4]

멤버 함수를 const로 선언하는 것의 직접적인 효과는 두 가지이다. 첫째로, 변경 불가 객체는 const 멤버 함수들만 호출할 수 있다. 둘째로, const 멤버 함수는 바탕 객체를 수정할 수 없다. 다음은 이 점을 보여주는 예제로, 주석은 GCC의 오류 메시지들이다.

```
struct Immutable {
   int val{12};
   void canNotModify() const {
      val = 13;   // 오류: 읽기 전용 객체의 멤버 'Immutable::val'에
                  // 대한 배정
   }
   void modifyVal() {
      val = 13;
   }
};

int main() {
   const Immutable immu;
   immu.modifyVal();   // 오류: 'const Immutable' 객체를 'this'
                       // 인수로 전달하면 한정사들이 폐기된다.
}
```

그런데 이것으로 이야기가 끝난 것은 아니다. 종종 객체의 논리적 상수성과 물리적 상수성을 구별해야 할 때가 있다. 두 가지 상수성을 좀 더 설명하자면 다음과 같다.

- **물리적 상수성**(physical constness): 객체를 const로 선언했으며 객체를 변경할 수 없다. 객체의 표현(representation)이 메모리 안에 고정되었다.
- **논리적 상수성**(logical constness): 객체를 const로 선언했지만 변경할 수 있다. 논리적인 값은 고정되었지만, 메모리 안의 표현은 실행 시점에서 바뀔 수 있다.

물리적 상수성은 이해하기가 쉽지만, 논리적 상수성은 좀 더 까다롭다. 앞의 예제를 조금 수정해서 이들을 설명해 보겠다. 다음 예제는 const 멤버 함수에서 멤버 변수 val의 값을 변경한다.

// mutable.cpp

---

[4] https://isocpp.github.io/CppCoreGuidelines/CppCoreGuidelines#Rconst-fct

```cpp
#include <iostream>

struct Immutable {
    mutable int val{12};           // ❶
    void canNotModify() const {
        val = 13;
    }
};

int main() {

    std::cout << '\n';

    const Immutable immu;
    std::cout << "val: " << immu.val << '\n';
    immu.canNotModify();            // ❷
    std::cout << "val: " << immu.val << '\n';

    std::cout << '\n';

}
```

이런 마법을 가능하게 하는 것은 ❶의 mutable 지정자이다. const 멤버 함수(❷)는 const 객체에 대해서만 호출할 수 있지만, 객체가 const라도 mutable로 선언된 멤버 변수는 멤버 함수가 변경할 수 있다. [그림 12.1]에서 보듯이 val의 값이 실제로 바뀌었다.

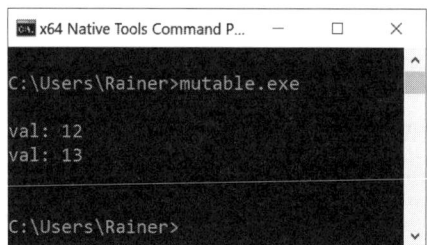

그림 12.1 mutable 멤버 함수.

mutable의 주된 용도 하나는 클래스의 멤버 변수로 둔 뮤텍스를 변경할 수 있게 만드는 것이다. 클래스의 어떤 멤버 함수가 어떤 멤버 변수를 읽기만 한다고 하자. 그러면 그 멤버 함수는 const로 선언해야 마땅하다. 그런데 그런 클래스의 객체가 다중 스레드 상황에서도 제대로 작동하려면 해당 읽기 연산을 보호할 필요가 있다. 이를 위해 클래스에 뮤텍스 멤버 변수를 추가하고, 읽기 멤버 함수에서 그 뮤텍스를 잠근다고 하자. 그런데 뮤텍스 멤버 변수를 변경하는 멤버 함수는 더 이상 const가 될 수 없다. 이런 딜레마를 해결하기 위한 수단이 바로 mutable이다. 뮤텍스를 mutable로 선언하면 const 멤버 함수에서도 뮤텍스를 잠그고 풀 수 있다.

다음은 이상의 용법을 보여주는 간단한 예제이다. mutable을 생략하면 이 코드는 작동하지 않는다.

```
struct Immutable {
   mutable std::mutex m;
   int read() const {
      std::lock_guard<std::mutex> lck(m);
      // 임계 영역
      ...
   }
};
```

Con.3 기본적으로 포인터와 참조는 const로 전달하라.[5]

함수가 포인터나 참조를 const 매개변수로 받는다는 것은, 그 포인터나 참조가 가리키는 객체를 함수 안에서 변경하지 않겠다는 의도를 명확히 표현한 것이라고 할 수 있다. 이 점은 제4장의 §4.1 "함수의 정의"에서 다룬 규칙들과도 부합한다.

```
void getCString(const char* cStr);
void getCppString(const std::string& cppStr);
```

그런데 이 두 선언이 동등할까? 그렇지 않다! getCString 함수에는 널 포인터가 전달될 수 있으므로, 반드시 if (cStr) ....로 유효성을 점검한 후에 포인터를 사용해야 한다.

포인터의 상수성에 관해서는 할 이야기가 더 있다. 포인터의 const 여부와 포인터가 가리키는 대상의 const를 구분하는 것이 중요하다.

- **const char* cStr**: cStr는 const인 char를 가리키는 보통의 포인터이다. 즉, 대상은 수정할 수 없지만 포인터 자체는 수정할 수 있다.
- **char* const cStr**: cStr는 const 포인터이지만 대상은 const가 아니다. 따라서 포인터는 수정할 수 없지만 대상은 수정할 수 없다.
- **const char* const cStr**: cStr는 const인 char를 가리키는 const 포인터이다.

---

[5] *https://isocpp.github.io/CppCoreGuidelines/CppCoreGuidelines#Rconst-ref*

이런 구분이 헷갈린다면, 포인터를 선언하는 표현식을 오른쪽에서 왼쪽으로 읽어보기 바란다.† 또는, 포인터 대신 const 참조를 사용하면 된다.

> **Con.4** 생성 이후 값이 변하지 않는 객체를 정의할 때 const를 적용하라.[6]

여러 스레드가 immutable이라는 변수를 읽기 전용으로 공유한다면, immutable 변수를 const로 선언하면 그만이다. const 변수는 동기화 없이 공유할 수 있으며, 동기화 추가부담이 없으므로 컴퓨터의 성능을 최대로 끌어낼 수 있다. 동기화가 없어도 데이터 경쟁이 일어나지 않는데, 이유는 간단하다. 애초에 데이터 경쟁은 '변경 가능' 공유 상태가 있어야 발생하기 때문이다. 데이터 경쟁에 관해서는 규칙 "CP.2: 데이터 경쟁을 피하라"(§10.1)에서 이야기했다.

　동시성 환경에서 변경 '불가' 공유 데이터를 사용할 때 해결해야 할 문제가 하나 있긴 하다. 바로, 공유 변수를 스레드에 안전한 방식으로 초기화해야 한다는 것이다. 적어도 네 가지 방법이 있다.

1. 스레드를 시작하기 전에 공유 변수를 초기화한다.
2. std::call_once 함수와 std::once_flag 플래그의 조합을 사용한다.
3. 블록 범위의 static 변수를 사용한다.
4. constexpr 변수를 사용한다.

이 문제에 관해서는 규칙 "CP.3: 쓰기 가능 데이터의 명시적인 공유를 최소화하라"(§10.1)에서 이야기했다.

12.2 constexpr 적용

> **Con.5** 컴파일 시점에서 계산할 수 있는 값에는 constexpr를 적용하라.[7]

constexpr 변수는 컴파일 시점에 평가되기 때문에 프로그램의 성능 향상에 도움이 된다. 게다가 constexpr 변수에 대해서는 데이터 경쟁이 발생하지 않는다. 다음은 constexpr 변수를 선언하는 예이다.

---

† [옮긴이] 한국어 어순에서는 왼쪽에서 오른쪽으로 읽는 것이 낫다. 역자의 블로그 글 "한국어 어순에 맞는 C/C++ 변수 선언 읽기"(*https://occamsrazr.net/tt/70*)를 참고하기 바란다.
6　*https://isocpp.github.io/CppCoreGuidelines/CppCoreGuidelines#Rconst-const*
7　*https://isocpp.github.io/CppCoreGuidelines/CppCoreGuidelines#Rconst-constexpr*

```
constexpr double constexprValue = constexprFunction(2);
```

constexpr 함수 constexprFunction은 컴파일 시점에서 실행될 수 있다. 컴파일 시점에는 상태(state)라는 것이 없다. 따라서, 컴파일 시점에서 실행되는 constexpr 함수는 함수형 프로그래밍에서 말하는 순수 함수(pure function)에 해당한다. 순수 함수는 장점이 많은데, 주요 장점들을 들자면 다음과 같다.

1. 함수 호출(표현식)을 호출 결과(값)로 대체할 수 있다.
2. 함수를 다른 스레드에서 실행할 수 있다.
3. 함수 호출들의 순서를 바꿀 수 있다.
4. 함수를 리팩터링하거나 격리해서 테스트하기 쉽다.

다음은 constexpr 함수의 장점을 좀 더 자세히 다룬 기존 규칙들이다(§4.1.1 참고).

- F.4: 컴파일 시점에서 평가될 수 있는 함수는 constexpr로 선언하라.
- F.8: 순수 함수를 선호하라.

요약

주요 사항

- 기본적으로 객체를 변경 불가(immutable)로 만들어라. 변경 불가 객체는 데이터 경쟁을 일으키지 않는다. 변경 가능 객체를 스레드에 안전한 방식으로 초기화하는 데 신경을 써야 한다.
- 기본적으로 멤버 함수에 const를 적용하라. 객체에 필요한 상수성이 물리적 상수성인지 논리적 상수성인지를 잘 구분하라.
- 원래 const인 객체에서 형변환을 이용해서 강제로 const를 제거하지 말라. 그런 객체를 수정하는 것은 미정의 행동이다.
- 가능하면 함수를 constexpr로 선언하라. constexpr 함수는 컴파일 시점에서 실행될 수 있다. 그런 경우 그 함수는 순수 함수이다. 그리고 constexpr 함수는 추가적인 최적화 기회를 제공한다.

13장

C++ Core Guidelines Explained

템플릿과 일반적 프로그래밍

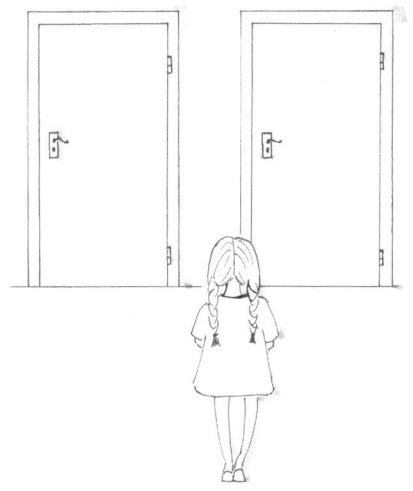

왼쪽 문을 사용할지 오른쪽 문을 사용할지 고민하는 시피.

C++ 핵심 가이드라인의 템플릿과 일반적 프로그래밍 섹션[1]에는 50개 이상의 규칙이 있다. 이 섹션의 특징을 들자면 다음과 같다.

- 이 섹션에는 저수준 세부사항에 관한 규칙이 많다. 그런 규칙들은 기본적으로 전문가들을 위한 것으로, 초보자나 추가적인 정보가 필요한 사람에게는 적합하지 않다. C++ 핵심 가이드라인을 설명하는 이 책의 독자는 아마도 후자일 가능성이 크다.

---

[1] https://isocpp.github.io/CppCoreGuidelines/CppCoreGuidelines#S-templates

- 제목만 있고 내용은 없는 규칙들도 많고, 서로 모순되는 규칙들도 있다. 예를 들어 규칙 "T.5: 일반적 프로그래밍 기법과 OOP 기법을 조합할 때는 그 둘의 장점이 증폭되도록 해야지 비용이 증폭되게 하면 안 된다"[2]는 형식 삭제(type erasure)를 하나의 해법으로 제시하는데, 이는 규칙 "T.49: 가능하면 형식 삭제를 피하라"[3]와 모순된다. (형식 삭제에 관해서는 내 블로그 글 "C++ Core Guidelines: Type Erasure"[4]를 참고하기 바란다.)

- 10개 이상의 규칙은 C++20의 콘셉츠[Concepts]에 관한 것이다. 콘셉츠는 부록 B에서 간단하게나마 소개한다. C++ 핵심 가이드라인의 예제 중에는 콘셉츠 관련 코드를 주석으로 제외해 둔 것이 많다. 이번 장의 예제들도 그런 관례를 따른다. 콘셉츠 기능을 실제로 시험해 보고 싶다면 주석 기호를 제거하면 된다. 주요 C++ 컴파일러들의 콘셉츠 지원 수준은 cppreference.com의 "C++ compiler support" 페이지[5]에서 볼 수 있다.

이번 장에서 '템플릿'과 '일반적 프로그래밍'을 거의 같은 의미로 사용하지만, 사실 템플릿은 일반적 코드를 작성하는 여러 수단 중 하나일 뿐이다. C++의 템플릿은 다들 잘 알겠지만, 일반적 프로그래밍이 무엇인지는 잘 알지 못하는 독자가 있을 것이다. 다음은 내가 가장 선호하는 정의로, 출처는 위키백과이다.[6]

> **일반적 프로그래밍**(generic programming)은[†] 알고리즘들을 '나중에 지정할 형식들'을 이용해서 작성해 두고, 알고리즘이 실제로 필요할 때 구체적인 형식들을 매개변수로 지정해서 알고리즘을 인스턴스화하는 방식의 컴퓨터 프로그래밍 스타일이다.

C++ 핵심 가이드라인의 템플릿과 일반적 프로그래밍 섹션에는 템플릿의 용도에 관한 규칙들(§13.1)과 인터페이스에 관한 규칙들(§13.2), 그리고 정의에 관한 규칙들(§13.3)이 있다. 또한 이 섹션은 템플릿과 클래스 위계구조(§13.4)와 가변 인수 템플릿(§13.5), 메타프로그래밍(§13.6)에 관한 규칙들과 이상의 범주에 속하지 않는 몇 가지 규칙들(§13.7)도 제공한다.

---

2 *https://isocpp.github.io/CppCoreGuidelines/CppCoreGuidelines#Rt-generic-oo*
3 *https://www.modernescpp.com/index.php/c-core-guidelines-type-erasure*
4 *https://isocpp.github.io/CppCoreGuidelines/CppCoreGuidelines#Rt-erasure*
5 *https://en.cppreference.com/w/cpp/compiler_support*
6 *https://en.wikipedia.org/wiki/Generic_programming*
† [옮긴이] 'generic'의 번역에 관해서는 옮긴이의 블로그 글 "generic과 general, 그리고 일반적 프로그래밍"(*https://occamsrazr.net/tt/298*)을 참고하자.

13.1 템플릿의 용도

콘셉트^{concept}는† 템플릿에 대한 술어(predicate)로, 컴파일 시점에서 평가된다. 각각의 콘셉트는 의미론적인 범주를 모형화해야 한다. 예를 들어 Arithmetic(산술 연산), Callable(호출 가능), Iterator(반복자), Range(구간) 같은 것이 그러한 콘셉트의 예이다. HasPlus(덧셈 연산자가 있음)이나 IsInvocable(호출할 수 있음)처럼 콘셉트를 구문적 제약을 표현하는 데 사용하지는 말아야 한다. 의미론적 범주(sematic category)와 구문적 제약(syntactic restriction)이 어떻게 다른지 잘 모르는 독자에게는 이 섹션의 첫 규칙이 도움이 될 것이다.

> **T.1** 템플릿을 코드의 추상 수준을 높이는 데 사용하라.[7]

다음은 C++ 핵심 가이드라인에 있는 예제인데, 함수들이 요구하는 콘셉트 이름을 내가 Addable로 바꾸었다.‡

```
template<typename T>
    // requires Addable<T>
T sum1(const std::vector<T>& v, T s) {
    for (auto x : v) s += x;
    return s;
}

template<typename T>
    // requires Addable<T>
T sum2(const std::vector<T>& v, T s) {
    for (auto x : v) s = s + x;
    return s;
}
```

이 함수(알고리즘)들이 요구하는 콘셉트는 너무 구체적이다. 두 함수 모두 형식 매개변수 T에 특정한 연산자(+=와 +)가 있어야 함을 요구한다. 이것은 '구문적 제약'에 해당한다. 반면에 다음 함수는 산술 연산을 위한 Arithmetic 콘셉트를 요구한다. 이는 구문적 제약에서 의미론적 범주로 추상 수준을 한 단계 높인 것에 해당한다.

---

† [옮긴이] 이 번역서에서 복수형 '콘셉츠'는 C++20에 추가된, 템플릿의 요구조건을 명시하는 기능 전체를 뜻하고 단수형 '콘셉트'는 콘셉츠 기능을 이용해서 작성한 개별 요구조건 또는 술어를 뜻한다.

7 https://isocpp.github.io/CppCoreGuidelines/CppCoreGuidelines#Rt-raise

‡ [옮긴이] 주석의 requires는 영어 문장의 일부가 아니라 C++20에서 콘셉트를 위해 도입된 키워드이다. 부록 B에서 간략하게나마 C++20의 콘셉츠를 소개한다. 콘셉츠를 어느 정도 자세하게 설명하는 한국어 서적으로는 《C++20: 풍부한 예제로 익히는 핵심 기능》(인사이트, 2022)가 있다.

```
template<typename T>
    // requires Arithmetic<T>
T sum(const std::vector<T>& v, T s) {
    for (auto x : v) s += x;
    return s;
}
```

좀 더 적절한 요구조건을 명시한 덕분에 알고리즘이 이전보다 개선되었다. 그러나 아주 좋지는 않다. 이 알고리즘은 std::vector에만 작동한다. 즉, 컨테이너의 요소 형식에 대해서는 일반적이지만, 컨테이너 자체에 대해서는 일반적이지 않다. 컨테이너 자체에 대해서도 일반적이 되도록 sum 알고리즘을 좀 더 일반화하자.

```
template<typename Cont, typename T>
    // requires Container<Cont>
    // && Arithmetic<T>
T sum(const Cont& v, T s) {
    for (auto x : v) s += x;
    return s;
}
```

이제는 만족할 만하다. 원한다면 sum을 좀 더 간결하게 정의하는 것도 가능하다. 다음처럼 typename 대신 콘셉트 이름을 직접 지정해도 된다.

```
template<Container Cont, Arithmetic T>
T sum(const Cont& cont, T s) {
    for (auto x : cont) s += x;
    return s;
}
```

T.2   다수의 인수 형식들에 적용할 알고리즘을 표현할 때 템플릿을 사용하라.[8]

cppreference.com의 "std::find" 페이지[9]를 보면 std::find의 첫 중복적재 버전은 다음과 같다.

```
template< class InputIt, class T >
InputIt find( InputIt first, InputIt last, const T& value );
```

---

8 *https://isocpp.github.io/CppCoreGuidelines/CppCoreGuidelines#Rt-algo*
9 *https://en.cppreference.com/w/cpp/algorithm/find*

반복자의 형식에 대한 템플릿 형식 매개변수의 이름이 InputIt임을 주목하자. InputIt는 입력 반복자(input iterator)를 뜻한다. 입력 반복자는 지시 대상 요소(반복자가 가리키는 요소)를 적어도 한 번은 읽을 수 있으며 한 방향으로의 반복(iteration)을 허용하는 반복자 범주이다. 입력 반복자 It는 다음과 같은 연산들을 지원한다.

```
++It, It++
*It
It == It2, It != It2
```

그런데 이 중복적재 선언에는 두 가지 문제점이 있다.

1. 반복자에 대한 요구조건들이 그냥 반복자 이름으로만 표현되어 있다. 이런 방식은 이제는 바람직하지 않다고 간주되는 헝가리식 표기법[10]을 연상시킨다.
2. 지시 대상 요소를 값과 비교할 수 있어야 한다는 요구조건을 나타내지 못한다.

콘셉트를 이용해서 요구조건들을 명시하면 이런 문제점들이 해결된다.

```
template<Input_iterator Iter, typename Val>
    // Equality_comparable<Value_type<Iter>, Val>
Iter find(Iter b, Iter e, const Val& v) {
    // ...
}
```

T.3 컨테이너와 구간을 표현할 때 템플릿을 사용하라.[11]

컨테이너는 일반적이어야 한다. 템플릿 덕분에 정적 형식 시스템(Per.10)에 기초해서 일반적 컨테이너를 구현할 수 있다. 다음은 벡터를 일반적 컨테이너로 구현한 예이다.

```
template<typename T>
   // requires Regular<T>
class Vector {
   // ...
   T* elem; // sz개의 T 객체들을 가리킨다.
```

---

10 https://en.wikipedia.org/wiki/Hungarian_notation
11 https://isocpp.github.io/CppCoreGuidelines/CppCoreGuidelines#Rt-cont

```
    int sz;
};

Vector<double> v(10);
v[7] = 9.9;
```

여기서 requires Regular<T>는 요소 형식 T가 정규 형식이어야 함을 뜻한다. T가 정규 형식이 되려면 어떤 요구조건을 충족해야 하는지는 이번 장의 규칙 "T.46: 템플릿 인수의 요구조건을 적어도 Regular 또는 SemiRegular로 지정하라"(§13.2.1)에서 좀 더 이야기한다.

13.2 템플릿 인터페이스

인터페이스는 사용자와 구현자 사이의 계약이다. 따라서 아주 세심하게 작성해야 한다.

| T.40 | 연산을 알고리즘에 전달할 때 함수 객체를 사용하라.[12] |

STL(표준 템플릿 라이브러리)에는 호출 가능 요소를 지정해서 알고리즘의 작동 방식을 조율할 수 있는 알고리즘이 100여 개 있다. 호출 가능 요소(callable)는 함수, 함수 객체, 람다 표현식 등을 아우르는 개념이다.

다음 예제는 문자열(std::string) 벡터를 정렬하는 다양한 방법을 보여준다.

```
// functionObjects.cpp

#include <algorithm>
#include <functional>
#include <iostream>
#include <iterator>

#include <string>
#include <vector>

bool byLessLength(const std::string& f,
                  const std::string& s) {                    // ❹
    return f.size() < s.size();
}
```

---

[12] https://isocpp.github.io/CppCoreGuidelines/CppCoreGuidelines#Rt-fo

```
class ByGreaterLength {
public:
  bool operator()(const std::string& f, const std::string& s)
                                           const {                    // ❺
    return f.size() > s.size();
  }
};

int main() {

  std::vector<std::string> myStrVec = {"523345", "4336893456", "7234",
                                       "564", "199", "433", "2435345"};

  std::cout << '\n';

  std::cout << "Ascending by length with a function \n";
  std::sort(myStrVec.begin(), myStrVec.end(), byLessLength);           // ❶
  for (const auto& str: myStrVec) std::cout << str << " ";
  std::cout << "\n\n";

  std::cout << "Descending by length with a function object \n";
  std::sort(myStrVec.begin(), myStrVec.end(), ByGreaterLength());      // ❷
  for (const auto& str: myStrVec) std::cout << str << " ";
  std::cout << "\n\n";

  std::cout << "Ascending by length with a lambda \n";
  std::sort(myStrVec.begin(), myStrVec.end(),
            [](const std::string& f, const std::string& s){            // ❸
                return f.size() < s.size();
            });
  for (const auto& str: myStrVec) std::cout << str << " ";

  std::cout << "\n\n";

}
```

이 예제 프로그램은 문자열 벡터를 문자열 길이에 기초해서 정렬한다. ❶은 함수(❹)를 정렬 기준(비교 연산)으로 지정하고, ❷는 함수 객체(❺), ❸은 람다 표현식을 지정한다. 함수 객체는 호출 연산자(operator())가 적절히 중복적재되어 있다.

[그림 13.1]은 이 프로그램의 실행 결과이다.

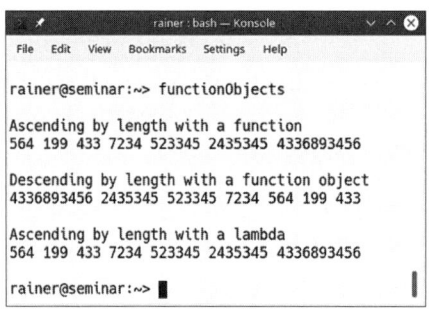

그림 13.1 함수, 함수 객체, 람다를 정렬 기준으로 사용한 예.

연산을 알고리즘에 전달할 때는 함수 객체를 사용하라는 이 규칙에 따라, ❶보다는 ❷나 ❸이 바람직하다.

13.2.1 함수 객체의 장점

함수 객체의 장점은 세 가지로 요약된다. 바로 성능, 표현력, 상태이다. 람다 표현식은 내부적으로 함수 객체가 되므로 함께 이야기하기로 한다.

13.2.1.1 성능

앞 예제의 ❸에서 보듯이, 람다 표현식은 함수 객체가 필요한 바로 그 자리에 표현된다. 컴파일러의 최적화 모듈은 지역적으로 분석할 수 있는 코드를 더 잘 최적화한다. 반면에 함수는 좀 더 먼 곳에서 정의되며, 현재 번역 단위(translation unit)와는 다른 번역 단위에 정의되어 있을 때도 많다. 번역 단위가 다르면 컴파일러가 적용할 수 있는 최적화 기법들이 훨씬 줄어든다.

13.2.1.2 표현력

문서화가 필요하지 않을 정도로 표현력이 큰 코드가 좋은 코드이다. 람다가 그러한 표현력(expressiveness)을 제공한다. 람다의 표현력에 관해서는 제4장 "함수"의 §4.5.1.1에서 이미 이야기했다.

13.2.1.3 상태

함수와는 달리 함수 객체는 상태(state)를 가질 수 있다. 다음 예를 보자.

```
// sumUpFunctionObject.cpp

#include <algorithm>
```

```cpp
#include <iostream>
#include <vector>

class SumMe {
  int sum{0};
 public:
  SumMe() = default;

  void operator()(int x) {
     sum += x;
  }

  int getSum() const {
    return sum;
  }
};

int main() {

  std::vector<int> intVec{1, 2, 3, 4, 5, 6, 7, 8, 9, 10};

  SumMe sumMe = std::for_each(intVec.begin(), intVec.end(),      // ❶
                              SumMe());
  std::cout << '\n';
  std::cout << "Sum of intVec= " << sumMe.getSum() << '\n';      // ❷
  std::cout << '\n';

}
```

❶의 std::for_each 호출이 이 예제의 핵심이다. std::for_each는 호출 가능 요소를 돌려줄 수 있다는 점이 독특한 STL 알고리즘이다. 이 예제는 SumMe 형식의 함수 객체를 인수로 해서 std::for_each를 호출한다. 따라서 함수 호출의 결과를 그 함수 객체에 직접 저장할 수 있다. ❷에서는 std::for_each가 돌려준 함수 객체 sumMe의 '상태'를 조회한다. 이 예제에서 함수 객체의 상태는 누산 결과(벡터 요소들의 합)이다. [그림 13.2]에 이 예제의 실행 결과가 나와 있다.

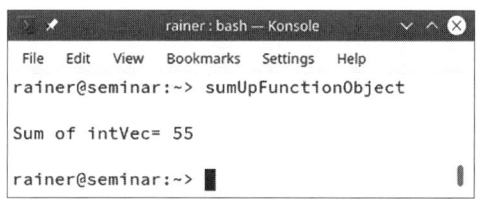

그림 13.2 상태를 가진 함수 객체.

논의의 완성도를 위해 덧붙이자면, 람다도 상태를 가질 수 있다. 다음은 람다를 이용해서 값들을 누산하는 예이다.

```cpp
// sumUpLambda.cpp

#include <algorithm>
#include <iostream>
#include <vector>

int main(){

    std::cout << '\n';

    std::vector<int> intVec{1, 2, 3, 4, 5, 6, 7, 8, 9, 10};

    std::for_each(
        intVec.begin(), intVec.end(),
        [sum = 0](int i) mutable {
            sum += i;
            std::cout << sum << " ";
        }
    );

    std::cout << "\n\n";

}
```

이 예제의 람다 표현식은 사실 좀 복잡하다. 먼저, sum은 람다의 상태를 나타내는 변수로, 람다 본문 안에서만 유효한 람다의 지역 변수이다. 대괄호 갈무리 구문의 sum = 0은 int 형식의 변수를 선언하고 초기화한다. 이것은 람다의 '초기화 갈무리(initialization capture)'라고 하는 것인데, C++14부터 지원한다. 그런데 람다 함수는 기본적으로 const이다. 이 예제에서는 람다 함수 안에서 sum을 수정하기 위해 mutable로 선언했다. [그림 13.3]은 실행 결과이다.

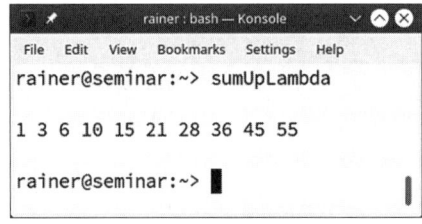

그림 13.3 상태가 있는 람다.

람다 표현식은 함수 객체를 즉석에서 인스턴스화하기 위한 편의 구문(syntactic sugar; 문법적 설탕[13])이다. C++ Insights를 이용하면 컴파일러가 람다 표현식을 변환한 결과를 볼 수 있다.[14]

> **T.42** 표기를 간단하게 만들고 구현 세부사항을 숨기기 위해 템플릿 별칭을 사용하라.[15]

C++11부터 템플릿 별칭(template alias)을 사용할 수 있다. 템플릿 별칭은 연관된 다수의 형식을 하나의 이름으로 지칭하는 수단이다. 템플릿 별칭을 이용하면 코드의 가독성이 좋아지며, 복잡한 형식 특질(type trait)을 사용할 필요가 없어진다. 형식 특질은 이번 장의 메타프로그래밍 절(§13.6)에서 좀 더 이야기한다.

그럼 템플릿 별칭이 코드 가독성에 어떻게 도움이 되는지를 C++ 핵심 가이드라인의 예제들로 살펴보자. 먼저, 다음은 형식 특질을 사용한 예이다.

```
template<typename T>
void user(T& c) {
    // ...
    typename container_traits<T>::value_type x; // 나쁨, 장황함
    // ...
}
```

그리고 다음은 위의 예와 의미는 같지만 형식 특질 대신 템플릿 별칭을 사용한 예이다.

```
template<typename T>
using value_type = typename container_traits<T>::value_type;

void user2(T& c) {
    // ...
    value_type<T> x;
    // ...
}
```

다음 규칙 역시 가독성 개선을 위한 것이다.

---

[13] https://en.wikipedia.org/wiki/Syntactic_sugar
[14] https://cppinsights.io/s/eac05d9e
[15] https://isocpp.github.io/CppCoreGuidelines/CppCoreGuidelines#Rt-alias

T.43 별칭을 정의할 때 typedef보다 using을 선호하라.[16]

가독성의 관점에서 using이 typedef보다 좋은 이유는 두 가지이다. 첫째로, using 별칭 정의 구문은 auto 변수 선언 구문과 비슷하기 때문에 이해하기가 쉽다. 둘째로, using은 템플릿 별칭을 정의하는 데에도 쓰이므로 일관성이 있다.

```cpp
typedef int (*PFI)(int);      // 오류는 아니지만 복잡함

using PFI2 = int (*)(int);    // 더 간결함

template<typename T>
typedef int (*PFT)(T);        // ❶ 오류

template<typename T>
using PFT2 = int (*)(T);      // OK
```

처음 두 문장은 int를 받고 int를 돌려주는 함수를 가리키는 포인터(PFI와 PFI2)를 선언한다. 첫 문장은 typedef를 사용하고 둘째 문장은 using을 사용한다. 나머지 두 문장은 T 형식(템플릿 형식 매개변수)의 인수를 받고 int를 돌려주는 함수 템플릿 형식(PFT와 PFT2)을 선언하는데, ❶은 유효하지 않은 선언이다.

T.44 클래스 인수 형식을 연역할 때 함수 템플릿을 사용하라(가능한 경우에).[17]

std::make_tuple이나 std::make_unique 같은 팩토리 함수는 함수 템플릿이 함수 인수들로부터 템플릿 인수들을 연역할 수 있다는 점에 기반한다. 그러한 연역 과정에서 컴파일러는 최외곽의 const, volatile 한정사를 제거하거나, C 배열과 함수를 배열의 첫 요소를 가리키는 포인터나 함수를 가리키는 포인터로 붕괴하는 등의 간단한 변환을 수행한다.

이러한 자동 템플릿 인수 연역 덕분에 프로그래머가 코드를 작성하기가 좀 더 편해진다. 예를 들어 다음과 같은 장황한 코드를 입력하는 대신

```cpp
std::tuple<int, double, std::string> myTuple = {2011, 20.11, "C++11"};
```

다음과 같이 팩토리 함수 std::make_tuple을 이용해서 좀 더 간결하게 코드를 작성할 수 있다.

---

[16] https://isocpp.github.io/CppCoreGuidelines/CppCoreGuidelines#Rt-using
[17] https://isocpp.github.io/CppCoreGuidelines/CppCoreGuidelines#Rt-deduce

```
auto myTuple = std::make_tuple(2011, 20.11, "C++11");
```

C++17부터는 템플릿 인수가 자동으로 연역되는 상황이 더 많아졌다. 예를 들어 함수 인수뿐만 아니라 생성자 인수로부터도 템플릿 인수가 연역된다. 앞의 myTuple을 C++17부터는 다음과 같이 더욱 간결하게 정의할 수 있다.

```
std::tuple myTuple = {2017, 20.17, "C++17"};
```

C++17에 이런 기능이 추가된 덕분에, std::make_tuple 같은 대부분의 팩토리 함수가 필요가 없어졌다.

다음은 클래스 템플릿과 함수 템플릿에 대한 자동 템플릿 인수 연역을 보여주는 예제 프로그램 templateArgumentDeduction.cpp이다.

```
// templateArgumentDeduction.cpp; C++17

#include <iostream>

template <typename T>
void showMe(const T& t) {
    std::cout << t << '\n';
}

template <typename T>
struct ShowMe{
   ShowMe(const T& t) {
       std::cout << t << '\n';
   }
};

int main() {

    std::cout << '\n';

    showMe(5.5);       // showMe<double>(5.5);로 연역됨
    showMe(5);         // showMe<int>(5);로 연역됨

    ShowMe a(5.5);     // ShowMe<double>(5.5);로 연역됨
    ShowMe b(5);       // ShowMe<int>(5);로 연역됨

    std::cout << '\n';

}
```

주석에 템플릿 인수를 명시적으로 지정한 버전이 있으니 비교해 보기 바란다. 자동 템플릿 인수 연역 덕분에 사용자는 함수 템플릿을 보통의 함수처럼 호출할

수 있고, 클래스 템플릿을 보통의 클래스처럼 인스턴스화할 수 있다. 호출할 함수가 보통의 함수인지 함수 템플릿인지는, 그리고 인스턴스화할 클래스가 보통의 클래스인지 클래스 템플릿인지는 구현 세부사항일 뿐이다. [그림 13.4]는 이 예제 프로그램의 출력이다.

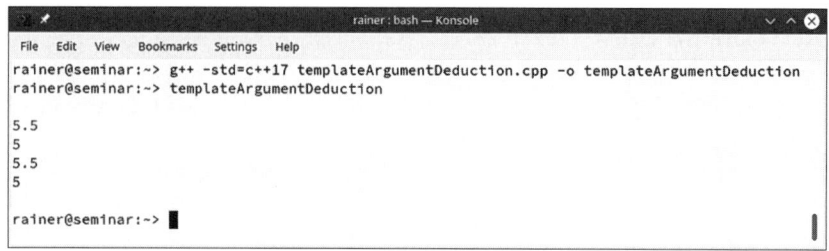

그림 13.4 자동 템플릿 인수 연역 예제.

T.46 템플릿 인수의 요구조건을 적어도 Regular 또는 SemiRegular로 지정하라.[18]

Regular와 SemiRegular는 C++에서 대단히 중요한 표준 콘셉트들이다. Regular(의 요구조건들을 충족하는) 형식들은 다른 C++ 코드 요소들과 잘 연동된다. Regular 형식은 "int처럼 행동한다." 즉, Regular 형식의 객체는 복사할 수 있고, 복사 연산의 결과가 원본과 값이 같지만 원본과는 독립적이다.

이를 좀 더 엄밀하게 정식화해보자. 모든 Regular 형식은 SemiRegular 형식이기도 하다. 따라서 SemiRegular 형식부터 정의하는 것이 좋겠다.

- **SemiRegular**: SemiRegular 형식은 6대 연산과 교체(swap) 연산을 지원해야 한다.
    - **기본 생성자**: X()
    - **복사 생성자**: X(const X&)
    - **복사 배정**: X& operator = (const X&)
    - **이동 생성자**: X(X&&)
    - **이동 배정**: X& operator = (X&&)
    - **소멸자**: ~X()
    - **교체 가능**: swap(X&, X&)
- **Regular**: Regular 형식은 SemiRegular 형식의 요구조건들에 덧붙여 상등 비교까지 지원하는 형식이다.

---

[18] *https://isocpp.github.io/CppCoreGuidelines/CppCoreGuidelines#Rt-regular*

- **상등 연산자**: operator == (const X&, const X&)
- **부등 연산자**: operator != (const X&, const X&)

STL의 여러 컨테이너와 알고리즘은 연산 대상 데이터의 형식이 Regular 형식임을 요구한다.

혼히 쓰이지만 Regular가 아닌 형식도 있다. 바로 참조 형식이다. 참조는 기본 생성이 불가능하기 때문에 SemiRegular도 아니다.

```cpp
// semiRegular.cpp; C++17

#include <iostream>
#include <type_traits>

int main() {

    std::cout << std::boolalpha << '\n';

    std::cout << "std::is_default_constructible<int&>::value: "
              << std::is_default_constructible<int&>::value << '\n';
    std::cout << "std::is_copy_constructible<int&>::value: "
              << std::is_copy_constructible<int&>::value << '\n';
    std::cout << "std::is_copy_assignable<int&>::value: "
              << std::is_copy_assignable<int&>::value << '\n';
    std::cout << "std::is_move_constructible<int&>::value: "
              << std::is_move_constructible<int&>::value << '\n';
    std::cout << "std::is_move_assignable<int&>::value: "
              << std::is_move_assignable<int&>::value << '\n';
    std::cout << "std::is_destructible<int&>::value: "
              << std::is_destructible<int&>::value << '\n';
    std::cout << '\n';
    std::cout << "std::is_swappable<int&>::value: "
              << std::is_swappable<int&>::value << '\n';

    std::cout << '\n';

}
```

이 예제에서 보듯이, 주어진 형식이 주요 연산들을 지원하는지는 형식 특질 라이브러리[19]로 알아낼 수 있다. [그림 13.5]는 이 예제 프로그램의 출력이다.

---

[19] https://en.cppreference.com/w/cpp/header/type_traits

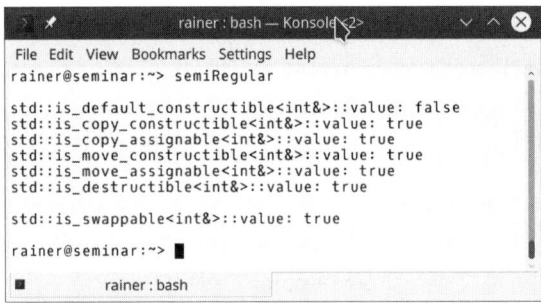

그림 13.5 참조는 SemiRegular 형식이 아니다.

T.47	가시성이 높지만 제약이 없는 흔한 이름의 템플릿을 피하라.[20]

이 규칙을 제대로 설명하려면 잠깐 다른 이야기를 해야 한다. 다른 이야기란 ADL, 즉 인수 의존적 조회(argument-dependent lookup)이다. 앤드루 쾨니히 Andrew Koenig[21]의 이름을 따서 쾨니히 조회(Koenig lookup)라고도 부르는 이 ADL이 과연 무엇일까?

인수 의존적 조회

인수 의존적 조회(ADL)는 한정되지 않은 함수 이름의 조회에 관한 일단의 규칙들이다. 컴파일러는 한정되지 않은(unqualified) 함수 이름을 만났을 때 현재 범위에서 보이는 이름공간들뿐만 아니라 함수 호출로 주어진 인수들의 이름공간에서도 그 이름을 찾는다.

한정되지 않은 이름이란 범위 연산자(::)가 없는 이름, 즉 그 이름이 속한 이름공간들이 일부 생략된 이름을 말한다. ADL이 나쁜 것일까?† 물론 아니다. ADL은 C++ 프로그래머의 일상적인 코딩을 좀 더 쉽게 만들어준다. 다음 예를 보자.

```
#include <iostream>

int main() {
    std::cout << "Argument-dependent lookup";

}
```

이 코드에서 연산자 중복적재의 편의 구문을 컴파일러가 실제로 처리하는 호출 구문으로 바꾸면 다음과 같은 모습이 된다.

---

20 https://isocpp.github.io/CppCoreGuidelines/CppCoreGuidelines#Rt-visible
21 https://en.wikipedia.org/wiki/Andrew_Koenig_(programmer)
† [옮긴이] 저자가 이런 질문을 던진 것은, ADL이 (컴파일러를 만들 때) 구현하기가 어렵기로 악명이 높고, 그러다 보니 제대로 구현되지 않은 ADL 때문에 문제를 겪은 일반 프로그래머들이 있기 때문일 것이다. ADL은 (표준에서 제외된 주된 이유가 구현의 어려움 때문이라는 이야기가 있는) 템플릿 분리 컴파일만큼이나 구현하기 어렵다고 한다.

```cpp
#include <iostream>

int main() {
    operator << (std::cout, "Argument-dependent lookup");
}
```

즉, main 함수는 std::cout 객체와 C 문자열 "Argument-dependent lookup"을 두 인수로 해서 operator <<라는 한정되지 않은 이름의 함수를 호출한다.

여기서 핵심은 operator <<라는 함수의 정의를 어디에서 찾을 것인가이다. 전역 이름공간에는 operator <<라는 이름의 함수가 없다. operator <<는 한정되지 않은 함수 이름이므로 ADL이 적용된다. 즉, 컴파일러는 인수들의 이름공간들에서 이 이름을 찾아본다. 지금 예에서는 첫 인수 std::cout가 속한 std 이름공간이 검색 대상이 된다. 그 이름공간에는 주어진 호출과 부합하는 std::operator << (std::ostream&, const char*)가 있다. 이 예에서는 프로그래머가 의도한 함수를 ADL이 정확히 찾아냈다. 그러나 항상 그런 것은 아니다.

이제 논의에 필요한 배경지식이 갖추어졌으므로, 원래의 규칙으로 돌아가자.

표현식 std::cout << "Argument-dependent lookup"에서 중복적재된 스트림 출력 연산자 operator <<는 이름공간 std에 정의되어 있다. 따라서 이 연산자 이름은 이 규칙이 말하는 "가시성이 높지만 흔한 이름"에 해당한다. 다음은 이 규칙의 요점을 보여주는 예제로, C++ 핵심 가이드라인의 예제를 수정한 것이다.

```cpp
// argumentDependentLookup.cpp

#include <iostream>
#include <vector>

namespace Bad {

    struct Number {
        int m;
    };

    template<typename T1, typename T2>      // 일반적 상등 비교 ❺
    bool operator == (T1, T2) {
        return false;
    }

}

namespace Util {

    bool operator == (int, Bad::Number) {   // int와 상등 비교 ❹
        return true;
```

```
    }

    void compareSize() {
        Bad::Number badNumber{5};                      // ❶
        std::vector<int> vec{1, 2, 3, 4, 5};

        std::cout << std::boolalpha << '\n';

        std::cout << "5 == badNumber: " <<
                     (5 == badNumber) << '\n';         // ❷
        std::cout << "vec.size() == badNumber: " <<
                     (vec.size() == badNumber) << '\n'; // ❸

        std::cout << '\n';
    }
}

int main() {

    Util::compareSize();

}
```

❷와 ❸의 == 호출들을 보자. 둘 다 인수 형식이 Bad::Number(❶)이므로 둘 다 Util::operator ==(❹에서 중복적재한)가 선택될 것이며, 따라서 둘 다 true를 출력할 것이라고 예상할 수 있다. 실제로 그럴까? [그림 13.6]에 이 예제의 실행 결과가 나와 있다.

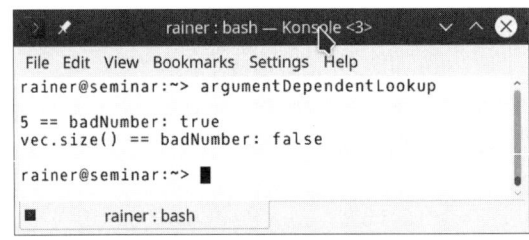

그림 13.6 의외의 결과를 내는 ADL 예제.

예제를 실행해 보면, ❸의 호출에 대해 ❹에서 중복적재한 특화된 상등 연산자가 아니라 ❺에서 중복적재한 일반적 상등 연산자가 선택되었음을 알 수 있다. 이런 의외의 결과가 나온 이유는 이렇다. vec.size()는 std::size_type 형식의 값을 돌려주는데, 그 형식은 부호 없는(unsigned) 정수이다. 이 형식은 부호 있는 int가 아니라서 ❹의 상등 연산자를 호출하려면 int로의 변환이 필요하다. 그러나 ❺의 일반적 상등 연산자에는 그런 변환이 필요 없으므로, ❺의 것이 주어진 호출에 더 잘 부합한다. 그리고 ❺의 연산자가 중복적재 해소 과정에 참여하게 된 것은 바로 ADL 때문이다.

다음은 이 규칙 "가시성이 높지만 제약이 없는 흔한 이름의 템플릿을 피하라"를 적용해서 문제를 해결한 버전이다. 두 상등 연산자 중 일반적 상등 연산자를 제거했다.†

```cpp
// argumentDependentLookupResolved.cpp

#include <iostream>
#include <vector>

namespace Bad {

    struct Number {
        int m;
    };

}

namespace Util {

    bool operator == (int, Bad::Number) {      // int와 비교 ❹
        return true;
    }

    void compareSize() {
        Bad::Number badNumber{5};                             // ❶
        std::vector<int> vec{1, 2, 3, 4, 5};

        std::cout << std::boolalpha << '\n';

        std::cout << "5 == badNumber: " <<
                     (5 == badNumber) << '\n';                // ❷
        std::cout << "vec.size() == badNumber: " <<
                     (vec.size() == badNumber) << '\n';       // ❸

        std::cout << '\n';
    }
}

int main() {

  Util::compareSize();
```

---

† [옮긴이] 이 예제의 일반적 상등 연산자는 그 어떤 형식으로도 호출할 수 있다는 점에서 "제약이 없는 (unconstrained)" 템플릿이다.

}

이제는 예상과 일치하는 결과가 출력된다(그림 13.7).

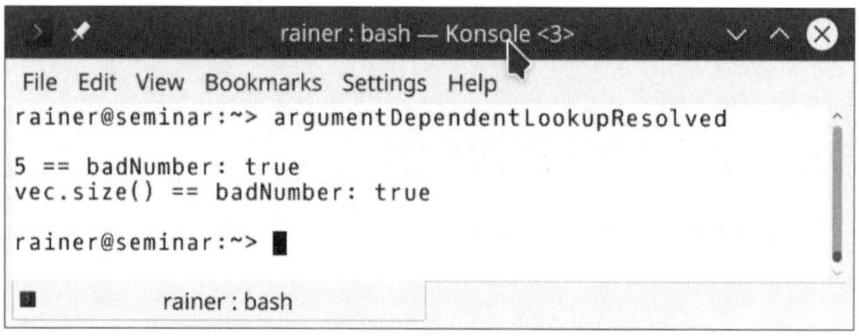

그림 13.7 의외의 결과를 내는 ADL 예제를 수정한 버전.

> **T.48** 컴파일러가 콘셉츠를 지원하지 않는다면 enable_if로 흉내 내라.[22]

내 강의에서 std::enable_if를 설명하면 겁을 먹는 수강생들이 있다. 다음은 일반적 최대공약수 알고리즘을 단순화한 버전이다.

```
// enable_if.cpp

#include <iostream>
#include <type_traits>

template<typename T,                                              // ❶
    typename std::enable_if<std::is_integral<T>::value, T>::type = 0>
T gcd(T a, T b) {
    if( b == 0 ){ return a; }
    else{
        return gcd(b, a % b);                                     // ❷
    }
}

int main() {

    std::cout << '\n';

    std::cout << "gcd(100, 10)= " << gcd(100, 10) << '\n';
    std::cout << "gcd(3.5, 4)= " << gcd(3.5, 4.0) << '\n';   // ❸

    std::cout << '\n';

}
```

---

[22] *https://isocpp.github.io/CppCoreGuidelines/CppCoreGuidelines#Rt-concept-def*

최대공약수를 구하는 알고리즘은 당연히 정수 형식의 인수들만 받아야 한다. 이 점을 강제하기 위해 이 예제는 형식 특질 라이브러리의 std::enable_if를 사용했다(❶). [그림 13.8]은 ❸의 잘못된 호출을 컴파일러가 검출했음을 보여준다.

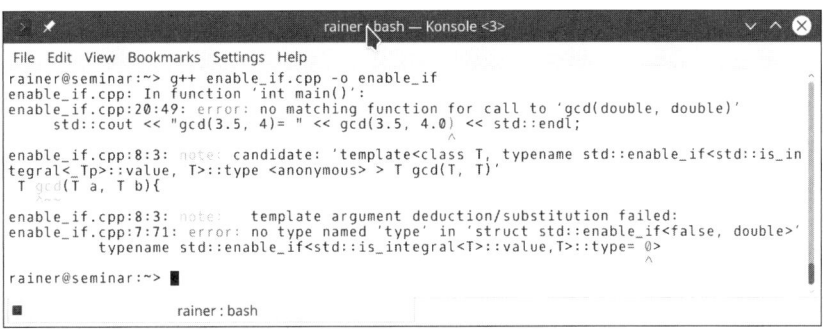

그림 13.8 std::enable_if 예제.

이런 결과가 나온 이유를 이해하려면 ❶의 std::is_integral 부분이 어떤 의미인지 알아야 한다. 이 부분은 형식 매개변수 T가 정수 형식(integral type)인지 판정한다. 만일 T가 정수 형식이면 std::is_integral의 값(value 멤버)이 true가 되고, 그럴 때만 std::enable_if의 공개 형식 멤버 type이 정의된다. 그런데 ❸의 호출에서는 T가 정수 형식이 아니므로 std::is_integral의 값이 false가 되며, 그러면 std::enable_if의 type이 정의되지 않는다. 그런데 이 자체가 오류는 아니다.

C++ 표준에 따르면, "템플릿 매개변수를 연역된 형식으로 치환하는 것이 실패한 경우, 오류가 발생하는 대신 중복적재 후보 집합에서 해당 특수화(specialization)가 폐기된다." 이 규칙을 흔히 SFINAE라고 부르는데, SFINAE는 "Substitution Failure Is Not An Error(치환 실패는 오류가 아니다)"[23]를 줄인 용어이다.

정리하면, 컴파일 오류의 직접적인 원인은 T가 정수가 아닌 경우 템플릿이 인스턴스화되지 않는다는 것이다. 실제로 컴파일러의 출력에서 enable_if.cpp: 20: 49 부분을 보면, 컴파일러는 double 형식들에 부합하는 함수가 없음을 지적했다.

13.3 템플릿 정의

템플릿을 정의할 때는 의존성을 최소화해야 하고, 과도한 매개변수화를 피해야 하고, 형식 매개변수들에 의존하지 않는 코드를 템플릿에서 제거해야 한다.

---

23 http://en.cppreference.com/w/cpp/language/sfinae

> **T.60** 템플릿의 문맥 의존성을 최소화하라.[24]

솔직히 말하면 나는 이 규칙을 이해하는 데 애를 좀 먹었다. 다음은 C++ 핵심 가이드라인의 예제를 단순화한 것인데, 함수 템플릿 sort와 algo에 주목하기 바란다.

```
template<typename C>
void sort(C& c) {
    std::sort(begin(c), end(c));  // 필요하고 유용한 의존 요소
}

template<typename Iter>
Iter algo(Iter first, Iter last) {
    for (; first != last; ++first) {
        auto x = sqrt(*first);   // 의외의 결과를 낼 수 있는 의존성:
                                 // 어떤 sqrt 함수가 선택될까?

        helper(first, x);        // 의외의 결과를 낼 수 있는 의존성:
                                 // helper는 first와 x에 따라
                                 // 선택된다.
    }
}
```

템플릿이 오직 자신의 템플릿 인수들에만 의존해서 작동하게 만드는 것이 이상적이겠지만, 그것이 항상 가능한 것은 아니다. 함수 템플릿 sort는 템플릿 인수들에만 의존하지만 algo는 그렇지 않다. 함수 템플릿 algo는 sqrt 함수와 helper 함수에 대한 의존성을 가지고 있다. 게다가 algo의 구현은 인터페이스에 드러나는 것보다 더 많은 의존성을 도입한다. 예를 들어 sqrt 호출과 helper 호출에 한정되지 않은 이름이 쓰이므로 ADL이 작동한다. sqrt 대신 std::sqrt를 사용하면 의존성이 줄어든다.

> **T.61** 멤버들을 과도하게 매개변수화하지 말라.[25]

이 규칙에서 말하는 '멤버'는 멤버 형식이나 멤버 함수를 말한다. 템플릿 클래스의 멤버 중에 템플릿 매개변수에 의존하지 않는 것이 있다면 템플릿 클래스에서 제거하는 것이 낫다. 이 규칙에 따라 비일반적(nongeneric) 코드를 템플릿 클래스 밖으로 빼내면 템플릿 인스턴스화에 의해 생성되는 목적 코드(object code)의 크기가 줄어든다.

---

24 *https://isocpp.github.io/CppCoreGuidelines/CppCoreGuidelines#Rt-depend*
25 *https://isocpp.github.io/CppCoreGuidelines/CppCoreGuidelines#Rt-scary*

그럼 이 점을 잘 보여주는 C++ 핵심 가이드라인의 예제를 보자. 먼저 다음은 이 규칙을 위반한 예이다.

```cpp
template<typename T, typename A = std::allocator{}>
    // requires Regular<T> && Allocator<A>
class List {
public:
    struct Link { // A에 의존하지 않음
        T elem;
        T* pre;
        T* suc;
    };

    using iterator = Link*;

    iterator first() const { return head; }

    // ...
private:
    Link* head;
};

List<int> lst1;
List<int, My_allocator> lst2;
```

내부 클래스 Link는 템플릿 매개변수 A에 의존하지 않는다. 다음은 Link를 밖으로 빼낸 버전이다.

```cpp
template<typename T>
struct Link {
    T elem;
    T* pre;
    T* suc;
};

template<typename T, typename A = std::allocator{}>
    // requires Regular<T> && Allocator<A>
class List2 {
public:
    using iterator = Link<T>*;

    iterator first() const { return head; }

    // ...
private:
    Link* head;
};
```

```
List2<int> lst1;
List2<int, My_allocator> lst2;
```

다음 규칙도 템플릿 인스턴스화 때문에 목적 코드가 과도하게 커지는 문제를 완화하는 데 도움이 된다.

T.62 비의존적 클래스 템플릿 멤버들을 비템플릿 기반 클래스에 배치하라.[26]

좀 더 풀어서 말하면, 템플릿에서 템플릿 매개변수들에 의존하지 않는 요소들을 비템플릿(non-template) 기반 클래스, 즉 템플릿이 아닌 기반 클래스로 옮기라는 것이다.

다음은 이 규칙의 요점을 잘 보여주는 C++ 핵심 가이드라인의 예제이다.

```
template<typename T>
class Foo {
public:
    enum { v1, v2 };
    // ...
};
```

Foo 안의 열거형은 형식 매개변수 T에 의존하지 않으므로, 다음처럼 비템플릿 기반 클래스에 배치하는 것이 바람직하다.

```
struct Foo_base {
    enum { v1, v2 };
    // ...
};

template<typename T>
class Foo : public Foo_base {
public:
    // ...
};
```

이제는 열거형이 템플릿 인수나 템플릿 인스턴스화와는 무관한 Foo_base에 있다.

이 기법은 템플릿으로부터 생성되는 목적 코드의 크기를 줄이는 데 도움이 된다. 간단한 클래스 템플릿 Array로 이 점을 살펴보자.

---

[26] *https://isocpp.github.io/CppCoreGuidelines/CppCoreGuidelines#Rt-nondependent*

```cpp
// genericArray.cpp

#include <cstddef>
#include <iostream>

template <typename T, std::size_t N>
class Array {
public:
    Array()= default;
    std::size_t getSize() const{
      return N;
    }
private:
  T elem[N];
};

int main(){

    Array<int, 100> arr1;
    std::cout << "arr1.getSize(): " << arr1.getSize() << '\n';

    Array<int, 200> arr2;
    std::cout << "arr2.getSize(): " << arr2.getSize() << '\n';

}
```

클래스 템플릿 Array를 잘 살펴보면, 멤버 함수 getSize는 형식 매개변수 N에만 의존할 뿐 T에는 의존하지 않는다. 따라서 N에 대한 의존성까지 제거한다면 getSize를 바깥으로 빼낼 수 있다. 다음은 멤버 함수 getSize를 제공하는 ArrayBase를 추가하고 Array가 그것을 상속하게 한 버전이다.

```cpp
// genericArrayInheritance.cpp

#include <cstddef>
#include <iostream>

class ArrayBase {
protected:
    ArrayBase(std::size_t n): size(n) {}
    std::size_t getSize() const {
        return size;
    };
private:
    std::size_t size;
};

template<typename T, std::size_t N>
```

```cpp
class Array: private ArrayBase {
public:
 Array(): ArrayBase(N){}
 std::size_t getSize() const {
    return ArrayBase::getSize();
 }

private:
    T data[N];
};

int main() {

    Array<int, 100> arr1;
    std::cout << "arr1.getSize(): " << arr1.getSize() << '\n';

    Array<double, 200> arr2;
    std::cout << "arr2.getSize(): " << arr2.getSize() << '\n';

}
```

Array는 형식 T와 크기 N을 템플릿 매개변수로 사용하는 템플릿 클래스지만 ArrayBase는 템플릿이 아니다. Array는 ArrayBase를 상속한다. 이는 Array의 모든 인스턴스가 ArrayBase의 코드를 공유한다는 뜻이다. 구체적으로, Array<int, 100>과 Array<double, 200>의 멤버 함수 getSize는 ArrayBase의 getSize 메서드를 호출하기만 한다. 이 덕분에 전체적인 코드(컴파일된 코드)의 크기가 줄어든다.

13.3.1 템플릿 특수화를 이용한 대안 구현

- T.64: 특수화를 클래스 템플릿의 대안 구현들을 제공하는 데 사용하라.[27]
- T.67: 특수화를 비정규 형식의 대안 구현들을 제공하는 데 사용하라.[28]

이 규칙들은 대안 구현(alternative implementation)들을 제공하기 위해 템플릿 특수화를 활용하는 문제를 다룬다.

    간단한 예로 시작하자. 은행 계좌를 대표하는 Account라는 클래스가 있다. 두 은행 계좌(Account 객체)를 비교해서 잔액(balance)이 더 작은 계좌를 알아내고자 한다.

---

[27] https://isocpp.github.io/CppCoreGuidelines/CppCoreGuidelines#Rt-specialization
[28] https://isocpp.github.io/CppCoreGuidelines/CppCoreGuidelines#Rt-specialization2

```cpp
// isSmaller.cpp

#include <iostream>

class Account {
 public:
    Account() = default;
    Account(double b): balance(b) {}
 private:
    double balance{0.0};
};

template<typename T>                       // ❶
bool isSmaller(T fir, T sec) {
    return fir < sec;
}

int main() {

    std::cout << std::boolalpha << '\n';

    double firDoub{};
    double secDoub{2014.0};

    std::cout << "isSmaller(firDoub, secDoub): "
              << isSmaller(firDoub, secDoub) << '\n';

    Account firAcc{};
    Account secAcc{2014.0};

    std::cout << "isSmaller(firAcc, secAcc): "
              << isSmaller(firAcc, secAcc) << '\n';

    std::cout << '\n';

}
```

두 계좌의 잔액을 간편하게 비교하기 위해 isSmaller라는 일반적 함수를 만들었다(❶). 그런데 예상했겠지만 이 프로그램은 컴파일되지 않는다. Account 객체들을 비교하도록 중복적재된 operator <가 아직 없기 때문이다. [그림 13.9]는 컴파일러 오류 메시지이다.

```
rainer@seminar:~> g++ isSmaller.cpp -o isSmaller
isSmaller.cpp: In instantiation of 'bool isSmaller(T, T) [with T = Account]':
isSmaller.cpp:33:75:   required from here
isSmaller.cpp:18:16: error: no match for 'operator<' (operand types are 'Account' and 'Account')
      return fir < sec;
             ~~~~^~~~~
rainer@seminar:~>
```

그림 13.9 계좌 비교 예제의 컴파일 오류.

이제 흥미로운 질문으로 넘어가자. 현대적 C++에서 두 계좌 객체를 비교하는 데 사용할 수 있는 기법은 무엇일까? 그런 기법은 적어도 세 가지이다. 간결함을 위해, 아래의 논의에서는 예제 프로그램의 일부 코드만 제시한다. 전체 프로그램은 이 책의 깃허브 저장소(저자 서문 참고)에 있다.

13.3.1.1 클래스를 위한 operator 중복적재

앞의 isSmaller.cpp에 대한 컴파일 오류 메시지(그림 13.9)도 암시하듯이, 가장 자명한 기법은 operator <를 적절히 중복적재하는 것이다.

```cpp
// accountIsSmaller1.cpp

class Account {
 public:
    Account() = default;
    Account(double b): balance(b) {}
    friend bool operator < (Account const& fir, Account const& sec) {
        return fir.getBalance() < sec.getBalance();
    }
    double getBalance() const {
        return balance;
    }
 private:
    double balance{0.0};
};

template<typename T>
bool isSmaller(T fir, T sec) {
    return fir < sec;
}
```

13.3.1.2 비교 함수의 완전 특수화

만일 Account 클래스를 직접 수정할 수 없는 상황이라면, 템플릿 함수 isSmaller를 Account에 대해 완전히 특수화(full specialization)하는 기법이 있다.

```cpp
// accountIsSmaller2.cpp

class Account {
 public:
    Account() = default;
    Account(double b): balance(b) {}
    double getBalance() const {
        return balance;
 }

 private:
    double balance{0.0};
};

template<typename T>
bool isSmaller(T fir, T sec){
    return fir < sec;
}

template<>
bool isSmaller<Account>(Account fir, Account sec){
    return fir.getBalance() < sec.getBalance();
}
```

덧붙이자면, 비일반적 함수 bool isSmaller(Account fir, Account sec)를 정의해서 사용해도 같은 결과를 얻을 수 있다.

13.3.1.3 비교 함수 확장

또 다른 기법은 사용자 정의 비교 함수를 받도록 isSmaller를 확장하는 것이다. 다음은 사용자 정의 비교 함수로 사용할 이항 술어(binary predicate)를 위한 형식 매개변수 Pred를 추가한 버전이다. STL이 이런 패턴을 많이 사용한다.

```cpp
// accountIsSmaller3.cpp

#include <functional>
#include <iostream>
#include <string>

class Account {
 public:
    Account() = default;
    Account(double b): balance(b){}
    double getBalance() const {
        return balance;
    }
```

```cpp
    private:
        double balance{0.0};
};

template <typename T, typename Pred = std::less<T> >      // ❶
bool isSmaller(T fir, T sec, Pred pred = Pred() ) {       // ❷
    return pred(fir, sec);                                // ❸
}

int main() {

    std::cout << std::boolalpha << '\n';

    double firDou{};
    double secDou{2014.0};

    std::cout << "isSmaller(firDou, secDou): "
              << isSmaller(firDou, secDou) << '\n';

    Account firAcc{};
    Account secAcc{2014.0};

    auto res = isSmaller(firAcc, secAcc,                  // ❹
              [](const Account& fir, const Account& sec){
                  return fir.getBalance() < sec.getBalance();
              }
    );

    std::cout << "isSmaller(firAcc, secAcc): " << res << '\n';

    std::cout << '\n';

    std::string firStr = "AAA";
    std::string secStr = "BB";

    std::cout << "isSmaller(firStr, secStr): "
              << isSmaller(firStr, secStr) << '\n';

    auto res2 = isSmaller(firStr, secStr,                 // ❺
              [](const std::string& fir, const std::string& sec){
                  return fir.size() < sec.length();
              }
    );

    std::cout << "isSmaller(firStr, secStr): " << res2 << '\n';

    std::cout << '\n';

}
```

일반적 함수 isSmaller는 미리 정의된 이항 술어 형식 std::less<T>를 기본 순서 비교 함수 객체의 형식으로 사용한다(❶). 함수 호출 시 Pred 형식의 이항 술어 객체가 생성되고(❷), 함수 본문에서 그 술어가 순서 비교에 쓰인다(❸). ❹와 ❺에서는 std::less<T> 대신 커스텀 함수 객체를 이항 술어로 제공해서 isSmaller를 호출한다. 이런 용도로는 람다 표현식이 안성맞춤이다.

[그림 13.10]은 이 예제 프로그램의 출력이다.

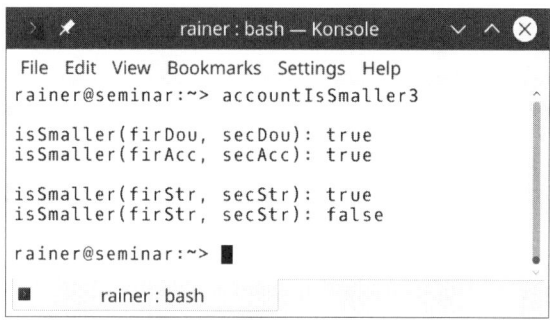

그림 13.10 이항 술어를 이용한 은행 계좌 비교.

13.3.1.4 세 기법의 비교

[표 13.1]은 이 세 가지 기법의 차이점을 정리한 것이다.

표 13.1 두 객체를 비교하는 기법들

	일반적 해법	구성 시점	확장 대상	가변적
operator <	예	컴파일 시점	형식	아니요
완전 특수화	아니요	컴파일 시점	함수	아니요
술어 확장	예	실행 시점	함수	예

완전 특수화는 일반적 해법이 아니다. 앞의 예에서 완전 특수화 기법은 함수 isSmaller만을 위한 것이다. 반면에 operator <는 일반적이고, 많은 상황에 적용할 수 있다. 술어를 통한 확장 역시 일반적이고 그 어떤 형식에도 사용할 수 있다. operator < 중복적재와 완전 특수화는 정적(static)이다. 즉, 순서 비교 방식이 컴파일 시점에서 정의되어서 형식 또는 일반적 함수 자체에 내장된다. 반면에 술어를 이용한 확장은 동적이다. 즉, 사용자가 서로 다른 술어들로 함수를 호출할 수 있으며, 어떤 술어가 비교 함수로 쓰이는지는 실행 시점에서 결정된다. operator < 기법은 형식을 확장하고 다른 두 기법은 함수를 확장한다. 술어

를 이용한 확장에서는 같은 형식의 객체들을 다양한 방식으로 비교할 수 있다. 예를 들어 두 문자열의 대소 관계를 사전 순으로 비교할 수도 있고 문자열 길이를 기준으로 비교할 수도 있다.

세 기법의 비교에 근거해서 일반적인 법칙을 유도하자면, 일단은 형식에 대해 operator <를 구현하고 필요하다면 일반적 함수를 술어로 확장하는 것이 바람직하다.

13.4 템플릿과 위계구조

템플릿에서 가상 함수를 사용할 때는 조심할 필요가 있다. 왜 그런지, 어떻게 하면 되는지를 C++ 핵심 가이드라인의 템플릿과 위계구조(hierarchy) 하위 섹션[29]의 규칙들과 함께 살펴보자.

> **T.80** 클래스 위계구조를 어수룩하게 템플릿화하지 말라.[30]

다음은 클래스 위계구조를 어수룩하게(naively) 템플릿화한 예로, C++ 핵심 가이드라인에서 발췌했다.

```
template<typename T>
struct Container {          // 인터페이스
    virtual T* get(int i);
    virtual T* first();
    virtual T* next();
    virtual void sort();
};

template<typename T>
class Vector : public Container<T> {
public:
    // ...
};

Vector<int> vi;
Vector<std::string> vs;
```

이것은 기반 클래스 Container에 가상 함수가 많다는 점을 충분히 고려하지 않고 어수룩하게 템플릿화한 예이다. 클래스 템플릿이 특정 형식으로 인스턴스

---

[29] https://isocpp.github.io/CppCoreGuidelines/CppCoreGuidelines#ttemp-hier-template-and-hierarchy-rules
[30] https://isocpp.github.io/CppCoreGuidelines/CppCoreGuidelines#Rt-hier

화될 때마다 그 템플릿의 모든 가상 멤버 함수가 인스턴스화되므로, 목적 코드가 필요 이상으로 커진다. 이 점은 Container뿐만 아니라 Vector<int>나 Vector<std::string>도 마찬가지이다. 반면에 비가상 함수는 실제로 쓰일 때만 인스턴스화된다.

> **T.83** 멤버 함수 템플릿을 virtual로 선언하지 말라.[31]

일부러 이 규칙을 위반해서, 멤버 함수 템플릿을 가상 멤버 함수로 만들어서 사용해 보자.

```
// virtualMemberFunction.cpp

class Shape {
    template<class T>
    virtual void intersect(T* p) {}
};

int main(){

    Shape shape;

}
```

이 예제에 대한 GCC의 오류 메시지는 문제점을 명확하게 보여준다(그림 13.11). 템플릿 함수는 가상 함수가 될 수 없다.

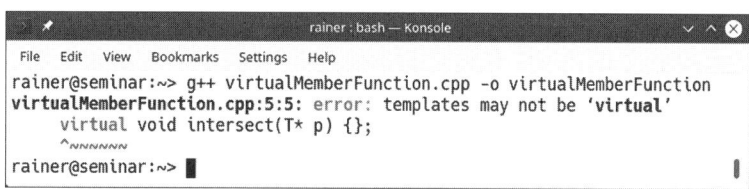

그림 13.11 가상 멤버 함수 템플릿에 대한 컴파일 오류 메시지.

13.5 가변 인수 템플릿

- T.100: 형식과 개수가 다양한 인수들을 받는 함수가 필요할 때는 가변 인수 템플릿을 사용하라.[32]

---

31 https://isocpp.github.io/CppCoreGuidelines/CppCoreGuidelines#Rt-virtual
32 https://isocpp.github.io/CppCoreGuidelines/CppCoreGuidelines#Rt-variadic

- T.101: 가변 인수 템플릿에 인수들을 전달하는 방법에 관한 규칙)[33]
- T.102: 가변 인수 템플릿에 전달된 인수들을 처리하는 방법에 관한 규칙[34]

C++ 핵심 가이드라인의 가변 인수 템플릿(variadic template) 관련 규칙들은 미완성 상태이다. 그래서 내 나름대로 내용을 만들어서 설명해 보겠다. 예제로는 std::make_unique를 사용하기로 한다. 참고로, 이번 절에서 만들 세 줄짜리 std::make_unique 정의 코드는 현대적 C++과 관련해서 내가 가장 인상적이라고 생각하는 코드이다.

std::make_unique는 동적으로 객체를 할당하고 그것을 std::unique_ptr로 감싸서 돌려주는 함수 템플릿이다. 다음은 이 함수의 몇 가지 사용 예이다.

```cpp
// makeUnique.cpp

#include <memory>

struct MyType {
    MyType(int, double, bool){};
};

int main() {

    int lvalue{2020};

    std::unique_ptr<int> uniqZero = std::make_unique<int>();
    auto uniqEleven = std::make_unique<int>(2011);
    auto uniqTwenty = std::make_unique<int>(lvalue);
    auto uniqType = std::make_unique<MyType>(lvalue, 3.14, true);

}
```

이 예제의 std::make_unique 호출문들을 보면 std::make_unique에 대한 다음과 같은 요구조건을 파악할 수 있다.

1. std::make_unique는 임의의 개수의 인수를 다루어야 한다. 지금 예에서 std::make_unique는 인수를 0개, 1개, 3개 받는다.
2. std::make_unique는 왼값과 오른값을 받아야 한다. 지금 예에서 2011은 오른값이고 lvalue는 왼값이다. 마지막 호출은 왼값과 오른값을 함께 받는다.

---

[33] https://isocpp.github.io/CppCoreGuidelines/CppCoreGuidelines#Rt-variadic-pass
[34] https://isocpp.github.io/CppCoreGuidelines/CppCoreGuidelines#Rt-variadic-process

3. std::make_unique는 인수들을 변경 없이 바탕 형식의 생성자에 전달해야 한다. 예를 들어 만일 std::make_unique가 왼값을 받았다면 std::unique_ptr의 생성자도 왼값을 받아야 하고, std::make_unique가 오른값을 받았다면 std::unique_ptr의 생성자도 오른값을 받아야 한다.

이 요구조건들은 std::make_unique나 std::make_shared, std::make_tuple 같은 팩토리 함수뿐만 아니라 std::thread에도 적용된다. 현대적 C++의 팩토리 함수들은 C++11에서 도입된 다음 두 가지 강력한 기능에 의존한다.

- 완벽 전달
- 가변 인수 템플릿

이 두 기능을 createT라는 팩토리 함수를 만드는 예제와 함께 살펴보겠다. 먼저 완벽 전달부터 보자.

13.5.1 완벽 전달

완전 전달이라고도 하는 완벽 전달을 간단히 설명하면 다음과 같다.

> **완벽 전달**(perfect forwarding)은 인수의 값 범주(왼값/오른값)와 형식 한정사 const/volatile을 보존하는 인수 전달 기법이다.

완벽 전달은 완벽 전달 참조(perfect forwarding reference; 보편 참조 또는 만능 참조(universal reference)라고도 부른다)와 std::forward로 구성된 전형적인 패턴을 따른다.

```
template<typename T>         // ❶
void f(T&& t) {              // ❷
    g(std::forward<T>(t));   // ❸
}
```

완벽 전달을 위한 패턴은 크게 세 부분으로 나뉜다.

1. 템플릿 매개변수 T로 시작한다: typename T
2. T 형식의 객체를 완벽 전달 참조로 받는다: T&& t
3. 인수 t를 전달 또는 반환하기 전에 std::forward로 감싼다: std::forward<T>(t)

여기서 핵심은 ❷의 T&&가 왼값과도, 오른값과도 묶인다는 점과 ❸의 std::forward가 완벽 전달을 수행한다는 점이다. std::forward는 조건부 std::move[35]이다. 즉, 인수가 오른값이면 이동하고 왼값이면 복사한다.

그럼 makeUnique.cpp 예제 프로그램의 std::make_unique처럼 행동하는 createT라는 팩토리 함수를 이 패턴에 따라 만들어 보자. 다음은 팩토리 함수 createT의 정의와 createT를 여러 가지 방식으로 호출하는 main 함수이다. 사실 main의 코드는 앞의 예제에서 std::make_unique를 createT로 바꾼 것일 뿐이다. 이제는 std::make_unique를 사용하지 않으므로 #include <memory>는 제거했고, std::forward를 위한 #include <utility>를 추가했다.

```cpp
// createT1.cpp

#include <utility>

struct MyType {
    MyType(int, double, bool) {};
};

template <typename T, typename Arg>
T createT(Arg&& arg) {
    return T(std::forward<Arg>(arg));
}

int main() {

    int lvalue{2020};

 //std::unique_ptr<int> uniqZero = std::make_unique<int>();
 auto uniqEleven = createT<int>(2011);
 auto uniqTwenty = createT<int>(lvalue);
 //auto uniqType = std::make_unique<MyType>(lvalue, 3.14, true);

}
```

오른값(2011)과 왼값(lvalue) 모두 createT 함수가 잘 처리한다. 그러나 인수가 없거나 여러 개인 경우는 아직 처리하지 못한다.

13.5.2 가변 인수 템플릿
종종 마침표가 중요할 때가 있다. 총 아홉 개의 마침표를 세 개씩 적절한 곳에 삽입하면 함수 템플릿 createT가 임의의 개수의 인수를 처리하게 된다. 앞에서

---

[35] *https://en.cppreference.com/w/cpp/utility/move*

주석으로 제외시켰던 두 행이 이제는 문제없이 잘 작동한다.

```cpp
// createT2.cpp

#include <utility>

struct MyType {
   MyType(int, double, bool) {};
};

template <typename T, typename ... Args>
T createT(Args&& ... args) {
    return T(std::forward<Args>(args) ... );
}

int main() {

   int lvalue{2020};

   int uniqZero = createT<int>();
   auto uniqEleven = createT<int>(2011);
   auto uniqTwenty = createT<int>(lvalue);
   auto uniqType = createT<MyType>(lvalue, 3.14, true);

}
```

어떤 마법이 벌어진 것일까? 연이은 마침표 세 개를 '줄임표(ellipsis)'라고 부른다. Args와 args에 줄임표를 적용하면 이들은 매개변수 묶음(parameter pack)이 된다. 좀 더 구체적으로 말하면, ...가 적용된 Args는 템플릿 매개변수 묶음이고 ...가 적용된 args는 함수 매개변수 묶음이다. 매개변수 묶음은 두 가지 연산을 지원한다. 줄임표를 매개변수 묶음 오른쪽에 붙이면 매개변수 묶음이 풀린다(unpack; 해체). Args...는 Args에 담긴 모든 형식을 쉼표와 함께 나열하는 것에 해당한다. 줄임표를 표현식에 적용할 수도 있는데, 지금 예제에서 std::forward<Args>(args)...는 args에 담긴 모든 인수 각각에 std::forward<Args>를 적용하는 구문을 쉼표와 함께 나열하는 것에 해당한다.

 C++ Insights[36]를 이용하면 매개변수 묶음이 어떻게 풀리는지를 눈으로 확인할 수 있다.

 그럼 지금까지의 논의를 바탕으로 make_unique 함수를 구현해 보자. creatT에서 두 가지만 고치면 된다.

---

[36] https://cppinsights.io/s/294aa453

1. T 객체 대신 std::unique_ptr<T> 객체를 생성해서 돌려준다.
2. 함수 이름을 make_unique로 바꾼다.

짜잔!

```
template <typename T, typename ... Args>
std::unique_ptr<T> make_unique(Args&& ... args) {
    return std::unique_ptr<T>(new T(std::forward<Args>(args) ... ));
}
```

13.6 메타프로그래밍

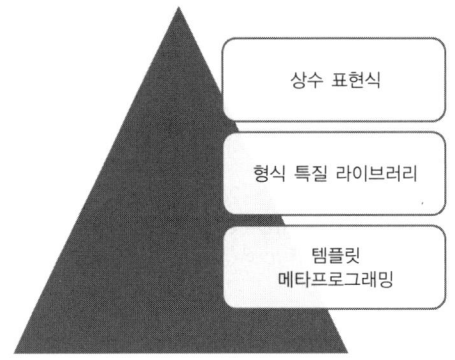

메타프로그래밍^{metaprograming}은 프로그래밍에 대한 프로그래밍을 뜻하는데 C++에서는 간단히 말해서 컴파일 시점의 프로그래밍이다. C++ 메타프로그래밍은 C++98 시절 템플릿의 특성을 교묘하게 활용한 템플릿 메타프로그래밍(template metaprogramming, TMP)으로 시작해서, C++11에서 형식 특질 라이브러리가 도입되면서 C++ 표준이 공식적으로 지원하게 되었고, 이후 지원 수준이 꾸준히 개선되었다. C++ 핵심 가이드라인의 템플릿 메타프로그래밍 소개문은 인상적인 문장으로 끝난다: "(템플릿 프로그래밍에) 필요한 구문과 기법들은 상당히 끔찍했다."

내가 느끼기로 템플릿 메타프로그래밍이 그렇게까지 끔찍하지는 않다. 그리고 C++ 핵심 가이드라인의 템플릿 메타프로그래밍 하위 섹션[37]은 아직 내용이 부족하고, 메타프로그래밍이 무엇인지를 제대로 소개하지 않는다. 그래서 이번 절에서는 메타프로그래밍 자체를 어느 정도 자세히 소개한다. C++ 핵심 가이드라인의 메타프로그래밍 규칙들은 메타프로그래밍의 여러 개념을 설명하면서 적절히 언급하겠다.

---

[37] https://isocpp.github.io/CppCoreGuidelines/CppCoreGuidelines#tmeta-template-metaprogramming-tmp

13.6.1 템플릿 메타프로그래밍

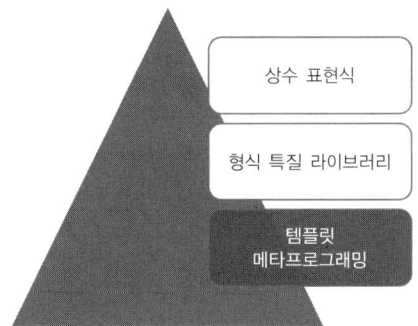

- T.120: 템플릿 메타프로그래밍은 꼭 필요한 경우에만 사용하라.[38]
- T.122: 형식을 컴파일 시점에서 계산하려면 템플릿(주로는 템플릿 별칭)을 사용하라.[39]

13.6.1.1 템플릿 메타프로그래밍의 시초

1994년에 에르빈 운루^{Erwin Unruh}는 컴파일되지 않는 프로그램 하나를 C++ 표준 위원회에 제시했다. 아마도 그 프로그램은 컴파일되지 않는 프로그램 중에서 가장 유명한 프로그램일 것이다. 다음은 에르빈 운루의 홈페이지에 게시된 해당 소스 코드[40]를 그대로 가져온 것이다.

```
// Prime number computation by Erwin Unruh
template <int i> struct D { D(void*); operator int(); };

template <int p, int i> struct is_prime {
    enum { prim = (p%i) && is_prime<(i > 2 ? p : 0), i -1> :: prim };
    };

template < int i > struct Prime_print {
    Prime_print<i-1> a;
    enum { prim = is_prime<i, i-1>::prim };
    void f() { D<i> d = prim; }
    };

struct is_prime<0,0> { enum {prim=1}; };
struct is_prime<0,1> { enum {prim=1}; };
struct Prime_print<2> { enum {prim = 1}; void f() { D<2> d = prim; } };
#ifndef LAST
```

---

[38] https://isocpp.github.io/CppCoreGuidelines/CppCoreGuidelines#Rt-metameta
[39] https://isocpp.github.io/CppCoreGuidelines/CppCoreGuidelines#Rt-tmp
[40] http://www.erwin-unruh.de/primorig.html

```
#define LAST 10
#endif
main () {
    Prime_print<LAST> a;
    }
```

에르빈 운루는 Metaware라는 컴파일러를 사용했는데, 그 컴파일러는 요즘 쓰이는 C++ 컴파일러와는 다른 오류 메시지를 출력했다. 요즘 컴파일러와 C++ 표준에 맞게 고친 버전이 운루의 홈페이지에 있으니 참고하기 바란다.[41] 이 프로그램이 왜 그렇게 유명할까? 그럼 원 버전의 오류 메시지를 좀 더 자세히 살펴보자 (그림 13.12).

```
01 | Type `enum{}' can't be converted to txpe `D<2>'  ("primes.cpp",L2/C25).
02 | Type `enum{}' can't be converted to txpe `D<3>'  ("primes.cpp",L2/C25).
03 | Type `enum{}' can't be converted to txpe `D<5>'  ("primes.cpp",L2/C25).
04 | Type `enum{}' can't be converted to txpe `D<7>'  ("primes.cpp",L2/C25).
05 | Type `enum{}' can't be converted to txpe `D<11>' ("primes.cpp",L2/C25).
06 | Type `enum{}' can't be converted to txpe `D<13>' ("primes.cpp",L2/C25).
07 | Type `enum{}' can't be converted to txpe `D<17>' ("primes.cpp",L2/C25).
08 | Type `enum{}' can't be converted to txpe `D<19>' ("primes.cpp",L2/C25).
09 | Type `enum{}' can't be converted to txpe `D<23>' ("primes.cpp",L2/C25).
10 | Type `enum{}' can't be converted to txpe `D<29>' ("primes.cpp",L2/C25).
```

그림 13.12 컴파일 시점 소수 계산.

오류 메시지들에서 p<2>, p<3>, p<5> 등에 주목하기 바란다. 아마 패턴이 보일 것이다. 이 프로그램은 컴파일 시점에서 처음 30개의 소수를 계산한다. 이 예제는 템플릿 인스턴스화를 이용해서 컴파일 시점에서 수학 계산을 수행할 수 있음을 보여준다. 단순한 산술 연산만 가능한 것이 아니다. 템플릿 메타프로그래밍이 튜링 완전(Turing complete)[42]임이 밝혀졌다. 이는 그 어떤 계산 문제도 템플릿 메타프로그래밍으로 풀 수 있다는 뜻이다. (물론 재귀 깊이의 한계(C++11은 최소 1024를 보장함)와 템플릿 인스턴스화 과정에서 생성되는 이름들의 길이에 대한 제한 때문에, 템플릿 메타프로그래밍의 튜링 완전성은 이론적으로만 성립한다.)

13.6.1.2 템플릿 메타프로그래밍의 기초

그럼 간단한 예제로 템플릿 메타프로그램의 작동 방식을 살펴보자.

---

[41] http://www.erwin-unruh.de/prim.html
[42] https://en.wikipedia.org/wiki/Turing_completeness

컴파일 시점 계산

템플릿 메타프로그래밍에서 "Hello World" 프로그램에 해당하는 것은 정수의 계승(factorial) 계산이다.

```cpp
// factorial.cpp

#include <iostream>

template <int N>                                         // ❷
struct Factorial {
   static int const value = N * Factorial<N-1>::value;
};

template <>                                              // ❸
struct Factorial<1> {
   static int const value = 1;
};

int main() {

   std::cout << '\n';

   std::cout << "Factorial<5>::value: "
             << Factorial<5>::value << '\n';             // ❶
   std::cout << "Factorial<10>::value: "
             << Factorial<10>::value << '\n';

   std::cout << '\n';

}
```

❶의 factorial<5>::value '호출'에† 의해 ❷의 기본 템플릿(또는 일반 템플릿)이 인스턴스화된다. 그 인스턴스화 자체는 Factorial<4>::value를 호출하며, 이에 의해 ❷의 템플릿이 다시 인스턴스화된다. 이런 식으로 재귀적으로 인스턴스화가 이어지다가 N이 1이 되면 완전 특수화된 클래스 템플릿 Factorial<1>에서 재귀 과정이 끝난다. 즉, ❸의 완전 특수화는 재귀의 종료 조건(경계 조건)에 해당한다. [그림 13.13]에 이 프로그램의 출력이 나와 있다.

---

† [옮긴이] 메타프로그래밍에서는 인스턴스화된 템플릿의 특정 멤버(지금은 value)에 접근하는 것이 통상적인 프로그래밍의 함수 호출에 해당한다. 템플릿 별칭을 활용하면 ::value 표기도 생략할 수 있다 (§13.2.1의 규칙 T.42 참고).

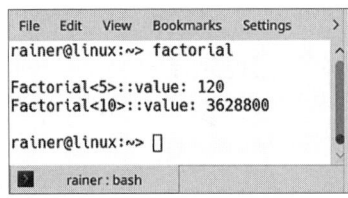

그림 13.13 5의 계승을 컴파일 시점에서 계산한 결과.

C++ Insights[43]를 이용해서 템플릿 인스턴스들을 살펴보면 이해에 도움이 될 것이다. 그런데 이 계승 계산 프로그램이 멋지긴 하지만, 이런 산술 계산이 템플릿 메타프로그래밍의 본격적인 용도는 아니다.

컴파일 시점 형식 조작

컴파일 시점 형식 조작(type manipulation)이야말로 템플릿 메타프로그래밍의 본격적인 용도라고 할 수 있다. 예를 들어 std::move[44]가 하는 일은 개념적으로 다음과 같다.

static_cast<std::remove_reference<decltype(arg)>::type&&>(arg);

std::move는 주어진 인수 arg의 형식을 연역하고(decltype(arg)), 참조를 제거하고(remove_reference), 오른값 참조로 형변환한다(static_cast<...>::type&&). 본질적으로 std::move는 오른값 참조 형변환이다. 이에 의해 인수에 대해 이동 의미론이 작용하게 된다.

그런데 함수에 전달된 인수의 상수성을 제거하려면 어떻게 해야 할까?

```
// removeConst.cpp

#include <iostream>
#include <type_traits>

template<typename T >
struct removeConst {
    using type = T;          // ❶
};

template<typename T >
struct removeConst<const T> {
    using type = T;          // ❷
};
```

---

[43] https://cppinsights.io/s/717d4052
[44] https://en.cppreference.com/w/cpp/utility/move

```
using std::boolalpha;
using std::cout;
using std::is_same;

int main() {

  cout << boolalpha;

  cout << is_same<int, removeConst<int>::type>::value << '\n';
  cout << is_same<int, removeConst<const int>::type>::value << '\n';

}
```

main의 두 removeConst 호출 모두 int를 돌려주며, 따라서 is_same 호출은 true가 된다.

    removeConst는 형식 특질 라이브러리[45]의 std::remove_const의 가능한 구현 방식을 짐작해서 만든 것이다. 형식 특질 라이브러리의 std::is_same 덕분에 두 형식의 상등을 컴파일 시점에서 손쉽게 판정할 수 있었다. removeConst<int>의 경우에는 기본(일반) 클래스 템플릿이 인스턴스화된다. 반면에 removeConst<const int>의 경우에는 const T에 대해 부분적으로 특수화된 템플릿이 인스턴스화된다. 여기서 핵심은 두 클래스 템플릿(❶과 ❷) 모두 const가 없는 바탕 형식으로 type이라는 별칭을 정의한다는 점이다. 결과적으로 주어진 인수의 상수성이 제거된다.

    다음 사항들도 주목하기 바란다.

- 템플릿 특수화(부분이든 완전이든)는 컴파일 시점의 조건부 실행(조건 분기) 수단에 해당한다. 지금 예의 경우, 상수가 아닌 int로 removeConst를 인스턴스화하면 컴파일러는 기본 템플릿을 선택하고, 상수 int를 사용하면 컴파일러는 const T에 대한 부분 특수화를 선택한다.
- 표현식 using type = T는 함수의 반환값(지금 예에서는 하나의 형식)에 해당한다.

메타라는 접두사

실행 시점 프로그램은 데이터와 함수를 사용한다. 컴파일 시점 프로그램은 메타데이터metadata와 메타함수(metafunction)를 사용한다. 컴파일 시점 프로그래밍은 메타프로그래밍이므로 '메타'를 붙이는 것이 당연하다.

---

[45] *https://en.cppreference.com/w/cpp/header/type_traits*

13.6.1.3 메타데이터

메타함수가 컴파일 시점에서 사용하는 값을 **메타데이터**라고 부른다.

그런데 메타함수가 사용하는 '값'은 세 종류이다.

- int나 double 같은 형식
- 정수, 열거자, 포인터, 참조 같은 비형식(nontype) 값
- std::vector나 std::deque 같은 템플릿

13.6.1.4 메타함수

컴파일 시점에서 실행되는 함수를 **메타함수**라고 부른다.

원래는 템플릿 메타프로그래밍에서 함수를 흉내 내는 데 쓰이는 형식(type)을 메타함수라고 불렀지만, 현대적 C++에 도입된 constexpr 함수도 컴파일 시점에서 실행되므로 메타함수라고 부를 수 있다.

다음은 두 가지 메타함수이다.

```
template <int a , int b>
struct Product {
   static int const value = a * b;
};

template<typename T >
struct removeConst<const T> {
   using type = T;
};
```

첫 메타함수 Product는 통상적인 값을 돌려주고 둘째 메타함수 removeConst는 형식을 돌려준다. 멤버 value와 type은 반환값 역할을 하는 멤버에 대한 명명 관례를 따른 것이다. 메타함수가 값을 돌려줄 때는 value를, 형식을 돌려줄 때는 type을 사용한다. 표준 형식 특질 라이브러리도 이 명명 관례를 철저하게 따른다.

이 시점에서 함수(실행 시점 함수)와 메타함수를 비교해 보면 배울 점이 많을 것 같다.

함수 대 메타함수

다음은 2의 10승을 두 가지 방식으로 계산하는 예이다. 함수 power는 실행 시점에서, 메타함수 Power는 컴파일 시점에서 거듭제곱을 계산한다.

```cpp
// power.cpp

#include <iostream>

int power(int m, int n) {
  int r = 1;
  for(int k = 1; k <= n; ++k) r *= m;
  return r;
}

template<int m, int n>
struct Power {
  static int const value = m * Power<m, n-1>::value;
};

template<int m>
struct Power<m, 0> {
    static int const value = 1;
};

int main() {

  std::cout << '\n';

  std::cout << "power(2, 10)= " << power(2, 10) << '\n';
  std::cout << "Power<2,10>::value= " << Power<2, 10>::value << '\n';

  std::cout << '\n';
}
```

두 함수의 주된 차이점은 다음과 같다.

- **인수들**: 함수의 인수들은 소괄호로 감싸고((...)), 메타함수의 인수들은 꺾쇠(홑화살괄호)로 감싼다(< ... >). 이 차이는 함수 정의와 메타함수 정의에도 적용된다. 함수 정의에서는 매개변수들을 소괄호로 감싸고 메타함수 정의에서는 꺾쇠로 감싼다. 메타함수의 매개변수들은 메타함수 이름보다 앞에 (template 선언에) 나온다는 차이점도 있다.
- **반환값**: 함수는 return 키워드가 있는 반환문을 이용해서 결과를 돌려주지만, 메타함수는 멤버 정의(지금 예에서는 정적 상수 int 멤버)를 통해서 결과를 돌려준다.

이번 장에서 나중에 상수 표현식을 논의할 때 실행 시점 함수와 메타함수의 차이점을 좀 더 자세히 이야기하겠다. [그림 13.14]는 이 프로그램의 출력이다.

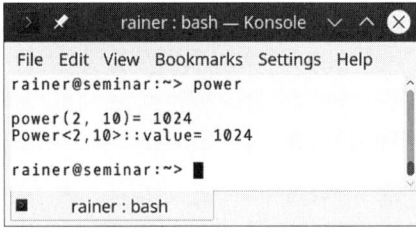

그림 13.14 실행 시점 함수와 컴파일 시점 함수.

power는 실행 시점에서 실행되고 Power는 컴파일 시점에서 실행된다. 그런데 다음 예제에서는 어떤 일이 벌어질까?

```cpp
// powerHybrid.cpp

#include <iostream>

template<int n>
int power(int m) {
    return m * power<n-1>(m);
}

template<>
int power<1>(int m) {
    return m;
}

template<>
int power<0>(int m) {
   return 1;
}

int main() {

    std::cout << '\n';

    std::cout << "power<10>(2): " << power<10>(2) << '\n';      // ❶

    std::cout << '\n';

    auto power2 = power<2>;                                      // ❷

    for (int i = 0; i <= 10; ++i) {                              // ❸
        std::cout << "power2(" << i << ")= "
                  << power2(i) << '\n';
    }

    std::cout << '\n';

}
```

❶의 power<10>(2) 호출에는 소괄호와 꺽쇠가 함께 쓰였다. 거듭제곱의 지수 10은 꺽쇠로, 밑 2는 소괄호로 지정되어 있다. 이는 10이 컴파일 시점 인수이고 2는 실행 시점 인수라는 뜻이다. 다른 말로 하면, power는 함수이자 메타함수이다(그림 13.15). ❷에서는 클래스 템플릿 power를 2로 특수화해서 power2라는 이름을 붙인다.

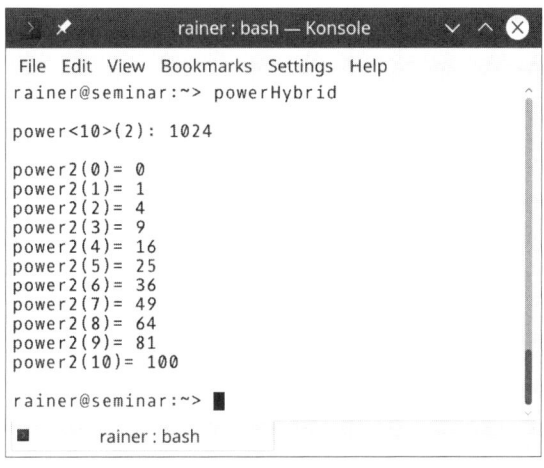

그림 13.15 함수이자 메타함수인 power.

함수의 인수는 실행 시점 인수이므로, ❸에서처럼 for 루프의 루프 색인 변수를 함수의 인수로 사용할 수 있다.

13.6.2 형식 특질 라이브러리

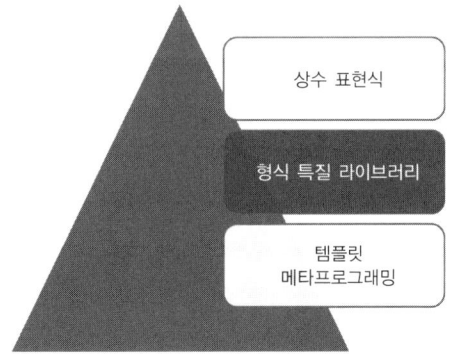

- T.124: 표준 라이브러리가 제공하는 TMP 수단들의 사용을 선호하라.[46]

---

46 https://isocpp.github.io/CppCoreGuidelines/CppCoreGuidelines#Rt-std-tmp

C++11에서 도입된 형식 특질 라이브러리[47]는 컴파일 시점 형식 점검, 형식 비교, 형식 수정을 지원한다. 이 라이브러리에는 100개 이상의 함수(메타함수)가 있으며, 새 표준이 나올 때마다 함수들이 추가된다.

13.6.2.1 형식 점검

C++의 모든 형식은 다음 14가지 기본 형식 범주 중 하나에 속한다.

기본 형식 범주

14가지 기본 형식 범주를 대표하는 형식 특질 라이브러리의 클래스들은 다음과 같다.

```cpp
template <class T> struct is_void;                     // void
template <class T> struct is_integral;                 // 정수
template <class T> struct is_floating_point;           // 부동소수점
template <class T> struct is_array;                    // 배열
template <class T> struct is_pointer;                  // 포인터
template <class T> struct is_null_pointer;             // 널 포인터
template <class T> struct is_member_object_pointer;    // 멤버 객체 포인터
template <class T> struct is_member_function_pointer;  // 멤버 함수 포인터
template <class T> struct is_enum;                     // 열거형
template <class T> struct is_union;                    // 공용체
template <class T> struct is_class;                    // 클래스
template <class T> struct is_function;                 // 함수
template <class T> struct is_lvalue_reference;         // 왼값 참조
template <class T> struct is_rvalue_reference;         // 오른값 참조
```

다음은 주어진 형식이 특정 형식 범주에 속하는지 판정하는 방법을 보여주는 예제이다.

```cpp
// primaryTypeCategories.cpp

#include <iostream>
#include <type_traits>

struct A {
  int a;
  int f(int) { return 2011; }
};

enum E {
  e= 1,
```

---

[47] https://en.cppreference.com/w/cpp/header/type_traits

```cpp
};

union U {
  int u;
};

int main() {

  using namespace std;

  cout << boolalpha << '\n';

  cout << is_void<void>::value << '\n';
  cout << is_integral<short>::value << '\n';
  cout << is_floating_point<double>::value << '\n';
  cout << is_array<int []>::value << '\n';
  cout << is_pointer<int*>::value << '\n';
  cout << is_null_pointer<nullptr_t>::value << '\n';
  cout << is_member_object_pointer<int A::*>::value << '\n';
  cout << is_member_function_pointer<int (A::*)(int)>::value << '\n';
  cout << is_enum<E>::value << '\n';
  cout << is_union<U>::value << '\n';
  cout << is_class<string>::value << '\n';
  cout << is_function<int * (double)>::value << '\n';
  cout << is_lvalue_reference<int&>::value << '\n';
  cout << is_rvalue_reference<int&&>::value << '\n';

  cout << '\n';

}
```

main 함수의 14가지 형식 특질 함수 호출들은 모두 true를 돌려준다. 형식 특질 라이브러리는 이 기본 형식 범주들을 조합해서 정의한 합성 형식 범주들도 제공한다.

합성 형식 범주

[표 13.2]는 일곱 가지 합성 형식 범주(composite type category)와 각 합성 형식 범주를 구성하는 기본 형식 범주들을 정리한 것이다.

표 13.2 합성 형식 범주들

합성 형식 범주	해당 기본 형식 범주
std::is_arithmetic	std::is_floating_point 또는(OR) std::is_integral
std::is_fundamental	std::is_arithmetic 또는 std::is_void 또는 std::is_null_pointer
std::is_object	std:::is_scalar 또는 std::is_array 또는 std::is_union 또는 std::is_class
std::is_scalar	std::is_arithmetic 또는 std::is_enum 또는 std::is_pointer 또는 std::is_member_pointer 또는 std::is_null_pointer
std::is_compound	!std::is_fundamental
std::is_reference	std::is_lvalue_reference 또는 std::is_rvalue_reference
std::is_member_pointer	std::is_member_object_pointer 또는 std::is_member_function_pointer

형식 속성

형식 특질 라이브러리는 형식의 특정한 속성(property; 성질)을 점검하기 위한 수단들도 제공한다.

```
template <class T> struct is_const;
template <class T> struct is_volatile;
template <class T> struct is_trivial;
template <class T> struct is_trivially_copyable;
template <class T> struct is_standard_layout;
template <class T> struct is_pod;
template <class T> struct is_literal_type;
template <class T> struct is_empty;
template <class T> struct is_polymorphic;
template <class T> struct is_abstract;
template <class T> struct is_signed;
template <class T> struct is_unsigned;
template <class T, class... Args> struct is_constructible;
template <class T> struct is_default_constructible;
template <class T> struct is_copy_constructible;
template <class T> struct is_move_constructible;
template <class T, class U> struct is_assignable;
template <class T> struct is_copy_assignable;
template <class T> struct is_move_assignable;
template <class T> struct is_destructible;
template <class T, class... Args> struct is_trivially_constructible;
template <class T> struct is_trivially_default_constructible;
template <class T> struct is_trivially_copy_constructible;
template <class T> struct is_trivially_move_constructible;
template <class T, class U> struct is_trivially_assignable;
```

```
template <class T> struct is_trivially_copy_assignable;
template <class T> struct is_trivially_move_assignable;
template <class T> struct is_trivially_destructible;
template <class T, class... Args> struct is_nothrow_constructible;
template <class T> struct is_nothrow_default_constructible;
template <class T> struct is_nothrow_copy_constructible;
template <class T> struct is_nothrow_move_constructible;
template <class T, class U> struct is_nothrow_assignable;
template <class T> struct is_nothrow_copy_assignable;
template <class T> struct is_nothrow_move_assignable;
template <class T> struct is_nothrow_destructible;
template <class T> struct has_virtual_destructor;
```

std::is_trivially_copyable처럼 이름에 "trivially(자명하게)"라는 단어가 있는 메타함수들이 많다. "trivially"는 컴파일러가 해당 연산을 자동으로 생성할 수 있다는 뜻이다. 즉, 이들은 =default를 지정해서 컴파일러가 해당 특수 멤버 함수를 생성하게 만들 수 있는 형식을 뜻한다.

형식 특질 라이브러리에는 이외에도 많은 메타함수가 있다. 자세한 사항은 cppreference.com의 관련 페이지[48]를 참고하기 바란다.

13.6.2.2 형식 비교

형식 특질 라이브러리는 세 종류의 형식 비교를 지원한다.

- 상속 관계: std::is_base_of<Base, Derived>
- 변환 가능 : std::is_convertible<From, To>
- 상등: std::is_same<T, U>

다음은 이 세 함수의 사용법을 보여주는 예제이다.

```
// compare.cpp

#include <cstdint>
#include <iostream>
#include <type_traits>

class Base{};
class Derived: public Base{};

int main() {
```

---

[48] https://en.cppreference.com/w/cpp/header/type_traits

```cpp
        std::cout << std::boolalpha << '\n';

        std::cout << "std::is_base_of<Base, Derived>::value: "
                  << std::is_base_of<Base, Derived>::value << '\n';
        std::cout << "std::is_base_of<Derived, Base>::value: "
                  << std::is_base_of<Derived, Base>::value << '\n';
        std::cout << "std::is_base_of<Derived, Derived>::value: "
                  << std::is_base_of<Derived, Derived>::value << '\n';

        std::cout << '\n';

        std::cout << "std::is_convertible<Base*, Derived*>::value: "
                  << std::is_convertible<Base*, Derived*>::value << '\n';
        std::cout << "std::is_convertible<Derived*, Base*>::value: "
                  << std::is_convertible<Derived*, Base*>::value << '\n';
        std::cout << "std::is_convertible<Derived*, Derived*>::value: "
                  << std::is_convertible<Derived*, Derived*>::value << '\n';

        std::cout << '\n';

        std::cout << "std::is_same<int, int32_t>::value: "
                  << std::is_same<int, int32_t>::value << '\n';
        std::cout << "std::is_same<int, int64_t>::value: "
                  << std::is_same<int, int64_t>::value << '\n';
        std::cout << "std::is_same<long int, int64_t>::value: "
                  << std::is_same<long int, int64_t>::value << '\n';

        std::cout << '\n';

}
```

예제 프로그램은 예상대로의 결과를 출력한다(그림 13.16).

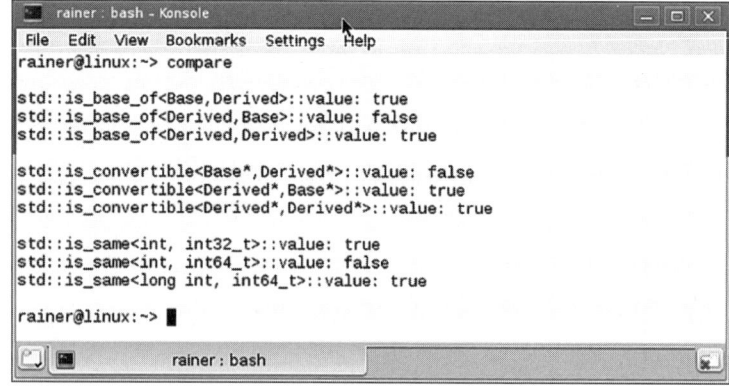

그림 13.16 형식 비교 예제.

> 🔑 **형식 특질 라이브러리의 함수들을 이용한 템플릿 메타프로그래밍**
>
> 잠시 발을 멈추고 형식 특질 라이브러리의 함수들을 유심히 들여다보기 바란다. 다음은 이 함수들에서 관찰할 수 있는 사항들이다.
>
> - 형식 특질 라이브러리의 함수들은 컴파일 시점에서 실행되므로 메타함수이다. 메타함수는 클래스 템플릿이다.
> - 꺾쇠로 감싼 메타함수의 인수들(<...>)은 메타데이터이다. 형식 특질 함수들의 경우 메타데이터는 형식이다(값이 아니라).
> - 함수의 반환값은 ::value이다. 참고로 C++17부터는 반환값을 좀 더 간결하게 표현할 수 있는 템플릿 별칭들이 추가되었다. 예를 들어 std::is_void<void>::value 대신 std::is_void_v<void>를 사용할 수 있다.
>
> 이 사항들에서, 템플릿 메타프로그래밍 절(§13.6.1)에서 이야기한 것들을 떠올릴 수 있을 것이다. 이는 우연이 아니다. 형식 특질 라이브러리는 §13.6.1에서 이야기한 관례를 정확히 따른다.

13.6.2.3 형식 수정

형식 수정(type modification)은 템플릿 메타프로그래밍의 영역에 속한다. 그래서 형식 특질 라이브러리는 형식 수정을 위한 수단들도 제공한다.

형식 특질 라이브러리에는 형식을 수정하는 데 사용하는 메타함수가 많이 있다. 다음은 그중 가장 흥미로운 것들이다.

```
// const-volatile 수정:
remove_const
remove_volatile
remove_cv
add_const
add_volatile
add_cv

// 참조 수정:
remove_reference
add_lvalue_reference
add_rvalue_reference

// 부호 여부 수정:
make_signed
make_unsigned

// 포인터 수정:
remove_pointer
```

add_pointer

// 기타 변환:
decay
enable_if
conditional
common_type
underlying_type

int나 const int를 int로 바꾸려면 해당 형식으로 std::remove_const를 인스턴스화하고 멤버 형식 ::type을 조회하면 된다.

```
std::is_same<int, std::remove_const<int>::type>::value;        // true
std::is_same<int, std::remove_const<const int>::type>::value;  // true
```

C++14에는 ::type을 생략할 수 있는 템플릿 별칭들이 추가되었다. 이 별칭들은 항상 _t로 끝난다. 예를 들어 std::remove_const를 위한 별칭은 std::remove_const_t이다.

```
std::is_same<int, std::remove_const_t<int>>::value;        // true
std::is_same<int, std::remove_const_t<const int>>::value;  // true
```

형식 특질 라이브러리가 제공하는 메타함수들의 용도 몇 가지를 예로 들자면 다음과 같다.

- **std::thread**는 인수들에 **std::decay**를 적용한다. std::thread는 스레드에서 실행할 함수 f와 그 함수에 적용할 인수 묶음 args를 받는다. std::decay는 이름이 암시하듯이 주어진 인수들을 붕괴시킨다(decay). 구체적으로 말하면, std::decay는 배열을 포인터로, 함수를 함수 포인터로 암묵적으로 변환하고 const/volatile 한정사와 참조도 제거한다.
- **std::enable_if**를 이용하면 SFINAE를 손쉽게 응용할 수 있다. SFINAE는 함수 템플릿의 중복적재 해소 과정에서 적용되는 규칙으로, Substitution Failure Is Not An Error(치환 실패는 오류가 아니다)를 줄인 것이다. 간단히 설명하면, 이 규칙은 템플릿 인스턴스화 과정에서 특정 템플릿 매개변수의 치환(대입)이 실패했을 때 컴파일러가 오류를 발생하고 컴파일을 중지하는 대신 그냥 해당 특수화를 중복적재 집합에서 제거하고 다른 중복적재 후보로 넘어가야 함을 뜻한다.
- **std::conditional**은 삼항 연산자의 컴파일 시점 버전이다.

- **std::common_type**은 주어진 모든 형식의 공통분모에 해당하는 형식, 즉 모든 형식을 그것으로 변환할 수 있는 하나의 형식을 돌려준다.
- **std::underlying_type**은 enum의 바탕 형식을 돌려준다.

이 정도의 예만으로는 형식 특질 라이브러리의 유용함을 실감하기 어려울 것이다. 그럼 프로그래밍의 두 가지 주요 목표인 정확성과 최적화를 달성하는 데 형식 특질 라이브러리가 어떻게 도움이 되는지에 관한 예제들로 형식 특질 라이브러리의 소개를 마무리하겠다.

13.6.2.4 정확성

먼저, 형식 특질 라이브러리는 Integral이나 SignedIntegral, UnsignedIntegral 같은 콘셉트들을 구현하는 데 쓰인다는 점에서 프로그램의 정확성(correctness)과 관련이 있다.

```
template <typename T>
concept Integral = std::is_integral<T>::value;

template <typename T>
concept SignedIntegral = Integral<T> && std::is_signed<T>::value;

template <typename T>
concept UnsignedIntegral = Integral<T> && !SignedIntegral<T>;
```

또한, 형식 특질 라이브러리는 정적 단언(static assert)을 이용해서 알고리즘의 안전성을 보장하는 데에도 유용하다.

```
// gcd2.cpp

#include <iostream>
#include <type_traits>

template<typename T>
T gcd(T a, T b) {
    static_assert(std::is_integral<T>::value,
              "T should be an integral type!");
    if( b == 0 ){ return a; }
    else{
        return gcd(b, a % b);
    }
}

int main() {
```

```
    std::cout << gcd(100, 33) << '\n';     // ❶
    std::cout << gcd(3.5,4.0) << '\n';     // ❷
    std::cout << gcd("100","10") << '\n';  // ❸
}
```

❷와 ❸은 유효하지 않은 호출이다. 컴파일러의 오류 메시지들은 이들의 문제점을 상당히 명시적으로 보여준다(그림 13.17).

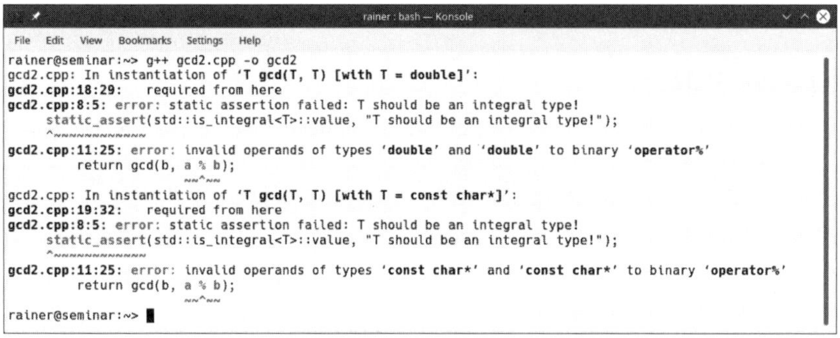

그림 13.17 형식 특질 라이브러리의 함수들을 이용한 정확성 보장.

오류 메시지들에서 보듯이, 컴파일러는 double이나 const char*가 정수 형식이 아님을 직접적으로 지적해 준다.

형식 특질 라이브러리는 정확성뿐만 아니라 최적화에도 도움이 된다.

최적화

형식 특질 라이브러리의 핵심 아이디어는 간단하다. 컴파일러는 소스 코드를 목적 코드로 번역할 때 소스 코드에 쓰인 형식을 분석해서 얻은 정보를 활용한다. 형식 특질 라이브러리를 적절히 활용하면 컴파일러가 좀 더 최적의 코드를 생성하게 할 수 있다. 예를 들어 STL의 std::copy, std::fill, std::equal 같은 알고리즘들은 흔히 연산 대상 형식의 속성 또는 '특질(trait)'을 점검해서 형식에 맞는 방식으로 작동하도록 구현된다. 특히, 이런 알고리즘들은 가능하다면 주어진 구간의 요소들을 하나씩 처리하는 대신 memcpy[49], memmove[50], memset[51], memcmp[52] 같은 C 함수들을 이용해서 구간의 메모리를 통째로 처리함으로써 속도를 높인다. 참

---

[49] http://en.cppreference.com/w/cpp/string/byte/memcpy
[50] http://en.cppreference.com/w/cpp/string/byte/memmove
[51] http://en.cppreference.com/w/cpp/string/byte/memset
[52] http://en.cppreference.com/w/cpp/string/byte/memcmp

고로 memcpy와 memmove는 거의 비슷하지만, memmove는 서로 겹친 메모리 영역들을 지원한다는 점이 다르다.

다음은 GCC 6 컴파일러의 소스 코드에서 발췌한 것으로, 줄 바꿈과 들여쓰기를 조금 바꾸었다. 형식 특질의 점검 결과에 따라 컴파일러가 좀 더 최적화된 코드를 생성하게 만드는 부분을 유심히 보기 바란다.

```
// fill
// 특수화: char 형식들에는 memset을 사용할 수 있다.
template<typename _Tp>
  inline typename
  __gnu_cxx::__enable_if<__is_byte<_Tp>::__value, void>::__type  // ❶
  __fill_a(_Tp* __first, _Tp* __last, const _Tp& __c)

{
 const _Tp __tmp = __c;
 if (const size_t __len = __last - __first)
 __builtin_memset(__first, static_cast<unsigned char>(__tmp), __len);
}

// copy

template<bool _IsMove, typename _II, typename _OI>
  inline _OI
  __copy_move_a(_II __first, _II __last, _OI __result)
  {
    typedef typename iterator_traits<_II>::value_type _ValueTypeI;
    typedef typename iterator_traits<_OI>::value_type _ValueTypeO;
    typedef typename iterator_traits<_II>::iterator_category _Category;
    const bool __simple = (__is_trivial(_ValueTypeI)               // ❷
                           && __is_pointer<_II>::__value
                           && __is_pointer<_OI>::__value
                           && __are_same<_ValueTypeI, _ValueTypeO>::__value);

    return std::__copy_move<_IsMove, __simple,
                     _Category>::__copy_m(__first, __last, __result);
  }

// lexicographical_compare

template<typename _II1, typename _II2>
  inline bool
  __lexicographical_compare_aux(_II1 __first1, _II1 __last1,
      _II2 __first2, _II2 __last2)
  {
    typedef typename iterator_traits<_II1>::value_type _ValueType1;
    typedef typename iterator_traits<_II2>::value_type _ValueType2;
    const bool __simple =                                          // ❸
```

```
    (__is_byte<_ValueType1>::__value
     && __is_byte<_ValueType2>::__value
     && !__gnu_cxx::__numeric_traits<_ValueType1>::__is_signed
     && !__gnu_cxx::__numeric_traits<_ValueType2>::__is_signed
     && __is_pointer<_II1>::__value
     && __is_pointer<_II2>::__value);

    return std::__lexicographical_compare<__simple>::__lc(__first1,
                                                          __last1,
                                                          __first2,
                                                          __last2);
}
```

형식 특질을 이용해서 좀 더 최적화된 코드를 생성하는 부분을 ❶, ❷, ❸으로 표시해 두었다. GCC 6 컴파일러는 std::enable_if나 std::is_pointer 같은 형식 특질 라이브러리의 표준 함수들 대신 __enable_if나 __is_pointer 같은 내부 함수들을 사용하긴 하지만, 핵심은 동일하다.

13.6.3 상수 표현식

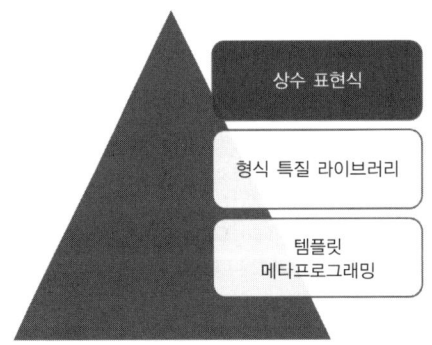

- T.123: 컴파일 시점에서 값을 계산하려면 constexpr 함수를 사용하라.[53]

드디어 메타프로그래밍 삼각형의 꼭대기에 도달했다.

constexpr를 이용하면 통상적인 C++ 구문으로 컴파일 시점 프로그램을 작성할 수 있다. 이번 절의 초점은 constexpr의 모든 세부사항을 설명하는 것이 아니라 템플릿 메타프로그래밍과 constexpr 함수를 비교하는 것이다. 그런데 그 둘을 비교하려면 constexpr를 어느 정도는 알아야 하므로, 먼저 constexpr의 기본과 장점을 간단하게나마 짚어 보자.

---

[53] http://isocpp.github.io/CppCoreGuidelines/CppCoreGuidelines#t123-use-constexpr-functions-to-compute-values-at-compile-time

constexpr 표현식은 세 가지 형태이다.

변수: constexpr로 선언한 변수는

- 암묵적으로 const 변수이다.
- 반드시 상수 표현식으로 초기화해야 한다.

함수: constexpr로 선언한 함수는

- 다른 constexpr 함수를 호출할 수 있다.
- 지역 변수를 가질 수 있으나, 반드시 상수 표현식으로 초기화한 상수 변수이어야 한다.
- 조건부 표현식이나 루프를 사용할 수 있다.
- 암묵적으로 인라인 함수이다.
- static 변수나 thread_local 변수는 가질 수 없다.
- 예외 처리 기능을 사용할 수 없다.

사용자 정의 형식: constexpr로 선언한 사용자 정의 형식은

- 반드시 생성자를 두어야 하며, 그 생성자는 반드시 상수 표현식이어야 한다.
- 가상 함수를 가질 수 없다.
- 가상 기반 클래스를 가질 수 없다.

장점

상수 표현식은

- 컴파일 시점에서 평가할 수 있다.
- 컴파일러에게 코드에 관한 깊은 통찰을 제공한다.
- 암묵적으로 스레드에 안전하다.
- 읽기 전용 메모리 안에 생성할 수 있다(즉, 해당 목적 코드를 ROM에 기록할 수 있다).

constexpr 함수는 상수 표현식들만 사용할 수 있다. 함수를 constexpr로 선언한다고 해서 그 함수가 반드시 컴파일 시점에서 실행되는 것은 아니다. constexpr 선언은 단지 그 함수가 잠재적으로 컴파일 시점에서 실행될 수 있음을 나타낼 뿐이다. constexpr 함수는 실행 시점에서도 실행될 수 있다. constexpr 함수가

컴파일 시점에서 실행되는지 실행 시점에서 실행되는지는 문맥에 따라 컴파일러가(그리고 컴파일 시 지정된 최적화 수준이) 결정한다.

constexpr 함수가 **반드시** 컴파일 시점에서 실행되어야 하는 상황은 다음 두 가지이다.

1. 컴파일 시점에서 평가되는 문맥에서 constexpr 함수가 쓰이는 경우. static_assert 표현식, 템플릿 인스턴스화, C 배열의 초기화가 그런 문맥이다.
2. constexpr 함수의 반환값이 컴파일 시점에서 명시적으로 요청되는 경우. func가 constexpr 함수라고 할 때, constexpr auto res = func(5)가 그런 예이다.

좀 더 실질적인 예로는 규칙 "Per.11: 계산을 실행 시점에서 컴파일 시점으로 이동하라"(§9.3)의 예제 프로그램 gcd.cpp를 참고하기 바란다.

이제 이번 절의 본론으로 들어가자.

13.6.3.1 템플릿 메타프로그래밍 대 constexpr 함수

[표 13.3]은 템플릿 메타프로그래밍과 constexpr 함수의 특징을 비교 정리한 것이다.

표 **13.3** 템플릿 메타프로그래밍 대 constexpr 함수

특징	템플릿 메타프로그래밍	constexpr 함수
실행 시점	컴파일 시점	컴파일 시점과 실행 시점
인수	형식, 비형식, 템플릿	값
프로그래밍 패러다임	함수형	명령형
상태 수정	불가	가능
제어 구조	재귀	조건과 루프
조건부 실행	템플릿 특수화	조건문

이 표를 좀 더 설명해 보겠다.

- 템플릿 메타프로그래밍은 컴파일 시점에서 실행되지만 constexpr 함수는 컴파일 시점과 실행 시점 모두에서 실행될 수 있다.
- 템플릿 메타프로그래밍의 '인수'로는 형식, 비형식(이를테면 5), 템플릿이 가능하다. constexpr 함수는 함수이므로(실행 시점뿐만 아니라 컴파일 시점에서도 실행될 수 있다는 점이 보통의 함수와 다를 뿐이다) 인수는 값이다.

- 컴파일 시점에는 상태(state)라는 것이 없으므로 상태를 수정하는 것도 불가능하다. 따라서 템플릿 메타프로그래밍은 순수한 함수형 프로그래밍에 해당한다. 다음은 함수형 프로그래밍이의 관점에서 본 템플릿 메타프로그래밍의 특징이다.
  - 템플릿 메타프로그래밍에서는 기존 값을 수정하는 대신 매번 새 값을 돌려준다.
  - for (int i; i <= 10; ++i)처럼 색인 변수 i를 증가하는 식으로 for 루프를 제어하는 것은 불가능하다. 템플릿 메타프로그래밍에서는 루프 대신 재귀(recursion)로 반복을 구현한다.
  - 템플릿 메타프로그래밍에서는 조건부 실행을 if 같은 조건문 대신 템플릿 특수화로 구현한다.

이상의 간결한 비교만으로는 해결되지 않은 질문들이 있을 것이다. 이를 보충하기 위해, 계승을 계산하는 구체적인 메타함수와 constexpr 함수를 눈으로 비교해 보자.

- constexpr 함수의 인수들은 메타함수의 템플릿 인수들에 대응된다(그림 13.18)

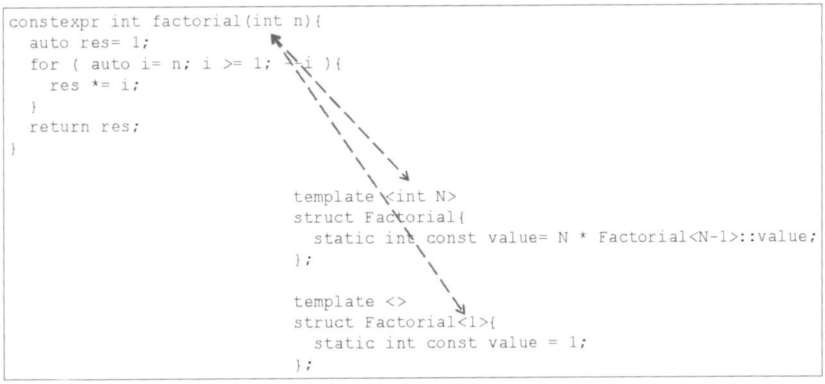

```
constexpr int factorial(int n){
  auto res= 1;
  for ( auto i= n; i >= 1; --i ){
    res *= i;
  }
  return res;
}

            template <int N>
            struct Factorial{
              static int const value= N * Factorial<N-1>::value;
            };

            template <>
            struct Factorial<1>{
              static int const value = 1;
            };
```

그림 13.18 함수 인수 대 템플릿 인수.

- constexpr 함수는 지역 변수를 가질 수 있고 지역 변수를 수정할 수 있다. 메타함수는 매번 새 값을 생성한다(그림 13.19).

```
constexpr int factorial(int n){
  auto res= 1;
  for ( auto i= n; i >= 1; --i ){
    res *= i;
  }
  return res;
}
```

```
template <int N>
struct Factorial{
  static int const value= N * Factorial<N-1>::value;
};

template <>
struct Factorial<1>{
  static int const value = 1;
};
```

그림 13.19 수정 대 새 값.

- 메타함수는 재귀를 이용해서 루프를 흉내 낸다(그림 13.20).

```
constexpr int factorial(int n){
  auto res= 1;
  for ( auto i= n; i >= 1; --i ){
    res *= i;
  }
  return res;
}
```

```
template <int N>
struct Factorial{
  static int const value= N * Factorial<N-1>::value;
};

template <>
struct Factorial<1>{
  static int const value = 1;
};
```

그림 13.20 재귀 대 루프.

- 메타함수는 if 문 같은 조건부 실행을 부분 특수화나 완전 특수화로 구현한다. 지금 예에서는 재귀의 종료를 템플릿 완전 특수화로 처리했다(그림 13.21).

```
constexpr int factorial(int n){
  auto res= 1;
  for ( auto i= n; i >= 1; --i ){
    res *= i;
  }
  return res;
}
```

```
template <int N>
struct Factorial{
  static int const value= N * Factorial<N-1>::value;
};

template <>
struct Factorial<1>{
  static int const value = 1;
};
```

그림 13.21 조건부 실행을 위한 템플릿 특수화.

- 메타함수는 중간 결과를 담은 res 변수를 갱신하는 대신 매번 새 값을 산출한다(그림 13.22).

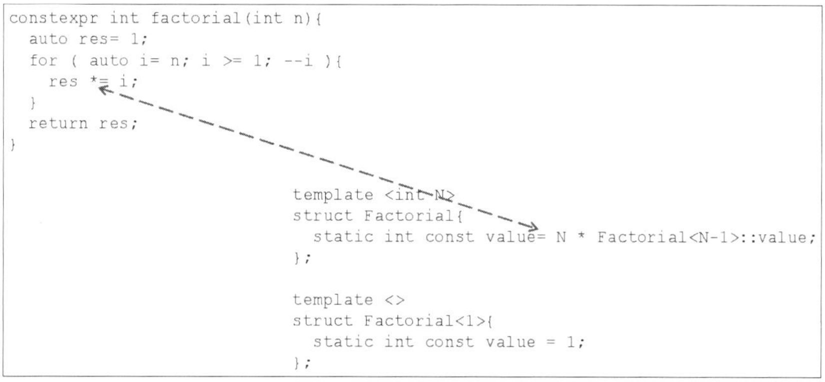

```
constexpr int factorial(int n){
  auto res= 1;
  for ( auto i= n; i >= 1; --i ){
    res *= i;
  }
  return res;
}

                              template <int N>
                              struct Factorial{
                                static int const value= N * Factorial<N-1>::value;
                              };

                              template <>
                              struct Factorial<1>{
                                static int const value = 1;
                              };
```

그림 13.22 갱신 대 새 값.

- 메타함수에는 반환문이 없다. 대신 반환값을 지금 예의 value 같은 특정한 멤버로 정의한다(그림 13.23).

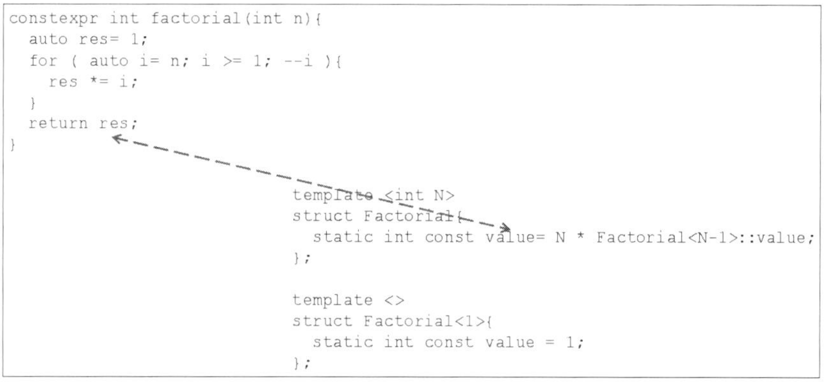

```
constexpr int factorial(int n){
  auto res= 1;
  for ( auto i= n; i >= 1; --i ){
    res *= i;
  }
  return res;
}

                              template <int N>
                              struct Factorial{
                                static int const value= N * Factorial<N-1>::value;
                              };

                              template <>
                              struct Factorial<1>{
                                static int const value = 1;
                              };
```

그림 13.23 멤버를 통한 결과 반환.

constexpr 함수의 장점

작성하고 유지보수하기 쉽고 컴파일 시점과 실행 시점 모두에서 실행할 수 있다는 명백한 장점들 외에도 constexpr 함수는 여러 가지 장점이 있다. 다음은 그중 한 가지를 보여주는 예이다.

```
constexpr double average(double fir , double sec) {
    return (fir + sec) / 2;
}
```

```
int main() {
    constexpr double res = average(2, 3);
}
```

이 예에서 보듯이 constexpr 함수는 부동소수점 수를 다룰 수 있다. 템플릿 메타프로그래밍은 정수만 가능하다.

13.7 기타 규칙들

템플릿에 관한 규칙들에는 지금까지 살펴본 범주들에 포함되지 않는 것들도 있다. 이들은 주로 코드의 품질에 관한 것이다.

> **T.140** 재사용할 수 있는 연산에는 이름을 붙여라.[54]

솔직히 이 규칙이 왜 템플릿 섹션에 속하는지 모르겠다. 템플릿이 주된 코드 재사용 수단이라서 그런 것일 수도 있겠다. C++ 핵심 가이드라인은 이 규칙과 관련해서 STL의 std::find_if 알고리즘을 이용하는 예제를 제시하는데, 그 예제를 보면 이 규칙이 코드 품질을 위한 좀 더 근본적인 규칙임을 짐작할 수 있다.[†]

아래의 예제는 C++ 핵심 가이드라인의 예제에 기반한 것이다. 이름과 주소, 식별자로 이루어진 레코드들을 하나의 벡터에 담는다고 하자. 그런 자료 구조에 대해 흔히 하는 연산은 특정한 이름이 담긴 레코드를 찾는 것이다. 좀 더 흥미로운 예제를 위해, 영문 대소문자를 구분하지 않고 이름을 찾아야 한다고 하자.

```
// records.cpp

#include <algorithm>
#include <cctype>
#include <iostream>
#include <string>
#include <vector>

struct Rec {                                                       // ❶
  std::string name;
  std::string addr;
  int id;
};
```

---

54 *https://isocpp.github.io/CppCoreGuidelines/CppCoreGuidelines#Rt-name*
† [옮긴이] 2022년 12월 현재 이 규칙의 내용은 "See F.10" 문장 하나로 대체되었다. 즉, 이 규칙은 함수 섹션의 규칙 F.10과 같다. 잠시 후의 T.140도 마찬가지로 F.11을 참조하기만 한다.

```cpp
int main() {

  std::cout << '\n';

  std::vector<Rec> vr{ {"Grimm", "Munich", 1},                    // ❷
                       {"huber", "Stuttgart", 2},
                       {"Smith", "Rottenburg", 3},
                       {"black", "Hanover", 4} };

  std::string name = "smith";

  auto rec = std::find_if(vr.begin(), vr.end(), [&name](Rec& r) {  // ❸
   if (r.name.size() != name.size()) return false;
    for (std::string::size_type i = 0; i < r.name.size(); ++i) {
      {
      if (std::tolower(r.name[i]) != std::tolower(name[i]))
        return false;
      }
    }
    return true;
  });

  if (rec != vr.end()) {
    std::cout << rec->name << ", "
              << rec->addr << ", " << rec->id << '\n';
  }

  std::cout << '\n';

}
```

struct Rec(❶)의 모든 멤버는 public이다. 따라서 집합체 초기화(aggregate initialization)[55] 구문을 이용해서 모든 멤버를 직접 초기화할 수 있다(❷). ❸에서는 람다 표현식을 이용해서 이름이 "smith"인 레코드를 찾는다. 람다 표현식은 먼저 주어진 이름과 레코드의 이름이 크기(길이)가 같은지 점검하고, 같다면 각각의 문자를 대소문자를 구분하지 않는 방식으로 비교한다. [그림 13.24]에 이 예제 프로그램의 출력이 나와 있다.

---

[55] https://en.cppreference.com/w/cpp/language/aggregate_initialization

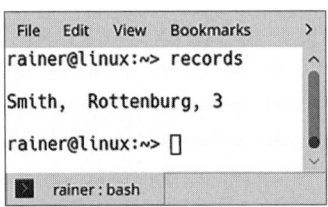

그림 13.24 대소문자 구분 없는 검색.

이 코드의 문제점이 무엇일까? 문자열들을 대소문자 구분 없이 비교해야 한다는 것은 대단히 흔한 요구조건이므로, 대소문자 구분 없는 비교 연산은 재사용의 여지가 크다. 따라서 이 연산을 개별적인 요소로 독립시켜서 이름을 붙여야 마땅하다. 다음은 대소문자 구분 없는 문자열 비교 함수를 정의하고 그 함수를 이용해서 특정 이름을 가진 레코드를 찾는 예이다.

```cpp
bool compare_insensitive(const std::string& a,
                         const std::string& b) {                // ❶
    if (a.size() != b.size()) return false;
    for (std::string::size_type i = 0; i < a.size(); ++i) {
        if (std::tolower(a[i]) != std::tolower(b[i])) return false;
    }
    return true;
}

std::string name = "smith";

auto res = std::find_if(vr.begin(), vr.end(),
    [&name](Rec& r) { return compare_insensitive(r.name, name); }
);

std::vector<std::string> vs{"Grimm", "huber", "Smith", "black"};  // ❷

auto res2 = std::find_if(vs.begin(), vs.end(),
    [&name](std::string& r) { return compare_insensitive(r, name); }
);
```

compare_insensitive 함수(❶)는 대소문자 구분 없는 비교라는 일반적인 개념에 이름을 붙인 것이다. 이름을 붙인 덕분에 Rec 객체들의 벡터뿐만 아니라 문자열들의 벡터에도 재사용할 수 있다(❷).

T.141 한 곳에서만 사용할 간단한 함수 객체가 필요할 때는 익명 람다를 사용하라.[56]

이 규칙은 "언제 이름 붙인 호출 가능 요소(함수나 함수 객체)를 사용하고 언제 람다 표현식을 사용해야 하는가?"라는 문제를 다루는데, 이 문제는 내 C++ 강의에서도 자주 논의하는 주제이다. 안타깝게도 이 문제에 대한 쉬운 답은 없다. 이 문제는 코드 품질에 관한 다음 두 가지 원칙이 충돌하는 지점에 있다.

1. 자신을 반복하지 말라(Don't repeat yourself, DRY).
2. 명시적인 것이 암묵적인 것보다 낫다(Zen of Python; 파이썬의 선[57]).

내 강의에서는 주로 2번에 치우친 의견을 수강생들에게 제시한다. 그런데 2번이 말하는 것이 무엇일까? 여러분의 팀에 오래 묵은 포트란 프로그래머가 있는데 항상 이렇게 주장한다고 상상해 보자: "모든 이름은 반드시 대문자 세 개이어야 한다." 이 주장에 따라 작성한 C++ 코드는 다음과 같은 모습일 것이다.

```
auto EUE = std::remove_if(USE.begin(), USE.end(), IGH);
```

여기서 IGH는 id greater hundred(100보다 큰 id)를 줄인 것이다. 이것은 술어의 의미를 이름을 이용해서 암묵적으로 표현한 예에 해당한다.

람다를 사용하면 술어의 의미가 코드 자체에 명시적으로 표현된다.

```
auto earlyUsersEnd = std::remove_if(users.begin(), users.end(),
                     [](const User &user) { return user.id > 100; });
```

DRY에 따라 명명된 개체를 사용할 것인지, 아니면 파이썬의 선에 따라 람다 표현식을 사용할 것인지는 정답이 없는 문제이다. 나는 "세 번 이상 재사용되는 일반적인 개념에는 명명된 개체를 사용한다"라는 대략적인 규칙을 사용한다.

T.143 무심코 비일반적인 코드를 작성하지 말라.[58]

긴 설명보다 짧은 예제가 더 효과적일 것이다. 다음 예제는 std::vector와 std::deque, std::list의 요소들을 훑는다.

---

56 https://isocpp.github.io/CppCoreGuidelines/CppCoreGuidelines#Rt-lambda
57 https://www.python.org/dev/peps/pep-0020/
58 https://isocpp.github.io/CppCoreGuidelines/CppCoreGuidelines#Rt-non-generic

```cpp
// notGeneric.cpp

#include <deque>
#include <list>
#include <vector>

template <typename Cont>
void justIterate(const Cont& cont) {
   const auto itEnd = cont.end();
   for (auto it = cont.begin(); it < itEnd; ++it) { // ❶
      // 각 요소로 뭔가를 수행한다.
   }
}

int main() {

    std::vector<int> vecInt{1, 2, 3, 4, 5};
    justIterate(vecInt);                              // ❷

    std::deque<int> deqInt{1, 2, 3, 4, 5};

    justIterate(deqInt);                              // ❸

    std::list<int> listInt{1, 2, 3, 4, 5};
    justIterate(listInt);                             // ❹

}
```

별문제 없어 보이는 코드지만 실제로 컴파일해보면 오류가 난다. 컴파일 오류 메시지가 약 100행인데, [그림 13.25]는 그중 처음 부분이다.

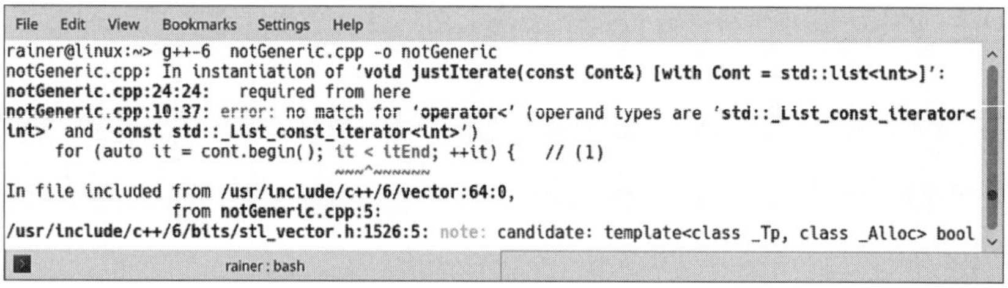

그림 13.25 몇 가지 컨테이너를 훑는 예제의 컴파일 오류 메시지.

초반 오류 메시지 "notGeneric.cpp:10:37: error: no match for 'operator<' (operand types are 'std::_List_const_iterator."에서 문제의 원인을 짐작할 수 있다.

문제를 일으킨 곳은 ❶이다. ❶의 루프는 두 반복자의 대소를 비교하는데, std::vector(❷)의 반복자와 std::deque(❸)의 반복자는 이 비교 연산을 지원하지만 std::list(❹)의 반복자는 지원하지 않는다. STL의 컨테이너들은 자신의 구조를 반영한 반복자를 돌려준다. std::vector와 std::deque는 임의 접근 반복자를 돌려주는 반면에 std::list는 양방향 반복자를 돌려준다. 이런 반복자들의 차이점을 알려면 표준 라이브러리의 반복자 범주들을 알아야 한다. [표 13.4]에 컨테이너와 관련한 주요 반복자 범주들이 정리되어 있다.†

표 13.4 반복자 범주들

반복자 범주	성질	컨테이너
순방향 반복자 (forward iterator)	++It, It++, *It	std::unordered_set
		std::unordered_map
	It == It2, It != It2	std::unordered_multiset
		std::unordered_multimap
		std::forwared_list
양방향 반복자 (bidirectional iterator)	--It, It--	std::set
		std::map
		std::multiset
		std::multimap
		std::list
임의 접근 반복자 (random access iterator)	It[I]	std::array
	It += n, It -= n	
	It + n, It -n	std::vector
	n + It	
	It + It2	std::deque
	It < It2, It <= It2	
	It < It2, It >= It2	std::string

이 범주들 사이에는 포함 관계가 있다. 순방향 반복자 범주는 양방향 반복자 범주의 부분집합이고 양방향 반복자 범주는 임의 접근 반복자 범주의 부분집합이다. 이제 예제의 문제가 명확해졌을 것이다. std::list가 제공하는 반복자는 < 비교를 지원하지 않는다. 문제의 해결책도 명확하다. 세 범주 모두 != 연산을 지원하므로, for 루프 조건식에서 < 대신 !=를 사용하면 된다.

---

† [옮긴이] 이외에도 입력 반복자, 출력 반복자 등 스트림 입출력과 관련한 반복자 범주와 최적화와 관련한 연속 반복자(contiguous iterator)가 있다.

다음은 문제를 고친 justIterate 함수 템플릿이다.

```
template <typename Cont>
void justIterate(const Cont& cont) {
 const auto itEnd = cont.end();
 for (auto it = cont.begin(); it != itEnd; ++it) {
     // 각 요소로 뭔가를 수행한다.
  }
}
```

그런데 이 예제처럼 명시적으로 루프를 돌려서 컨테이너의 요소를 처리하는 것은 좋지 않다. 여기서 "명시적으로"는 루프 색인 변수를 직접 증가해서 요소들에 접근하는 방식을 말한다. 이런 작업은 STL의 알고리즘들에 맡기는 것이 좋다. 제8장에서 "명시적인 루프보다 알고리즘을 선호하라"라는 메타 규칙을 언급했었다.

> **T.144** 함수 템플릿은 특수화하지 말라.[59]

이 규칙은 특별하다. 그래서 이 규칙을 이 책에 포함할지를 두고 한참을 고민했다. 결국은 포함하기로 했는데, 이유는 두 가지이다. 첫째로, 이 규칙은 내가 독자를 위해 부분 템플릿 특수화를 설명할 기회를 제공한다. 둘째로, 이 규칙은 이해하기가 쉽다.

템플릿 특수화

템플릿은 연관된 클래스들과 함수들의 일반적인 행동을 정의한다. 그런데 종종 특정한 템플릿 인수(값이나 형식)들에 대해 함수나 클래스가 특별한 방식으로 행동해야 할 때가 있다. 이를 위해 그런 경우 그 템플릿 인수들을 명시적으로 지정해서 템플릿을 특수화하면 된다. 모든 템플릿 매개변수에 대해 인수를 명시적으로 지정하는 것을 완전 특수화(full specialization)라고 부르고, 일부 템플릿 매개변수만 명시적으로 지정하는 것을 부분 특수화(partial specialization)라고 부른다. 부분 특수화는 클래스 템플릿만 가능하다.

다음은 템플릿 특수화의 기본적인 틀을 보여주는 예제 코드이다.

```
template <typename T, int Line, int Column>    // ❶
class Matrix;
```

---

[59] *https://isocpp.github.io/CppCoreGuidelines/CppCoreGuidelines#Rt-specialize-function*

```
template <typename T>                    // ❷
class Matrix<T, 3, 3> {};

template <>                              // ❸
class Matrix<int, 3, 3> {};
```

행 ❶의 템플릿은 특수화가 전혀 되어 있지 않다. 이런 템플릿을 기본 템플릿(primary template) 또는 일반 템플릿(general template)이라고 부른다. 템플릿을 특수화하려면(완전이든 부분이든) 먼저 기본 템플릿이 선언되어 있어야 한다. ❷는 부분 특수화이고 ❸은 완전 특수화이다.

부분 특수화와 완전 특수화의 이해를 돕기 위해 기하학 공간의 비유를 들겠다. 템플릿 매개변수들이 하나의 n차원 공간을 형성한다고 상상하자. ❶의 기본 템플릿에서는 임의의 형식 하나와 임의의 int 두 개를 선택할 수 있다. 즉, 이 기본 템플릿의 템플릿 매개변수들은 3차원 공간을 형성한다. 반면에 ❷의 부분 특수화에서는 형식 하나만 선택할 수 있다. 부분 특수화에 의해 3차원 공간이 하나의 선(1차원 공간)으로 축소된 것이다. 같은 맥락에서 ❸의 완전 특수화는 3차원 공간을 하나의 점(0차원 공간)으로 줄인다.

이 템플릿들을 인스턴스화하면 어떤 일이 벌어질까?

```
Matrix<int, 3, 3> m1;         // class Matrix<int, 3, 3>

Matrix<double, 3, 3> m2;      // class Matrix<T, 3, 3>

Matrix<std::string, 4, 3> m3; // class Matrix<T, Line, Column> => 컴파일 오류
```

m1은 완전 특수화를 사용하고 m2는 부분 특수화를, m3은 기본 템플릿을 사용한다. m3은 컴파일 오류로 이어지는데, 지금 예제에서 기본 템플릿은 선언만 있고 정의가 없기 때문이다.

주어진 인스턴스화에 대해 어떤 특수화를 사용할 것인지 결정할 때 컴파일러가 적용하는 규칙은 다음 세 가지이다.

1. 사용할 수 있는 특수화가 하나뿐일 때는 그냥 그 특수화를 사용한다.
2. 사용할 수 있는 특수화가 둘 이상이면 컴파일러는 가장 특수화된 버전 하나를 선택한다. 가장 특수화된 버전이 둘 이상이면 컴파일 오류를 발생한다.
3. 사용할 수 있는 특수화가 하나도 없으면 기본 템플릿을 사용한다.

그런데 "가장(most) 특수화된" 버전을 찾으려면 "더(more) 특수화된"이라는 개념이 필요하다. cppreference.com에 따르면[60], "A가 B보다 더 특수화된 템플릿이다"라는 말은 "A가 받아들이는 형식들의 집합은 B가 받아들이는 형식들의 집합의 부분집합이다"라는 뜻이다.

이상의 기본 지식을 바탕으로 함수 템플릿의 특수화를 좀 더 자세히 살펴보자.

함수 템플릿의 특수화와 중복적재

함수 템플릿의 특수화는 클래스 템플릿의 특수화보다 쉬운 측면도 있고 어려운 측면도 있다.

- 완전 특수화만 지원한다는 점에서 더 쉽다.
- 함수 중복적재가 관여한다는 점에서 더 어렵다.

설계의 관점에서, 함수 템플릿은 템플릿 특수화를 이용해서 특수화할 수도 있고 중복적재를 이용해서 특수화할 수도 있다.

```cpp
// functionTemplateSpecialization.cpp

#include <iostream>
#include <string>

template <typename T>                    // ❶
std::string getTypeName(T) {
    return "unknown type";
}

template <>                              // ❷
std::string getTypeName<int>(int) {
    return "int";
}

std::string getTypeName(double) { // ❸
    return "double";
}

int main() {

    std::cout << '\n';
```

---

[60] https://en.cppreference.com/w/cpp/language/partial_specialization

```
std::cout << "getTypeName(true): " << getTypeName(true) << '\n';
std::cout << "getTypeName(4711): " << getTypeName(4711) << '\n';
std::cout << "getTypeName(3.14): " << getTypeName(3.14) << '\n';

std::cout << '\n';
}
```

❶은 기본 템플릿이고 ❷는 int에 대한 명시적인 특수화이다. 그리고 ❸은 double에 대한 중복적재이다. 컴파일러는 주어진 호출의 인수들로부터 매개변수 형식들을 연역해서 적절한 함수 또는 함수 템플릿을 선택한다. 주어진 호출의 인수들과 완벽하게 부합하는 함수 템플릿 특수화와 중복적재 버전이 있는 경우 컴파일러는 중복적재 버전을 우선시한다.† [그림 13.26]에 이 예제 프로그램의 출력이 나와 있다.

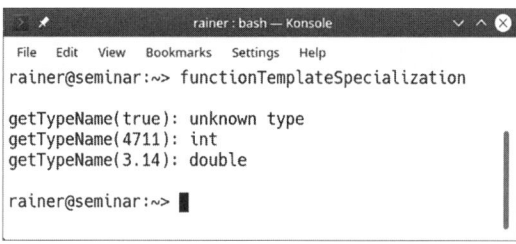

그림 13.26 함수 템플릿의 특수화와 중복적재.

이제 이 규칙(T.144)이 왜 필요한지 설명할 준비가 끝났다.

의외의 행동

이 규칙이 필요한 이유는 상당히 간단하다. 함수 템플릿 특수화는 중복적재되지 않는다는 것이 이유이다. 무슨 말인지를 예제와 함께 설명해 보겠다. 다음 예제는 유명한 디모프/에이브럼스Dimov/Abrahams 예제‡에 기초한 것이다.

```
// dimovAbrahams.cpp

#include <iostream>
#include <string>
```

---

† [옮긴이] 예를 들어 이 예제에 template <> std::string getTypeName<double>(double)을 추가해도 getTypeName(3.14)에 대해 컴파일러는 여전히 ❸을 선택한다.

‡ [옮긴이] 허브 서터의 글 "Why Not Specialize Function Templates?"(http://www.gotw.ca/publications/mill17.htm)에 수록된 예제를 말한다. 이름이 언급된 디모프는 C++ 표준과 Boost 라이브러리에 활발하게 기여한 Peter Dimov(http://www.pdimov.com/)이다.

```cpp
// getTypeName

template<typename T>          // ❶: 기본 템플릿
std::string getTypeName(T) {
  return "unknown";
}

template<typename T>          // ❷: ❶을 중복적재한 기본 템플릿
std::string getTypeName(T*) {
  return "pointer";
}

template<>                    // ❸: ❷의 명시적 특수화
std::string getTypeName(int*) {
  return "int pointer";
}

// getTypeName2

template<typename T>          // ❹: 기본 템플릿
std::string getTypeName2(T) {
  return "unknown";
}

template<>                    // ❺: ❹의 명시적 특수화
std::string getTypeName2(int*) {
  return "int pointer";
}

template<typename T>          // ❻: ❹를 중복적재한 기본 템플릿
std::string getTypeName2(T*) {
  return "pointer";
}

int main() {

  std::cout << '\n';

  int *p;

  std::cout << "getTypeName(p): " << getTypeName(p) << '\n';
  std::cout << "getTypeName2(p): " << getTypeName2(p) << '\n';

  std::cout << '\n';

}
```

솔직히 좀 지루해 보이는 코드지만 참아주기 바란다. ❶은 기본 템플릿 getType Name이고 ❷는 ❶을 포인터에 대한 중복적재한 버전(역시 기본 템플릿), ❸은

❷를 int 포인터에 대해 명시적으로 특수화한 버전이다. TypeName2도 마찬가지로 기본 템플릿과 중복적재된 기본 템플릿, 특수화를 정의하지만, 순서가 다르다. 명시적 특수화(❺)를 포인터에 대한 중복적재(❻)보다 앞에 두었다. [그림 13.27]은 이 예제의 출력이다.

단순히 순서를 바꾼 것뿐인데 다소 의외의 결과가 나왔다.

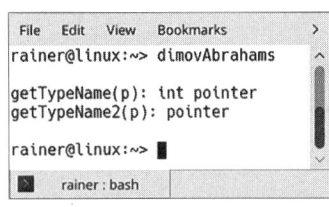

그림 13.27 함수 템플릿 특수화 예제.

getTypeName의 경우에는 int 포인터에 대한 완전 특수화가 호출되었지만 getTypeName2의 경우에는 포인터에 대한 중복적재 버전이 호출되었다. 왜 그럴까? 이러한 직관적이지 않은 행동의 이유는 중복적재 해소 과정에서 컴파일러가 함수 템플릿의 특수화들을 고려하지 않기 때문이다. 중복적재 해소는 기본 함수 템플릿과 보통의 함수에만 작용한다. 지금 예에서 두 호출 모두 컴파일러는 해당 기본 템플릿 두 개를 고려한다. 첫 호출(getTypeName)은 두 기본 템플릿 중 포인터에 대해 중복적재한 기본 템플릿(❷)에 더 잘 부합하므로 컴파일러는 그것의 특수화인 ❸을 선택한다.† 둘째 호출(getTypeName2) 역시 포인터에 대해 중복적재한 기본 템플릿(❻)에 더 잘 부합한다. 그런데 이 경우 포인터에 대한 명시적인 특수화(❺)는 ❻이 아니라 ❹의 기본 템플릿을 특수화한 것이므로, 컴파일러는 ❺를 고려하지 않고 그냥 ❻을 인스턴스화해서 호출한다. 중복적재와 관련해 함수 템플릿이 이처럼 언뜻 이해하기 어려운 방식으로 행동한다는 점이 바로 함수 템플릿을 특수화하지 말라는 이 규칙의 근거이다.

13.8 관련 규칙들

이번 장의 규칙 "T.80: 클래스 위계구조를 어수룩하게 템플릿화하지 말라"는 규칙 "ES.23: {} 초기화 구문을 선호하라"(§8.2.2)와 관련이 있다.

---

† [옮긴이] 컴파일러는 먼저 기본 템플릿 중에서 하나를 선택하고, 그런 다음에야 그 기본 템플릿의 특수화들을 고려한다. 결국은 특수화들을 고려하므로 "함수 템플릿 특수화는 중복적재되지 않는다"라는 말은 틀린 것이 아니냐고 생각할 수도 있겠지만, 기본 템플릿 중 하나를 선택한 시점에서 중복적재가 해소되었다고 간주하면 그리 틀린 것은 아니다.

규칙 "T.84: 비템플릿 핵심 구현을 이용해서 ABI에 안정적인 인터페이스를 제공하라"[61]는 규칙 "T.62: 비의존적 클래스 템플릿 멤버들을 비템플릿 기반 클래스에 배치하라"(§13.3)과 내용이 겹친다.

규칙 "T.141: 한 곳에서만 사용할 간단한 함수 객체가 필요할 때는 익명 람다를 사용하라"는 람다의 용법을 제시한다. 람다를 언제 사용해야 하는지는 제4장의 §4.5 "기타 함수"에서 이야기했다.

요약

주요 사항

- 콘셉트는 템플릿에 대한 요구조건을 표현한 술어로, 컴파일 시점에서 평가된다. 콘셉트는 HasPlus나 IsInvocable 같은 구문적 제약조건을 표현하는 것이 아니라 Arithmetic이나 Iterator 같은 의미론적 범주를 모형화하는 것이어야 한다.
- 연산을 알고리즘에 전달할 때는 함수 객체를 사용한다. 함수 객체가 함수보다 최적화의 여지가 더 크고 표현력도 좋다. 또한 함수 객체는 상태를 가질 수 있다.
- 템플릿 인수의 형식은 컴파일러가 자동으로 연역하게 하는 것이 바람직하다.
- 템플릿 인수는 적어도 Regular나 SemiRegular이어야 한다.
- 비의존적 클래스 템플릿 멤버들을 비템플릿 기반 클래스에 두어서 코드 크기를 줄이자.
- 사용자 정의 형식 MyType이 isSmaller 같은 일반적 함수를 지원하게 하는 방법은 여러 가지이다. MyType을 해당 연산으로 확장할 수도 있고, isSmaller를 MyType에 대해 완전하게 특수화할 수도 있고, 사용자 정의 술어를 받도록 isSmaller를 확장할 수도 있다.
- 클래스 템플릿의 가상 멤버 함수는 모든 인수 형식에 대해 인스턴스화된다. 따라서 목적 코드가 필요 이상으로 커질 수 있다. 멤버 함수 템플릿은 가상 함수가 될 수 없다.
- std::make_unique 같은 팩토리 함수는 C++11의 두 가지 강력한 기능인 완벽 전달과 가변 인수 템플릿에 의존한다. 현대적 C++에서 임의의 개수와 형식의 인수들을 받는 팩토리 함수를 구현할 수 있는 것은 완벽 전달과 가변 인수 템플릿 덕분이다. 완벽 전달은 왼값 인수와 오른값 인수 둘 다 지원한다.
- C++의 메타프로그래밍 수단은 세 가지로, 템플릿 메타프로그래밍과 형식 특질 라이브러리, constexpr 함수이다. 템플릿 메타프로그래밍보다는 형식 특질 라이브러리가, 형식 특질 라이브러리보다는 C++ constexpr 함수가 낫다.
- 간단한 연산을 한 곳에서만 사용하면 되는 경우에는 람다를 사용하고, 재사용할 가능성이 있는 연산에는 이름을 붙인다.

---

[61] *https://isocpp.github.io/CppCoreGuidelines/CppCoreGuidelines#Rt-abi*

14장

C++ Core Guidelines Explained

C 스타일 프로그래밍

C 코드와 C++ 코드를 섞는 시피.

역사를 공유하는 탓에 C와 C++은 관계가 아주 밀접하다. C는 C++의 부분집합이 아니고, 마찬가지로 C++은 C의 부분집합이 아니다. 그래서 둘을 섞어서 사용하려면 몇 가지 규칙을 알아둘 필요가 있다.

C++ 핵심 가이드라인의 C 스타일 프로그래밍 섹션[1]에는 규칙이 세 개 있다. 이 세 규칙은 C++ 프로그래머가 구식 코드(legacy code)를 다룰 때 마주치는 전형적인 문제점들을 다룬다.

CPL.1 C보다 C++을 선호하라.[2]

거두절미하고, C++을 선호하라는 이 규칙에 대해 **C++ 핵심 가이드라인**이 제시하는 근거는 다음과 같다: "(C보다) C++이 형식 점검이 좋고 지원하는 표기법도

---

1 https://isocpp.github.io/CppCoreGuidelines/CppCoreGuidelines#S-cpl
2 https://isocpp.github.io/CppCoreGuidelines/CppCoreGuidelines#Rcpl-C

많다. C++은 고수준 프로그래밍을 더 잘 지원하며, 더 빠른 코드를 생성할 때가 많다."

> **CPL.2** C를 꼭 사용해야 한다면 C와 C++의 공통 부분집합을 사용하고, C 코드를 C++로서 컴파일하라.[3]

C와 C++을 섞어서 사용할 때 가장 먼저 해결해야 할 문제는, 전체 코드 기반을 C++ 컴파일러로 컴파일할 수 있는가이다.

14.1 전체 소스 코드가 있는 경우

소스 코드 전체를 가지고 있다면 문제가 거의 다 해결된 것이다. "거의"라는 단서를 붙인 이유는 C가 C++의 부분집합이 아니기 때문이다. 다음은 C++ 컴파일러를 곤란하게 만드는 나쁜 C 프로그램의 간단한 예이다.

```
// cStyle.c

#include <stdio.h>

int main() {

    double sq2 = sqrt(2);                         // ❶

    printf("\nsizeof(\'a\'): %d\n\n", sizeof('a')); // ❷

    char c;
    void* pv = &c;
    int* pi = pv;                                 // ❸

    int class = 5;                                // ❹

}
```

이 소스 코드를 C90 표준에 따라 컴파일하면, 경고 메시지가 몇 개 나오긴 하지만 잘 컴파일되고 실행도 잘 된다(그림 14.1).

---

[3] *https://isocpp.github.io/CppCoreGuidelines/CppCoreGuidelines#Rcpl-subset*

```
File Edit View Bookmarks Settings Help
rainer@linux:~> gcc -std=c99 cStyle.c -o cStyle
cStyle.c: In function 'main':
cStyle.c:7:5: warning: implicit declaration of function 'sqrt' [-Wimplicit-function-declaration]
     double sq2 = sqrt(2);                          // (1)
     ^
cStyle.c:7:18: warning: incompatible implicit declaration of built-in function 'sqrt' [enabled by default]
     double sq2 = sqrt(2);                          // (1)
                  ^
rainer@linux:~> cStyle
sizeof('a'): 4
rainer@linux:~>
                    rainer : bash
```

그림 **14.1** C 컴파일러의 경고 메시지들.

그러나 C++의 관점에서 보면 이 cStyle.c 프로그램은 문제가 많다. 먼저, ❶은 선언되지 않은 sqrt 함수를 호출하고, ❷은 void 포인터를 int 포인터로 암묵적으로 변환한다. 그리고 ❸는 키워드 class를 변수 이름으로 사용한다.

이 코드에 대해 C++ 컴파일러가 어떻게 반응하는지 살펴보자. [그림 14.2]에 오류 메시지들이 나와 있다. 컴파일러는 앞에서 언급한 문제점 세 가지를 모두 지적했다.

```
File Edit View Bookmarks Settings Help
rainer@linux:~> g++ cStyle.cpp -o cStyle
cStyle.cpp: In function 'int main()':
cStyle.cpp:7:24: error: 'sqrt' was not declared in this scope
     double sq2 = sqrt(2);                          // (1)
                        ^
cStyle.cpp:13:15: error: invalid conversion from 'void*' to 'int*' [-fpermissive]
     int* pi = pv;                                  // (3)
               ^
cStyle.cpp:15:5: error: expected primary-expression before 'int'
     int class = 5;                                 // (4)
     ^
cStyle.cpp:15:5: error: expected ';' before 'int'
rainer@linux:~>
                    rainer : bash
```

그림 **14.2** C++ 컴파일러의 오류 메시지들.

그런데 cStyle.c 프로그램은 C 컴파일러와 C++ 컴파일러 사이의 좀 더 미묘한 차이점도 보여준다. [그림 14.3]은 예제의 main 함수를 ❷의 printf("\nsizeof (\'a\'): %d\n\n", sizeof('a')); 한 줄로 줄인 후 C++ 컴파일러로 컴파일하고 실행한 결과이다.

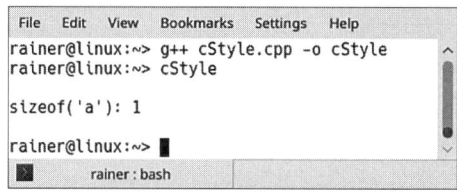

그림 **14.3** C++ 컴파일러의 char 크기.

sizeof('a')는 C 컴파일러로 컴파일하면 4지만 C++ 컴파일러로 컴파일하면 1이다. 이는 C++과는 달리 **C에서는 'a'의 형식이 int이기 때문이다.**

다음으로, 소스 코드 전체가 주어지지는 않는 좀 더 어려운 상황을 살펴보자.

14.2 전체 소스 코드가 없는 경우

소스 코드가 일부만 있는 경우 다음 세 가지 지침이 도움이 될 것이다.

1. **C++ 컴파일러를 이용해서 main 함수를 컴파일한다.** C 컴파일러와는 달리 C++ 컴파일러는 main 함수보다 먼저 실행되는 추가적인 시동(startup) 코드를 생성한다. 예를 들어 전역 (정적) 객체의 생성자를 호출하는 코드가 그러한 시동 코드에 포함된다.
2. **C++ 컴파일러를 이용해서 프로그램을 링크한다.** C++ 컴파일러로 프로그램을 링크하면 C++ 컴파일러는 자동으로 표준 C++ 라이브러리를 링크한다.
3. **같은 제조사에서 만든, 따라서 같은 호출 규약을 사용하는 C 컴파일러와 C++ 컴파일러를 사용한다.** 호출 규약(calling convention)은 컴파일러가 함수에 접근하는 데 사용하는 방법을 명시한 것이다. 여기에는 매개변수들을 할당하는 순서, 매개변수들을 전달하는 방법, 스택을 호출자가 준비하는지 호출 대상이 준비하는지 등이 포함된다. 구체적인 호출 규약은 플랫폼이나 컴파일러마다 다르다. 예를 들어 영문 위키백과의 "X86 calling conventions" 페이지[4]는 x86 아키텍처의 호출 규약들을 설명한다.

> **CPL.3** C 인터페이스를 꼭 사용해야 한다면, 그런 인터페이스를 사용하는 호출 코드를 C++로 작성하라.[5]

C와는 달리 C++은 함수 중복적재를 지원한다. 이는 이름이 같고 매개변수들이 다른 함수를 여러 개 정의할 수 있다는 뜻이다. 컴파일러는 함수 호출에 지정된 인수들에 근거해서 가장 적합한 함수를 선택한다.

```
// functionOverloading.cpp
```

---

[4] https://en.wikipedia.org/wiki/X86_calling_conventions
[5] https://isocpp.github.io/CppCoreGuidelines/CppCoreGuidelines#Rcpl-interface

```cpp
#include <iostream>

void print(int) {
    std::cout << "int" << '\n';
}

void print(double) {
    std::cout << "double" << '\n';
}

void print(const char*) {
    std::cout << "const char* " << '\n';
}

void print(int, double, const char*) {
    std::cout << "int, double, const char* " << '\n';
}


int main() {

    std::cout << '\n';

    print(10);
    print(10.10);
    print("ten");
    print(10, 10.10, "ten");

    std::cout << '\n';

}
```

이 프로그램이 무엇을 출력할지 추측해 보기 바란다(그림 14.4).

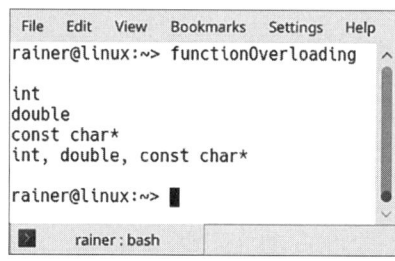

그림 **14.4** 함수 중복적재 예제.

여기서 흥미로운 질문 하나를 살펴보자. C++ 컴파일러는 이름이 같은 함수들을 어떻게 구분할까? C++ 컴파일러는 함수 이름에 매개변수들의 형식과 개수를 말해주는 기호들을 추가한다. 이런 과정을 '이름 맹글링'(name mangling) 또는 이름 장식(name decoration)이라고 부르는데, 구체적인 맹글링 방법은 C++ 컴파일러마다 다를 수 있다. C++ 표준은 특정한 맹글링 방법을 명시하지 않는다.

Compiler Explorer를 이용하면 컴파일러가 함수들의 이름을 어떻게 맹글링하는지 손쉽게 확인할 수 있다.[6] 컴파일 결과 창의 출력 옵션(Output...)에서 **Demangle identifiers** 체크 상자를 해제하면 된다.

[표 14.1]은 Compiler Explorer에서 functionOverloading.cpp를 GCC와 MSVC로 컴파일해서 얻은 함수 이름 맹글링 결과를 정리한 것이다.

표 14.1 이름 맹글링

함수	GCC 8.3	MSVC 19.16
print(int)	_Z5printi	?print@@YAXH@Z
print(double)	_Z5printd	?print@@YAXN@Z
print(const char*)	_Z5printPKc	?print@@YAXPEBD@Z
print(int, double, const char*)	_Z5printidPKc	?print@@YAXHNPEBD@Z

extern "C" 링키지 지정자가 적용된 함수에는 C++ 컴파일러가 이름 맹글링을 적용하지 않는다. 그러면 C++에서 C 함수를 호출하거나 C에서 C++ 함수를 호출할 수 있다.

extern "C"는 다양한 수준으로 적용할 수 있다.

- 개별 함수.

  ```
  extern "C" void foo(int);
  ```

- 범위 안의 모든 함수.

  ```
  extern "C" {
     void foo(int);
     double bar(double);
  }
  ```

- 헤더 파일 전체. 다음은 C++ 컴파일러가 설정하는 __cplusplus 매크로를 이용해서 이 헤더가 C++ 컴파일러로 컴파일될 때만 extern "C"를 적용하는 예이다.

---

[6] *https://godbolt.org/z/gFn4NU*

```
#ifdef __cplusplus
extern "C" {
#endif
    void foo(int);
    double bar(double);
    .
    .
    .
#ifdef __cplusplus
}
#endif
```

요약

주요 사항

- C 코드를 지원해야 한다면, C 코드를 C++ 컴파일러로 컴파일하라. 그것이 불가능하다면 main 함수를 C++ 컴파일러로 컴파일하고 프로그램을 C++ 링커로 링크하라. 같은 제조사의 C 컴파일러와 C++ 컴파일러를 사용하라.
- 링키지 지정자 extern "C"가 적용된 함수에는 C++ 컴파일러가 이름 맹글링을 적용하지 않는다. 그러면 C++에서 C 함수를 호출하거나 C에서 C++ 함수를 호출할 수 있다.

15장

C++ Core Guidelines Explained

소스 파일

소스 파일들을 저글링하는 시피.

C++20에서 모듈^{module}1이 C++에 도입되었지만, 아직 널리 쓰이지는 않는다. 당분간은 코드의 구현과 인터페이스를 전통적인 파일 기반 방식으로 구분해야 한다.

---

1 https://en.cppreference.com/w/cpp/language/modules

C++ 핵심 가이드라인의 소스 파일 섹션[2]의 소스 파일에 관한 지침들을 간명하게 요약한 문구로 시작한다: "선언(인터페이스로 쓰이는)과 정의(구현으로 쓰이는)를 구별하라. 헤더 파일은 인터페이스를 표현하고 논리적 구조를 강조하는 데 사용하라." 이 섹션에는 10개가 넘는 규칙이 있는데, 대부분은 상당히 간결하다. 처음 몇 규칙은 인터페이스 파일과 구현 파일에 관한 것이고(§15.1) 나머지 규칙들은 이름공간에 관한 것이다(§15.2).

15.1 인터페이스 파일과 구현 파일

선언(declaration) 또는 인터페이스는 흔히 *.h 파일에 두고, 정의(definition) 또는 구현(implementation) 코드는 흔히 *.cpp 파일에 둔다.

> **SF.1** 프로젝트가 다른 어떤 관례를 따르지 않는 한, 코드 파일의 확장자로는 .cpp를 사용하고 인터페이스 파일의 확장자로는 .h를 사용하라.[3]

기본적으로 C++ 프로젝트에서 헤더 파일의 확장자는 *.h로 하고 구현 파일의 확장자는 *.cpp로 하는 것이 바람직하다. 단, 다른 어떤 파일 명명 관례를 따르고 있다면 이 규칙은 무시해도 좋다.

다음은 흔히 쓰이는 몇 가지 헤더 파일 및 구현 파일 확장자들이다.

- 헤더 파일
  - *.h
  - *.hpp
  - *.hxx
  - *.inl
- 구현 파일
  - *.cpp
  - *.c
  - *.cc
  - *.cxx

---

2 *https://isocpp.github.io/CppCoreGuidelines/CppCoreGuidelines#S-source*
3 *https://isocpp.github.io/CppCoreGuidelines/CppCoreGuidelines#Rs-file-suffix*

SF.2 .h 파일에 객체 정의나 비인라인 함수 정의를 담으면 안 된다.[4]

헤더 파일에 객체를 정의하는 코드나 비인라인 함수(인라인이 아닌 함수)를 정의하는 코드가 있으면 빌드 시 링커가 오류를 낼 수 있다. 이 문제가 바로 이 규칙의 근거이다. 좀 더 구체적으로 말하면, 헤더의 정의 때문에 C++의 '단일 정의 규칙(One Definition Rule, ODR)'이 위반되면 링커는 오류를 발생한다.[4]

단일 정의 규칙(ODR)

다음은 함수에 대한 단일 정의 규칙이다.

- 한 함수의 정의가 임의의 번역 단위들에 두 번 이상 나타나면 안 된다.
- 한 함수의 정의가 프로그램 안에 둘 이상 존재하면 안 된다.
- 외부 링키지 인라인 함수는 한 번역 단위에서 두 번 이상 정의될 수 있다. 단, 그 정의들은 모두 동일해야 한다.

현대적인 컴파일러들에서 inline 키워드는 다소 오해의 소지가 있다. 현대적인 컴파일러들은 이 키워드를 거의 완전히 무시한다. 현시점에서 inline 키워드의 주된 용도는 함수가 ODR를 잘 지키는지를 빌드 도구가 점검하게 만드는 것이다.

그럼 ODR을 위반하는 프로그램을 링크할 때 링커가 어떤 오류를 발생하는지 살펴보자. 다음 예제 프로그램은 헤더 파일 하나(header.h)와 구현 파일 두 개로 구성된다. 각 구현 파일은 하나의 헤더 파일을 포함한다. 결과적으로 func의 정의가 두 번(두 번역 단위에 한 번씩) 나타나므로 ODR이 위반된다.

```
// header.h

void func(){}
// impl.cpp

#include "header.h"
// main.cpp

#include "header.h"

int main() {}
```

---

[4] https://isocpp.github.io/CppCoreGuidelines/CppCoreGuidelines#Rs-inline

이 프로그램을 링크하면 링커는 func 함수의 정의가 여러 개임을 지적한다(그림 15.1).

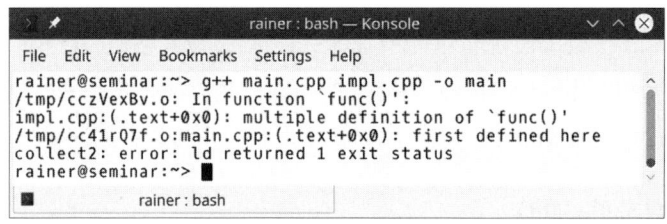

그림 15.1 함수의 다중 정의.

SF.5   .cpp 파일은 자신의 인터페이스를 정의하는 .h 파일(들)을 포함해야 한다.[5]

여기서 흥미로운 질문은, 만일 구현 파일(*.cpp 파일)이 자신의 인터페이스 파일(*.h 파일)을 포함하지 않는다면, 또는 구현과는 일치하지 않는 엉뚱한 인터페이스 파일을 포함하면 어떤 일이 발생할 것인가이다.

일진이 안 좋은 어느 날 내가 int를 받고 int를 돌려주는 func라는 함수를 정의했다고 가정하자.

```cpp
// impl.cpp

// #include "impl.h"   ❶

int func(int) {
    return 5;
}
```

그런데 이 함수를 위한 인터페이스 파일 impl.h를 작성할 때 int가 아니라 std::string을 돌려주는 함수를 선언하는 실수를 저질렀다.

```cpp
// impl.h

#include <string>

std::string func(int);
```

주 프로그램에서는 impl.h 헤더를 포함시키고 func 함수를 호출한다.

```cpp
// main.cpp
```

---

[5] *https://isocpp.github.io/CppCoreGuidelines/CppCoreGuidelines#Rs-consistency*

```
#include "impl.h"

int main() {

    auto res = func(5);

}
```

main.cpp를 컴파일할 때는 이러한 구현과 인터페이스의(정의와 선언의) 불일치가 검출되지 않는다. 이 불일치는 링크 시점에서야 드러난다(그림 15.2). 상황에 따라서는 너무 늦은 일일 수 있다.

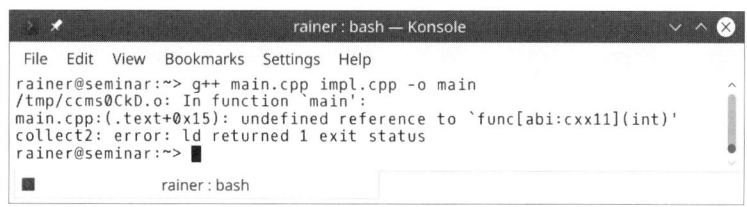

그림 15.2 함수 선언과 정의의 불일치 때문에 발생한 링크 오류.

애초에 impl.cpp에서 impl.h 헤더를 포함시켰다면 이 문제를 컴파일러가 잡아냈을 것이다. [그림 15.3]은 impl.cpp의 ❶에서 주석 기호를 제거한 후 컴파일한 결과이다.

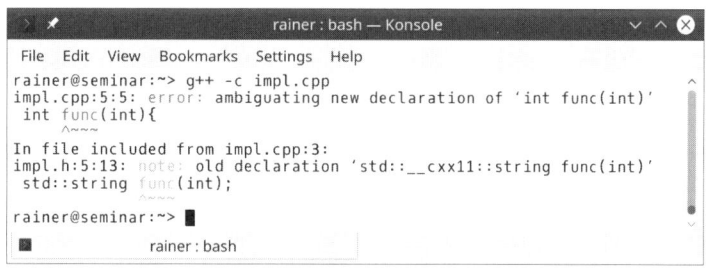

그림 15.3 함수 선언과 정의의 불일치를 컴파일러가 잡아낸 모습.

SF.8 모든 .h 파일에 #include 가드를 사용하라.[6]

#include 가드 또는 '중복 포함 방지책'은 헤더 파일이 단 한 번만 포함되게 하는 장치이다. C++ 핵심 가이드라인에서 가져온 짧은 예제를 보자.

---

6 https://isocpp.github.io/CppCoreGuidelines/CppCoreGuidelines#Rs-guards

```
// foobar.h 파일:
#ifndef LIBRARYNAME_FOOBAR_H
#define LIBRARYNAME_FOOBAR_H
// ... 선언들 ...
#endif // LIBRARYNAME_FOOBAR_H
```

여기서 주목할 점은 다음 두 가지이다.

1. 각각의 가드에 고유한 이름을 지정해야 한다. 같은 가드 이름을 여러 헤더 파일에 사용하면 특정 헤더 파일이 아예 포함되지 않을 수 있다.
2. C++ 표준에는 없지만 여러 컴파일러가 지원하는 전처리기 지시문 #pragma once[7]를 이용해서 중복 포함을 방지하기도 한다. 다음이 그러한 예인데, 이식성은 보장되지 않는다.[†]

   ```
   // file foobar.h:
   #pragma once
   
   // ... 선언들 ...
   ```

SF.9   소스 파일들 사이의 순환 의존관계를 피하라.[8]

먼저 소스 파일들 사이의 순환 의존관계(cyclic dependency)가 무엇인지부터 살펴보자. 다음은 세 개의 소스 파일로 구성된 하나의 예제 프로그램이다.

```
// a.h

#ifndef LIBRARY_A_H
#define LIBRARY_A_H
#include "b.h"

class A {
  B b;
};

#endif // LIBRARY_A_H

// b.h

#ifndef LIBRARY_B_H
```

---

[7] https://en.wikipedia.org/wiki/Pragma_once
[†] [옮긴이] 전처리기 지시자 #pragma 자체는 C++ 표준이 정의하나, 이 지시자의 구체적인 용법들은 구현체가 정의한다.
[8] https://isocpp.github.io/CppCoreGuidelines/CppCoreGuidelines#Rs-cycles

```
#define LIBRARY_B_H
#include "a.h"

class B {
  A a;
};

#endif // LIBRARY_B_H

// main.cpp

#include "a.h"

int main() {
  A myA;
}
```

이 프로그램을 컴파일하면 컴파일 오류가 발생한다(그림 15.4).

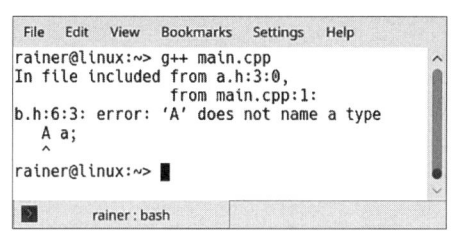

그림 15.4 소스 파일들 사이의 순환 의존관계.

문제는 두 헤더 파일 a.h와 b.h 사이에 순환 의존관계가 있다는 것이다. 이 문제는 main 함수에서 myA 객체를 생성할 때 비로소 드러난다. A 형식의 객체를 생성하려면 컴파일러는 A의 크기를 알아야 하는데, 그러려면 A의 B 형식 멤버의 크기를 알아야 한다. 그런데 B의 크기를 알려면 B의 A 형식 멤버의 크기를 알아야 한다. A 형식의 멤버 a나 B 형식의 멤버 b가 참조나 포인터라면 각 객체의 크기를 컴파일러가 계산할 수 있지만, 지금처럼 a와 b 둘 다 객체이면 크기 계산이 불가능하다.

    지금 예제에서 직접적인 해결책은 b.h에서 A를 선행 선언(forward declaration; 전방 선언)[9]하거나 a.h에서 B를 선행 선언하고 멤버를 포인터나 참조로 두는 것

---

[9] https://en.cppreference.com/w/cpp/language/class

이다. 참조나† 포인터의 크기는 플랫폼에 따라 32비트나 64비트이다. 다음은 그런 식으로 수정한 a.h 헤더 파일이다.

```
#ifndef LIBRARY_A_H
#define LIBRARY_A_H

class B;

class A {
  B* b;
  B& b2 = *b;
};

#endif // LIBRARY_A_H
```

이 해법은 표준 라이브러리에도 쓰인다. 표준 라이브러리의 헤더 <iosfwd>는[10] 입출력 라이브러리에 대한 선행 선언들을 담고 있다.

SF.10 간접적으로 #include된 이름들의 의존관계를 피하라.[11]

다음 예를 보자. 이 프로그램은 GCC 5.4로는 컴파일되지만 Microsoft 컴파일러 19.00.23506으로는 컴파일되지 않는다.

```
#include <iostream>

int main() {

  std::string s = "Hello World";
  std::cout << s;

}
```

이는 프로그램에 필요한 헤더 <string>을 포함시키지 않았기 때문이다. GCC 5.4에서는 <iostream> 헤더가 <string> 헤더를 포함시키기 때문에 컴파일 오류가 나지 않았다. Microsoft 컴파일러는 그렇게 하지 않기 때문에 오류가 난다.

---

† [옮긴이] 엄밀히 말해서 참조 변수 자체는 크기가 없다. 이는 참조가 객체가 아니라 별칭이기 때문이다. 저자의 말은 컴파일러들이 내부적으로 참조를 포인터(메모리 주소)로 표현하는 관행을 반영한 것으로 보인다. 관련 논의가 옮긴이의 글 "C++의 참조에 대해"(*https://occamsrazr.net/tt/166*)에 있다.

10 *https://en.cppreference.com/w/cpp/header/iosfwd*
11 *https://isocpp.github.io/CppCoreGuidelines/CppCoreGuidelines#Rs-implicit*

> **SF.11** 헤더 파일은 자기 완결적이어야 한다.[12]

간결하지만 중요한 규칙이다. 자기 완결적인(self-contained) 헤더란 그 전에 포함된 다른 헤더들에 의존하지 않는 헤더이다. 즉, 다른 말로 하면, 자기 완결적인 헤더 파일은 번역 단위의 **최상위**에 포함시킬 수 있다. 이 규칙을 따르지 않고 헤더 파일을 작성하면, 헤더 파일 포함 순서에 따라 헤더가 잘 작동하기도 하고 오류를 일으키기도 한다. 즉, 그런 헤더 파일의 사용자는 어떨 때는 헤더가 잘 작동하다가 어떨 때는 이해하기 어려운 오류 메시지와 함께 컴파일에 실패하는 일을 겪게 된다.

15.2 이름공간

이름공간(namespace)은 식별자들의 범위(scope)이다. 여기서 식별자(identifier)는 형식 이름, 함수 이름, 변수 이름 등이다.

> **SF.6** using namespace 지시문을 전이(transition)를[†] 위해서(만), 기반 라이브러리(std 같은)를 위해서(만), 또는 지역 범위 안에서(만) 사용하라.[13]

솔직히 이 규칙의 문구는 좀 난해하다. 다음은 이 규칙을 따르지 않고 unsing namespace 지시문을 잘못 사용한 예이다.

```
#include <cmath>
using namespace std;

int g(int x) {
    int sqrt = 7;
    // ...
    return sqrt(x); // 오류
}
```

이 프로그램은 이름 충돌(name collision) 때문에 컴파일되지 않는다. 그런데 이것이 내가 using namespace 지시문을 꺼리는 주된 이유는 아니다. 내가 using

---

[12] https://isocpp.github.io/CppCoreGuidelines/CppCoreGuidelines#Rs-contained
[†] [옮긴이] 여기서 '전이'는 현재 사용 중인 라이브러리를 다른 라이브러리(또는 같은 라이브러리의 다른 버전)으로 대체하는 것을 말한다. 전형적인 예는 차기 C++ 표준에 추가될 가능성이 큰 요소들을 임시로 담는 std::experimental 이름공간이다. 예를 들어 C++17이 확정되기 전에 std::any는 std::experimental::any였다.
[13] https://isocpp.github.io/CppCoreGuidelines/CppCoreGuidelines#Rs-using

namespace 지시문을 꺼리는 주된 이유는 이 지시문이 이름의 출처(origin)을 숨겨서 코드의 가독성을 해친다는 점이다.

```cpp
// namespaceDirective.cpp

#include <iostream>

#include <chrono>
using namespace std;
using namespace std::chrono;
using namespace std::literals::chrono_literals;

int main() {

  cout << '\n';

  auto schoolHour = 45min;

  auto shortBreak = 300s;
  auto longBreak = 0.25h;

  auto schoolWay = 15min;
  auto homework = 2h;

  auto schoolDayInSec = 2 * schoolWay + 6 * schoolHour +
                        4 * shortBreak + longBreak + homework;

  cout << "School day in seconds: " << schoolDayInSec.count() << endl;

  duration<double, ratio<3600>> schoolDayInHours = schoolDayInSec;
  duration<double, ratio<60>> schoolDayInMin = schoolDayInSec;
  duration<double, ratio<1, 1000>> schoolDayInMilli = schoolDayInSec;

  cout << "School day in hours: " << schoolDayInHours.count() << endl;
  cout << "School day in minutes: " << schoolDayInMin.count() << endl;
  cout << "School day in milliseconds: "
       << schoolDayInMilli.count() << endl;

  cout << endl;

}
```

이 예제에 쓰인 여러 함수나 객체가 어떤 이름공간에서 선언된 것인지 바로 알아볼 수 있는가? 주어진 식별자가 어떤 이름공간에 속하는지 알지 못하면 그 식별자의 정의를 찾아보기가 어렵다. 특히 C++ 초보자에게는 더욱 어려운 일이다.

이 예제에서 추가적인 조사 없이 그 자체로 파악할 수 있는 것은 45min이나 300s 같은 내장 리터럴들 뿐이다. 다음은 가독성을 개선한 버전으로, std와 std::chrono에 대해서는 using namespace 지시문을 사용하지 않았다.

```cpp
// namespaceDirectiveRemoved.cpp

#include <iostream>
#include <chrono>

using namespace std::literals::chrono_literals;

int main() {

  std::cout << std::endl;

  auto schoolHour = 45min;

  auto shortBreak = 300s;
  auto longBreak = 0.25h;

  auto schoolWay = 15min;
  auto homework = 2h;

  auto schoolDayInSec = 2 * schoolWay + 6 * schoolHour +
                        4 * shortBreak + longBreak + homework;

  std::cout << "School day in seconds: "
            << schoolDayInSec.count() << std::endl;

  std::chrono::duration<double, std::ratio<3600>> schoolDayInHours =
     schoolDayInSec;
  std::chrono::duration<double, std::ratio<60>> schoolDayInMin =
     schoolDayInSec;
  std::chrono::duration<double, std::ratio<1, 1000>> schoolDayInMilli =
     schoolDayInSec;

  std::cout << "School day in hours: "
      << schoolDayInHours.count() << std::endl;
  std::cout << "School day in minutes: "
      << schoolDayInMin.count() << std::endl;
  std::cout << "School day in milliseconds: "
      << schoolDayInMilli.count() << std::endl;

  std::cout << std::endl;

}
```

SF.7 헤더 파일의 전역 범위에서 using namespace를 사용하지 말라.[14]

이 규칙의 근거(rationale)를 간단히 살펴보자.

헤더 파일의 전역 범위에 있는 using namespace 지시문은 그 헤더 파일을 포함하는 모든 파일에 해당 이름공간의 이름들을 주입한다. 이런 전역 범위 using namespace 지시문에는 다음과 같은 단점이 있다.

- 헤더 파일을 포함시키는 사용자가 해당 using namespace 지시문들을 선택적으로 비활성화할 수 없다.
- 전역 범위에 이름들이 주입되므로 이름 충돌의 가능성이 커진다.
- using namespace 지시문으로 주입된 새로운 이름 때문에 컴파일 오류가 발생할 수 있다.

SF.20 namespace들을 논리적인 구조를 표현하는 데 사용하라.[15]

실제로 C++ 표준 라이브러리에는 논리적인 구조를 표현하는 이름공간들이 있다. 다음은 몇 가지 예이다.

```
std
std::chrono
std::literals
std::literals::chrono_literals
std::filesystem
std::placeholders

std::view       // C++20
```

---

[14] *https://isocpp.github.io/CppCoreGuidelines/CppCoreGuidelines#Rs-using-directive*
[15] *https://isocpp.github.io/CppCoreGuidelines/CppCoreGuidelines#Rs-namespace*

SF.21 헤더에서 이름 없는(익명) 이름공간을 사용하지 말라.[16]

SF.22 내부에서만 사용할, 외부로 내보내지 않을 개체들은 모두 이름 없는(익명) 이름공간 안에 포함시켜라.[17]

익명(anonymous) 이름공간이라고도 부르는 이름 없는(unnamed) 이름공간에는 내부 링키지(internal linkage)가 적용된다. 이는 이름 없는 이름공간 안의 이름들을 오직 현재 번역 단위에서만 지칭할 수 있으며 그 이름들이 외부로 노출되지(export) 않는다는 뜻이다. 다음 예를 보자.

```
namespace {
    int i; // ::(어떤_고유한_이름)::i가 정의됨
}
void inc() {
    i++; // ::(어떤_고유한_이름)::i가 증가됨
}
```

번역 단위에서 변수 i를 지칭하면, 컴파일러는 현재 번역 단위에 국한된 어떤 고유한 이름을 가진 이름공간을 암묵적으로 생성해서 i에 적용한다. 따라서 이 i는 다른 번역 단위의 i와 충돌하지 않는다. 함수도 마찬가지이다. add라는 흔한 이름의 함수를 이름 없는 이름공간에서 정의한 헤더가 있다고 하자. 그 헤더를 둘 이상의 번역 단위에서 포함해도 각 add는 각자 고유한 이름공간에 속하므로 ODR 위반이 아니며, 따라서 링커는 아무런 불평도 하지 않는다.

헤더 안에 이름 없는 이름공간을 두면, 컴파일러는 그 헤더를 포함하는 각 번역 단위에 대해 그 이름공간의 고유한 인스턴스를 생성한다. 헤더 안의 이름 없는 이름공간은 다음과 같은 부정적인 효과를 낼 수 있음을 주의하자.

- 생성된 목적 코드(이진 실행 코드)의 크기가 불어날 수 있다.
- 이름 없는 이름공간에 선언된 식별자가 번역 단위마다 다른 대상을 지칭한다는 점을 간과하고 코드를 작성하면, 프로그램이 의도와는 다르게 행동할 수 있다.

이름 없는 이름공간의 용도는 C의 static 키워드의 용도와 비슷하다.

---

[16] https://isocpp.github.io/CppCoreGuidelines/CppCoreGuidelines#Rs-unnamed
[17] https://isocpp.github.io/CppCoreGuidelines/CppCoreGuidelines#Rs-unnamed2

```
namespace { int i1; }
static int i2;
```

> ### 요약
>
> **주요 사항**
> - 헤더 파일에 객체 정의나 비인라인 함수 정의를 담으면 안 된다. 헤더 파일은 자기 완결적이어야 하고, #include 가드로 보호해야 한다. 헤더 파일 안에서 using namespace 지시문을 사용하지 말라.
> - 소스 파일은 필요한 헤더 파일들을 반드시 포함시켜야 하며, 순환 의존관계를 피해야 한다.
> - 이름공간들은 소프트웨어의 논리적 구조를 표현해야 한다. 가독성을 위해서는 가능한 한 using namespace를 피하는 것이 좋다.

16장

C++ Core Guidelines Explained

표준 라이브러리

ISO 표준을 흠모하는 시피.

표준 라이브러리의 중요성에 비해 C++ 핵심 가이드라인의 표준 라이브러리 섹션[1]은 다소 빈약하다. 이 책을 쓰는 현재 이 섹션에는 내용이 완전히 채워지지 않은 규칙들과 C++ 핵심 가이드라인의 다른 섹션에 있는 규칙들을 가리키기만 하는 규칙들이 많다. 그래서 이번 장에서는 필요에 따라 적절한 정보를 추가해 가면서 이 섹션의 규칙들을 설명해 보겠다.

---

[1] https://isocpp.github.io/CppCoreGuidelines/CppCoreGuidelines#S-stdlib

16.1 컨테이너

중요한 규칙 하나로 시작하자.

> **SL.con.1** C 배열보다 STL array나 vector를 선호하라.[2]

std::vector 자체는 이미 알고 있을 것이므로, C 배열보다 std::vector를 선호해야 하는 이유에 집중하겠다.

16.1.1 std::vector

C 배열에 비한 std::vector의 큰 장점 하나는 std::vector가 자신이 사용하는 메모리를 스스로 관리한다는 것이다. 물론 이러한 자동 메모리 관리는 std::vector뿐만 아니라 표준 라이브러리의 모든 컨테이너가 제공하는 장점이다. 다음 예제 프로그램은 std::vector의 자동 메모리 관리가 어떤 식으로 일어나는지를 자세히 보여준다.

```
// vectorMemory.cpp

#include <iostream>
#include <string>
#include <vector>

template <typename T>
void showInfo(const T& t, const std::string& name) {

  std::cout << name << " t.size(): " << t.size() << '\n';
  std::cout << name << " t.capacity(): " << t.capacity() << '\n';

}

int main() {

  std::cout << '\n';

  std::vector<int> vec;                                          // ❶

  std::cout << "Maximal size: " << '\n';
  std::cout << "vec.max_size(): " << vec.max_size() << '\n'; // ❷
  std::cout << '\n';

  std::cout << "Empty vector: " << '\n';
```

---

[2] https://isocpp.github.io/CppCoreGuidelines/CppCoreGuidelines#Rsl-arrays

```
    showInfo(vec, "Vector");
    std::cout << '\n';

    std::cout << "Initialized with five values: " << '\n';
    vec = {1,2,3,4,5};
    showInfo(vec, "Vector");                              // ❸
    std::cout << '\n';

    std::cout << "Added four additional values: " << '\n';
    vec.insert(vec.end(),{6,7,8,9});
    showInfo(vec,"Vector");                               // ❹
    std::cout << '\n';

    std::cout << "Resized to 30 values: " << '\n';
    vec.resize(30);
    showInfo(vec,"Vector");                               // ❺
    std::cout << '\n';

    std::cout << "Reserved space for at least 1000 values: " << '\n';
    vec.reserve(1000);
    showInfo(vec,"Vector");                               // ❻
    std::cout << '\n';

    std::cout << "Shrinked to the current size: " << '\n';
    vec.shrink_to_fit();                                  // ❼
    showInfo(vec,"Vector");

}
```

타이핑을 줄이기 위해 나는 주어진 벡터의 크기와 용량을 출력하는 showInfo라는 작은 함수를 작성했다. 벡터의 크기(size)는 벡터에 담긴 요소들의 개수이고 용량(capacity)은 추가적인 메모리 할당 없이 벡터에 담을 수 있는 최대 요소 개수이다. 따라서 벡터의 용량은 반드시 벡터의 크기보다 크거나 같다. 벡터의 크기와 용량은 자동으로 증가하지만, 필요하다면 명시적으로 변경할 수 있다. 크기는 멤버 함수 resize로, 용량은 멤버 함수 reserve로 변경한다.

다시 예제 프로그램으로 돌아가서 코드를 처음부터 차례로 살펴보자. 프로그램은 먼저 빈 벡터를 하나 생성하고(❶) 그 벡터의 최대 크기(max size)[†]를 조회해서 출력한다(❷). 그런 다음 프로그램은 벡터에 대해 다양한 연산을 적용하고, 그때마다 showInfo로 벡터의 정보(크기와 용량)를 출력한다. ❸에서는 벡터를 초기화한 다음에 정보를 출력하고, ❹에서는 새 요소 네 개를 추가한 후에,

---

† [옮긴이] 이것은 용량과는 다른 값으로, 현재 시스템 또는 라이브러리 구현이 허락하는 최대 요소 개수이다.

❺에서는 요소 30개를 담을 수 있는 크기로 변경한 후에, ❻에서는 요소를 적어도 1,000개 담을 수 있는 용량으로 변경한 후에 정보를 출력한다. C++11에서는 shrink_to_fit이라는 멤버 함수를 이용해서 벡터를 축소할 수 있다(❼). 이 멤버 함수는 벡터의 용량을 벡터의 현재 크기로 줄인다(이에 의해 불필요한 메모리가 해제된다).

[그림 16.1]에 나온 프로그램의 출력을 살펴보기 전에, 다음과 같은 사항들에 주목하기 바란다.

- 컨테이너에 대한 연산에 의해 컨테이너의 크기와 용량이 자동으로 조정된다. 프로그램 자체에는 new나 delete 같은 메모리 연산이 전혀 없다.
- n 〉 vec.size()일 때 vec.resize(n)은 기본값으로 초기화된 요소들을 컨테이너 vec에 적절히 채워 넣는다.
- n 〉 vec.capacity()일 때 vec.reserve(n)은 적어도 n개의 요소를 담을 수 있는 새 메모리를 컨테이너 vec에 할당한다.
- shrink_to_fit 호출은 "구속력 없는(non-binding)" 요청이다. 무슨 말인가 하면, 이 멤버 함수를 호출한다고 해서 C++ 런타임이 반드시 컨테이너의 용량을 컨테이너의 크기로 조정해야 하는 것은 아니다. 그렇지만 지금까지 알려진 바로 GCC와 Clang, Microsoft 컴파일러는 shrink_to_fit 호출에 대해 항상 불필요한 메모리를 실제로 해제한다.

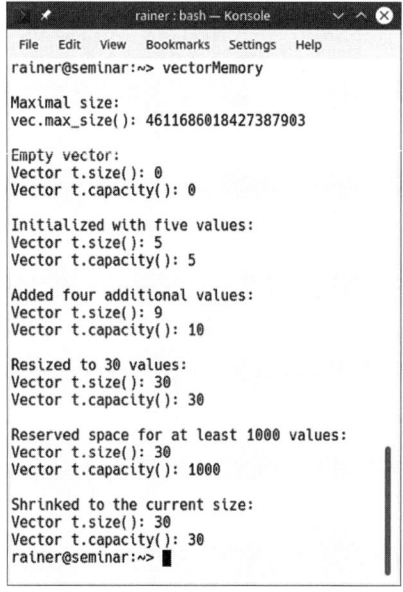

그림 16.1 STL 컨테이너의 자동 메모리 관리.

16.1.2 `std::array`

`std::array`를 C++ 배열이라고 부르기도 한다. C 배열과 C++ 배열은 어떻게 다를까?

`std::array`는 두 배열 구현 방식의 장점만 취한 컨테이너이다. `std::array`는 C 배열처럼 작고 효율적이다. 그러면서도 `std::array`는 `std::vector`의 편리한 인터페이스를 제공한다.

다음은 C 배열과 C++ 배열(`std::array`), 그리고 `std::vector`의 메모리 효율성을 비교하는 작은 예제 프로그램이다.

```cpp
// sizeof.cpp

#include <iostream>
#include <array>
#include <vector>

int main() {

  std::cout << '\n';

  std::cout << "sizeof(int)= " << sizeof(int) << '\n';

  std::cout << '\n';

  int cArr[10] = {1, 2, 3, 4, 5, 6, 7, 8, 9, 10};

  std::array<int, 10> cppArr = {1, 2, 3, 4, 5, 6, 7, 8, 9, 10};

  std::vector<int> cppVec = {1, 2, 3, 4, 5, 6, 7, 8, 9, 10};

  std::cout << "sizeof(cArr)= " << sizeof(cArr) << '\n';       // ❶

  std::cout << "sizeof(cppArr)= " << sizeof(cppArr) << '\n';  // ❷
                                                                // ❸
  std::cout << "sizeof(cppVec) = " << sizeof(cppVec) + sizeof(int)
                                   * cppVec.capacity() << '\n';
  std::cout << "              = sizeof(cppVec): "
            << sizeof(cppVec) << '\n';
  std::cout << "              + sizeof(int)* cppVec.capacity(): "
            << sizeof(int)* cppVec.capacity() << '\n';

  std::cout << '\n';

}
```

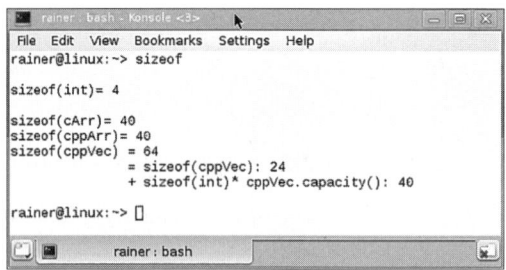

그림 16.2 C 배열, C++ 배열, std::vector의 **sizeof**.

[그림 16.2]에 이 예제 프로그램의 결과가 나와 있다. C 배열(❶)과 C++ 배열(❷)은 40바이트를 차지한다. 예제를 실행한 플랫폼에서 이 값은 정확히 sizeof(int) * 10이다. std::vector(❸)는 24바이트가 더 많은데, 이 여분의 바이트들은 힙에 있는 std::vector의 데이터를 관리하기 위한 정보이다.

이 예제는 std::array의 C 배열 측면만 보여준다. C++ 배열의 측면을 보자면, std::array는 std::vector의 인터페이스 중 상당 부분을 지원한다. 이와 관련해서 특히 주목할 점은 std::array 객체의 현재 크기를 size 멤버 함수로 조회할 수 있다는 점이다.

SL.con.2 다른 컨테이너를 사용할 특별한 이유가 없는 한 기본적으로 STL의 vector를 선호하라.[3]

실행 시점에서 컨테이너에 요소들을 추가하거나 삭제해야 한다면 std::vector를 사용하고, 그럴 필요가 없다면 std::array를 사용하라. std::vector는 힙에 요소들을 저장하기 때문에 std::array보다 훨씬 클 수 있음을 주의해야 한다. std::array 객체의 버퍼는 그 객체가 쓰이는 문맥에 지역적인(local) 장소에† 할당된다.

std::array와 std::vector는 다음과 같은 장점을 제공한다.

1. 범용적인 접근 패턴(임의 접근)이 가장 **빠르다**(CPU 벡터화 친화적이다).
2. 기본 접근 패턴이 가장 **빠르다**(시작에서 끝으로 또는 끝에서 시작으로의 접근이 CPU 캐시 사전 패치(prefetch)에 친화적이다).
3. 저장 공간 추가부담이 가장 적다(연속 메모리 저장 덕분에 요소별 추가부담이 0이고 CPU 캐시 친화적이다).

---

3 *https://isocpp.github.io/CppCoreGuidelines/CppCoreGuidelines#Rsl-vector*
† [옮긴이] C++ 표준의 용어로는 자동 저장소(automatic storage)인데, 현실적으로 스택 메모리를 말한다. 힙 메모리에 대응되는 표준 용어는 자유 저장소(free storage)이다.

std::array와 std::vector는 색인 연산자를 지원한다. 색인 연산(첨자 연산)은 내부적으로 포인터 산술로 이어진다. 따라서 장점 1은 명백하다. 장점 2는 제9장에서 이야기했다. 규칙 "Per.19: 메모리에 예측 가능한 방식으로 접근하라"(§9.3)를 참고하기 바란다. 장점 3은 이번 장의 이전 규칙 "SL.con.1: C 배열보다 STL array나 vector를 선호하라"에서 논의했다. std::array의 크기는 C 배열과 같은 수준이고, std::vector는 24바이트 더 크다.

> **SL.con.3** 경계 오류를 피하라.[4]

C 배열은 경계 오류(bounds error; 색인 범위 오류)를 검출할 방법이 없다. C 배열의 경계 오류는 오랫동안 증상 없이 숨어 있을 가능성이 있다. 제8장 "표현식과 문장"의 규칙 "ES.103: 위넘침을 허용하지 말라"와 "ES.104: 아래넘침을 허용하지 말라"에서 이 위험을 확실하게 설명했다.

C 배열과는 달리 C++ 배열과 여러 STL 컨테이너는 경계 오류를 점검해 주는 멤버 함수 at을 제공한다. 존재하지 않은 요소에 접근하려 하면 컨테이너는 std::out_of_range 예외[5]를 던진다. 경계 오류를 점검하는 at 멤버 함수를 제공하는 표준 컨테이너는 다음과 같다.

- 순차 컨테이너: std::array, std::vector, std::deque
- 연관 컨테이너: std::map, std::unordered_map
- std::string

다음 std::string에 대한 경계 오류 점검의 예이다.

```cpp
// stringBoundsCheck.cpp

#include <stdexcept>
#include <iostream>
#include <string>

int main() {

    std::cout << '\n';

    std::string str("1123456789");
```

---

[4] https://isocpp.github.io/CppCoreGuidelines/CppCoreGuidelines#Rsl-bounds
[5] https://en.cppreference.com/w/cpp/error/out_of_range

```
        str.at(0) = '0';                                    // ❶

        std::cout << str << '\n';

        std::cout << "str.size(): " << str.size() << '\n';
        std::cout << "str.capacity() = " << str.capacity() << '\n';
    try {
        str.at(12) = 'X';                                   // ❷
    }
    catch (const std::out_of_range& exc) {
        std::cout << exc.what() << '\n';
    }

    std::cout << '\n';

}
```

❶에서 C++ 문자열 str의 첫 문자를 '0'으로 설정하는 것은 유효한 연산이다. 그러나 ❷에서처럼 문자열 범위 밖의 문자에 접근하는 것은 실행 시점 오류이다. 해당 문자가 std::string의 '용량' 안에 있다고 해도, '크기' 밖에 있으면 오류가 된다.

1. std::string 객체 str의 크기(str.size())는 str에 담긴 요소(문자)들의 개수이다.
2. str의 용량(str.capacity())은 추가로 메모리를 할당하지 않고 str에 담을 수 있는 최대 요소 개수이다.

[그림 16.3]은 이 예제 프로그램을 GCC 8.2로 컴파일해서 실행한 결과이다. 오류 메시지가 코드의 문제점을 아주 명시적으로 지적해 준다.

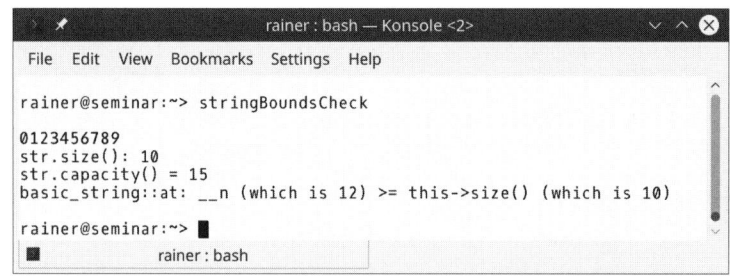

그림 16.3 std::string에 존재하지 않는 요소에 접근한 예.

16.2 문자열

문자열(string)의 종류는 다양하고 문자열을 표현하는 방식도 다양하다. [표 16.1]은 문자열을 표현하는 데 쓰이는 자료 형식들과 해당 규칙들(이번 절에서 살펴본다)을 정리한 것이다.

표 16.1 여러 종류의 문자열

문자열	의미론	규칙
std::string	문자 순차열을 소유한다.	SL.str.1
std::string_view	문자 순차열을 참조한다.	SL.str.2
char*	하나의 문자를 참조한다.	SL.str.4
std::byte	바이트 값(문자가 아닐 수도 있는)들을 참조한다.	SL.str.5

정리하자면, 문자 순차열(character sequence)을 실제로 소유하는 것은 std::string뿐이다. 다른 것들은 모두 기존 문자열을 참조(지칭)한다.

SL.str.1 문자 순차열을 소유하려면 std::string을 사용하라.[6]

문자 순차열을 소유하는 문자열이 하나 더 있는데 혹시 아는지? 바로 C 문자열이다. C 문자열은 사용하지 말아야 한다. 왜냐하면, C 문자열을 사용하려면 메모리 관리, 문자열 종료 문자, 문자열 길이 등을 여러분이 일일이 직접 챙겨야 하기 때문이다.

```
// stringC.c

#include <stdio.h>
#include <string.h>

int main( void ) {

  char text[10];

  strcpy(text, "The Text is too long for text."); // ❶ 너무 긴 문자열
  printf("strlen(text): %u\n", strlen(text));     // ❷ '\0'이 없음
  printf("%s\n", text);

  text[sizeof(text)-1] = '\0';
```

[6] https://isocpp.github.io/CppCoreGuidelines/CppCoreGuidelines#Rstr-string

```
    printf("strlen(text): %u\n", strlen(text));

    return 0;

}
```

stringC.c는 간단한 프로그램이지만, 미정의 행동이 두 군데 있다(❶과 ❷). [그림 16.4]는 이 프로그램을 구식 GCC 4.8로 컴파일해서 실행한 결과인데, 운 좋게 정상적으로 작동했다.

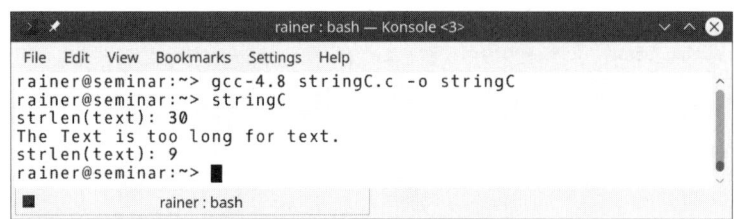

그림 16.4 C 문자열과 미정의 행동.

다음은 같은 일을 하는 C++ 프로그램인데, 앞의 C 프로그램이 가진 문제점들이 없다.

```
// stringCpp.cpp

#include <iostream>
#include <string>

int main() {

    std::string text{"The Text is not too long."};

    std::cout << "text.size(): " << text.size() << '\n';
    std::cout << text << '\n';

    text +=" And can still grow!";

    std::cout << "text.size(): " << text.size() << '\n';
    std::cout << text << '\n';

}
```

C++ 문자열에서는 프로그래머가 메모리 버퍼 크기나 종료 문자와 관련한 실수를 저지를 여지가 없다. 그런 사항들을 C++ 런타임이 처리해 주기 때문이다. 또한, C++ 문자열의 특정 문자에 접근할 때 색인 연산자 대신 at 멤버 함수를 사용

하면 경계 위반이 자동으로 검출된다. at 멤버 함수에 관해서는 규칙 "SL.con.3: 경계 오류를 피하라"에서 이야기했다.

SL.str.2 문자 순차열을 참조하려면 `std::string_view`를 사용하라.[7]

`std::string_view`는 이미 존재하는 문자 순차열을 참조한다. 다르게 표현하면, `std::string_view`는 문자 순차열을 소유하지 않는다. `std::string_view`는 문자 순차열에 대한 하나의 뷰view(보기)를 대표한다. 이때 문자 순차열은 C++ 문자열일 수도 있고 C 문자열일 수도 있다. `std::string_view` 객체에는 두 가지 정보가 필요한데, 하나는 문자 순차열을 가리키는 포인터이고 다른 하나는 문자 순차열의 길이이다. `std::string_view`는 `std::string`의 인터페이스 중 읽기 전용 부분을 지원한다. 그리고 `std::string_view`는 `std::string`에는 없는 수정(modification) 연산 두 가지를 제공하는데, 바로 `remove_prefix` 멤버 함수와 `remove_suffix` 멤버 함수이다.

`std::string_view`의 큰 매력은 메모리를 할당하지 않는다는 점이다.

```cpp
// stringView.cpp; C++20

#include <cassert>
#include <iostream>
#include <string>

#include <string_view>

void* operator new(std::size_t count) {                    // ❶
  std::cout << " " << count << " bytes" << '\n';
  return malloc(count);
}

void getString(const std::string& str) {}

void getStringView(std::string_view strView) {}

int main() {

   std::cout << '\n';

   std::cout << "std::string" << '\n';
                                                            // ❷
```

---

[7] https://isocpp.github.io/CppCoreGuidelines/CppCoreGuidelines#Rstr-view

```
    std::string large = "0123456789-123456789-123456789-123456789";
    std::string substr = large.substr(10);                  // ❷

    std::cout << '\n';

    std::cout << "std::string_view" << '\n';
                                                            // ❸
    std::string_view largeStringView{large.c_str(), large.size()};
    largeStringView.remove_prefix(10);                      // ❸

    assert(substr == largeStringView);

    std::cout << '\n';

    std::cout << "getString" << '\n';

    getString(large);
    getString("0123456789-123456789-123456789-123456789"); // ❷
    const char message []= "0123456789-123456789-123456789-123456789";
    getString(message);                                     // ❷

    std::cout << '\n';

    std::cout << "getStringView" << '\n';

    getStringView(large);                                   // ❸
    getStringView("0123456789-123456789-123456789-123456789");
    getStringView(message);                                 // ❸

    std::cout << '\n';

}
```

메모리 할당을 추적하기 위해 전역 operator new를 중복적재했다(❶). [그림 16.5]에서 보듯이, ❷들에서는 메모리가 할당되었지만 ❸들에서는 할당되지 않았다.

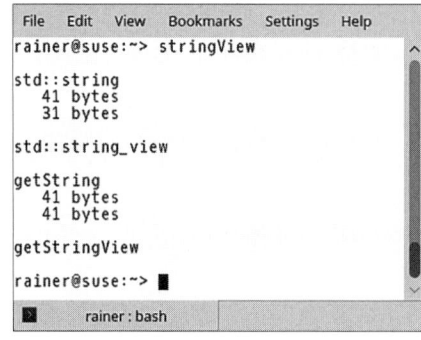

그림 16.5 메모리를 할당하지 않는 std::string_view.

SL.str.4 문자 하나를 참조하려면 char*를 사용하라.[8]

이 규칙을 따르지 않고 char*를 문자 순차열(C 문자열)을 지칭하는 용도로 사용하면 심각한 문제가 발생할 수 있다. 다음이 그러한 예이다.

```
char arr[] = {'a', 'b', 'c'};

void print(const char* p) {
    std::cout << p << '\n';
}

void use() {
    print(arr); // 미정의 행동
}
```

배열 arr는 print 함수로 넘겨지면서 포인터로 붕괴된다. 문제는, arr이 널 문자('\0')로 끝나지 않는다는 점이다. 이 때문에 print(arr) 호출은 미정의 행동이 된다.

SL.str.5 반드시 문자를 표현하는 것은 아닌 바이트 값을 참조할 때는 std::byte를 사용하라.[9]

C++17에서 도입된 std::byte는 C++ 표준이 정의하는 '바이트byte' 개념을 구현하는 하나의 형식이다. 여기서 핵심은 바이트가 정수나 문자와는 구별되는 개체라는 것이다. 이 형식의 주된 용도는 객체 저장소(object storage)[†]에 접근하는 것이다. std::byte의 인터페이스는 비트 단위 논리 연산을 위한 메서드들로 구성된다.

```
template <class IntType>
    constexpr byte operator << (byte b, IntType shift);
template <class IntType>
    constexpr byte operator >> (byte b, IntType shift);
constexpr byte operator | (byte l, byte r);
constexpr byte operator & (byte l, byte r);
constexpr byte operator ~ (byte b);
constexpr byte operator ^ (byte l, byte r);
```

---

[8] https://isocpp.github.io/CppCoreGuidelines/CppCoreGuidelines#Rstr-char*
[9] ://isocpp.github.io/CppCoreGuidelines/CppCoreGuidelines#Rs-cycles
[†] [옮긴이] 여기서 '객체'는 객체 지향적 프로그래밍에서 말하는 추상적인 개념의 객체가 아니라, C++ 표준에서 말하는 "구체적인 형식의 데이터가 저장된 메모리 블록"을 뜻한다.

std::byte를 정수로 변환할 때는 std::to_integer(std::byte b) 함수를, 그 반대로 변환할 때는 생성자 std::byte{integer}를 사용하면 된다. 이때 integer는 반드시 std::numeric_limits<unsigned_char>::max()보다 작은 음이 아닌 값이어야 한다.

> **SL.str.12** 표준 라이브러리 문자열로 취급할 문자열 리터럴에는 접미사 s를 사용하라.[10]

C++14 이전에는 C++ 문자열을 생성하려면 C 문자열이 필요했다. C 문자열에서 벗어나려는 것이 C++ 문자열을 사용하는 주된 이유라는 점을 생각하면 이는 모순된 상황이었다. 다행히 C++14에서 C++ 문자열 리터럴이 도입되었다. C++ 문자열 리터럴은 "cStringLiteral"s처럼 C 문자열 리터럴에 접미사 s를 붙인 것이다.

다음은 C 문자열 리터럴과 C++ 문자열 리터럴이 같은 것이 아님을 보여주는 예제이다.

```cpp
// stringLiteral.cpp

#include <iostream>
#include <string>
#include <utility>

int main() {

    std::string hello = "hello";
    auto firstPair = std::make_pair(hello, 5);

    auto secondPair = std::make_pair("hello", 15);         // ❷ 문제 있음

     using namespace std::string_literals;                 // ❶
    // auto secondPair = std::make_pair("hello"s, 15);    // ❸  OK

    if (firstPair < secondPair) std::cout << "true\n";     // ❹ 컴파일 오류

}
```

C++ 문자열 리터럴을 사용하려면 이름공간 std::string_literals가 필요하다(❶). 행 ❷와 ❸이 이 예제의 핵심이다. ❷에서는 C 문자열 리터럴 "hello"를 지정해서 쌍(pair) 객체를 생성했다. 따라서 쌍 객체 secondPair의 형식은 std::

---

[10] https://isocpp.github.io/CppCoreGuidelines/CppCoreGuidelines#Rstr-s

pair<const char*, int>이다. 반면에 그 앞의 firstPair는 미리 만들어 둔 C++ 문자열을 지정해서 생성했기 때문에 형식이 std::pair<std::string, int>이다. 그 두 형식을 비교하는 연산자가 없기 때문에 ❹에서 컴파일 오류가 발생한다. ❷ 대신 ❸을 사용하면 프로그램이 문제없이 컴파일되고 정확한 결과를 출력한다.

16.3 입력과 출력

C++ 프로그램이 외부 세계와 상호작용하는 데 사용할 수 있는 입출력(I/O) 라이브러리[11]는 크게 두 가지이다. 하나는 흔히 iostream 라이브러리라고 줄여서 표기하는 스트림 기반 입출력 라이브러리(stream-based I/O 라이브러리)[12]이고 다른 하나는 C 스타일 입출력 함수들[†]이다. C++ 핵심 가이드라인의 iostream 하위 섹션[13]은 iostream 라이브러리를 다음과 같이 간명하게 소개한다: "**iostream**은 스트리밍 입출력을 위한, 형식 안정성과 확장성을 갖춘 서식화(formatted) 및 비서식화(unformatted) I/O 라이브러리이다. **iostream**은 다수의(그리고 사용자가 확장할 수 있는) 버퍼링 전략과 다수의 로캘^{locale}을 지원한다. 통상적인 파일 입출력뿐만 아니라 메모리 읽기/쓰기(문자열 스트림)에 사용할 수 있으며, 네트워크 스트리밍(asio: 아직 표준화되지 않음) 같은 사용자 정의 확장에도 사용할 수 있다."

SL.io.1 문자 수준 입력은 꼭 필요할 때만 사용하라.[14]

먼저 다음은 C++ 핵심 가이드라인에 나온 나쁜 예이다. 이 예제 프로그램은 문자 수준 입력을 둘 이상의 문자에 사용한다.

```
char c;
char buf[128];
int i = 0;
while (cin.get(c) && !isspace(c) && i < 128)
    buf[i++] = c;
if (i == 128) {
```

---

11 https://en.cppreference.com/w/cpp/io
12 https://en.cppreference.com/w/cpp/header/iostream
† [옮긴이] <cstdio> 헤더에 있다.
13 https://isocpp.github.io/CppCoreGuidelines/CppCoreGuidelines#slio-iostream
14 https://isocpp.github.io/CppCoreGuidelines/CppCoreGuidelines#Rio-low

```
    // ... 너무 긴 문자열을 처리한다 ....
}
```

이 예제는 하는 일은 아주 간단한데 코드가 너무 복잡하다. 올바른 해법은 다음과 같다.

```
std::string s;
std::cin >> s;
```

SL.io.2 읽기 작업 시에는 입력이 잘못된 형태일 수 있음을 항상 고려하라.[15]

각각의 스트림은 상태를 가진다. 스트림의 상태는 플래그flag(부울 스위치)들로 표현된다. [표 16.2]에 스트림의 상태를 구성하는 주요 플래그들이 정리되어 있다.

표 **16.2** 스트림의 상태.

플래그	조회 수단	설명	예
std::ios::goodbit	stream.good()	아무 비트도 설정되지 않음	
std::ios::eofbit	stream.eof()	파일 끝 비트가 설정됨	• 유효한 마지막 문자를 넘어선 위치를 읽었음
std::ios::failbit	stream.fail()	오류	• 서식과 다른 데이터를 읽었음 • 유효한 마지막 문자를 넘어선 위치를 읽었음 • 파일을 열지 못했음
std::ios::badbit	stream.bad()	미정의 행동	• 스트림 버퍼의 크기를 조정할 수 없었음 • 스트림 버퍼의 코드 변환이 실패했음 • 스트림의 일부에서 예외가 발생했음

스트림에 대한 연산들은 스트림이 std::ios::goodbit 상태일 때만 효과를 낸다. 스트림이 일단 std::ios::badbit 상태가 되면, 다시 std::ios::goodbit 상태로 되돌릴 수 없다.

```
// streamState.cpp
```

---

15 *https://isocpp.github.io/CppCoreGuidelines/CppCoreGuidelines#Rio-validate*

```cpp
#include <ios>
#include <iostream>

int main() {

   std::cout << std::boolalpha << '\n';

   std::cout << "In failbit-state: " << std::cin.fail() << '\n';

   std::cout << '\n';

   int myInt;
   while (std::cin >> myInt){
      std::cout << "Output: " << myInt << '\n';
      std::cout << "In failbit-state: " << std::cin.fail() << '\n';
      std::cout << '\n';
   }

   std::cout << "In failbit-state: " << std::cin.fail() << '\n';
   std::cin.clear();

   std::cout << "In failbit-state: " << std::cin.fail() << '\n';

   std::cout << '\n';

}
```

이 예제 프로그램을 실행하고 "wrongInput"처럼 정수 수치로 해석될 수 없는 문자열을 입력하면 std::cin 스트림이 std::ios::failbit 상태가 된다. 그러면 while 루프의 조건이 성립하지 않아서 루프를 바로 벗어나게 되며, 따라서 "Output :" 등은 출력되지 않는다. std::cin 스트림을 다시 사용하려면 std::cin.clear()를 호출해서 std::cin을 std::ios::goodbit 상태로 되돌려야 한다.

SL.io.3 입출력 작업에는 iostream 라이브러리를 선호하라.[16]

printf 같은 C 스타일 입출력 함수보다 iostream 라이브러리를 선호해야 하는 이유가 무엇일까? printf와 iostream에는 미묘하지만 중요한 차이가 있다. printf의 서식 문자열(format string)은 출력의 서식(format)과 표시되는 값의 형식(type)을 함께 명시하지만, iostream의 서식 조작자(format manipulator)는 서

---

[16] https://isocpp.github.io/CppCoreGuidelines/CppCoreGuidelines#Rio-streams

식만 지정한다. **값의 형식은 컴파일러가 자동으로 연역한다.** 이것이 iostream이 형식에 안전한 이유이다.

다음은 이 점을 잘 보여주는 예제 프로그램이다. C 스타일 입출력에서 서식 문자열에 잘못된 형식을 지정하면 미정의 행동이 발생하지만, 컴파일러가 이를 지적해주지는 않는다.

```cpp
// printfIostreamsUndefinedBehavior.cpp

#include <cstdio>

#include <iostream>

int main() {

    printf("\n");

    printf("2011: %d\n",2011);
    printf("3.1416: %d\n",3.1416);
    printf("\"2011\": %d\n","2011");
    // printf("%s\n",2011);      // 구획 위반(segmentation fault) 오류

    std::cout << '\n';
    std::cout << "2011: " <<  2011 << '\n';
    std::cout << "3.146: " << 3.1416 << '\n';

    std::cout << "\"2011\": " << "2011" << '\n';

    std::cout << '\n';

}
```

[그림 16.6]은 실제로 내 컴퓨터에서 미정의 행동이 발현된 모습을 보여준다.

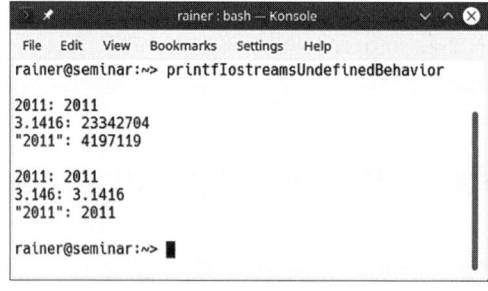

그림 **16.6** printf의 미정의 행동.

C 스타일 서식 문자열의 오류를 경고해 주는 컴파일러도 있을 수 있지만, 모든 컴파일러가 항상 그렇게 한다는 보장은 없다. 또한, 일정에 쫓기는 프로그래머가 컴파일러의 경고 메시지를 무시하고 디버깅을 뒤로 미루는 경우도 많이 보았다. 나중에 중요한 시점에서 서식 문자열 오류의 문제가 드러나는 것보다는 애초에 오류가 생기지 않게 하는 것이 낫다.

> **SL.io.10** printf류 함수들을 사용하지 않는다면 ios_base::sync_with_stdio (false)를 호출하라.[17]

기본적으로 C++의 스트림 연산들은 C 스트림과 동기화된다. 이러한 동기화는 각각의 입력 연산 또는 출력 연산 다음에 일어난다.

- **C++ 스트림**[18]: std::cin, std::cout, std::cerr, std::clog, std::wcin, std::wcout, std::wcerr, std::wclog
- **C 스트림**[19]: stdin, stdout, stderr

기본적으로 C++ 스트림은 버퍼링 없이 C 스트림으로 가기 때문에, C++ 입출력 연산과 C 입출력 연산을 섞어서 사용하려면 이러한 동기화가 필요하다. 또한, 동시성의 관점에서 볼 때 동기화된 C++ 스트림이 스레드에 안전하다는 점도 중요하다. 모든 스레드는 별다른 동기화 없이도 C++ 스트림에 데이터를 기록할 수 있다. 물론 그렇게 하면 문자들이 뒤섞여서 스트림에 입력될 수 있지만, 그래도 데이터 경쟁은 발생하지 않는다.

std::ios_base::sync_with_stdio(false)를 호출하면 더 이상 C++ 스트림이 C 스트림과 자동으로 동기화되지 않으며, C++ 스트림에 버퍼링이 허용된다. 버퍼링이 작용하면 입출력 연산이 더 빨라질 수 있다. std::ios_base::sync_with_stdio(false)는 입력이나 출력 연산을 수행하기 전에 호출해야 한다. 그렇지 않은 경우의 행동은 구현체가 정의한다.

---

[17] https://isocpp.github.io/CppCoreGuidelines/CppCoreGuidelines#Rio-sync
[18] https://en.cppreference.com/w/cpp/io/
[19] https://en.cppreference.com/w/cpp/io/c

SL.io.50 endl을 피하라.[20]

std::endl을 가능한 한 사용하지 말아야 하는 이유는 무엇일까? 다르게 말하면, 조작자 std::endl와 새 줄(newline) 문자 '\n'의 차이는 무엇일까?

- **std::endl**: 새 줄 문자를 출력한 후 출력 버퍼를 방출한다(flush).
- **'\n'**: 새 줄 문자를 출력한다.

버퍼 방출은 비용이 큰 연산이므로 피하는 것이 좋다. C++ 런타임은 필요한 때가 되면 버퍼를 자동으로 방출한다. 그런데 나는 과연 수동 버퍼 방출이 성능에 얼마나 해가 되는지가 궁금했다. 다음은 두 가지 방식의 성능을 시험해 보는 프로그램인데, 최악의 경우를 흉내 내기 위해 문자 하나마다 새 줄 문자를 출력하고 버퍼를 방출한다(❶).

```cpp
// syncWithStdioPerformanceEndl.cpp

#include <chrono>
#include <fstream>
#include <iostream>
#include <random>
#include <sstream>
#include <string>

constexpr int iterations = 500;                              // ❷

std::ifstream openFile(const std::string& myFile){

  std::ifstream file(myFile, std::ios::in);
  if ( !file ){
    std::cerr << "Can't open file "+ myFile + "!" << '\n';
    exit(EXIT_FAILURE);
  }
  return file;

}

std::string readFile(std::ifstream file){

  std::stringstream buffer;
  buffer << file.rdbuf();

  return buffer.str();
```

---

[20] https://isocpp.github.io/CppCoreGuidelines/CppCoreGuidelines#Rio-endl

```cpp
}

template <typename End>
auto writeToConsole(const std::string& fileContent, End end){
    
    auto start = std::chrono::steady_clock::now();
    for (auto c: fileContent) std::cout << c << end;            // ❶
    std::chrono::duration<double> dur = std::chrono::steady_clock::now()
                                          - start;
    return dur;
}

template <typename Function>
auto measureTime(std::size_t iter, Function&& f){
    std::chrono::duration<double> dur{};
    for (int i = 0; i < iter; ++i){
        dur += f();
    }
    return dur / iter;
}

int main(int argc, char* argv[]){
    
    std::cout << '\n';
    
    // 명령줄 인수에서 파일 이름을 얻는다.
    std::string myFile;
    if ( argc == 2 ){
        myFile= argv[1];
    }
    else {
        std::cerr << "Filename missing !" << '\n';
        exit(EXIT_FAILURE);
    }
    
    std::ifstream file = openFile(myFile);
    
    std::string fileContent = readFile(std::move(file));
                                                                // ❸
    auto averageWithFlush = measureTime(iterations, [&fileContent] {
        return writeToConsole(fileContent,
            std::endl<char, std::char_traits<char>>);
    });
                                                                // ❹
    auto averageWithoutFlush = measureTime(iterations, [&fileContent] {
        return writeToConsole(fileContent, '\n');
    });
    
    std::cout << '\n';
```

```
    std::cout << "With flush(std::endl) " << averageWithFlush.count()
                                          << " seconds" << '\n';
    std::cout << "Without flush(\\n): " << averageWithoutFlush.count()
                                       << " seconds" << '\n';
    std::cout << "With Flush/Without Flush: "
             << averageWithFlush/averageWithoutFlush << '\n';

    std::cout << '\n';

}
```

첫 방식에서는 std::endl을 사용하고(❸) 둘째 방식에서는 '\n'을 사용한다(❹). 두 방식을 500번(❷) 반복해서 측정한 시간을 보면 어느 쪽이 우월한지 명백하다. 리눅스(GCC)와 Windows(cl.exe) 모두에서 '\n'이 std::endl보다 10%에서 20% 정도 빨랐다.

다음은 구체적인 측정치이다.

- GCC(그림 16.7)

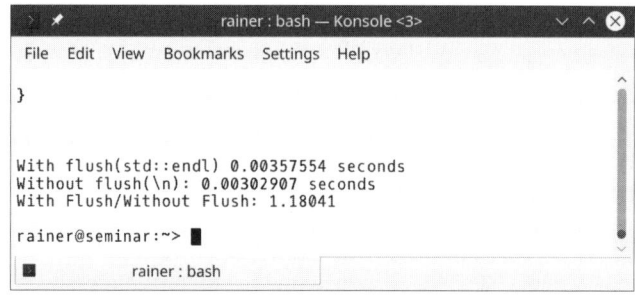

그림 16.7 리눅스에서 버퍼 방출/미방출 성능 측정 결과.

- cl.exe (그림 16.8)

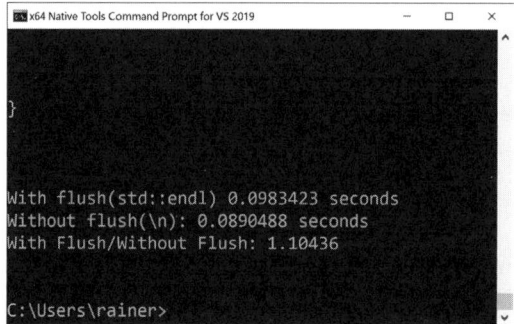

그림 16.8 Windows에서 버퍼 방출/미방출 성능 측정 결과.

16.4 관련 규칙들

표준 라이브러리는 C++ 표준의 중요한 부분이다. 관련 규칙으로는 "ES.1: 표준 라이브러리를 다른 라이브러리나 '손으로 직접 짠 코드'보다 선호하라"(§8.1)가 있다. 이 책 자체도 이 규칙에 따라 표준 라이브러리의 여러 측면을 다룬다. 좋은 예가 제7장 "자원 관리"의 스마트 포인터들과 제10장 "동시성"의 스레드 구성요소들이다.

C++ 핵심 가이드라인에는 C 배열보다 STL 컨테이너를 선호해야 한다는 취지의 규칙들이 여러 개 있는데, 몇 개를 들면 다음과 같다.

- P.4: 이상적으로, 프로그램은 정적 형식 안전성을 갖추어야 한다(§1.16).
- I.13: 배열을 단일 포인터로 전달하지 말라(§3.3).
- ES.42: 포인터는 간단하고 직관적으로만 사용하라(§8.3.1).
- ES.55: 색인 범위 점검이 필요한 상황을 피하라(§8.3.1).

요약

주요 사항

- C 배열 대신 std::array나 std::vector를 사용하라. 실행 시점에서 컨테이너가 커져야 한다면 std::array보다는 std::vector를 선호하라. std::array에 담기에는 요소의 개수가 너무 많은 경우에도 std::vector가 낫다. std::vector와 std::array는 안전한 요소 접근을 위한 at 멤버 함수를 제공한다.
- 문자열은 여러 종류이다. std::string은 문자열(문자 순차열)을 소유한다. 그 밖의 문자열 표현 수단들(std::string_view, const char*, std::byte)은 문자열을 참조하기만 한다.
- 입출력 연산에서 C 스타일 함수들보다는 iostream을 선호하라. 입력 연산 시에는 잘못된 형태의 입력이 들어올 수 있음을 항상 고려해야 한다.

02

C++ Core Guidelines Explained

지원 섹션들

17장	구조적 개념들
18장	비규칙과 미신
19장	프로파일
20장	GSL: 가이드라인 지원 라이브러리

17장

C++ Core Guidelines Explained

구조적 개념들

첫 지원 섹션(supporting section)은 구조적 개념(architectural idea)들에 관한 것이다. 이 구조적 개념 섹션[1]은 상당히 짧다. 이 책을 쓰는 현재 규칙이 단 세 개이다. 이 섹션의 규칙들은 C++ 프로그래밍 언어에만 국한된 것은 아니라는 점에서 철학 섹션의 규칙들(제1장)을 떠올리게 한다.

A.1   안정된 코드와 덜 안정된 코드를 분리하라.[2]

C++ 핵심 가이드라인은 이 규칙을 이렇게 설명한다: "덜 안정된 코드를 격리하면 그런 코드의 단위 테스트, 인터페이스 개선, 리팩터링, 궁극적인 폐기가 촉진된다." 이게 무슨 말일까?

안정된(stable) 코드와 덜 안정된 코드를 분리하는 한 방법은 그 두 코드 사이에 인터페이스를 두는 것이다. 그런 인터페이스가 존재하면 덜 안정된 코드는 일종의 하위 시스템(subsystem)이 되며, 따라서 인터페이스 반대편에 있는 안정된 코드와는 독립적으로 테스트하거나 리팩터링할 수 있다. 그런데 하위 시스템 자체는 물론이고 하위 시스템이 전체 시스템과 어떻게 통합되는지도 테스트해야 한다. 전자의 테스트를 흔히 하위 시스템 테스트(subsystem test)라고 부르고 후자를 하위 시스템 통합 테스트(subsystem integration test)라고 부른다. 하위 시스템은 시스템과 두 개의 채널로 연결된다. 하나는 기능성 채널(functional

---

1 https://isocpp.github.io/CppCoreGuidelines/CppCoreGuidelines#S-A
2 https://isocpp.github.io/CppCoreGuidelines/CppCoreGuidelines#Ra-stable

channel)이고 다른 하나는 비기능성 채널(nonfunctional channel)이다. 두 채널 모두 테스트해야 한다. 기능성 채널은 하위 시스템의 기능들을 제공한다. 비기능성 채널은 하위 시스템에서 발생한 예외를 시스템에 전달해서 시스템이 적절히 반응하게 하는 데 쓰인다. 하위 시스템과 시스템을 인터페이스로 분리하면 구체적인 하위 시스템은 그 인터페이스의 구현 중 하나가 되며, 따라서 다른 구현(어쩌면 더 안정적인)으로 손쉽게 대체할 수 있다.

A.2 잠재적으로 재사용 가능한 부품들을 라이브러리로 표현하라.[3]

규칙 자체는 간단하지만, 실제로 적용하려면 몇 가지 질문에 답해야 한다.

1. 소프트웨어의 한 부품이 잠재적으로 재사용 가능한지 어떻게 판단할 것인가?
2. 라이브러리를 구현하는 데 든 비용 이상의 이득이 돌아오는 때는 언제인가?
3. 적절한 종류의 추상은 무엇인가?

세 질문 모두 상당히 애매하기 때문에 일반적인 해답을 끌어내기가 어렵다. 특히 마지막 질문이 그렇다.

이 주제와 관련해서 무엇보다도 하고 싶은 말은, 라이브러리로서 재사용할 수 있는 코드를 만드는 데 너무 애를 쓰지는 말아야 한다는 것이다. 왜냐하면 그런 라이브러리가 실제로 필요하게 되리라는 보장이 없기 때문이다. 이런 관점을 흔히 YAGNI("you aren't gonna need it")[4]라고 표현한다. 대신 가독성, 유지보수성, 테스트 가능성 같은 다른 품질 특성들에 초점을 두고 코드를 작성하는 것이 좋다. 여러분이 오늘 작성한 코드를 나중에 여러분 자신 또는 다른 프로그래머들이 읽고 수정하게 될 가능성이 아주 크다. 필립 워들러Philip Wadler[5]의 말을 빌자면, "코드를 읽기 좋게 작성하라. 다음번에 여러분의 코드를 읽을 사람이 사이코패스이며 여러분의 집 주소를 알고 있다고 가정하라."

같은 또는 비슷한 기능성이 여러 번 필요할 때 적용되는 또 다른 원칙으로는 DRY, 즉 "don't repeat yourself(반복하지 말라)"이다. 이 시점에서 추상화(abstraction)를 고민해야 한다. 비슷한 함수가 두 개 있다면, 공통의 기능성을 구현하는 세 번째 함수를 작성하고, 비슷한 두 함수는 그냥 그 세 번째 함수를 감

---

[3] https://isocpp.github.io/CppCoreGuidelines/CppCoreGuidelines#Ra-lib
[4] https://en.wikipedia.org/wiki/You_aren%27t_gonna_need_it
[5] https://en.wikipedia.org/wiki/Philip_Wadler

싸는 래퍼wrapper로 만들면 된다. 다음은 이 점을 보여주는 예제 코드이다.

```cpp
std::vector<void*> myAlloc;

void* newImpl(std::size_t sz, char const* file, int line){ // ❸
    static int counter{};
    void* ptr = std::malloc(sz);
    std::cerr << file << ": " << line << " " << ptr << '\n';
    myAlloc.push_back(ptr);
    return ptr;
}

                                                                    // ❶
void* operator new(std::size_t sz, char const* file, int line){

    return newImpl(sz, file, line);
}

                                                                    // ❷
void* operator new[](std::size_t sz,char const* file, int line){
    return newImpl(sz, file, line);
}
```

간단한 형태의 두 new 연산자(❶과 ❷)는 공통의 구현(❸)을 호출한다.

    질문 3은 너무나 주관적이고 너무나 많은 요인에 영향을 받기 때문에 여기서 일반적인 답을 제시하는 것은 바람직하지 않겠다. 이 질문의 답은 소프트웨어의 영역(domain)에 따라 다를 수 있다. 예를 들어 소프트웨어가 데스크톱에서 실행되는가, 아니면 내장형 기기나 고성능 서버에서 실행되는가? 또한 이 질문의 답은 유지보수성, 테스트 가능성, 규모가변성(scalability) 같은 특성들에 의존하며, 성능에도 의존할 것이다. 그리고 사용자의 운용 능력 수준에 의존할 수도 있다. 라이브러리가 전체 시스템의 기반구조(infrastructur)에 해당하는 라이브러리인지 고객을 위한 라이브러리인지도 답에 영향을 미칠 것이다.

    재사용 가능한 소프트웨어를 라이브러리 형태로 작성하려면 일회성 구현을 작성할 때보다 서너 배의 노력이 필요하다. 내가 제시하고 싶은 대략적인 원칙은 이렇다. 어떠한 기능성을 재사용할 것이 확실해지면 라이브러리 작성을 고려해야 한다. 그 기능성을 두 번 이상 재사용할 때만 라이브러리를 작성해야 한다.

| A.4 | 라이브러리들 사이에 순환 의존관계가 없어야 한다.[6] |

라이브러리 c1과 c2 사이에 순환 의존관계가 있으면 소프트웨어 시스템이 복잡해진다. 첫째로, 라이브러리들을 테스트하기 어렵고 라이브러리들을 개별적으로 재사용하기가 불가능하다. 둘째로, 라이브러리를 이해하고, 유지보수하고, 확장하기가 어렵다. 라이브러리들 사이에서 순환 의존관계를 발견했다면 관계를 끊어버려야 한다. 다음은 존 라코스[John Lakos][7]가 제시한 몇 가지 방법이다 (*Large Scale C++ Software Design*, p. 185 참고).

1. c1과 c2가 더 이상 서로에 의존하지 않도록 다시 패키징한다.
2. c1과 c2를 물리적으로 결합해서 하나의 구성요소 c12를 만든다.
3. c1과 c2가 마치 하나의 구성요소 c12인 것처럼 생각하고 사용한다.

---

6 *https://isocpp.github.io/CppCoreGuidelines/CppCoreGuidelines#Ra-dag*
7 *https://codedive.pl/index/speaker/name/john-lakos*

18장

C++ Core Guidelines Explained

비규칙과 미신

여러분도 C++의 비규칙(nonrule)과 미신(myth)을 많이 알고 있을 것이다. 그런 비규칙과 미신 중 일부는 현대적 C++ 이전의 C++에 대한 것이다. 그리고 현대적 C++ 기법과는 충돌하는 것들도 있다. 또한, 예전에는 좋은 C++ 코드를 작성하기 위한 **모범 관행**(best practice)으로 간주되던 것들도 있다. **C++ 핵심 가이드라인**의 비규칙과 미신 섹션[1]의 규칙들은 잘못된 또는 철지난 조언들을 경고하고 대안을 제시한다.

NR.1 모든 선언을 함수의 최상단에 두려고 고집하지 말라.[2]

이 규칙이 반대하는 비규칙은 C89 표준[3]의 유물이다. C89에서는 변수 선언문이 아닌 문장(이를테면 배정문) 다음에 변수 선언문이 올 수 없었다. 따라서 모든 변수를 함수의 첫머리에서 선언해야 했는데, 그러다 보니 변수가 선언된 지점과 변수가 쓰이는 시점이 아주 멀어지곤 했다. 다음은 이 문제를 잘 보여주는 예제로, C++ 핵심 가이드라인에서 발췌한 것이다.

```
int use(int x) {
    int i;
    char c;
    double d;
    // ... 어떤 문장들 ...
```

---

[1] *https://isocpp.github.io/CppCoreGuidelines/CppCoreGuidelines#S-not*
[2] *https://isocpp.github.io/CppCoreGuidelines/CppCoreGuidelines#Rnr-top*
[3] *https://en.wikipedia.org/wiki/ANSI_C#C89*

```
    if (x < i) {
      // ...
      i = f(x, d);
    }
    if (i < x) {
      // ...
      i = g(x, c);
    }
    return ;
}
```

이 예제 코드에서 무엇이 문제인지 이미 눈치챘을 것이다. i는 내장 형식의 지역 변수이므로 자동으로 초기화되지 않는다(c와 d도 마찬가지이다). 그 아래의 if 문에서처럼 초기화되지 않은 변수를 사용하는 것은 미정의 행동이다. i가 std::string 같은 사용자 정의 형식이었다면 생성자에서 적절히 초기화되므로 문제가 발생하지 않는다. 이 문제를 피하는 방법은 여러 가지이다.

- 변수 i를 처음 쓰이는 곳 직전에서 선언한다.
- 변수를 항상 초기화한다. `int i{}` 같은 초기화 구문을 이용할 수도 있지만, auto를 사용하는 것이 더 낫다. 왜냐하면 `auto i;`처럼 실수로 초기화를 빼먹으면 컴파일러가 오류 메시지를 내기 때문이다. 결과적으로, auto를 사용하면 애초에 변수를 초기화하지 않고 넘어갈 수 없다.

NR.2 함수에 반환문을 하나만 두려고 고집하지 말라.[4]

함수에 반환문을 하나만 두어야 한다는 비규칙을 따르면 NR.1의 비규칙까지 따르게 된다.

```
template<class T>
std::string sign(T x) {
    std::string res;
    if (x < 0)
        res = "negative";
    else if (x > 0)
        res = "positive";
    else
        res = "zero";
    return res;
}
```

---

4 https://isocpp.github.io/CppCoreGuidelines/CppCoreGuidelines#Rnr-single-return

반환문을 여러 개 두면 코드가 읽기 쉬워질 뿐만 아니라 속도도 빨라진다.

```cpp
template<class T>
std::string sign(T x) {
  if (x < 0)
      return "negative";
  else if (x > 0)
      return "positive";
  return "zero";
}
```

그런데 조건에 따라 서로 다른 형식의 값을 반환하는 경우에는 반환 형식의 자동 연역에서 문제가 발생할 수 있음을 주의해야 한다.

```cpp
// differentReturnTypes.cpp

template <typename T>
auto getValue(T x) {
  if (x < 0)            // int
    return -1;
  else if (x > 0)
    return 1.0;         // double
  else return 0.0f;     // float
}

int main(){
    getValue(5.5);
}
```

예상했겠지만 이 프로그램은 컴파일되지 않는다(그림 18.1)

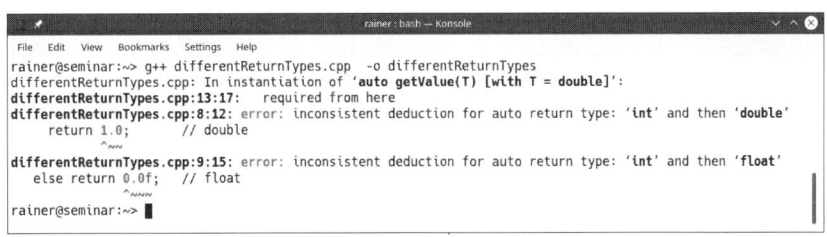

그림 18.1 반환 형식이 여러 가지인 함수.

NR.3   예외를 꺼리지 말라.[5]

오류 처리에서 프로그래머가 예외를 꺼리는 이유는 여러 가지인데, C++ 핵심 가이드라인은 주된 이유로 다음 네 가지를 든다.

1. 예외는 비효율적이다.
2. 예외는 자원 누수와 실행 오류로 이어진다.
3. 예외의 성능은 예측할 수 없다.
4. C++ 런타임은 예외 처리를 위해 너무 많은 공간(메모리)을 차지한다.

C++ 핵심 가이드라인은 이 네 가지 주장에 대한 심오한 해명을 제공한다.

1번에 대한 해명은, 예외 처리를 사용하는 프로그램은 오류 발생 시 그냥 종료하거나 오류 코드를 표시하는 프로그램만큼이나 효율적이라는 것이다. 단, 컴파일러가 예외 처리를 제대로 구현하지 않는 경우가 종종 있는데, 그런 경우 비교는 무의미하다. *Technical Report on C++ Performance*(C++ 성능 기술 보고서) TR18015[6]에 따르면, 컴파일러들이 예외를 구현하는 데 흔히 사용하는 접근 방식은 다음 두 가지이다.

- 코드 접근 방식: 각각의 try 블록에 코드를 연관시킨다.
- 테이블 접근 방식: 컴파일러가 생성한 정적 테이블을 사용한다.

간단히 말하면, 코드 접근 방식의 단점은 예외가 던져지지 않은 상황에서도 예외 처리 스택 관리 작업이 필요하다는 것이다. 이 때문에 오류 처리와는 무관한 코드도 느려진다. 테이블 접근 방식에는 그런 단점이 없다. 테이블 접근 방식에서는 예외가 던져지지 않으면 스택 공간이나 실행 시점 비용이 전혀 소비되지 않는다. 테이블 접근 방식의 단점은 (컴파일러 제조사가) 구현하기가 더 어렵고 정적 테이블이 상당히 커질 수 있다는 점이다.

2번에 대한 해명을 요약하면, 자원 관리 전략이 없는 것이 문제이지 예외가 문제는 아니라는 것이다.

3번으로 넘어가서, 너무 늦은 응답은 응답이라고 간주할 수 없을 정도로 엄격한 실시간 보장(hard real-time guarantee)을 충족해야 하는 상황에서, 테이블 접근 방식에 기반한 예외 구현은 좋은 경우(good case)에서 프로그램의 실행 시

---

[5] *https://isocpp.github.io/CppCoreGuidelines/CppCoreGuidelines#Rnr-no-exceptions*
[6] *http://www.open-std.org/jtc1/sc22/wg21/docs/TR18015.pdf*

점에 영향을 미치지 않는다. 솔직히, 엄격한 실시간 시스템에서도 이러한 엄격한 실시간 제약조건은 시스템의 작은 부분에만 적용된다.

비규칙들에 대한 반박은 이 정도로 마무리하고, 예외를 사용하는 이유로 넘어가자. 다음은 예외의 장점들이다.

- 예외는 오류에 의한 반환과 정상적인 반환을 명확하게 구분한다.
- 예외는 간과하거나 무시할 수 없다.
- 예외는 체계적으로 사용할 수 있다.

구식 코드 기반(code base)을 다루면서 내가 겪은 일화 하나를 소개하겠다. 그 시스템은 함수의 성공/실패를 오류 코드(error code)를 이용해서 보고했다. 즉, 호출자는 오류 코드를 점검해서 함수의 실행 성공 여부를 판정하고 그에 따라 적절한 처리를 수행해야 했다. 이 자체로는 좋지만, 함수가 오류 코드를 반환하는 탓에 함수가 실행한 작업의 결과를 반환값으로 돌려줄 수 없었다. 그러다 보니 프로그래머들이 함수 안에서 전역 변수를 사용하게 되고, 급기야는 매개변수가 아예 없는(어차피 전역 변수를 사용하면 되므로) 함수들을 작성하기 시작했다. 그렇게 만들어진 유지보수나 테스트가 불가능한 시스템을 리팩터링하는 것이 내가 맡은 일이었다.

오류의 적절한 처리 방식에 관해서는 제11장 "오류 처리"에서 좀 더 자세히 이야기했다.

NR.4 클래스 선언을 개별 소스 파일에 두려고 고집하지 말라.[7]

소스 코드를 조직화할 때는 파일을 기준으로 삼지 말고 이름공간을 기준으로 삼는 것이 바람직하다. 클래스 선언마다 개별 파일을 사용하면 파일 수가 많아진다. 파일이 너무 많으면 프로그램을 유지보수하기 어렵고 컴파일이 늦어진다.

NR.5 2단계 초기화를 사용하지 말라.[8]

생성자의 임무는 명확하다. 생성자가 성공적으로 실행되었다면, 완전하게 초기화된 객체가 남아야 한다. 다음은 이 원칙을 위반한 나쁜 코드의 예로, C++ 핵심 가이드라인에서 가져왔다.

---

7 *https://isocpp.github.io/CppCoreGuidelines/CppCoreGuidelines#Rnr-lots-of-files*
8 *https://isocpp.github.io/CppCoreGuidelines/CppCoreGuidelines#Rnr-two-phase-init*

```cpp
class Picture {
    int mx;
    int my;
    char * data;
 public:
    Picture(int x, int y) {
        mx = x,
        my = y;
        data = nullptr;
    }

    ~Picture() {
        Cleanup();
    }

    bool Init() {
        // 불변식 점검
        if (mx <= 0 || my <= 0) {
            return false;
        }
        if (data) {
            return false;
        }
        data = (char*) malloc(x*y*sizeof(int));
        return data != nullptr;
    }

    void Cleanup() {                    // ❷
        if (data) free(data);
        data = nullptr;
    }
};

Picture picture(100, 0);
//이 판정은 실패한다...
if (!picture.Init()) {                  // ❶
    puts("Error, invalid picture");
}
```

picture(100, 0) 호출은 picture 객체를 완전하게 초기화하지 않는다. 그래서 picture에 대한 연산은 모든 유효하지 않은 객체에 대해 수행된다. 특히 이 예제는 늦은 초기화 시도(❷) 자체도 실패한다는 점에서 문제가 심각하다. 해결책은 간단하고도 효과적이다. 모든 초기화 작업을 생성자에 집어넣으면 된다.

```cpp
class Picture {
    std::size_t mx;
    std::size_t my;
```

```cpp
    std::vector<char> data;

    static size_t check_size(size_t s) {
        Expects(s > 0);    // 불변식 점검
        return s;
    }
public:
    Picture(size_t x, size_t y)
        : mx(check_size(x))
        , my(check_size(y))
        , data(mx * my * sizeof(int)) {
    }
};
```

data 멤버를 원시 포인터에서 std::vector로 바꾸었다는 점도 주목하자. 이제는 그림 객체가 소멸할 때 데이터가 자동으로 해제되므로 Cleanup 멤버 함수(첫 예제의 ❷)는 필요하지 않다. 그리고 생성자가 정적 함수 check_size를 이용해서 인수들의 유효성을 멤버 초기화 구문에서 점검하는 기법도 눈여겨보기 바란다.† 그런데 현대적 C++이 제공하는 혜택이 이게 전부는 아니다.

C++ 프로그래머들은 흔히 객체의 기본 행동 방식을 설정하는 용도로 생성자를 사용하곤 한다. 여러분은 그렇게 하지 말기 바란다. 객체의 기본 행동 방식은 클래스의 본문에서 설정하고, 여러 가지 생성자로 기본 행동 방식에 변화를 주는 방식이 바람직하다. "C.45: 데이터 멤버들을 초기화하기만 하는 기본 생성자는 정의하지 말고, 대신 멤버 초기화 구문을 사용하라"(§5.3.2.2)를 참고하자.

공통의 초기화 작업이나 유효성 검증 루틴들을 init이라는 멤버 함수에 몰아 넣고, 생성자 호출 직후에 이 멤버 함수를 호출하는 방식도 흔히 쓰인다. 이는 DRY(don't repeat yourself) 원칙을 지키는 한편으로 "생성자가 성공적으로 실행되었다면, 완전하게 초기화된 객체가 남아야 한다"라는 또 다른 원칙을 위반하는 관행이다. 이 딜레마를 어떻게 해결해야 할까? 해법은 상당히 간단하다. C++11부터 지원하는 생성자 위임(delegation) 기능이 바로 해결책이다. 즉, 공통의 초기화와 유효성 검증 논리를 하나의 현명한 생성자에 몰아 넣고, 기본 행동 방식의 변화를 위한 다른 생성자들이 그 하나의 생성자를 호출하게 하면 된다. 규칙 "C.51: 한 클래스의 모든 생성자에 공통인 작업들은 위임 생성자로 표현하라"(§5.3.2.1)을 참고하기 바란다.

---

† [옮긴이] check_size 함수 본문의 Expects는 GSL(가이드라인 지원 라이브러리)의 함수이다. GSL은 제20장에서 소개한다.

NR.6	마무리 작업들을 제일 끝에 몰아넣고 goto exit으로 넘어가는 방식으로 함수를 작성하지 말라.[9]

다음은 C++ 핵심 가이드라인이 제시하는 나쁜 예인데, 요즘에 이런 코드를 작성하는 독자는 없을 것이다.

```
void do_something(int n) {
   if (n < 100) goto exit;
   // ...
   int* p = (int*) malloc(n);
   // ...
exit:
   free(p);
}
```

그나저나 이 코드에 오류가 하나 있는데 찾았는지 모르겠다. goto exit은 포인터 p의 정의를 건너뛴다.

구식 C 코드에서는 다음과 같은 구조의 코드를 흔히 볼 수 있다.

```
// lifecycle.c

#include <stdio.h>

void initDevice(const char* mess) {
    printf("\n\nINIT: %s\n",mess);
}

void work(const char* mess) {
    printf("WORKING: %s",mess);
}

void shutDownDevice(const char* mess) {
    printf("\nSHUT DOWN: %s\n\n",mess);
}

int main(void) {

    initDevice("DEVICE 1");
    work("DEVICE1");
    {
        initDevice("DEVICE 2");
        work("DEVICE2");
        shutDownDevice("DEVICE 2");
```

---

9 *https://isocpp.github.io/CppCoreGuidelines/CppCoreGuidelines#Rnr-goto-exit*

```
    }
    work("DEVICE 1");
    shutDownDevice("DEVICE 1");

    return 0;
}
```

이런 구조의 코드는 프로그래머가 실수할 여지가 아주 많다. 장치(device) 하나를 사용하려면 초기화, 사용, 해제라는 세 단계를 순서대로 거쳐야 한다. C++에서는 RAII에 맡기면 된다(§7.1의 규칙 "R.1: 자원 핸들과 RAII를 이용해서 자원을 자동으로 관리하라" 참고).

```
// lifecycle.cpp

#include <iostream>
#include <string>

class Device {
 public:
    Device(const std::string& res):resource(res) {
        std::cout << "\nINIT: " << resource << ".\n";
    }

    void work() const {
        std::cout << "WORKING: " << resource << '\n';
    }
    ~Device() {
        std::cout << "SHUT DOWN: "<< resource << ".\n\n";
    }
 private:
    const std::string resource;
};

int main() {

    Device resGuard1{"DEVICE 1"};
    resGuard1.work();

    {
       Device resGuard2{"DEVICE 2"};
       resGuard2.work();
    }
    resGuard1.work();

}
```

자원을 생성자에서 초기화하고 소멸자에서 해제하면 끝이다. 이러면 프로그래머가 초기화 단계를 빼먹을 일이 없다. 게다가 자원 해제는 컴파일러가 처리해준다. 두 프로그램의 출력 자체는 동일하다(그림 18.2).

그림 18.2 장치 객체의 자동 관리.

NR.7 모든 데이터 멤버를 protected로 만들지는 말라.[10]

클래스들에 보호된 데이터, 즉 protected로 선언된 데이터 멤버가 있으면 프로그램이 복잡해지고 오류 발생 가능성이 커진다. 기반 클래스에 보호된 데이터가 있으면 파생 클래스를 격리해서 분석할 수 없다. 이는 캡슐화 위반이다. 클래스 하나를 분석할 때도 항상 클래스 위계구조 전체를 살펴봐야 한다.

클래스에 보호된 데이터를 둔다면, 적어도 다음 세 질문에 대해 만족스러운 답을 구해야 한다.

1. 보호된 데이터를 파생 클래스의 생성자에서 초기화해야 하는가?
2. 보호된 데이터의 실질적인 가치는 무엇인가?
3. 보호된 데이터를 수정하면 누구에게 영향을 미치는가?

클래스 위계구조가 깊을수록 이 질문의 답이 점점 더 복잡해진다.

보호된 데이터는 클래스 위계구조 범위 안의 전역 데이터라고 할 수 있다. 변경 가능한 공유 상태가 얼마나 골치 아픈 존재인지는 더 말하지 않아도 될 것이다. 변경 가능한 공유 상태가 있으면 예를 들어 테스트와 동시성이 상당히 까다로워진다.

---

10 https://isocpp.github.io/CppCoreGuidelines/CppCoreGuidelines#Rnr-protected-data

19장

C++ Core Guidelines Explained

프로파일

먼저 C++ 핵심 가이드라인에서 말하는 프로파일profile이 무엇인지부터 살펴보자. C++ 핵심 가이드라인은 프로파일을 다음과 같이 정의한다: "'프로파일'은 특정한 보장을 달성하기 위해 설계된, 결정론적이고 이식성 있게 집행할 수 있는 부분집합 규칙(즉 제약)들의 집합이다."

이 정의에서 특히 관심 있게 살펴봐야 할 용어가 두 개 있다.

- **결정론적**(deterministic): 프로파일은 컴파일러로 구현할 수 있는 국소적인 분석(local analysis)만을 요구한다.
- **이식성 있게 집행 가능**(portably enforceable): 플랫폼과 도구가 달라도 같은 답이 나와야 한다.

코딩 가이드라인과 관련해서 프로파일이 필요한 이유는 크게 두 가지이다.

1. C++ 프로그래머는 구식(legacy) 코드도 다루어야 하는데, 구식 코드에 C++ 핵심 가이드라인의 모든 규칙을 단번에 적용할 수는 없다. 규칙들을 단계별로 적용해야 하며, 따라서 먼저 적용할 수 있는 규칙들과 나중에 적용할 규칙들을 구분할 수 있어야 한다. 프로파일이 그러한 구분의 수단으로 쓰인다.
2. 주어진 코드 기반에 좀 더 중요하게 적용되는 일단의 규칙들이 있을 수 있다. 이를테면 "경계 오류를 피한다"나 "형식을 정확하게 사용한다" 같은 특정한 목표를 위한 규칙들이 그런 예이다. 이런 연관된 규칙들을 프로파일로 묶을 수 있다.

C++ 핵심 가이드라인의 프로파일 섹션[1]은 형식 안전성과 경계(bound; 색인 범위) 안전성, 객체 수명 안전성을 위한 프로파일들을 제공한다. 이 프로파일들은 도구를 이용해서 자동으로 점검할 수 있는데, 자동 점검 문제는 부록 A "C++ 핵심 가이드라인의 집행"에서 좀 더 자세히 이야기할 것이다.

이번 장에서는 C++ 핵심 가이드라인의 형식 안전성 프로파일(§19.1), 경계 안전성 프로파일(§19.2), 객체 수명 안전성 프로파일(§19.3)을 간략하게나마 소개한다.

19.1 형식 안전성

형식 안전성(type safety)을 위해서는 코드에서 형식을 올바르게 사용해야 하며, 그러려면 무엇보다도 안전하지 않은 형변환과 공용체를 피해야 한다.

C++ 핵심 가이드라인의 형식 안전성 프로파일[2]은 여덟 가지 규칙으로 구성된다. 이 규칙들은 모두 접두사가 Type이고, 규칙 문구에 "하지 말라"나 "항상", "피하라" 같은 단어가 많이 쓰인다. 각 규칙은 관련된 기존 규칙들을 제시한다.

- Type.1: 형변환(cast)을 피하라.
    - reinterpret_cast를 사용하지 말라: "ES.48: 형변환을 피하라"와 "ES.49: 형변환이 꼭 필요하다면 명명된 형변환을 사용하라".
    - 산술 형식에 static_cast를 사용하지 말라: "ES.48: 형변환을 피하라"와 "ES.49: 형변환이 꼭 필요하다면 명명된 형변환을 사용하라".
    - 원본 형식과 대상 형식이 같은 포인터 형식들 사이의 형변환은 하지 말라: "ES.48: 형변환을 피하라".
    - 암묵적인 변환이 일어날 수 있는 포인터 형식들 사이의 형변환은 하지 말라: "ES.48: 형변환을 피하라".
- Type.2: 하향 형변환에 static_cast를 사용하지 말라: "C.146: 클래스 위계구조 안에서의 이동이 불가피하면 dynamic_cast를 사용하라".
- Type.3: const를 강제로 제거하기 위해 const_cast를 사용하지 말라: "ES.50: const를 강제로 제거하지 말라".
- Type.4: C 스타일 (T)expression 형변환이나 함수 스타일 T(expression) 형변

---

[1] https://isocpp.github.io/CppCoreGuidelines/CppCoreGuidelines#S-profile
[2] https://isocpp.github.io/CppCoreGuidelines/CppCoreGuidelines#prosafety-type-safety-profile

환을 사용하지 말라: "ES.34: (C 스타일의) 가변 인수 함수를 정의하지 말라"
와 "ES.49: 형변환이 꼭 필요하다면 명명된 형변환을 사용하라".

- Type.5: 아직 초기화되지 않은 변수를 사용하지 말라: "ES.20: 객체를 항상 초기화하라".
- Type.6: 멤버 변수를 항상 초기화하라: "ES.20: 객체를 항상 초기화하라"와 "C.43: 복사 가능(값 형식) 클래스에는 반드시 기본 생성자가 있어야 한다", "C.45: 데이터 멤버들을 초기화하기만 하는 기본 생성자는 정의하지 말고, 대신 멤버 초기화 구문을 사용하라".
- Type.7: 헐벗은 공용체를 피하라: "C.181: '헐벗은' union을 피하라".
- Type.8: va_arg를 피하라: "F.55: va_arg 인수는 사용하지 말라".

19.2 경계 안전성

경계 안전성(bounds safety)은 할당된 메모리의 경계 안에서만 연산이 수행되는 것을 말한다.

경계 안전성을 해치는 두 주범은 포인터 산술과 배열 색인 접근이다. 또한, 포인터를 사용할 때는 포인터가 배열이 아니라 단일한 하나의 객체를 가리키게 해야 한다. 경계 안전성 프로파일은 형식 안전성 및 수명 안전성을 위한 규칙들과 결합할 때 비로소 완전해진다.

경계 안전성 프로파일[3]은 다음 네 규칙으로 구성된다.

- Bounds.1: 포인터 산술을 사용하지 말라: "I.13: 배열을 단일 포인터로 전달하지 말라"와 "ES.42: 포인터는 간단하고 직관적으로만 사용하라".
- Bounds.2: 배열에 색인으로 접근할 때는 상수 표현식만 사용하라: "I.13: 배열을 단일 포인터로 전달하지 말라"와 "ES.42: 포인터는 간단하고 직관적으로만 사용하라".
- Bounds.3: 배열에서 포인터로의 붕괴를 허용하지 말라: "I.13: 배열을 단일 포인터로 전달하지 말라"와 "ES.42: 포인터는 간단하고 직관적으로만 사용하라".
- Bounds.4: 경계 오류를 점검하지 않는 표준 라이브러리 함수나 형식은 사용하지 말라: "SL.con.3: 경계 오류를 피하라".

---

[3] https://isocpp.github.io/CppCoreGuidelines/CppCoreGuidelines#probounds-bounds-safety-profile

19.3 수명 안전성

수명 안전성(lifetime safety)을 위해서는 유효한 포인터만 역참조해야 한다. 유효하지 않은(invalid) 포인터로는 초기화되지 않은 포인터, `nullptr`, 배열의 경계 바깥을 가리키는 포인터, 삭제된 객체를 가리키는 포인터 등이 있다.

수명 안전성 프로파일[4]의 규칙은 단 하나이다.

- Lifetime.1: 유효하지 않을 수 있는 포인터는 역참조하지 말라: "ES.65: 유효하지 않은 포인터를 역참조하지 말라".

---

[4] https://isocpp.github.io/CppCoreGuidelines/CppCoreGuidelines#prolifetime-lifetime-safety-profile

… Core Guidelines Explained —

20장

C++ Core Guidelines Explained

GSL: 가이드라인 지원 라이브러리

GSL(Guidelines Support Library; 가이드라인 지원 라이브러리)[1]은 C++ 핵심 가이드라인의 규칙들을 지원하기 위한 작은 라이브러리이다. C++ 핵심 가이드라인은 GSL을 구성하는 뷰, 소유권 포인터, 단언, 유틸리티, 콘셉트 들의 기본적인 명세를 정의한다.

현재 가장 잘 알려진 GSL의 구현은 Microsoft가 만든 것으로, 깃허브의 Microsoft/GSL 저장소[2]에 있다. Microsoft의 버전은 C++14를 지원하는 여러 플랫폼에서 실행된다. 물론 이것이 유일한 구현은 아니다. 깃허브에는 이외에도 여러 구현이 있는데, 특히 주목할 만한 구현은 마르틴 무너(Martin Moene)의 GSL-lite[3]이다. 이 구현은 C++98과 C++03에서도 작동한다.

이번 장은 GSL을 간략하게만 소개한다. GSL을 좀 더 자세히 살펴보고 싶다면 Microsoft/GSL이나 GSL-lite 같은 구현을 실제로 사용해 보기 바란다.

GSL은 다섯 개의 구성요소로 구성된다. GSL의 콘셉트들[4]은 이미 C++20의 일부로 포함되었으므로 여기서 소개하지 않겠다. C++20에 도입된 콘셉트 기능 자체는 부록 B "콘셉츠"에서 소개한다.

---

1 http://isocpp.github.io/CppCoreGuidelines/CppCoreGuidelines#S-gsl
2 https://github.com/Microsoft/GSL
3 https://github.com/martinmoene/gsl-lite
4 http://isocpp.github.io/CppCoreGuidelines/CppCoreGuidelines#SS-gsl-concepts

20.1 뷰[5]

뷰view는 자원을 참조하기만 하고 소유하지는 않는 객체이다. GSL이 제공하는 뷰의 하나인 gsl::span<T>는 연속된 메모리 블록들의 구간(range)을 소유하지 않고 참조한다. gsl::span<T>가 참조하는 비소유(non-owning) 구간은 배열일 수도 있고 크기 정보를 가진 포인터나 std::vector일 수도 있다. 문자열에 대한 비소유 뷰 gsl::string_span<T>나 널 종료 C 문자열에 대한 비소유 뷰 gsl::czstring과 gsl::wzstring도 마찬가지 방식이다. gsl::span<T>의 주된 용도는 보통의 배열을 함수에 전달했을 때 배열이 포인터로 붕괴되는, 그래서 크기 정보가 사라지는 상황을 방지하는 것이다.

gsl::span<T>는 보통의 배열이나 std::vector의 크기를 자동으로 연역한다. 포인터를 사용하는 경우에는 대상 배열의 크기를 여러분이 명시적으로 지정해야 한다.

```
template <typename T>
void copy_n(const T* p, T* q, int n){}

template <typename T>
void copy(gsl::span<const T> src, gsl::span<T> des){}

int main(){

    int arr1[] = {1, 2, 3};
    int arr2[] = {3, 4, 5};

    copy_n(arr1, arr2, 3);        // ❶
    copy(arr1, arr2);             // ❷

}
```

함수 copy_n을 호출할 때는 요소 개수를 명시해야 하지만(❶) 함수 copy를 호출할 때는 그럴 필요가 없다(❷). 이 예제에서 보듯이 gsl::span<T>를 사용하면 배열 색인 범위에 관련한 흔한 실수가 방지된다. gsl::span<T>는 C++20에서 도입된 std::span<T>와 비슷하다.

---

[5] *http://isocpp.github.io/CppCoreGuidelines/CppCoreGuidelines#SS-views*

20.2 소유권 포인터[6]

GSL에는 다양한 종류의 자원 소유 포인터가 있다.

gsl::unique_ptr와 gsl::shared_ptr는 여러분이 익히 알고 있는 스마트 포인터 std::unique_ptr와 std::shared_ptr와 사실상 같다. C++11 표준에 std::unique_ptr와 std::shared_ptr가 있는데도 GSL이 이런 스마트 포인터들을 제공하는 이유는 무엇일까? 이유는 간단하다. C++11을 지원하지 않는 컴파일러에서도 GSL을 사용하기 위한 것이다.

gsl::owner<T*>는 가리키는 객체의 소유권을 가진 포인터이다. 만일 스마트 포인터나 컨테이너 같은 자원 핸들을 사용할 수 없는 상황이라면 이 gsl::owner<T>를 사용해야 한다. 자원을 소유하는 포인터에서 핵심은 자원을 프로그램이 명시적으로 해제해야 한다는 것이다. C++ 핵심 가이드라인은 gsl::owner<T*>로 감싸지 않은 원시 포인터를 비소유 포인터로 간주한다(규칙 "R.3: 원시 포인터(T*)는 비소유(non-owning)이다"와 "R.4: 원시 참조(T&)는 비소유이다" 참고). 반대로 말하면, gsl::owner<T>를 사용하면 자원이 자동으로 해제되므로 여러분이 직접 해제할 필요가 없다.

GSL은 또한 배열을 위한 두 형식 gsl::dyn_array<T>와 gsl::stack_array<T>도 제공한다.

- gsl::dyn_array<T>는 힙에 할당되는 배열로, 요소 개수는 실행 시점에서 고정된다.
- gsl::stack_array<T>는 스택에 할당되는 배열로, 요소 개수는 실행 시점에서 고정된다.

20.3 단언[7]

GSL은 함수의 전제조건(precondition)과 사후조건(postcondition)을 단언(assertion)하기 위한 수단인 Expects()와 Ensures()를 제공한다. 현재는 이 단언 함수들을 함수의 본문에서 호출해야 하지만, 향후 표준에서 계약(contract) 관련 기능들이 승인되면 함수의 선언 부분에 포함하게 될 것이다. 두 단언 함수는 모두 계약 기능의 일부이다. 계약 기능은 부록 C "콘셉츠"에서 좀 더 자세히 소개한다.

---

6 *http://isocpp.github.io/CppCoreGuidelines/CppCoreGuidelines#SS-ownership*
7 *http://isocpp.github.io/CppCoreGuidelines/CppCoreGuidelines#SS-assertions*

다음은 Expects()와 Ensures()의 사용 예로, C++ 핵심 가이드라인의 인터페이스 섹션에 있는 예제들을 참고했다.

```
int area(int height, int width) {
    Expects(height > 0);
    auto res = height * width;
    Ensures(res > 0);
    return res;
}
```

함수 호출에서 전제조건 Expects(height > 0)이나 사후조건 Ensures(res >0)이 위반되면 프로그램이 강제로 종료된다.

20.4 유틸리티[8]

GSL은 새로운 형변환(casting) 수단으로 gsl::narrow_cast<T>와 gsl::narrow를 제공한다.

- **gsl::narrow_cast<T>**는 static_cast<T>와 사실상 같지만, 좁아지는 변환이 발생할 수 있음을 명시적으로 표현한다.
- **gsl::narrow**는 static_cast<T>와 사실상 같지만, static_cast<T>(x) != x인 경우 narrowing_error 예외가 던져짐을 명시적으로 표현한다.

비슷하게, gsl::not_null<T*>는 주어진 포인터가 절대로 널 포인터가 되어서는 안 됨을 명시적으로 표현한다. gsl::not_null<T*> 객체에 널 포인터를 배정하면 컴파일 오류가 발생한다. std::unique_ptr나 std::shared_ptr 같은 스마트 포인터를 gsl::not_null<T*>에 넣는 것도 가능하다. '널'을 허용하지 않는다는 점은 참조와 비슷하나, 참조와는 달리 gsl::not_null<T*>는 다른 객체를 다시 배정할 수 있다.

gsl::not_null<T*>는 흔히 함수의 매개변수와 반환값에 쓰인다. 따라서 함수를 호출할 때나 함수가 값을 돌려줄 때 인수나 반환값이 널 포인터는 아닌지를 반드시 점검해야 한다.

```
// p는 널 포인터일 수 없다.
int getLength(gsl::not_null<const char*> p);
```

---

[8] *http://isocpp.github.io/CppCoreGuidelines/CppCoreGuidelines#SS-utilities*

```
// p는 널 포인터일 수 있다.
int getLength(const char* p);
```

GSL은 gsl::finally라는 유틸리티 함수도 제공한다. finally로 호출 가능 요소 (callable)를 등록하면 해당 범위의 끝에서 그 호출 가능 요소가 자동으로 실행된다.

```
void f(int n) {
   void* p = malloc(1, n);
   auto _ = finally([p] { free(p); });
   ...
} // finally로 등록한 람다가 호출됨
```

함수 f의 끝에서 람다 함수 [p] { free(p); }가 자동으로 호출된다.

C++ 핵심 가이드라인에 따르면, finally는 스마트 포인터나 STL 컨테이너 같은 제대로 된 자원 관리 수단을 사용할 수 없는 상황에서 최후의 방책으로 고려해야 한다.

03

부록

부록 A	C++ 핵심 가이드라인의 집행
부록 B	콘셉츠
부록 C	계약

부록 A

C + + C o r e G u i d e l i n e s E x p l a i n e d

C++ 핵심 가이드라인의 집행

이 부록에서는 여러분의 코드가 C++ 핵심 가이드라인의 규칙들을 위반하지는 않았는지를 자동으로 점검하는 방법을 살펴본다.

그럼 형식 안정성과 경계 안전성, 수명 안정성에 대한 규칙들을 위반한 예제 프로그램 하나로 시작하자.

```
1   // gslCheck.cpp
2
3   #include <iostream>
4
5   void f(int* p, int count) {
6   }
7
8   void f2(int* p) {
9       int x = *p;
10  }
11
12  int main() {
13
14      // 형식 안전성 위반:
15      // C 스타일 형변환을 사용한다.
16      double d = 2;
17      auto p = (long*)&d;
18      auto q = (long long*)&d;
19
20      // 경계 안전성 위반:
21      // 배열에서 포인터로의 붕괴가 일어난다.
22      int myArray[100];
23      f(myArray, 100);
24
```

```
25      // 수명 안전성 위반:
26      // a는 유효하지 않은 포인터이다.
27      int* a = new int;
28      delete a;
29      f2(a);
30
31  }
```

이 소스 코드의 문제점을 주석으로 표시해 두었다. 이 예제 프로그램을 Visual Studio와 clang-tidy[1]를 이용해서 점검해 보겠다.

A.1 Visual Studio

다음은 예제 프로그램 gslCheck.cpp의 문제점을 Visual Studio를 이용해서 검출하는 과정이다.

1. 프로젝트를 빌드할 때 자동으로 코드가 분석되게 한다.

    [그림 A.1]을 참고해서 프로젝트 속성의 빌드 시 **Code Analysis** 항목을 '예'로 변경하기 바란다.

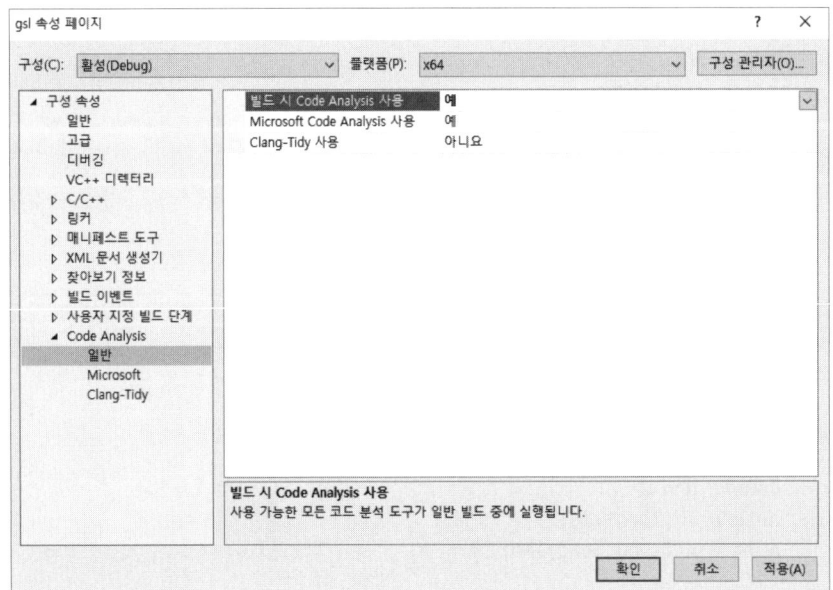

그림 A.1 코드 분석 활성화.

---

1   *https://clang.llvm.org/extra/clang-tidy/*

2. 점검할 활성 규칙들을 설정한다.

   왼쪽 트리의 Microsoft 항목을 선택하면 적용 가능한 활성 규칙들이 나온다. 기본으로 선택된 Microsoft 네이티브 권장 규칙에는 GSL의 형식 안전성, 경계 안전성, 수명 안전성 규칙들이 포함되어 있지 않으므로, 해당 규칙들을 포함하는 활성 규칙을 새로 만들어서 사용하기로 하자.[†] [그림 A.2]는 CheckProfiles라는 이름으로 저장한 새 활성 규칙을 선택하는 모습이다.

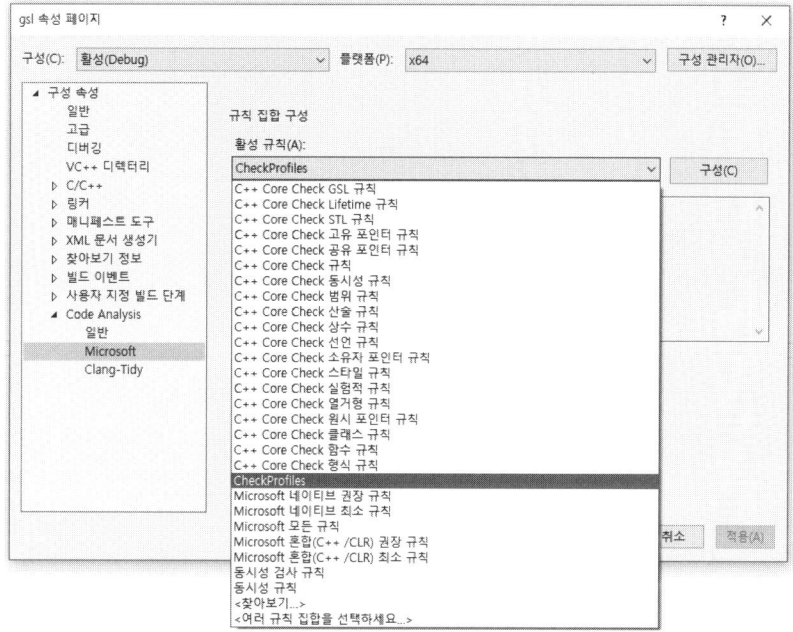

그림 A.2 활성 규칙 집합 설정.

3. 코드 분석을 실행한다.

   프로젝트를 다시 빌드하면 자동으로 규칙들이 소스 코드에 적용된다. 점검 결과가 Visual Studio 하단 출력 창에 나타난다(그림 A.3).

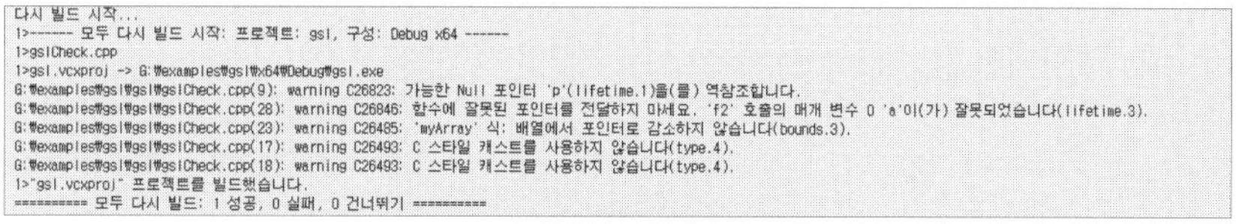

그림 A.3 규칙 점검 결과.

---

† [옮긴이] 활성 규칙 드롭다운 목록 제일 아래의 <여러 규칙 집합을 선택하세요>를 선택해서 규칙 집합 추가 또는 제거 대화상자를 띄운 후 C++ Core Check 범위 규칙, C++ Core Check Lifetime 규칙, C++ Core Check 형식 규칙을 체크하고 다른 이름으로 저장 버튼을 클릭해서 저장하면 된다.

[그림 A.3]에서 보듯이 소스 코드의 문제점들이 모두 잘 검출되었다. 각 문제점에 대해 Visual Studio는 행 번호와 해당 규칙(첫 문제점의 경우 행 17, Type.4)을 포함한 경고 메시지를 출력했다.

4. 특정 경고를 끈다.

경우에 따라서는 특정 경고 메시지가 나오지 않게 하고 싶을 수도 있다. 현대적 C++에서는 특성(attribute)을 이용해서 경고 메시지를 끄는 것이 가능하다. 다음 예제 gslCheckSuppress.cpp는 배열에서 포인터로의 붕괴가 일어나는 호출이 두 개 있는데, 컴파일러는 둘째 호출에 대해서만 경고 메시지를 출력한다.

```cpp
// gslCheckSuppress.cpp; C++20과 MSVC

#include <iostream>

void f(int* p, int count) {
}

int main() {

    int myArray[100];

    // 경계 안전성 위반
    [[gsl::suppress(bounds.3)]] { // 경고 억제
        f(myArray, 100);
    }

    f(myArray, 100);              // 경고

}
```

짐작하겠지만 gsl::suppress(bounds.3)이라는 특성은 규칙 Bounds.3(§19.2)에 대한 경고를 억제한다. 이 특성은 해당 범위(scope)에만 적용되므로, 둘째 f(myArray, 100) 호출에는 적용되지 않는다. 따라서 둘째 호출에 대해 컴파일러는 경고 메시지를 표시한다(그림 A.4).

그림 A.4 경고 억제 예제.

A.2 clang-tidy

clang-tidy는 clang 기반 C++ "보푸라기 제거(linter)" 도구이다. clang-tidy의 목적은 코딩 관례 위반, 인터페이스 오용 같은 전형적인 프로그래밍 실수들과 정적 분석으로 검출할 수 있는 버그들을 진단하고 교정하기 위한 확장성 있는 틀(프레임워크)을 제공하는 것이다. clang-tidy는 모듈식 구조이며 새로운 점검 기능을 손쉽게 작성할 수 있는 편리한 인터페이스를 제공한다. 좀 더 자세한 내용은 Extra Clang Tools 11 문서화[2]를 참고하기 바란다.

clang-tidy는 200개가 넘는 규칙을 지원한다. 그중 C++ 핵심 가이드라인에 관한 것은 약 20개이다. 그럼 gslCheck.cpp의 문제점들을 clang-tidy를 이용해서 두 가지 방식으로 검출해 보자.

1. C++ 핵심 가이드라인의 규칙들만 적용한다.

   명령줄:[†]

   ```
   clang-tidy --checks=-*,cppcoreguidelines-* gslCheck.cpp
   ```

   이 명령은 C++ 핵심 가이드라인의 규칙들만 적용한다. --checks 옵션에는 쉼표로 나열된 글롭[glob] 패턴[3]들을 지정하는데, 지금 예에서 이 패턴들의 의미는 다음과 같다.

   - **-***: clang-tidy의 기본 점검들을 비활성화한다.
   - **cppcoreguidelines-***: C++ 핵심 가이드라인의 점검들을 활성화한다.

   현재 clang-tidy의 C++ 핵심 가이드라인 점검들은 형식 안전성 문제점만 검출한다. [그림 A.5]는 예제 프로그램 gslCheck.cpp에서 검출한 문제점들을 보여준다.

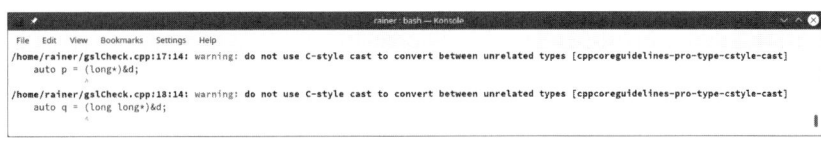

그림 A.5 C++ 핵심 가이드라인의 규칙들만 적용한 결과.

---

2 https://clang.llvm.org/extra/clang-tidy/

† [옮긴이] 플랫폼에 따라서는 LLVM/Clang 패키지에 clang-tidy 도구가 포함되어 있지 않을 수 있다. 우분투 등 데비안 기반 OS에서는 `sudo apt install clang-tidy`로 설치하면 된다.

3 https://en.wikipedia.org/wiki/Glob_(programming)

2. clang-tidy의 점검들과 C++ 핵심 가이드라인의 점검들을 함께 적용한다.
   이 경우는 명령줄에서 다음 명령을 실행한다.

   clang-tidy --checks=cppcoreguidelines-* gslCheck.cpp

   이전과는 --checks 옵션이 조금 다르다. 이제는 clang-tidy의 점검들도 적용되어서, 수명 안전성 문제점까지 검출되었다(그림 A.6).

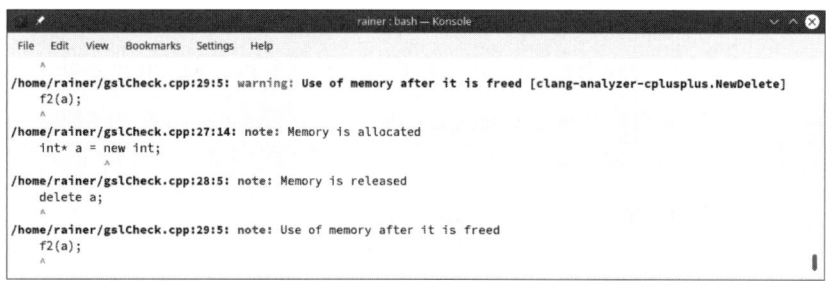

그림 A.6 clang-tidy와 C++ 핵심 가이드라인을 함께 적용한 결과.

Visual Studio와는 달리 clang-tidy는 경계 안전성 문제점을 검출하지 못했다.

부록 B

C++ Core Guidelines Explained

콘셉츠

C++20에 도입된 '콘셉츠^{Concepts}' 기능은 템플릿 매개변수에 관한 요구조건들을 템플릿 인터페이스 자체에서 표현하기 위한 것이다. 자세한 내용으로 들어가기 전에 예제부터 보자.

```
template<typename Cont>
    requires Sortable<Cont> // Sortable은 사용자 정의 콘셉트
void sort(Cont& container);

template<typename Cont>
void sort(Cont& container) requires Sortable<Cont>; // 후행 requires 절

template<Sortable Cont>     // 템플릿 매개변수를 직접 콘셉트로 제약
void sort(Cont& container);
```

일반적 함수 sort의 첫 버전에서 함수 인수의 형식이 Sortable이라는 콘셉트를 지원해야 한다. 둘째 버전과 셋째 버전도 첫 버전과 의미는 동일하다. 콘셉트 적용 구문이 다를 뿐이다. 둘째 버전은 Sortable 콘셉트를 소위 후행(trailing) requires 절을 이용해서 요구하고, 셋째 버전은 템플릿 매개변수 자체에 Sortable 콘셉트를 적용한다.

이 시점에서 여러분이 궁금한 것은 아마 "콘셉츠가 어떤 이점을 제공하는가?"일 것이다. 간단히 답하면 다음과 같다.

- 템플릿 매개변수의 요구조건들을 인터페이스의 일부로 표현할 수 있다.
- 함수 중복적재와 클래스 템플릿 특수화에서도 사용할 수 있다.

- 컴파일러는 템플릿 인수들과 템플릿 매개변수의 요구조건들을 비교한 결과에 기반해서 기존보다 훨씬 나은 오류 메시지를 산출할 수 있다.

본질적으로 콘셉트는 템플릿이 쓰이는 모든 문맥에 적용할 수 있다. 클래스 템플릿과 함수 템플릿, 클래스 템플릿의 비템플릿 멤버 같은 일상적인 템플릿 활용 문맥 외에 가변 인수 템플릿에도 콘셉트를 사용할 수 있음을 주목하자. 가변 인수 템플릿(variadic template)이란 임의의 개수의 인수를 받을 수 있는 템플릿이다.

```
template<Arithmetic... Args>
bool all(Args... args) { return (... && args); }    // ❶

...

std::cout << all(true);                             // true       // ❷
std::cout << all(5, true, 5.5, false);  // false                  // ❸
```

함수 템플릿 all은 인수들의 형식이 Arithmetic 콘셉트를 지원할 것을 요구한다. 내장 형식 중에는 정수 형식들과 부동소수점 형식들이 Arithmetic 콘셉트를 지원한다. ❶에는 소위 **접기 표현식**(fold expression)[1]이 쓰였다. ❶은 논리곱(AND) 연산자 &&를 모든 인수에 적용한다. ❷와 ❸에서는 함수 템플릿 all을 호출한다.

더 나아가서, 콘셉트만 다르게 지정해서 함수를 중복적재하거나 콘셉트로 클래스 템플릿을 특수화하는 것도 가능하고, 한 번에 두 개 이상의 콘셉트를 사용하는 것도 가능하다. 다음 함수 템플릿은 컨테이너가 SequenceContainer 콘셉트를 지원해야 하고 컨테이너의 요소들은 EqualityComparable를 지원해야 함을 요구한다.

```
template <SequenceContainer S,
          EqualityComparable<value_type<S>> T>
Iterator_type<S> find(S&& seq, const T& val) {
    ...
}
```

콘셉츠는 auto를 이용한 형식 연역과도 잘 섞인다. auto는 제약이 없는 자리표(unconstrained placeholder)이고, 콘셉트는 제약이 있는(constrained) 자리표

---

[1] *https://en.cppreference.com/w/cpp/language/fold*

이다. 간단한 규칙 하나만 기억하면 된다. C++11에서 제약 없는 자리표(auto)를 사용할 수 있는 자리에는 C++20의 제약 있는 자리표(콘셉트)를 사용할 수 있다.

```
Integral auto getIntegral(int val) {                    // ❶
    return val;
}

...

std::vector<int> vec{1, 2, 3, 4, 5};
for (Integral auto i: vec) std::cout << i << " ";       // ❷

Integral auto b = true;                                  // ❸

Integral auto integ = getIntegral(10);                   // ❹
```

이 예제 코드는 Integral 콘셉트의 몇 가지 용법을 보여준다. 함수 getIntegral(❶)의 반환 형식과 구간 기반 for 루프(❷)에서 제약 없는 auto 대신 제약 있는 Integral auto를 사용했음을 주목하자. 또한 bool 값과(❸) int 값으로(❹) 변수를 초기화할 때도 auto 대신 Integral auto를 사용했다.

콘셉츠와 관련해서, C++20에서는 함수 템플릿을 이전보다 훨씬 편하게 정의할 수 있는 새로운 구문을 제공한다. 다음 예에서 보듯이 함수 서명이나 반환 형식에서 콘셉트(제약 있는 자리표)나 auto(제약 없는 자리표)가 있는 함수는 자동으로 함수 템플릿이 된다.

```
Integral auto gcd(Integral auto a, Integral auto b) {
    if( b == 0 ) return a;
    else return gcd(b, a % b);
}

auto gcd2(auto a, auto b) {
    if( b == 0 ) return a;
    else return gcd(b, a % b);
}
```

함수 템플릿 gcd는 각 인수와 반환 형식이 Integral 콘셉트를 지원할 것을 요구한다. 반면에 함수 템플릿 gcd2는 인수들과 반환 형식에 대해 아무것도 요구하지 않는다.†

---

† [옮긴이] 좀 더 정확히 말하면, gcd2는 인수에 대한 요구조건을 암묵적으로만 표현한다. 예를 들어 매개변수 b는 반드시 정수와의 상등 비교를 지원해야 하지만, 함수 선언에는 그러한 점이 명시적으로 표현되어 있지 않다.

물론 여러분만의 콘셉트를 정의해서 사용하는 것도 가능하다. 그러나 기존의 **명명된 요구조건들**(named requirements)[2] 다수가 C++20에서 표준 콘셉트로 구현되었기 때문에, 콘셉트를 직접 정의해야 하는 상황은 많지 않을 것이다. 다음의 Integral과 Equal은 단지 콘셉트를 직접 정의하는 방법을 보여주는 예일 뿐이다. 실무에서는 그냥 표준 콘셉트 std::integral[3]과 std::equality_comparable[4]를 사용하면 된다.

```
template<typename T>
concept Integral = std::is_integral<T>::value;

template<typename T>
concept Equal =
requires(T a, T b) {
   { a == b } -> std::convertible_to<bool>;
   { a != b } -> std::convertible_to<bool>;
};
```

Integral 콘셉트는 주어진 템플릿 매개변수 T에 대해 std::is_integral<T>::value 호출이 참이어야 함을 요구한다. std::is_integral은 **형식 특질**(type-traits) 라이브러리[5]의 메타함수인데, 주어진 인수가 정수 형식인지를 컴파일 시점에서 판정한다. Equal 콘셉트의 정의는 좀 더 복잡하다. 두 인수 모두 형식이 T이어야 하고, 형식 T는 반드시 연산자 ==와 !=를 지원해야 하며, 그 두 연산자는 bool 값을 돌려주어야 한다.

콘셉츠에 관한 좀 더 자세한 정보는 cppreference.com의 Constraints and concepts 페이지[6] 같은 자료를 참고하기 바란다. 또한, 내 블로그의 콘셉츠 관련 글들[7]도 도움이 될 것이다.

---

2 *https://en.cppreference.com/w/cpp/named_req*
3 *https://en.cppreference.com/w/cpp/concepts/integral*
4 *https://en.cppreference.com/w/cpp/concepts/equality_comparable*
5 *https://en.cppreference.com/w/cpp/header/type_traits*
6 *https://en.cppreference.com/w/cpp/language/constraints*
7 *http://www.ModernesCpp.com/index.php/tag/concepts*

부록 C

C++ Core Guidelines Explained

계약

먼저, 여기서 말하는 계약(contract)은 소프트웨어 구성요소들의 인터페이스를 엄밀하고도 점검 가능하게 명시하는 하나의 방법이다. 이때 소프트웨어 구성요소는 주로 어떠한 전제조건이나 사후조건, 불변식을 충족해야 하는 함수나 멤버 함수이다. 계약 지원 기능은 빠르면 C++23에 도입될 전망이다.[†]

계약을 위반한 프로그램은 기본적으로 강제로 종료된다.

다음은 C++ 표준 제안 P0380r1[1]에 나온 몇 가지 정의를 좀 더 간단하게 정리한 것이다.

전제조건, 사후조건, 불변식

전제조건 전제조건(precondition)은 함수에 진입하는 시점에서 성립해야 하는 술어(predicate)이다.

사후조건 사후조건(postcondition)은 함수에서 나가는 시점에서 성립해야 하는 술어이다.

불변식 불변식(invariant)은 계산의 해당 시점에서 성립해야 하는 술어이다.

[†] [옮긴이] 이하의 내용은 현재 논의되는 계약 기능 제안서가 그대로 통과되어서 C++ 표준에 도입된다고 가정한 것이다. 안타깝게도 C++ 표준 위원회의 계약 기능 담당 그룹은 C++23이 아니라 C++26을 목표로 제안을 다듬고 있다고 한다. C++23에 도입될 새 기능들은 *https://en.cppreference.com/w/cpp/23*에서 확인할 수 있다.

[1] *http://www.open-std.org/jtc1/sc22/wg21/docs/papers/2016/p0380r1.pdf*

C++ 계약 기능에서 전제조건과 사후조건은 함수 정의의 바깥에 배치하지만, 불변식 단언은 함수 본문 안에 배치한다. 술어는 부울 값을 돌려주는 함수이다.

다음 예제는 이 세 종류의 조건을 모두 보여준다.

```
int push(queue& q, int val)
 [[ expects: !q.full() ]]
 [[ ensures: !q.empty() ]] {
 ...
 [[assert: q.is_ok() ]]
 ...
}
```

전제조건은 expects 특성, 사후조건은 ensures 특성으로 지정하고 불변식은 assert 특성으로 지정한다. 지금 예에서 이들은 함수 push가 대기열(queue)에 요소를 추가하기 전에 대기열이 꽉 차 있지 않아야 하고, 대기열에 요소를 추가한 후에는 대기열이 비어 있지 않아야 하고, 그 사이에 대기열이 유효한 상태(q.is_ok()가 참)이어야 한다는 하나의 '계약'을 명시한다. 세 종류의 조건 중 전제조건과 사후조건은 함수 인터페이스의 일부이다. 이는 전제조건과 사후조건에서는 함수의 매개변수들이나 클래스의 public 멤버들에만 접근할 수 있다는 뜻이다. 반면에 불변식 단언은 함수 구현의 일부이므로 함수의 지역 변수나 클래스의 private/protected 멤버에도 접근할 수 있다.

```
class X {
 public:
    void f(int n)
        [[ expects: n < m ]] { // 오류: m은 private 멤버
        [[ assert: n < m ]];   // OK
        // ...
    }
 private:
    int m;
};
```

m은 private 멤버이므로 전제조건에 포함할 수 없다.

ensures 특성에는 추가적인 식별자를 사용할 수 있다. 이 식별자는 함수의 반환값을 나타낸다.

```
int mul(int x, int y)
   [[expects: x > 0]]
   [[expects: y > 0]]
   [[ensures res: res > 0]] {
```

```
    return x * y;
}
```

식별자 이름 res는 그냥 임의로 정한 것으로, 다른 이름을 사용해도 된다. 이 예제는 또한 하나의 함수에서 같은 종류의 계약 특성을 두 개 이상 사용할 수 있다는 점도 보여준다.

계약 기능이 C++ 표준에(바라건대 C++23에) 공식적으로 도입되기 전에 계약을 사용해 보고 싶다면, GSL의 단언 함수들로 계약 기능을 흉내 내면 된다(§ 20.3 참고).

찾아보기

[숫자 및 기호]

0으로 나누기 224
0의 법칙 67
2단계 초기화 453
5의 법칙 67, 91, 97
6대 연산 66, 67, 93, 236
6의 법칙 67
( ) (소괄호) 200
{} (중괄호) 154, 178
.cpp 파일 406, 408
.h 파일 406, 407
=default 96
=delete 96, 98

[ㄱ]

가리기(숨기기) 121
가변 인수 템플릿 353
가상 clone 멤버 함수. 114
가상 멤버 함수 템플릿 353
가상 소멸자 94
가상 함수 111
    기본 인수 122
    비용 114
    호출 99
    clone 114
가상성 111
가시성 수정 187
가이드라인 지원 라이브러리(GSL) 463
    단언 465
    뷰 463
    소유권 포인터 464
    유틸리티 466
가장 당황스러운 구문 해석 190, 192
가짜 깨어남 272
값
    반환 365

변수 선언 189
열거자 146
음수 220
전달 287
출력 40
강한 예외 안전성 298
강한 형식 열거형 141
객체
    범위 153, cf. 범위
    변경 불가 데이터 314
    생성 155
    생성자 73, cf. 생성자
    생애 주기 66
    수명 152
    이동 88
    접근 123
    정의 318, 407
    지역 150, 151
    직접 소유 305
    초기화 188
결정론적(프로파일 정의) 459
경계
    안전성 461
    예외 처리 300
    오류 425
경고 메시지(C 컴파일러) 398
경쟁 조건 270
계산(컴파일 시점) 360
계약 480
    인터페이스 17, cf. 인터페이스
계좌 잔액 비교 347
공변 반환 형식 112, 114
공용체 136
    메모리 절약 136
    익명 138
    차별화된 136
    태그된 138
    헐벗은 137

공유(소유권) 274
관리
    메모리 420, 427
    자동 메모리 관리 420
    자원 147, cf. 자원 관리
    장치 객체 자동 관리 458, 473
교착 263
구간 표현 325
구조 441
    순환 의존 라이브러리 448
    재사용 가능한 부품을 라이브러리로 표현 446
    코드 안정성 445
구조체(데이터 조직화) 60
구체 형식 64
구현
    상속 106, 117
    세부사항 숨기기 331
    소스 파일 406
    오류 처리 301
    클래스 62
    템플릿 특수화 346
    PImpl 관용구 27, 118
    ThreadSanitizer 253
구현체 정의 행동 9, 219
규칙
    단일 정의 규칙(ODR) 407
    매개변수 전달 35
    문장 178
    사용자 정의 형식 59
    산술 218
    인터페이스 23
    자원 관리 150
    집행 469
    철학 7, cf. 철학 규칙
    클래스 위계구조 107
    클래스 일반 60
    템플릿 384

포인터 205
표현식 178
활성 규칙 설정 473
NNN 157
기반 클래스 109
기본
　문장 217
　생성자 75, 76
　연산 66, 96
　인수 53, 122
　행동 78
기본 연산 66, 96
기본 예외 안전성 298
기본 형식 188, 194
기본 형식 범주 368
기호 상수 203
깊은 복사 88
　다형적 클래스 113
깨어남
　가짜 272
　놓침 272
깨어남 놓침 272

[ㄴ]
나쁜 함수 31
내부 링키지 417
내장 형식 302, 314
내포된 범위의 이름 재사용 185
넘침 검출 223
논리적 구조 표현 416
논리적 상수성 315
누수
　누수 없음 보장 298
　메모리 306
　자원 12
늦은 바인딩 123

[ㄷ]
다중 뮤텍스 획득 262
다중 상속 117, 120
다중 스레드 프로그램 246
다형적 클래스 88, 112
단언 465, cf. 정적 단언
단일 반환문 450
단일 스레드 단일체 성능 232
단일 인수 생성자 78

단일 정의 규칙(ODR) 407
단일 포인터 25
단일체 19
대소문자 구분 385
대칭적인 연산자 128
던지지 않음 보장 298
데이터 경쟁 248
　CppMem 260
데이터 공유(동시성) 273
데이터 멤버
　비const 116
　접근 지정자 115
데크 240
도구 252
　clang-tidy 474
　CppMem 256
　ThreadSanitizer 253
동기화 271
　스트림 437
　volatile 252
동등한 연산들 134
동시성 19, 244, 260
　데이터 공유 273
　메시지 전달 286
　무잠금 프로그래밍 291
　병렬성 246, 283
　스레드 265
　유효성 검증 252
　일반 지침 246
　자원 277
　잠금 260

[ㄹ]
라이브러리 178, cf. STL(Standard Template Library)
　가이드라인 지원 라이브러리(GSL) 463
　순환 의존 448
　재사용 가능한 부품의 표현 446
　지원 14
　코드 재사용 246
　형식 특질 367, 373
　Boost C++ Library 298
람다 50
　상태 330
　익명 387

정렬 기준 327
중복적재 127
참조 52
초기화 195
루프 213
　명시적인 루프 215
　재귀 382
리눅스 시스템
　버퍼 방출 440
　스레드 생성 279
　스레드 크기 278
리터럴 형식 238
리팩터링 19, 31
링커 오류 409

[ㅁ]
마무리 작업 456
마법의 상수 203
마이어스 단일체 232
마틴, 로버트 C. 109
매개변수
　값 반환 의미론 45
　멤버 342
　묶음 38, 56, 357
　소유권 의미론 41
　입력 37
　입출력 39
　전달 35, 37
　출력 39
　통상적인 전달 35
　함수 167
매개변수 묶음 38
매개변수 묶음 풀기 38
매개변수 전달 35
　값 반환 의미론 45
　소유권 의미론 41
　통상적인 매개변수 전달 35
매크로
　문장 197
　열거형 143
메모리
　관리 420, 427
　누수 306
　순차 컨테이너 243
　읽기 전용 메모리(ROM) 32
　자동 메모리 관리 420

절약 136
접근 240
할당 157, 261
CppMem 256
메시지
  예외와 값 289
  전달 286
메타데이터(템플릿) 363
메타프로그래밍 358
  템플릿 373
  constexpr 함수 380
메타함수(템플릿) 364
메타함수 반환값 383
멤버 cf. 멤버 함수
  노출 최소화 64
  데이터 멤버의 접근 지정자 115
  매개변수 342
  변수 81
  비public 64
  비의존적 클래스 템플릿 멤버 344
  선언 80
  인터페이스 분리 원칙(ISP) 109
  초기화 80, 81
  특수 멤버 함수들 사이의 의존관계 67
  포인터 92
멤버 함수 62
  가리기 122
  가상 멤버 함수 템플릿 353
  경계 오류 점검 425
  숨기기 187
  컴파일 오류 353
  const 315
  reserve 421
명명된 반환값 최적화(NRVO) 39, 40
명시적 공유 최소화 249
명시적 생성자 131
명시적인 루프 215
목록 241
목적에 맞게 설계한 사용자 정의 형식 302
무잠금 프로그래밍 291
문맥
  의존성 최소화 342

전환 최소화 278
문서화(의도의) 9
문자
  문자 수준 입력 433
  문자 순차열 소유 427
  임의 47
  종료 427, 428
  std::string_view 429
문자열
  문자 순차열 소유 427
  서식 435
  존재하지 않는 요소에 접근 426
  표준 템플릿 라이브러리(STL) 426, 432
  형식 427
문장 176, 213, cf. 선언
  기본 217
  매크로 197
  반복 213
  변수 초기화 188
  선택문 215
  이름 짓기 180
  일반 규칙 178
  정의 178
  표현식 159
  함수 반환문 450
  for 문 181
  switch 215
물리적 상수성 315
뮤텍스
  잠금 281
  획득 262
미신 448
미정의 행동 9, 25, 46, 69
  데이터 경쟁 248
  코어 덤프 156
  평가 순서 208
  헐벗은 union 137
  C 문자열 428
  printf 함수 436
미지의 코드 호출 264
밀레프스키, 바르토시 294

[ㅂ]
바이트 431
바인딩

구조적 40
  늦은(동적) 123
바탕 형식 145
반복
  반복문 213
  컨테이너 요소 훑기 387
반복자 범주 389
반환값
  메타함수 365
  시뮬레이션 383
반환값 최적화(RVO) 39, 40
반환문 450
발화 의미론 9
밥 아저씨 109
방출 438
배열 422
  삭제 207
  C 배열 425
  std::array 422
배정
  복사 배정 연산자 235, 236
  클래스 66, 85
  포인터 126
범위
  블록 178
  이름 재사용 185
  전역 188
  제한 181
  크기 181
범위 있는 객체 153
범위 있는 열거형 141, 145
범위 점검 204
범주
  형식 368
법칙
  0의 법칙 67
  5의 법칙 67, 91, 97
  6의 법칙 67
벡터의 크기 421, 422
벡터화 283
변경 가능 데이터 13
변경 불가 데이터 13, 312
변수
  도입 189
  멤버 80
  범주 249

변경 가능 316
상수 표현식 378
선언 63
용도 195
이름 짓기 182
전역 18
조건 270, *cf.* 조건 변수
초기화 188, 189
변환
   붕괴 127
   생성자 131
   암묵적 변환 연산자 132
   좁아지는 변환 193
   표현식 210
별칭
   스마트 포인터 174
   정의 332
   템플릿 331, 332
병렬성과 동시성 246, 283
보장
   예외 298, *cf.* 예외
   평가 순서 160, 210
보조 함수 63
보편 참조 355
복사 46
   깊은 복사 88
   매개변수 37
   얕은 복사 88
   의미론 87
   클래스 75, 85
복사 배정 연산자 69, 235, 236
복사 생성자 72
복사 의미론 13
복사 전용 형식 235
복사 후 교환 관용구 101
복잡한 표현식 199
부호 있는/없는 정수 219
불변식
   오류 처리 300
   함수 17
붕괴 127
뷰 463
블록 범위 178
비const 데이터 멤버 116
비const 전역 변수 18
비public 멤버 64

비가상 소멸자 95
비교 346
   형식 특질 라이브러리 371
비규칙 448
비멤버 함수 128
비명시 행동 209
비슷한 이름 182
비의존적 클래스 템플릿 멤버 344
비일반적인 코드 작성 387
비트 조작 219

[ㅅ]

사용자 정의 형식
   규칙들 59
   상수 표현식 379
사후조건 17
삭제
   배열 207
   소멸자 99
산술
   규칙들 218
   부호 있는/없는 정수 219
   오류 223
상등 연산자 102, 105
상속
   구현 106, 117
   다중 117, 120
   인터페이스 117
   클래스 60
상수 312, *cf.* const
   기호 203
   도입 189
   마법 203
   열거형 143
   초기화 구문 81
상수 표현식 31, *cf.* constexpr
   변수 378
   사용자 정의 형식 379
   템플릿 378
   함수 379
상태(함수 객체) 328
생성자
   가상 함수 호출 99
   기본 75
   명시적 131
   변환 79

복사 72
상속 84
예외 던지기 75
위임 83
정의 68
클래스 66, 73
특수 83
생애 주기(객체) 66
서식 문자열 435
서터, 허브 291, 294
선언
   문장 180
   이름 짓기 180, 183
   클래스 453
   표현식 180
   함수 449
   static_assert 11
선택문 215
설계
   오류 처리 299
   최적화 233
   클래스 110
   GoF 설계 패턴 120
설정 전 사용 오류 189
설정 함수 115
성능 226, *cf.* 최적화
   마이너스 단일체 232
   잘못된 가정 228
   잘못된 최적화 228
   최적화 활성화 233
   측정 228
   함수 객체 328
   endl 대 '\n' 438
소괄호 () 200
소멸자 155
   가상 94
   가상 함수 호출 99
   비가상 95
   삭제 99
   실패 95
   정의 91, 93
   클래스 66, 91
   필요성 91
   protected 95
   public 94
소멸자 실패 95

소스 코드
　가용성 398
　이름공간 413
　전체 소스 코드가 없는 경우 400
소스 코드 가용성 398
소스 파일 403, 406
　구현 406
　순환 의존관계 410
　인터페이스 406
소유권
　공유 175, 274
　의미론 41
　직접 305
　포인터/참조 153, 464
　std::shared_ptr 162
　std::unique_ptr 161
소프트웨어 단위 299
수명
　객체 152
　안전성 461
　의미론 168
수학적 함수 34
순서 일관성 233, 258, 291, 292
　주석이 달린 그래프 258
순수 함수 34
순차 컨테이너 243
순환 의존관계 410
순환 참조
　깨기 165
　스마트 포인터 165, 166
술어 없는 조건 변수 272
숨기기
　구현 세부사항 331
　멤버 함수 187
스레드
　데이터 전달 274
　동시성 265
　분리 269
　생성/파괴 278
　소유권 공유 274
　전역 컨테이너 266
　크기 278
　합류 266
　POSIX Threads 272
　std::jthread 268
스마트 포인터 161

별칭 174
소유권 공유 277
수명 의미론 168
순환 참조 165
함수 매개변수 167
std::unique_ptr 171
스트롭스트룹, 비야네 181
스트림
　동기화 437
　상태 433
슬라이싱 88
실패 투명성 298
실행
　단일 스레드 232
　메타함수 364
　정책 283
　조건부 382
실행 시점
　계산 365
　오류 12
　점검 11
　최대공약수 계산 238
　ROM의 상수 표현식 32
실행 정책 283

[ㅇ]

아래넘침 223
안전성
　경계 461
　기본 예외 298
　수명 461
　예외 298
　형식 471
안정된 코드 445
알고리즘 8
　명시적인 루프 215
　병렬 283
　유클리드 호제법 238
　일반적 프로그래밍 319, 322, cf. 일반적 프로그래밍
　표준 템플릿 라이브러리(STL) 13, 283
　표현 324
　함수 객체 326, cf. 함수 객체
　gcd 함수 238
　std::accumulate 178

std::transform_exclusive_scan 286
암묵적 변환 연산자 132
암묵적인 실행 지속 215, 216
얕은 복사 88
어셈블리 코드 33, 233, 240
언어
　기능 179
　하스켈 34
에르빈 운루 359, 360
에이브럼스, 데이비드 298
역참조(포인터) 205, 207
연산
　동등한 134
　알고리즘에 전달 326
　이름 짓기 384
　재정렬 293
　저렴한 36
　함수 이름 30
연산자
　대칭 128
　복사 배정 235, 236
　상등 102, 105
　암묵적 변환 132
　우선순위 200
　인수 의존적 조회(ADL) 135
　정의 135
　중복적재 127
　통상적인 용법 128
연쇄 연산 46
연역
　자동 형식 연역 191
　템플릿 인수 332
열거형 140
　강한 형식 열거형 141
　매크로 143
　바탕 형식 145
　상수 143
　열거자 값 146
　열거형 클래스 143
　이름 없는 열거형 145
　ALL_CAPS 144
예외
　강한 예외 안전성 298
　기본 예외 안전성 298
　던지기 75

명세 306
목적에 맞게 설계한 사용자 정의
  형식 302
보내기 287
안전성 없음 298
오류 처리 302, cf. 오류 처리
잡기 304
피하기 452
catch 절 순서 307
dynamic_cast 125
예외 던지기 75
던질 수 없을 때 307
예외를 던지는 함수 33
직접 소유 305
예측성 240
오류
검출 10
경계 425
단일 포인터 25
산술 223
설정 전 사용 189
실행 시점 12
컴파일 187
컴파일러 409
C++ 컴파일러 399
SFINAE 341, 374
static_assert 선언 11
오류 처리 295
구현 301
설계 299
완벽 전달 355
완화된 의미론 293
원값 참조 45
원시 참조 153
원시 포인터 92, 150, 153
위계구조
구조 안 이동 124
상등 연산자 105
예외 잡기 304
클래스 57, 65, 106, 352,
  cf. 클래스
템플릿 352
위넘침 223
윌리엄스, 앤서니 291, 294
유클리드 호제법 238
음수 220

응용 프로그램 이진 인터페이스(ABI)
  27
의도 9
의미론
값 반환 45
발화 9
복사 72, 88
복사 전용 형식 235
소유권 41
수명 168
완화된 293
이동 88
일반 규칙 60
획득-해제 233
의존관계
문맥 의존성 최소화 342
비의존적 클래스 템플릿 멤버
  344
순환 410
특수 멤버 함수 67
피하기 412
이동
의미론 87
클래스 85
std::unique_ptr 164
이름
맹글링 402
명명 관례 364
문장 180
비슷한 이름 182
선언 180, 183
연산 384
재사용 185
중복 184
지역 이름 182
템플릿 336
표현식 180
함수 30
형변환 212
혼한 이름 182
ALL_CAPS 183
이름 없는 열거형 145
이름 없는 이름공간 417
이름공간 63
소스 코드 413
중복적재된 연산자 정의 135

이식성 있게 집행 가능(프로파일
  정의) 459
이항 호출 가능 24, 25
익명 union 138
익명 람다 387
인라인 33, 376, 379, 407
인수
기본 53, 122
메타함수 365
이항 호출 가능 요소 24, 25
템플릿 381
템플릿 인수 연역 333
평가 순서 209
함수 381
Regular/SemiRegular 형식 334
va_arg 54
인수 의존적 조회(ADL) 135, 336
인위적 범위 154
인터페이스 17
기반 클래스 109
다중 상속 120
단일 포인터 25
단일체 19
분리 원칙 109
비const 전역 변수 18
상속 117
소스 파일 406
정의 408
추상 클래스 109
클래스로 표현 62
템플릿 326
함수 29, cf. 함수
함수 간 통신 23
ABI 27
C 스타일 프로그래밍 400
인터페이스 분리 원칙(ISP) 109
일관성
기본 연산 70
멤버 초기화 구문 82
일반 규칙(클래스) 60
일반적 코드
템플릿 10
일반적 프로그래밍 319, 322
읽기 전용 메모리(ROM) 32
입력 매개변수 37
입출력(I/O)

문자 수준 입력 433
스트림 동기화 437
표준 템플릿 라이브러리(STL) 433
iostream 라이브러리 435
std::endl 438
입출력 매개변수 39

[ㅈ]
자기 배정 86
자동 관리(장치 객체) 458, 473
자동 메모리 관리 420
자동 형식 연역 191
자물쇠 ☞ 잠금
자원
  누수 12
  동시성 277
  소유권 42
자원 관리 147
  스마트 포인터 161
  일반 규칙 150
  할당 155
  할당 해제 155
자원 획득은 초기화이다(RAII) 151, 261, 281, 306, 307, 308
작업(태스크)
  조건 변수 289
  통지 290
잘못된 가정 228
잘못된 최적화 228
잠금
  동시성 260
  뮤텍스 280
  std::lock_guard 281
  std::unique_lock 281
장치 객체의 자동 관리 458, 473
재귀 382
재래식 열거형 142, cf. 열거형
재사용
  연산 384
  재사용 가능한 부품을 라이브러리로 표현 446
재정렬(연산 순서) 293
재정의 90, 106
  기본 인수 122
  컴파일러 최적화 238

키워드 111
저렴한 연산 36
전달 cf. 매개변수 전달
  메시지 286
  완벽 355
  전달 매개변수 37
  참조 317
  포인터 317
전역 범위 188
전역 컨테이너로서의 thread 266
전제조건 17
접근
  객체 123
  메모리 240
  순차 컨테이너 243
  std::string에 존재하지 않는 요소 426
접기 표현식 합산 56
정규 형식 64, 65
정수 형식(부호 있는/없는) 219
정적 단언 11, 375, cf. static_assert 선언
정적 형식 시스템 237
정적 형식 안전성 10
정확성 ☞ 프로그램 정확성
제한(범위의) 181
조건 변수 270
  술어 없는 272
  작업 289, cf. 작업(태스크)
조건부 실행 382
조회 135, 336
조회 함수 115
좁아지는 변환 193
종료 문자 427, 428
주석이 달린 그래프 258
중괄호 {} 154, 178
중복(코드의) 310
중복적재 53
  암묵적 변환 연산자 132
  연산자 127
  연산자 정의 135
  인수 의존적 조회(ADL) 135
  클래스 121
  통상적인 용법 128
  함수 400
  함수 템플릿 392

즉시 호출된 람다 표현식(IILE) 196
지역 객체 150, 151, 306
지역 이름 182
지원
  도구 14
  라이브러리 14
  C 배열 425
지저분한 코드 14
지침 ☞ 규칙
직접 소유 305
집행(규칙의) 469

[ㅊ]
차별화된 공용체 136
참조 92, 150
  람다 52
  보편 참조 355
  예외 잡기 304
  왼값 45
  원시 153
  전달 317
  지역 객체 46
  dynamic_cast 124, 125
  SemiRegular 형식 335
참조 투명성 34
철학 규칙 7
  변경 불가 데이터 13
  생각을 코드로 표현 8
  시간과 공간 절약 12
  실행 시점 오류 12
  실행 시점 점검 12
  의도를 표현 9
  자원 누수 12
  정적 형식 안전성 10
  지원 도구 14
  지원 라이브러리 14
  지저분한 코드 14
  컴파일 시점 점검 11
  ISO 표준 C++ 9
초기화 190
  2단계 453
  객체 188
  람다 195
  변수 188
최대공약수(GCD) 알고리즘 238
최소 경악 원칙 127

최소화
  문맥 의존성 342
  문맥 전환 278
  뮤텍스 잠금 시간 280
  스레드 생성/파괴 278
최적화 19
  명명된 반환값 최적화(NRVO) 39, 40
  반환값 최적화(RVO) 39, 40
  설계 233
  잘못된 228
  코드 179
  형식 특질 라이브러리 376
  활성화 233
추상 클래스 109, 111
추상, 추상화 179, 323
출력 값 40
출력 매개변수 39
치환 실패는 오류가 아니다(SFINAE) 341, 374

[ㅋ]
컨테이너 26
  반복(요소 훑기) 387
  순차 243
  스레드 266
  일반적 구현 325
  STL 67, 420
컴파일 시점 360
  계산 360
  점검 11
  최대공약수 계산 238
  형식 조작 362
컴파일 오류 353, 409
컴파일러 기본 연산 66, 96
코드 cf. 성능; 소스 코드
  널 포인터 205
  다중 스레드 프로그램 246
  미지의 코드 264
  생각의 표현 8
  안정성 445
  작성 237
  잘못된 가정 228
  재사용 246
  중복 310
  지저분한 코드 14

최적화 376
추상 323
템플릿에 기초한 일반적 코드 10
표현력 328
품질 179
코드 분석
  실행 473
  활성화 472
코드 작성
  비일반적 코드 387
  컴파일러 최적화 237
  ISO 표준 C++ 9
코어 덤프 47, 156
콘셉츠 476
쾨니히 조회 135, 336
크기
  범위 181
  벡터 421, 422
  스레드 278
  열거자 146
  C 배열 424
  C++의 char 399
클라이언트 통신 299
클래스
  객체 123, cf. 객체
  객체 파괴 작업 91
  공용체 136
  구체 형식 64
  구현 62
  기반 109
  기본 생성자 75
  기본 연산 66, 96
  기본 인수 122
  다형적 88
  복사 75, 85
  불변식 61
  비의존적 클래스 템플릿 멤버 344
  상속 60
  생성자 66, 73, cf. 생성자
  선언 453
  설계 110
  소멸자 66, 91
  연산자 127, cf. 연산자
  위계구조 65, 106, 352
  이동 85

일반 규칙 60
  자원 92
  접근 62
  정의 57
  중복적재 121
  초기화 77
  추상 109, 111
  클래스 66, 85
  특수 생성자 83
  함수 61
  dynamic_cast 124
  enum 143
  PImpl 관용구 27
  RAII 151
클래스 안 초기화 구문 81

[ㅌ]
태그된 공용체 138
테스트 가능성 19
템플릿 321, 323
  가변 인수 353
  가상 멤버 함수 353
  규칙들 384
  매개변수 묶음 38, 56, 357
  메타데이터 363
  메타프로그래밍 358, 373, cf. 메타프로그래밍
  메타함수 364
  별칭 331, 332
  상수 표현식 378
  위계구조 352
  이름 짓기 336
  인수 381
  인수 연역 333
  인스턴스화 360
  인터페이스 326
  일반적 코드 10
  적용 323
  정의 341
  콘셉츠 흉내 340
  특수화 382
  특수화 구현 346
  표준 템플릿 라이브러리(STL) 8
  함수 332
  함수 템플릿 특수화 390
  Regular 형식 334

통상적인 매개변수 전달 35
통상적인 용법(연산자) 128
통신(의사소통)
　오류 처리 299
　함수 23
통지
　보내기 289
　작업 제어 290
특수 멤버 함수 67
특수 생성자 83
특수화
　템플릿 382
　함수 템플릿 390

[ㅍ]
파이썬의 선 211, 387
파일
　.cpp 406, 408
　.h 406, 407, 409
　헤더 406, 416
판에이르트, 토니 291
패런트, 숀 179
평가 순서 160, 208
　부분 표현식 160, 208
　표현식 208
　함수 인수 160, 209
　C++17의 보장 160, 208, 210
포인터 45, 92
　규칙들 205
　널 205
　단일 25
　멤버 92
　배정 126
　스마트 161
　역참조 205, 207
　원시 92, 150, 153
　전달 174, 317
　표현식 200, 205
　dynamic_cast 124, 125
　PImpl 관용구 27, 118
표준 템플릿 라이브러리(STL)
　☞ STL(Standard Template Library)
표현력 50
　함수 객체 328
표현식 176, 199

마법의 상수 203
문장 159
변환 210
복잡한 199
상수 31
색인 범위 점검 204
연산자 우선순위 200
일반 규칙 178
접기를 이용한 합산 56
평가 순서 208
포인터 200, 205
품질(코드의) 179
프레싱, 제프 294
프로그래밍
　cf. 코드 작성; 일반적 프로그래밍
　메타프로그래밍 358, 373, 380,
　　cf. 메타프로그래밍
　C 스타일 396,
　　cf. C 스타일 프로그래밍
프로그램
　다중 스레드 246
　정적 형식 안전성 10
프로그램 정확성
　상수 12
　형식 특질 라이브러리 375
　const 313
프로파일 458
　결정론적 459
　경계 안전성 461
　수명 안전성 461
　이식성 있게 집행 가능 459
　형식 안전성 471
피연산자(연산자 중복적재) 135
피쿠스, 페도르 291

[ㅎ]
하드웨어/컴파일러 조합 291
하스켈 34
할당
　메모리 157, 261
　자원 관리 155
함수 28
　=default 96
　=delete 96, 98
　가상 88, 111, 238, 353, 379
　가상 clone 멤버 114

교환 100
람다 50
리팩터링 31
마무리 작업 456
매개변수 167
매개변수 묶음 38, 56, 357
매개변수 전달 35, cf. 매개변수
메타함수 364
멤버 62
반환문 450
보조 함수 63
불변식 17
비멤버 128
상수 표현식 379
선언 449
순수 34
이름 짓기 30
인수 381
인수 의존적 조회(ADL) 135
인터페이스 분리 원칙(ISP) 109
정렬 기준 327
정의 30, 390, 407
중복적재 400
클래스 61
템플릿 332
템플릿 특수화 390
통신 23
특수 멤버 함수들 사이의 의존관계 67
평가 순서 209
호출 가능 요소 24, 25
clone 113
constexpr 31, 318, 364, 378
free 156
main 45
malloc 156
noexcept 33, 95
printf 435
std::move(지역 객체) 49
struct 61
함수 객체
　상태 329
　알고리즘 326
　장점 328
　정렬 기준 327
합산

접기 표현식 56
va_arg 55
합성 형식 범주 369
해제(할당된 자원의) 155
행동, 행동 방식
 구현체 정의 9
 기본 78
 미정의 9, 25, 46, 69, 248,
  cf. 미정의 행동
 비명시 209
 숨기기(가리기) 121
 정규 형식 64
 정의 390
헐벗은 union 137
헤더 파일 406
 이름 없는(익명) 이름공간 417
 using namespace 416
형변환
 이름 212
 피하기 210
 Visual Studio 컴파일러 211
형식
 구체 64
 기본 188, 194
 내장 302, 314
 리터럴 238
 목적에 맞게 설계한 사용자 정의 형식 302
 문자열 427
 바탕 145
 반환 112, 114
 범주 368
 복사 전용 235
 부호 없는 219
 사용자 정의 379
 속성 370
 수정 373
 안전성 471
 자동 연역 191
 정규 334
 정적 형식 시스템 237
 컴파일 시점 조작 362
 SemiRegular 334
형식 속성 점검 370
형식 이름 중복 184
형식 특질 라이브러리 367, 375

메타프로그래밍 373
비교 371
정확성 375
최적화 376
형식 범주 368
형식 수정 373
호출 가능 요소
 정의 24, 25
 지정 326
확장자
 .cpp 406, 408
 .h 406, 407
활성 규칙 설정 473
획득-해제 의미론(단일체) 233
혼한 이름 182
힌트(컴파일러) 237

[A]
ABI(application binary interface) 27
Abrahams, David 298
abstract class 109, 111
abstraction 179, 323
access ☞ 접근
accumulate 178
acquire-release semantics 233
ADL(argument-dependent lookup) 135, 336
algorithm ☞ 알고리즘
alias ☞ 별칭
ALL_CAPS 이름 144, 183
allocation ☞ 할당
analysis ☞ 코드 분석
anonymous union 138
application binary interface, ABI 27
architecture ☞ 구조
argument ☞ 인수
argument-dependent lookup, ADL 135, 336
arithmetic ☞ 산술
array ☞ 배열
artificial scope 154
assembly code 33, 233, 240
assertion 465
assignment ☞ 배정

auto 적용 184
automatic memory management 420
automatic type deduction 191

[B]
Bartosz, Milewski 294
base class 109
basic exception safety 298
behavior ☞ 행동, 행동 방식
big six 66, 67, 93, 236
binary callable 24, 25
binding ☞ 바인딩
bit manipulation 219
block scope 178
Boost C++ Library 298
bound, boundary ☞ 경계
built-in type 302, 314
byte 431

[C]
C 문자열 428
C 배열
 경계 오류 425
 크기 424
 std::array 422
 std::vector 420
C 스타일 프로그래밍 396
 소스 코드 가용성 398
 전체 소스 코드가 없는 경우 400
 C 인터페이스 400
 C++ 선호 396
C++ 성능 기술 보고서 452
callable ☞ 호출 가능 요소
case-sensitivity 385
casting ☞ 형변환
catch-fire semantics 9
catch 절 304
 순서 307
category ☞ 범주
chain operation 46
character ☞ 문자
cheap operation 36
Clang 컴파일러 185, 209, 233
clang-tidy 도구 474
class ☞ 클래스

classical enumeration   142
cleanup action   456
clone 함수   112
code ☞ 코드
code analysis ☞ 코드 분석
communication ☞ 통신(의사소통)
comparison ☞ 비교
compile time ☞ 컴파일 시점
compiler error   353, 409
Compiler Explorer   32, 233
composite type category   369
Concepts   476
concrete type   64
concurrency ☞ 동시성
condition variable ☞ 조건 변수
conditional execution   382
consistency ☞ 일관성
const
   객체 정의   318
   멤버 함수   315
   정확성   313
   형변환   212
constant ☞ 상수
constant expression ☞ 상수 표현식
constexpr   31, 318, 364, 378
   메타프로그래밍   380
   지역 변수 수정   381
constructor ☞ 생성자
container ☞ 컨테이너
context ☞ 문맥
contract ☞ 계약
conversion ☞ 변환
copy ☞ 복사
copy constructor   72
copy semantics   13
copy-and-swap idiom   101
copy-assignment operator
   69, 235, 236
copy-only type   235
core dump   47, 156
correctness ☞ 프로그램 정확성
covariant return type   112, 114
.cpp 파일   406, 408
CppMem   256
   관계 활성화   257
   메모리 모형   256

cycle ☞ 순환 참조
cyclic dependency   410

[D]

data member ☞ 데이터 멤버
data race ☞ 데이터 경쟁
data sharing   273
deadlock   263
deallocation   155
decay   127
declaration ☞ 선언
deduction ☞ 연역
deep copying ☞ 깊은 복사
default ☞ 기본
=default   96
default operation   66, 96
=delete   96, 98
deleting ☞ 삭제
dependency ☞ 의존관계
deque   240
dereferencing pointer   205, 207
design ☞ 설계
destructor ☞ 소멸자
deterministic   459
device object   458, 473
direct ownership   305
discriminated union   136
do while 루프   213, 214
DRY(don't repeat yourself)
   53, 310, 387
dynamic_cast   124

[E]

enable_if   340, 374, 378
endl   438
enforcing rule   469
enumeration ☞ 열거형
equality operator   102, 105
equivalent operation   134
error ☞ 오류
error handling ☞ 오류 처리
Erwin Unruh   359, 360
Euclidean algorithm   238
exception ☞ 예외
execution ☞ 실행
explicit constructor   131

explicit sharing   249
expression ☞ 표현식
expressiveness ☞ 표현력

[F]

failing destructor   95
failure transparency   298
fallthrough   215, 216
final   111
flushing   438
fold expression   56
for 루프   181, 213, 214
format string   435
forward_list   241
forward   154, 212, 241
forwarding ☞ 전달
free 함수   156
function ☞ 함수
function object ☞ 함수 객체
fundamental type   188, 194

[G]

GCC 컴파일러   185, 187, 233
   이름 맹글링   401
   인수 평가 순서   209
   좁아지는 변환 오류 플래그   194
   최적화   377
   표준 헤더 의존관계   412
   형변환   211
   ThreadSanitizer   253
   typeid 형식 이름   185
GCD 알고리즘   238
generic code ☞ 일반적 코드
generic programming   319, 322
getter   115
global container   266
global scope   188
global variables, non-const   18
GoF(Gang of Four) 설계 패턴   120
GSL(Guidelines Support Library)
   ☞ 가이드라인 지원 라이브러리
   (GSL)
guarantee ☞ 보장

[H]

.h 파일   406, 407

Haskell   34
header file ☞ 헤더 파일
helper function   63
hiding ☞ 숨기기
hierarchy ☞ 위계구조

[I]

I/O(input/output) ☞ 입출력(I/O)
IILE(Immediately Invoked Lambda
    Expression)   196
immutable data   13, 312
implementation ☞ 구현
implementation-defined behavior
    9, 219
implicit conversion operator   132
in parameter   37
in-class initializer   81
in-out parameter   39
#include 가드   409
inheritance ☞ 상속
initialization ☞ 초기화
inline   33, 376, 379, 407
integer   219
interface ☞ 인터페이스
internal linkage   417
invariant ☞ 불변식
iostream 라이브러리   433, 435
ISO 표준   9
ISP(interface segregation principle)
    109
iteration ☞ 반복
iterator category   389

[J, K]

jthread   268
KISS(keep it simple, stupid)   65
Koenig lookup   135, 336

[L]

lambda ☞ 람다
language ☞ 언어
late binding   123
leak ☞ 누수
library ☞ 라이브러리
life cycle   66
lifetime ☞ 수명

linker error   409
Linux system ☞ 리눅스 시스템
list   241
literal type   238
LoadLoad   293
local name   182
local object   150, 151, 306
lock ☞ 잠금
lock-free programming   291
lock_guard   281
logical constness   315
logical structure   416
lookup   135, 336
loop ☞ 루프
lost wakeup   272
lvalue reference   45

[M]

macro ☞ 매크로
magic constant   203
malloc 함수   156
management ☞ 관리
Martin, Robert C   109
member ☞ 멤버
member function ☞ 멤버 함수
memory ☞ 메모리
message ☞ 메시지
metadata   363
metafunction   364
metaprogramming
    ☞ 메타프로그래밍
Metaware 컴파일러   360
Meyers singleton   232
Microsoft Visual Studio Compiler
    ☞ Visual Studio
most vexing parse   190, 192
move(지역 객체) 호출   49
moving ☞ 이동
multi-threaded program   246
multiple inheritance   117, 120
mutable data   13
mutex ☞ 뮤텍스
MyGuard   281

[N]

naked union   137

name ☞ 이름
namespace ☞ 이름공간
narrowing conversion   193
nested scope   185
NNM(No Naked Mutex)   261
NNN(No Naked New)   157, 261
no exception safety   298
no-leak guarantee   298
no-throw guarantee   298
noexcept   33, 86, 103
    소멸자   95
    함수 정의   95
    noexcept 함수   33, 95
non-const data member   116
non-const global variable   18
non-dependent class template
    member   344
nonmember function   128
nonpublic member   64
nonvirtual, destructor   95
normal parameter passing   35
notification ☞ 통지
NRVO(Named Return Value
    Optimization)   39, 40
NULL   205
nullptr   205

[O]

object ☞ 객체
ODR(One Definition Rule)   407
operand   135
operation ☞ 연산
operator ☞ 연산자
optimization ☞ 최적화
order of evaluation ☞ 평가 순서
out value   40
out_of_range   203, 425
output parameter   39
overflow   223
overloading ☞ 중복적재
override   111
overriding ☞ 재정의
ownership ☞ 소유권

[P, Q]

parallelism and concurrency

246, 283
parameter ☞ 매개변수
parameter pack 38
Parent, Sean 179
passing ☞ 전달
perfect forwarding 355
performance ☞ 성능
philosophical rule ☞ 철학 규칙
physical constness 315
Pikus, Fedor 291
PImpl 관용구 27, 118
POD(Plain Old Data) 35
pointer ☞ 포인터
policy execution 283
polymorphic class 88, 112
portably enforceable 459
POSIX Threads 272
postcondition 17
power 함수/메타함수 367
precondition 17
predicate 272
predictability 240
Preshing, Jeff 294
primary type category 368
principle of least astonishment 127
printf 함수 435
profile ☞ 프로파일
program ☞ 프로그램
programming ☞ 프로그래밍
protected 데이터 116, 458
protected 소멸자 95
public 소멸자 94
pure function 34
quality of code 179

[R]

race condition 270
RAII(Resource Acquisition Is Initialization) 151, 261, 281, 306, 307, 308
range 325
range checking 204
raw loop 215
raw pointer 92, 150, 153
raw reference 153

recursion 382
refactoring 19, 31
reference ☞ 참조
referential transparency 34
regular type 64, 65
Regular 형식 334
relaxed semantics 293
reordering 293
reserve 함수 421
resource ☞ 자원
resource management ☞ 자원 관리
return value ☞ 반환값
return-statement 450
reusing ☞ 재사용
ROM(read-only memory) 32
rule ☞ 규칙; 법칙
rule of five 67, 91, 97
rule of six 67
rule of zero 67
run time ☞ 실행 시점
running code analysis 473
RVO(Return Value Optimization) 39, 40

[S]

safety ☞ 안전성
scope ☞ 범위
scoped enum 141, 145
scoped object 153
selection statement 215
self-assignment 86
semantics ☞ 의미론
SemiRegular 형식 334
sequence container 243
sequential consistency 233, 258, 291, 292
setter 115
SFINAE(Substitution Failure Is Not An Error) 341, 374
shadowing 121
shallow copying 88
sharing ownership 274
signed/unsigned integer 219
SIMD(Single Instruction, Multiple Data) 283
single pointer 25

single return-statement 450
single-argument constructor 78
single-threaded case 232
singleton 19
size ☞ 크기
slicing 88
smart pointer ☞ 스마트 포인터
software unit 299
source code ☞ 소스 코드
source file ☞ 소스 파일
span 10, 26, 56, 110
special constructor 83
special member function 67
specialization ☞ 특수화
spurious wakeup 272
stability 445
state 328
statement ☞ 문장
static type system 237
static_assert 선언 11
statically type safe program 10
std::forward 154, 212, 241, 355
std::make_unique 39, 159, 164, 356
std::shared_ptr 150, 162
std::unique_ptr 150, 157, 161
  스마트 포인터 171
  이동 163
std::weak_ptr 150, 165
STL(Standard Template Library) 8, 24, 326, 418
  문자열 426
  알고리즘 8, 13, 283
  입출력(I/O) 433
  컨테이너 26, 67, 419
  표현식 178
  C++ 문자열 432
  RAII 151
stream ☞ 스트림
string ☞ 문자열
string_view 문자 순차열 참조 429
strong exception safety 298
strongly typed enum 141
Stroustrup, Bjarne 181
struct 61
  범위 있는 열거형(열거형 클래스) 142

집합체 초기화 385
클래스 60
public 대 private 115
suffix ☞ 확장자
summation ☞ 합산
support ☞ 지원
Sutter, Herb 291, 294
swap 함수 100
switch 문 215
symbolic constant 203
symmetric operator 128
sync_with_stdio 437
synchronization ☞ 동기화

[T]

tagged union 138
task ☞ 작업
Technical Report on C++ Performance 452
template ☞ 템플릿
terminate 함수 96, 267, 269, 306
termination character 427, 428
testability 19
text ☞ 문자열
thread ☞ 스레드
ThreadSanitizer 253
throwing exception ☞ 예외 던지기
tool ☞ 도구
transform_exclusive_scan 286
transform_reduce 24, 25
two-phase initialization 453
type ☞ 형식
type-traits library
    ☞ 형식 특질 라이브러리
typedef 별칭 정의 332

[U]

Uncle Bob 109
undefined behavior ☞ 미정의 행동
underflow 223
underlying type 145
union ☞ 공용체
unique_lock 281
universal reference 355
unnamed enumeration 145
unnamed lambda 387

unnamed namespace 417
unpacking parameter 38
unsigned/signed integer 219
unspecified behavior 209
use-before-set error 189
user-defined type
    ☞ 사용자 정의 형식
using
    별칭 정의 332
    이름공간 416

[V]

va_arg 인수 54
value ☞ 값
Van Eerd, Tony 291
variable ☞ 변수
variadic template 353
vector 420, 424
vectorization 283
view 463
virtual clone member function 114
virtual destructor 94
virtual function ☞ 가상 함수
virtual member function template 353
virtual 88, 238, 353, 379
virtuality 111
visibility 187
Visual Studio 32, 185
    이름 맹글링 401
    표준 헤더 의존관계 412
    형변환 211
    C++ 핵심 가이드라인 집행 472
    typeid 형식 이름 185
volatile 동기화 252

[W-Z]

wakeup ☞ 깨어남
warning message 398
while 루프 213, 214
Williams, Anthony 291, 294
Windows 시스템
    방출 440
    스레드 생성 279
    스레드 크기 278
YAGNI(you aren't gonna need it) 446
Zen of Python, The 211, 387